Philip Johnson-Laird

Der Computer im Kopf

Formen und Verfahren der Erkenntnis

Aus dem Englischen von Friedrich Griese

Deutscher
Taschenbuch
Verlag

Deutsche Erstausgabe
September 1996
Deutscher Taschenbuch Verlag GmbH & Co. KG,
München
© 1993 Philip Johnson-Laird
(HarperCollinsPublishers Ltd., London)
Titel der englischen Originalausgabe: ›The computer
and the mind‹
© 1996 der deutschsprachigen Ausgabe:
Deutscher Taschenbuch Verlag GmbH & Co. KG,
München
Umschlaggestaltung: Klaus Meyer, Antonia Berger
Satz: Filmsatz Schröter GmbH, München
Druck und Bindung: C. H. Beck'sche Buchdruckerei,
Nördlingen
Printed in Germany · ISBN 3-423-30499-5

Inhalt

Vorwort zur zweiten Auflage 7
Prolog 10

Teil I Berechnung und Geist 15
    1. Wie erforscht man den Geist? 17
    2. Symbole und mentale Prozesse 35
    3. Berechenbarkeit und mentale Prozesse 45

Teil II Das Sehen 63
    4. Die visuelle Vorstellung 65
    5. Wahrnehmung der Welt mit räumlicher Tiefe .. 91
    6. Szenen, Gestalten und Bilder 118

Teil III Lernen, Gedächtnis und Handeln 143
    7. Lernen und Erlernbarkeit 145
    8. Die Komponenten des Gedächtnisses 161
    9. Pläne und Produktionen 179
    10. Parallele verteilte Verarbeitung 197
    11. Handlung und Bewegungskontrolle 221

Teil IV Denken 245
    12. Deduktion 247
    13. Induktion, Begriffe und Wahrscheinlichkeit 248
    14. Kreatives Denken 291

Teil V Kommunikation 311
    15. Das Wesen der Kommunikation 312
    16. Sprechen und Hören 318
    17. Grammatik 348
    18. Bedeutung 373

Teil VI Der bewußte und der unbewußte Geist 401
    19. Selbstreflexion, freier Wille und Intentionen 403
    20. Bedürfnisse und Emotionen 423

Ausklang	442
Danksagungen	451
Literaturverzeichnis	455
Personenregister	479
Sachregister	486

Das Buch

Wie arbeitet der menschliche Geist? Was befähigt uns, zu denken, zu fühlen, Entscheidungen zu treffen und zu handeln? Mit Hilfe von Selbstbeobachtung lassen sich diese Fragen nicht beantworten. Seit einer Reihe von Jahren befassen sich Wissenschaftler der verschiedensten Fachbereiche mit dem Thema und sind zu der Ansicht gekommen, daß die Antworten nicht von einer einzelnen Wissenschaft geliefert werden können. Eine neue Disziplin entstand: die Kognitionswissenschaft. Sie basiert auf einer Synthese diverser Methoden und Konzepte. Man kann zum Beispiel die Abhängigkeit des menschlichen Geistes vom Gehirn mit der Abhängigkeit vergleichen, die zwischen der Durchführung eines »Programms« symbolischer Befehle und einem Computer besteht. Philip Johnson-Laird stellt dar, was Kognitionswissenschaft ist, wo ihre Ursprünge liegen und zu welchen Ergebnissen sie heute gekommen ist. »Eine wunderbar ausgewogene Einführung in die aktuellen Erkenntnisse über die geistigen und körperlichen Fähigkeiten der Menschen.« (London Review of Books) Und zudem »voller Anekdoten, Alltagsweisheiten und Witz ... eine außerordentlich vergnügliche und anregende Lektüre.« (Contemporary Psychology)

Der Autor

Philip Johnson-Laird, geboren 1936 in der Nähe von Leeds, ist heute Professor für Psychologie und Kognitionswissenschaft an der Princeton University, außerdem seit 1986 Mitglied der British Academy und seit 1991 der Royal Society. Zum Thema hat er noch veröffentlicht: ›Human and Machine Thinking‹, 1993.

Vorwort zur zweiten Auflage

Ich begrüße die Leser der zweiten Auflage dieses Buches, das erstmals 1988 in Britannien erschienen ist. Es soll für das breite Publikum eine Einführung in die Kognitionswissenschaft geben, und es ist – was mich einigermaßen erstaunt – bis heute das einzige Buch seiner Art, das von einem einzelnen Autor verfaßt wurde. Es entstand im englischen Cambridge, an der Applied Psychology Unit des Medical Research Council. Ein herausragendes historisches Ereignis für jeden, der in England schreibt, ist die industrielle Revolution, in der Menschen als Produktionsmittel durch Maschinen ersetzt wurden. Ein anderes herausragendes historisches Ereignis für jeden, der in Cambridge schreibt, ist die Evolutionstheorie von Charles Darwin, in der Gott als treibende Kraft für die Evolution neuer Arten durch die natürliche Auslese ersetzt wurde. Die Kluft zwischen Menschen und Maschinen ist im 20. Jahrhundert geschrumpft. Einerseits haben die Maschinen sich den Menschen angenähert, was ihre Fähigkeit betrifft, Symbole zu manipulieren: Das beste Beispiel einer solchen Maschine ist der Digitalrechner, der Computer. Andererseits scheinen die Menschen mehr den Maschinen zu ähneln, denn wie wir inzwischen erkannt haben, beruht ihre Fortpflanzung – wie die aller anderen Lebensformen – auf einem biochemischen Prozeß, der nicht von einer »Lebenskraft« abhängt. Kodiert in der DNS, wird die Erbinformation an die nächste Generation weitergegeben. Sie enthält die Anweisungen für den Aufbau eines Organismus, der sich seinerseits fortpflanzen kann. Die Fortpflanzung ist somit ein *rekursiver* Prozeß: Sie besteht in der Weitergabe der Mittel zur Fortpflanzung. Und Rekursion liegt, wie dieses Buch klarmachen wird, der Berechnung zugrunde.

Wie weit ähnelt der menschliche Geist einem Computer? Auch diese Frage ist in Cambridge viel diskutiert worden. Der Logiker und Mathematiker Alan Turing war einer der Pioniere der Berechnungstheorie. Die Operationen des Gehirns haben gewiß kaum etwas mit denen eines herkömmlichen Digitalrechners zu tun, doch während seiner Studien an der Princeton-Universität fand Turing unter anderem heraus, daß parallele Rechengeräte, die stärker dem Gehirn ähneln, nicht in der Lage sind, etwas zu berechnen, das von konventionelleren seriellen Maschinen berechnet werden kann. Vielleicht sind also die Operationen des Gehirns Berechnungen, die statt von Transistoren von Nervenzellen durchgeführt werden.

Dieses Buch untersucht *mentale* Prozesse von dem erwähnten Standpunkt der Berechnungstheorie aus. Von einigen Denkern wurde die starke Behauptung aufgestellt, Intelligenz sei nichts anderes als ein Rechenprozeß, so daß ein entsprechend programmierter Computer intelligent sein könnte. Andere Denker lehnen diese Auffassung ab, lassen aber die schwächere Behauptung gelten, daß ein Computerprogramm gewisse Aspekte der Intelligenz simulieren könne. Außer dem Gehirn ist nach ihrer Auffassung nichts zu wirklich intelligentem Denken imstande. Dieses Buch macht sich die schwächere Behauptung durchaus zu eigen; es beschreibt Versuche, in allen Bereichen der menschlichen Psychologie – von der Wahrnehmung bis zur Kommunikation – Intelligenz durch Computer zu modellieren. So steht am Anfang des Sehvorgangs notwendigerweise ein Prozeß, der Lichtquanten in ein berechenbares Medium umwandelt – Nervenimpulse im Falle des Auges, elektrische Impulse im Falle einer elektronischen Kamera. Die Umwandlung von Energie ist eher ein physikalischer Prozeß als ein Rechenvorgang. Auch andere Aspekte des mentalen Geschehens könnten in diesem Sinne auf physikalischen statt auf Rechenvorgängen beruhen. Ein treffender Beleg dafür ist vielleicht die Art, wie sich Emotionen innerhalb der mentalen Architektur ausbreiten (siehe das letzte Kapitel). Es könnte jedoch sein, daß der Geist sich zum Gehirn verhält wie ein Computerprogramm zum Computer. Die Analogie ist vielleicht noch enger, wenn das Computerprogramm die Kognitionen eines Roboters steuert, der die Welt wahrnehmen und auf sie einwirken kann. Ob diese Hypothese zutrifft, weiß niemand. Es ist eine empirische Frage; sie läßt sich weder durch philosophische Analyse noch durch sonst eine Form von bloßer Spekulation klären. Ich hoffe, daß dieses Buch den einen oder anderen dazu anregt, dieses Problem zu lösen.

Noch eine letzte Cambridge-Verbindung verdient erwähnt zu werden. Eine Reihe von herausragenden Denkern, die mit der Universität verbunden waren oder sind – der Philosoph Ludwig Wittgenstein, der Psychologe und Physiologe Kenneth Craik und der Kognitionswissenschaftler David Marr –, hat der Vorstellung gehuldigt, daß der Geist Bilder oder Modelle der Welt aufbaue, um mit den Dingen des Alltagslebens fertig zu werden. Diese Idee ist eines der Themen des vorliegenden Buches: Das Endergebnis der Wahrnehmung ist ein Modell davon, wie die Welt beschaffen ist, Denken ist die interne Manipulation von Modellen, und Sprache kann dazu benutzt werden, diese Modelle zu externalisieren und mitzuteilen.

Seit der Erstveröffentlichung ist das Buch ins Italienische, Japanische, Koreanische und Spanische übersetzt worden, und der Verlag hat mir eine Aktualisierung nahegelegt. Ich habe die Gelegenheit ergriffen, um Fehler zu korrigieren, auf neuere Forschungen hinzuweisen und die Bibliographie auf den neuesten Stand zu bringen (rund siebzig neue Quellen sind hinzugekommen). Mein Dank gilt Lesern und Kritikern – und den Teilnehmern des Kurses Kognitionswissenschaft 200 an der Princeton-Universität –, die auf Irrtümer hinwiesen und mich über interessante neue Forschungen informierten. Ebenso danke ich Philip Gwyn Jones bei Fontana Press für seinen Rat und seine Ermutigung.

November 1992
Ph. N. Johnson-Laird

Prolog

Seit dem Zweiten Weltkrieg haben Wissenschaftler unterschiedlicher Disziplinen sich dem Studium des menschlichen Geistes zugewandt. Computerwissenschaftler haben versucht, seine Fähigkeit zur visuellen Wahrnehmung nachzuahmen. Linguisten haben sich mit dem Rätsel abgemüht, wie Kinder Sprache erwerben. Verhaltensforscher haben nach den angeborenen Wurzeln des Sozialverhaltens geforscht. Neurophysiologen haben ansatzweise die Funktion der Nervenzellen mit komplexen perzeptuellen und motorischen Prozessen verknüpft. Neurologen und Neuropsychologen haben anhand der Kompetenzausfälle bei ihren hirngeschädigten Patienten das normale Funktionieren des Gehirns erhellt. Anthropologen haben die begriffliche Struktur kultureller Praktiken untersucht und daraus Hypothesen über die Grundprinzipien des Geistes abgeleitet. Inzwischen arbeiten Ingenieure an der Spracherkennung, Biologen erforschen die mentale Repräsentation räumlicher Beziehungen, und Physiker bemühen sich zu verstehen, was Bewußtsein ist. Und natürlich befassen sich die Psychologen weiterhin mit Wahrnehmung, Gedächtnis, Denken und Handeln.

Was geht da eigentlich vor? Warum ist es geschehen? Und welche Entdeckungen wurden gemacht?

Die erste Frage kann man kurz so beantworten: Forscher aus zahlreichen Disziplinen sind auf eine Reihe von gemeinsamen Problemen und Erklärungsansätzen gestoßen. Sie haben erkannt, daß mit einem einzelnen Ansatz das Funktionieren des Geistes kaum zu erhellen sein wird: Der Psychologie allein wird er seine Geheimnisse nicht preisgeben, und auch andere Disziplinen – Künstliche Intelligenz, Linguistik, Anthropologie, Neurophysiologie, Philosophie – werden für sich allein nicht erfolgreicher sein.

Die zweite Frage kann man kurz so beantworten: Die Erfindung des programmierbaren Digitalrechners und, wichtiger noch, ihres Vorläufers, der Theorie der Berechenbarkeit, hat uns genötigt, unsere Ansichten über den Geist zu ändern. Vor der

Erfindung des Computers gab es einen klaren Unterschied zwischen Gehirn und Geist: Das eine war ein physisches Organ, der andere eine geisterhafte Fiktion, die eigentlich kein würdiger Forschungsgegenstand war. (Privat konnten Erwachsene im stillen Einvernehmen über ihn, den Geist, sprechen, solange sie sich dessen bewußt waren, daß er in Wirklichkeit nicht existiert.) Nach der Erfindung des Computers ist eine derartige Skepsis nicht mehr angebracht: Ein »Programm« von symbolischen Befehlen kann eine Maschine steuern, und ein Computerprogramm hat nichts Geisterhaftes. Vielleicht verhält sich der Geist ganz ähnlich zum Gehirn wie das Programm zum Computer. Eine Wissenschaft des Geistes ist durchaus möglich.

Was die gemachten Entdeckungen betrifft, findet man eine kurze Antwort in den Kapitelüberschriften dieses Buches. Wir wissen mittlerweile einiges darüber, wie Menschen die Welt wahrnehmen, wie sie lernen, sich mit ihr auseinanderzusetzen, wie sie denken und Urteile fällen und wie sie kommunizieren. Viele dieser Erkenntnisse werden bereits in Computerprogrammen genutzt, die Bilder interpretieren, knifflige intellektuelle Aufgaben lösen und Experten bei fachlichen Problemen wie der ärztlichen Diagnose Rat geben. Doch die wichtigste Entdeckung war die Einsicht, wieviel wir nicht wissen. Manche finden paranormale Erscheinungen wie die Telepathie aufregend, und dabei begreifen sie nicht, daß ein scheinbar müheloser Prozeß wie die visuelle Wahrnehmung in Wahrheit voller tiefer Geheimnisse steckt: Er beruht auf unzähligen unbewußten Prozessen, die uns niemals zu Bewußtsein kommen und die wir nur durch wissenschaftliche Erforschung zu verstehen hoffen können. Der Computer hat uns endlich in die Lage versetzt, die zu lösenden Probleme leidlich genau zu formulieren.

Wer sich schon mit diesen kurzen Antworten zufriedengibt, braucht nicht weiterzulesen, denn das Ziel dieses Buches ist, zu erklären, was Kognitionswissenschaft ist, ihre Anfänge zu beschreiben und darzulegen, was sie inzwischen erreicht hat. Hier muß jedoch eine gewisse Einschränkung gemacht werden. Unbestreitbar gibt es Wissenschaftszweige, die sich mit der Kognition befassen. Zweifelhaft ist jedoch, ob die Kognitionswissenschaft eine einheitliche, in sich geschlossene Disziplin darstellt.

In den Augen ihrer Kritiker existiert sie nicht, kann sie nicht und sollte sie nicht existieren. Oft, so heißt es, würden neue Wissenschaften schlau erfunden, um Forschungsmittel zu ergattern, und die Kognitionswissenschaft sei nichts anderes als eine Zusammenfassung sechs verschiedener Disziplinen auf der Suche nach einem Geldgeber. Tatsächlich existieren aber geisteswissenschaftliche Disziplinen, und sei es auch nur, weil Administratoren sie aus Gründen administrativer Zweckmäßigkeit aus der Taufe heben. An amerikanischen und britischen Universitäten gibt es eine wachsende Zahl von Zentren für Kognitionswissenschaft.

Die Disziplin ist neu, und sogar ihre Anhänger sind sich untereinander nicht über ihr Wesen einig, doch viele von ihnen sind froh, in ihrer Forschung voranzukommen, und kümmern sich nicht um den allgemeinen Rahmen. Dieses Buch bietet, wie ich hoffe, eine kohärente Sicht auf das Fach, die freilich nicht jeder teilen wird. Ihr entscheidendes Konzept ist die Berechnung, ein Begriff, der auf einem mathematischen Teilgebiet, der Theorie der Berechenbarkeit, beruht. Die Kognitionswissenschaft versucht – bisweilen explizit, bisweilen implizit –, die Operationen des Geistes dadurch zu erhellen, daß sie sie wie Berechnungen behandelt, die aber nicht unbedingt von der Art sein müssen, wie sie der uns vertraute Computer ausführt, sondern die von einer Art sind, die in diesen breiteren Rahmen der Berechnungstheorie fällt.

Mein Ziel war, ein Buch zu schreiben, das für jeden verständlich ist, der sich für die wissenschaftliche Erklärung geistiger Phänomene interessiert. Das Buch ist intellektuell anspruchsvoll – wie könnte es auch anders sein? –, aber ich habe mein möglichstes getan, es einfach zu halten. Es verlangt vom Leser, daß er mitdenkt, nicht aber, daß er ein umfangreiches Fachwissen mitbringt. Das Buch könnte – so meine Hoffnung – vielleicht sogar etwas zu einem Fachgebiet beitragen, das noch zu jung ist, als daß es schon allgemeine Lehrbücher angeregt haben könnte, denen das Konzept der Berechnung zugrunde liegt.

Es könnte sein, daß dem Leser noch eine letzte Frage auf der Zunge liegt: Wofür ist die Kognitionswissenschaft zu gebrauchen? Es gab einmal eine Zeit, da Akademiker eine solche Frage verächtlich abtaten. »Wofür ist ein neugeborenes Baby zu gebrauchen, Madame?« sagte Rutherford. Den Luxus einer solchen Erwiderung kann die Welt sich nicht mehr leisten. Ich betrachte die Erforschung des Geistes als einen wissenschaftlichen Selbstzweck, doch die dabei angefallenen Erkenntnisse haben bereits zur Praxis des Lehrens und Lernens, zur Diagnose und Behandlung von Geisteskrankheiten und zur Ausformung einer humanen Technologie beigetragen, die die menschliche Intelligenz verstärkt. Denkbar, daß die Kognitionswissenschaft unseren Geist schließlich in einer Weise erklären wird, die für *uns* und die Art unseres Zusammenlebens bedeutsam ist.

TEIL I

Berechnung und Geist

Um Turings Modell des »Gehirns« verstehen zu können, mußte man eingesehen haben, daß er Physik und Chemie einschließlich des ganzen Streits über die Quantenmechanik (...) als im Grunde unerheblich betrachtete. Physik und Chemie waren in seinen Augen nur insofern von Bedeutung, als sie das Medium aufrechterhielten, in dem diskrete »Zustände«, »Lesen« und »Schreiben«, verkörpert sind. Im Grunde kam es nur auf die *logische* Struktur dieser Zustände an. Die Behauptung lautete: Was immer ein Gehirn tut, das tut es aufgrund seiner Struktur als ein logisches System – und nicht, weil es in jemandes Kopf steckt oder weil es ein schwammiges Gewebe ist, das aus einer bestimmten Art biologischer Zellbildung besteht. Und wenn dies zutraf, dann konnte seine logische Struktur ebensogut in einem anderen Medium dargestellt, durch eine andere physikalische Maschinerie verkörpert werden. Es war eine materialistische Auffassung des Geistes, die aber nicht, wie es so oft geschah, logische Strukturen und Beziehungen mit physischen Substanzen und Dingen verwechselte.

Alan Hodges

1. Kapitel

Wie erforscht man den Geist?

Fast jeder glaubt, sein Handeln werde von seinen bewußten Gefühlen und Urteilen bestimmt. Das Denken determiniert das Verhalten. Ein typisches Beispiel dafür ist, wie ein Freund von mir sich sein neues Auto aussuchte. Da er sich mit Autos nicht auskannte, studierte er einige Motorzeitschriften und kam zu dem Schluß, daß japanische Autos das beste Verhältnis von Zuverlässigkeit und Preiswürdigkeit bieten. Außerdem fragte er andere um Rat. Einer empfahl ihm, am besten einen Neuwagen zu kaufen; so könne er ein Jahr lang sorglos fahren, weil auf Neuwagen Garantie ist. Ein anderer riet ihm zu einem noch relativ neuen Gebrauchtwagen; auf diese Weise könne er wegen des hohen Wertverlusts in den ersten Jahren eine Menge Geld sparen. Die beiden Empfehlungen waren nicht auf einen Nenner zu bringen. Schließlich entschied er sich für ein Auto, das der Händler als Vorführwagen benutzt hatte. Es vereine in sich, sagte er, alles, was ihm empfohlen worden war: Es war ein japanisches Auto, es war erheblich billiger als ein nagelneues Modell, und es war noch so neu, daß es unter die Herstellergarantie fiel.

Ich weiß, daß mein Freund ehrlich ist, und die Gründe für seine Entscheidung erscheinen vollkommen logisch, aber können wir sicher sein, daß er das Auto aus den angegebenen Gründen kaufte, oder sind es nachträgliche Rationalisierungen? Vielleicht hat er sie sich ausgedacht, um zu verschleiern, daß er die wahren Gründe seiner Entscheidung nicht kennt. Was ihn bewog, war möglicherweise das Image des Autos – seine irgendwie phallische Form und das Machtgefühl, das er hinter seinem Lenkrad empfand –, oder vielleicht wollte er auch mit seinen Nachbarn Schritt halten, die Autos dieses Zuschnitts hatten.

Dieses Beispiel wirft eine allgemeine Frage auf: Wie weit können wir die Gründe unseres Verhaltens kennen? Die Ansicht, unser Handeln werde von Überzeugungen und Wünschen bestimmt, mag zutreffen, sie kann aber auch Bestandteil einer naiven Vulgärpsychologie aus Mythen und Mystifikationen sein, die nichts mit der Realität gemein haben. Die wahre Ursache einer bestimmten Handlungsweise ist nicht feststellbar: das Dilemma des Historikers. Um eine Antwort auf die Frage zu erhalten, müssen wir uns daher an die Psychologen wenden, die untersuchen, wie sich viele Individuen in ein und derselben experimentell kontrollierten Situation verhalten.

Introspektion und das Unbewußte

Leider sind sich die Erforscher der Psychologie bis heute nicht darüber einig geworden, wie man den Geist am besten erforscht, ja noch nicht einmal darüber, ob er überhaupt ein richtiger Forschungsgegenstand ist. Die Schwierigkeiten begannen mit René Descartes (1596–1650)[*], dem ersten eindeutig modernen Philosophen, der klar zwischen Geist und Körper unterschied. Man kann, so sein Argument, nicht daran zweifeln, einen Geist zu besitzen, denn der Akt des Zweifelns setzt bereits einen Geist voraus (vgl. seine Behauptung: »Ich denke, also bin ich.«). Man kann aber, bei entsprechendem Zugang zum philosophischen Skeptizismus, daran zweifeln, einen Körper zu besitzen. Körper und Geist sind folglich zwei ganz verschiedene Arten von Entitäten. Reflexe und andere körperliche Verhaltensweisen lassen sich erklären, weil der Körper eine Maschine ist, so wie Tiere Maschinen sind. Doch der Geist ist körperlos, und er regiert das Willkürverhalten durch eine mysteriöse Verbindung zwischen dem Immateriellen und dem Materiellen. Der Geist ist keine

---

[*] Auf den wissenschaftlichen Apparat von Fußnoten habe ich verzichtet, mit dieser einen Ausnahme. Wer einem Verweis nachgehen möchte, sollte unter dem Namen des im Text zitierten Autors in der Bibliographie am Ende des Buches nachschlagen; die dort genannten Einzelheiten sollten ausreichen, das einschlägige Werk herauszufinden. Wird im Text kein Autor genannt, gibt es vielleicht einen einschlägigen Verweis in dem Abschnitt »Weiterführende Literatur« am Ende des Kapitels.

Maschine; folglich kann es eine Wissenschaft des Geistes nicht geben.

Die Argumentation ist so ansprechend und hat unsere Kultur seit so langer Zeit durchdrungen, daß die meisten entweder erklärte oder heimliche Kartesianer sind. Auch wer die Argumente noch nie gehört hat, glaubt wahrscheinlich, daß sein Geist von seinem Körper verschieden sei, daß nichts einfacher sei, als die Inhalte seines Geistes zu erkennen, daß sie (wie etwa die bewußte Entscheidung meines Freundes) die Triebfedern des eigenen Lebens und Handelns seien und daß man einen freien Willen habe, der sich der wissenschaftlichen Erklärung entzieht.

Der Dualismus, wie man die Philosophie Descartes' nennt, ist so überzeugend, daß die Geschichte der Psychologie im großen und ganzen kaum mehr ist als eine Reihe von Reaktionen auf ihn. Als die Psychologen im 19. Jahrhundert erstmals versuchten, geistige Phänomene wissenschaftlich zu erklären, waren sie sich einig, daß die Inhalte des Geistes der Introspektion zugänglich seien. Sie stellten einander verschiedene Aufgaben wie etwa, auf die Nennung eines Wortes hin das erste Wort zu äußern, das ihnen in den Sinn kam, und nach jeder Reaktion grübelten sie über die mentalen Prozesse, die zu ihrer Äußerung geführt hatten. Zunächst behauptete der deutsche Universalgelehrte Hermann von Helmholtz, daß das Sehen auf unbewußten logischen Folgerungen beruhen müsse, durch die zum Beispiel die Tiefenwahrnehmung entstehe. Sodann postulierte Freud ein unbewußtes System von Sexual- und Aggressionstrieben, die, wenn sie unterdrückt werden, in der verzerrten Form von neurotischen Symptomen ins Bewußtsein drängen könnten. So könne sich die Verdrängung von Feindseligkeit gegen einen geliebten Menschen anschließend in der hysterischen Lähmung einer Gliedmaße manifestieren. Die Verdrängung selbst ist ein angeblich unbewußter Prozeß, nicht zu verwechseln mit der bewußten Unterdrückung unerfreulicher Erinnerungen.

Dies sind ganz unterschiedliche Vorstellungen vom Unbewußten, doch beide setzen der Introspektion Grenzen. Das Freudsche Unbewußte stellt eine Alternative zu unseren bewußten Gründen des Verhaltens dar: Ein Auto kauft man nicht (nur), weil es wohlerwogene Vorteile bietet, sondern weil es einen unbewußten Wunsch befriedigt. Das Helmholtzsche Unbewußte bietet keine solche Alternative, sondern stellt vielmehr die Maschinerie bereit, die Bewußtsein möglich macht. Es stellt die kartesianische Identität von Geist und Bewußtsein daher radikaler in Frage. Getreu dem Freudschen Imperativ – Wo Es war, soll Ich werden! – kann man zu den Inhalten seiner unbewußten Motive vorstoßen, indem man auf der Couch des Psychoanalytikers frei assoziiert. Helmholtzsche unbewußte Prozesse können dagegen nicht ins Bewußtsein gelangen, da sie seine Inhalte überhaupt erst erzeugen. Durch den introspektiven Prozeß allein erfahren wir nichts.

Eine weitere Schwierigkeit mit der Introspektion rührte daher, daß sie von einer Gruppe von Psychologen, die sich Anfang dieses Jahrhunderts in Würzburg versammelt hatten, systematisch genutzt wurde. Sie stießen bei ihren eigenen Introspektionen auf eine Art von bewußter, aber nicht analysierbarer Erfahrung, die weder bildhafte Vorstellungen noch einen wahrnehmbaren Willensakt enthielt. Man konnte zum Beispiel an Hunde denken und entscheiden, daß sie Tiere seien, ohne das visuelle Bild eines Hundes vor seinem inneren Auge zu sehen. Es gab, wie Kant rund zweihundert Jahre zuvor vermutet hatte, »bildlose Gedanken«, die auf Prozessen beruhen, die sich unterhalb der Ebene des Bewußtseins abspielen. Das war eine Herausforderung für diese Psychologen, nach deren Auffassung das Denken in der bewußten Assoziation von Ideen bestand. Sie kamen wie Hume bei der Prüfung ihrer Selbstbeobachtungen zu dem Schluß, daß Denken *immer* von Bildern begleitet sei.

Jahrelang wurde über die »bildlosen Gedanken« gestritten, doch konnte der Streit nicht beigelegt werden, weil die Introspektion nicht zu klären vermag, *wie* eine subjektive Erfahrung zur anderen führt. Wenn Sie behaupten, Ihr Denken ähnele den inneren Monologen, die James Joyce und Virginia Woolf ihre Figuren führen lassen, und ich behaupte, daß ich nie so denke (außer wenn ich mich innerlich darauf vorbereite, um eine Gehaltserhöhung zu bitten), dann läßt sich nicht entscheiden, wer von uns sich irrt.

Der Behaviorismus

Das Unvermögen der Introspektion, den Streit um das »bildlose Denken« zu beenden, ebnete der radikalsten Reaktion auf den Kartesianismus den Weg: der Leugnung des Geistes. Diese Auffassung erwuchs aus einer Bewegung, die wir unter der Bezeichnung »Behaviorismus« kennen, und sie ist bis heute die Ansicht – oder das, was das physische Gegenstück zu einer Ansicht ist – moderner Materialisten wie Paul und Patricia Churchland. In seinem 1913 veröffentlichten Manifest für den Behaviorismus schrieb J. B. Watson:

Aus der Sicht des Behavioristen ist die Psychologie eine ganz und gar objektive Naturwissenschaft. Ihr theoretisches Ziel ist die Vorhersage und Steuerung des Verhaltens. Die Introspektion ist kein wesentlicher Bestandteil ihrer Methode, und der wissenschaftliche Wert ihrer Daten hängt nicht von der Leichtigkeit ab, mit der sie sich im Sinne von Bewußtsein interpretieren lassen.

Die Psychologie sollte also objektiv sein; sie sollte eine Naturwissenschaft sein; sie sollte Verhalten steuern und vorhersagen; und sie sollte das Bewußtsein und den Geist, die keine angemessenen Gegenstände der wissenschaftlichen Forschung waren, gänzlich unbeachtet lassen.

Diese kühnen Forderungen wirkten sich, vor allem in den Vereinigten Staaten, auf viele Disziplinen einschneidend aus. Man befaßte sich nicht länger mit mentalen Prozessen; an die Stelle des introspektiven Verfahrens trat die kontrollierte Beobachtung von Reaktionen im Laboratorium. Psychologen studierten, wie Tiere lernten, durch Labyrinthe zu laufen, Hebel zu drücken, um an Nahrung zu kommen, und andere leicht beobachtbare Reaktionen auszuführen. (Die Erforschung des tierischen Verhaltens in der Natur blieb den Ethologen überlassen.) Linguisten gaben den Mentalismus auf und übernahmen die behavioristische Auffassung von Bedeutung: Daß Wörter schließlich für bestimmte Objekte stehen, beruht auf demselben Prozeß, der dafür sorgt, daß ein Klingelzeichen bei einem hungrigen Tier den Speichelfluß auslöst, wenn es immer wieder unmittelbar vor der Darbietung von Futter ertönt – dem Verfahren der »klassischen

Konditionierung«, das die Behavioristen von dem russischen Physiologen Iwan Pawlow übernahmen. Philosophen bauten diese Auffassung zu einer regelrechten Theorie der Bedeutung aus. Anthropologen untersuchten das Verhalten in Gesellschaften und nicht das, was die Menschen selbst über ihre Kultur dachten. Der Geist wurde von seinem angestammten Platz im dualistischen Schema vertrieben: Er war ein geisterhaftes Rätsel, das für die Bestimmung des Verhaltens keine Rolle spielte.

Verstärkt wurde die Verbannung des Geistes durch ein verführerisches Argument, das von einigen Behavioristen vorgetragen wurde, namentlich von B. F. Skinner. Es ist bekannt unter der Bezeichnung »das Dilemma des Theoretikers« und geht folgendermaßen: Angenommen, es gibt wirklich mentale Zustände, die zwischen einem Reiz in der Außenwelt und einer nachfolgenden Reaktion wirksam sind. Dann gibt es zwei Möglichkeiten: Entweder wirken die mentalen Zustände auf gesetzmäßige Weise, oder sie tun es nicht. Wirken sie gesetzmäßig, dann kann der Theoretiker sie ignorieren und ein Gesetz formulieren, das den Reiz direkt mit dem Verhalten verknüpft. Wirken sie nicht auf gesetzmäßige Weise, dann darf der Theoretiker sich selbstverständlich nicht auf sie beziehen. So oder so ist es bei der Formulierung psychologischer Gesetze unnötig, auf mentale Zustände Bezug zu nehmen. Sie sind entweder überflüssig oder nicht benennbar.

Das Argument ist verlockend, und es kann selbst denjenigen, die nicht seinem Reiz erliegen, schwerfallen, genau anzugeben, was daran nicht stimmt. Tatsächlich beruht es auf zwei falschen Annahmen. Die erste ist, daß der einzige Zweck der Wissenschaft darin bestehe, armselige Gesetze zu formulieren. Unabhängig davon, daß Watson und Skinner die Vorhersage und Steuerung des Verhaltens in den Vordergrund stellen, ist es das Ziel der Wissenschaft, Phänomene zu *erklären* und sie nicht bloß in Gesetzen zu beschreiben. Und Erklärungen nehmen natürlich die Form von Theorien an. Falls es also mentale Zustände gibt, sollte eine vollständige psychologische Erklärung sie auch dann berücksichtigen, wenn sie für Gesetze des Verhaltens unerheblich sind. Die zweite falsche Annahme ist, daß die Psychologie sich ausschließlich mit dem Zusammenhang zwischen einem

Reiz in der Außenwelt und einem darauf zurückgehenden offenen Verhalten befassen sollte. Es gibt Verhaltensweisen, die nicht von Außenreizen bestimmt werden. Viele menschliche Fähigkeiten – von der spontanen Rede bis zur Lösung intellektueller Probleme – sind nicht von Ereignissen in der Außenwelt abhängig, sondern beruhen auf komplexen mentalen Prozessen. Auch löst die Wahrnehmung (vor deren Erforschung die Behavioristen sich weitgehend drückten) nicht notwendigerweise ein offenes Verhalten aus. Für die Erklärung von Wahrnehmung, Denken und Kommunikation sind wir auf mentale Zustände angewiesen.

Es gibt einen Witz über zwei Behavioristen: Nach dem Geschlechtsverkehr sagt er zu ihr: »Für *dich* war's schön, aber wie war es für *mich*?« Der Witz wirft ein Schlaglicht auf die Abneigung der Behavioristen gegen die Introspektion. Mit dieser Abneigung konnte man sich wunderbar von der Kontroverse um das »bildlose Denken« lösen, die ja durch Introspektion nicht zu klären war. Dennoch sollten die Psychologen nicht ganz und gar auf die Introspektion verzichten: Nicht alle Selbstbeobachtungen gelten dem Ablauf von subjektiven Erfahrungen. Wenn ich Sie beispielsweise bitte, in ein Stereoskop zu schauen, kann es (sofern ich für eine geeignete Vorlage gesorgt habe) passieren, daß Sie angeben, ein Bild mit räumlicher Tiefe zu sehen. Solche introspektiven Angaben sind wichtig für die Erforschung der Wahrnehmung. Es mag zutreffen, daß wir uns, wie Helmholtz behauptete, niemals all der Prozesse bewußt sind, die der Wahrnehmung zugrunde liegen. Auch mag es zutreffen, daß wir uns, wie Freud glaubte, hinsichtlich der Faktoren, die unsere Entscheidungen beeinflussen, täuschen können. Doch die Behauptung, daß die Anwendung des bewußten Urteilsvermögens nichts mit unserem Verhalten zu tun habe, widerspricht dem Commonsense. Das, was die Menschen sagen, stimmt hinreichend gut mit dem überein, was sie tun, um sicherzustellen, daß sie weiterhin miteinander reden. Außerdem kommen Psychologen gar nicht umhin, sich mit introspektiven Angaben zu befassen, wenn sie Diskrepanzen zwischen einem angegebenen Grund und der wahren Ursache eines Verhaltens verstehen wollen. Sie dürfen nicht ignorieren, sondern müssen erklären, was

Menschen introspektiv darüber bekunden, was sie wahrgenommen haben, wie sie zu einer Entscheidung gelangt sind oder ein Problem gelöst haben und warum sie sich zu einer bestimmten Handlungsweise entschlossen haben.

Solange die Behavioristen bei den Phänomenen des tierischen Lernens blieben, erzielten sie wissenschaftliche und technische Fortschritte, auch wenn es ihnen nicht gelang, die Reaktionen eines Tieres objektiv zu definieren. Als sie sich jedoch dem menschlichen Verhalten zuwandten, machte ihnen Watsons Forderung, daß die Psychologie nicht auf mentale Prozesse Bezug nehmen solle, einen Strich durch die Rechnung. Einige Behavioristen ersannen theoretische Kniffe, die es ihnen erlaubten, über innere Prozesse zu reden, ohne offenkundig die Objektivität aufzugeben. Durch diesen Kunstgriff konnten, wie Gerald Zuriff, ein neuerer Anhänger der Bewegung, einräumte, sogar mentalistische Theorien im Rahmen des Behaviorismus Platz finden. Was als objektive Wissenschaft begonnen hatte, wurde zu einer Ideologie.

Die mentalistische Tradition

Der Behaviorismus war bis zum Zweiten Weltkrieg tonangebend, aber dennoch gab es, besonders in Europa, immer einige, die von der Erforschung des Geistes nicht lassen wollten. Nach dem Abtritt der Würzburger Gruppe florierte in Deutschland eine Schule von »Gestalt«psychologen. Auch sie wandte sich gegen die philosophische Tradition, derzufolge das mentale Geschehen sich auf Assoziationen zwischen Ideen beschränkte. Ihre führenden Vertreter – Wertheimer, Köhler und Koffka – unterstrichen die Bedeutung von strukturellen Beziehungen in der Wahrnehmung, die reicher sind als bloße Assoziationen. Außerdem behaupteten sie, daß die Einsicht in ein Problem von der Erfassung der ihm zugrunde liegenden Struktur abhänge. Sie hatten recht, aber es fehlte ihnen an einer Sprache, um ihre Ideen verständlich zu machen; und sie suchten nach Strukturgesetzen statt nach einer Erklärung für mentale Prozesse.

Der Gegensatz zwischen dem Behaviorismus und der Gestaltpsychologie veranlaßte Bertrand Russell zu der Bemerkung, daß Tiere dazu neigten, die nationalen Eigenschaften der Experimentatoren zu zeigen:

Von Amerikanern studierte Tiere hetzen voller Hektik umher, legen einen unwahrscheinlichen Elan an den Tag und gelangen am Ende durch Zufall zu der gewünschten Lösung. Von Deutschen beobachtete Tiere sitzen still da und denken und bringen am Ende die Lösung aus ihrem inneren Bewußtsein hervor.

Die Wahrheit ist, daß Forscher aus den beiden erwähnten Traditionen unterschiedliche Tierarten vor unterschiedliche Aufgaben stellten.

Ein anderer Verfechter des Mentalismus war der Schweizer Linguist Ferdinand de Saussure, der die Bewegung des Strukturalismus begründete. In seinen postum veröffentlichten Vorlesungen aus den Jahren 1907–1911 begründete er das Prinzip, daß man die Sprache unabhängig von ihren historischen Ursprüngen studieren könne, anders als es die Philologie des 19. Jahrhunderts gelehrt hatte. Er behauptete, die Bedeutung eines Symbols sei nicht das von diesem bezeichnete Objekt, sondern eine mentale Entität. Für Saussure bestand ein Zeichen oder Symbol aus einer Form (dem »Signifikanten«), die mental mit einem Begriff (»dem Signikat«) verknüpft wird. In der Sprache ist die mit einem bestimmten Begriff verbundene Lautform beliebig, es besteht also keine natürliche Verknüpfung zwischen Wort und Begriff, abgesehen von den wenigen Fällen der Onomatopöie. Der jeweilige Sinn eines Begriffs hängt davon ab, welche Begriffe sonst noch existieren. Saussure bestand denn auch darauf, daß ein Begriff nicht aus sich heraus definiert werden könne, sondern nur durch seine Beziehungen zu anderen Begriffen. So haben das französische Wort »mouton« und das englische Wort »sheep« dieselbe Bedeutung, weil beide in bezug auf Schafe benutzt werden können, doch differieren die Begriffe in ihrer Bedeutung, weil das Englische für Schaffleisch das Wort »mutton« hat, zu dem es ein französisches Pendant nicht gibt. Die Begriffe, für die es Zeichen gibt, differieren von einer Sprache zur anderen, und sie sind durchaus nicht unwandelbar, sondern können sich von einer Generation zur nächsten ändern. Saussure war demnach der Ansicht, daß Sprache über das hinausgeht, was sich im Geist eines einzelnen abspielt, machte sich aber nicht die platonische Auffassung zu eigen, daß es ein objektives Reich idealer Bedeutungen gebe. Er erkannte vielmehr an, daß Sprache ein soziales Produkt ist – die Beziehungen zwischen Wörtern und Begriffen tragen den Stempel gesellschaftlicher Billigung.

Der Strukturalismus beruhte auf der Vorstellung, daß der Geist Strukturen enthalte wie etwa ein geordnetes mentales Lexikon. Der Anthropologe Claude Lévi-Strauss nahm an, daß die Mythen, Konventionen und Artefakte einer Kultur die manifesten Folgen von mentalen Strukturen seien. Diese Strukturen sind nicht der Introspektion zugänglich, können aber durch Analyse aufgedeckt werden. Die Methodologie von Lévi-Strauss enthält jedoch Gefahren. Die Validität einer Analyse ist, wie spätere kognitive Anthropologen entdeckten, schwer einzuschätzen. Eines der Probleme besteht darin, daß der Theoretiker den Daten eine Klassifikation überstülpt und dabei kaum anders verfährt als die Numerologen, die in Shakespeares Werken Strukturen zu entdecken vermeinen, die sie für signifikant halten. Eine Theorie kann so reich an deskriptiven Möglichkeiten sein, daß sie sich mit beliebigen Daten in Einklang bringen läßt. Überdies mag eine kulturelle Praxis zwar korrekt durch eine theoretische Struktur beschrieben werden, doch folgt daraus nicht, daß diese Struktur in irgendeinem Geist außer in dem des Theoretikers enthalten ist. Es kann sein, daß die gewöhnlichen Mitglieder der Kultur eine völlig andere Repräsentation benutzen, da es so etwas wie eine einzige und allein gültige Beschreibung von Daten nicht gibt. Ein kulturelles Produkt, wie ein Mythos es ist, kann sogar das Ergebnis von Faktoren sein, die in niemandes Geist repräsentiert sind, etwa von Übersetzungsfehlern.

Der Strukturalismus stützt sich auf einfache Klassifikationsprinzipien – ein System binärer Gegensätze wie genießbar/ungenießbar und natürlich/kulturell –, deren Erklärungskraft für viele Arten von Denken nicht hinreicht. Ihre Apotheose erlebte die Doktrin in der Literaturkritik, der französischen Psychoanalyse und der ästhetischen Theorie.

Auf ähnliche Schwierigkeiten wie der Strukturalismus stieß ein anderer Schweizer Mentalist, der verstorbene Jean Piaget. Ihm ging es um die Erkenntnistheorie, und er nahm Untersuchungen an Kindern vor, um die Grundlagen der Erkenntnis zu erhellen. In zahlreichen nicht standardisierten Studien erforschte er das Weltverständnis von Kindern und was sie über die Welt denken. Er kam zu dem Schluß, daß das Denken sich aus der »Internalisierung der eigenen Handlungen« entwickele und qualitativ verschiedene Stadien in der Kindheit durchlaufe. Diese Stadien entsprechen Piaget zufolge der Entfaltung neuer mentaler Strukturen, die vermeintliche Vorläufer der wichtigsten Zweige der Mathematik sind: zunächst der Topologie (der Erforschung der allgemeinsten Eigenschaften des Raumes), dann der Algebra der Relationen und schließlich der formalen Logik. Auch hier besteht die Gefahr, daß Piaget diese Struktur dem kindlichen Denken übergestülpt hat und daß sie keine Entsprechung in irgend etwas haben, das man im Kopf von Kindern finden könnte. Außerdem hat er die Entwicklung mentaler Strukturen nie hinreichend klar beschrieben, so daß man sie in einem Computerprogramm modellieren konnte. Die Theorie ist eine Uhr ohne Mechanismus.

Der Aufstieg der kognitiven Psychologie

Gestaltpsychologie, Strukturalismus, Piagets Epistemologie und die eklektische Arbeit britischer Psychologen wie etwa Sir Frederic Bartlett sorgten dafür, daß die Erforschung des menschlichen Geistes in der Zwischenkriegszeit weiterging. Während des Zweiten Weltkriegs ließ man zahlreiche menschliche Fähigkeiten von Psychologen untersuchen, von der Spracherkennung in einer lauten Umgebung bis zur Führung eines Flugzeugs. Ohne die Berücksichtigung mentaler Prozesse waren die Phänomene nicht zu erklären. Nach dem Krieg verstärkte sich diese Tendenz durch einen massenhaften Import von Ideen aus anderen Disziplinen. Kybernetiker untersuchten die Rolle der Rückkopplung bei der Erreichung von Zielen. Ein Thermostat, der eine bestimmte Temperatur aufrechterhält, ist von einem Ziel bestimmt. Sie hielten es deshalb für legitim, dem menschlichen Verhalten teleologische Prinzipien zuzuschreiben. Neurophysiologen entwickelten Theorien über die Logik der Schaltungen von Nervenzellen, und der kanadische Psychologe Donald Hebb stützte eine Theorie der Kognition auf eine Hypothese über die Funktionsweise von Zellgruppen. Informationstheoretiker stellten ein statistisches Maß der Informationsmenge bereit, die über einen Kommunikationskanal wie etwa eine Telefonleitung übertragen wird. Man kann in etwa sagen, daß um so mehr Information vermittelt wird, je unwahrscheinlicher eine Nachricht ist, statistisch gesehen. Das Maß veranlaßte den amerikanischen Psychologen George Miller, die menschliche Fähigkeit zur Informationsverarbeitung zu untersuchen. Den britischen Psychologen Donald Broadbent brachte es dazu, den Geist als Kommunikationskanal zu analysieren.

Unterstützt wurde der Aufschwung der Psychologie der »Informationsverarbeitung« durch eine Erfindung: den ersten Digitalrechner, der sein eigenes Programm speichern konnte. Er wurde in den frühen fünfziger Jahren in Princeton unter der Leitung des Mathematikers John von Neumann gebaut. Genau wie der bahnbrechende Theoretiker Alan Turing sollte von Neumann den Computer später mit dem Gehirn vergleichen. Die Aufgabe war, Computer so zu programmieren, daß sie intelligent funktionieren konnten, und Mitte der fünfziger Jahre gelang es Herbert Simon und Allen Newell, ein Programm zu schreiben, das logische Theoreme auf eine Weise beweisen konnte, die der menschlichen Denkweise ähnelte. Zunächst sammelten Simon und Newell systematisch die introspektiven Berichte von Problemlösern und verglichen sie mit dem Protokoll der Bemühungen des Computers bei demselben Problem. Andere Psychologen, darunter Jerome Bruner und seine Mitarbeiter, entwickelten Theorien über die Strategien, die Menschen anwenden, wenn sie neue Konzepte erlernen, und diese Strategien hatten eine auffallende Ähnlichkeit mit Computerprogrammen.

Der Behaviorismus löste zwangsläufig Gegenreaktionen aus, und es waren drei Schläge, die ihm den Rest gaben. Zunächst äußerte Karl Lashley, ein vormaliger Sympathisant, seine Zweifel an der behavioristischen Analyse gelernter Verhaltensweisen wie dem Klavierspiel oder der spontanen Rede. Grundlage dieser Fähigkeiten müsse eine Hierarchie von Steuerungen sein, die den Intentionen des Individuums entspringt und die Struktur der Verhaltensabläufe mit zunehmender Verfeinerung bestimmt. Das Sprechen setze zum Beispiel eine Idee, eine Auswahl der Syntax und eine Auswahl von Wörtern voraus. Es könne unmöglich das Ergebnis einer einzigen Assoziationskette sein, die von den Reizen bis zu den Reaktionen reicht. Sodann bewies Noam Chomsky, daß die dem Behaviorismus eigentümliche Auffassung der Sprache nicht hinreiche, um die Syntax von englischen Sätzen festzulegen. Schließlich zeigten George Miller und Mitarbeiter, daß hierarchische Planung im mentalen Geschehen eine zentrale Rolle spielt und dem Konzept eines Computerprogramms eng verwandt ist. Als Miller und Bruner 1960 das Harvard Center for Cognitive Studies gründeten, war der Geist innerhalb der amerikanischen Psychologie vollständig rehabilitiert.

Wie oft in einer Zeit rascher wissenschaftlicher Entwicklung erkannte nicht jeder sogleich, was da geschah, und vielleicht war damals niemandem klar, um was es wirklich ging. Fest stand, daß der Hauptstrom der Psychologie sich wieder dem Studium des Geistes zugewandt hatte, und der Computer lieferte eine aufregende neue Metapher. Zuvor hatte man den Geist mit einer Wachstafel, einem hydraulischen System und einer Telefonvermittlung verglichen. Jetzt gab es eine neue Reaktion auf den Dualismus: Gehirn und Geist sind aufeinander verwiesen wie Computer und Programm. Dabei erfaßte keiner, was die Metapher alles hergibt. Ihre eigentliche Kraft beruhte auf der Existenz von »Maschinen, die denken«. Tatsächlich bot der Computer – oder vielmehr die hinter ihm steckende Theorie – eine neue Konzeption der psychologischen Erklärung. Diese Konzeption leistet sehr viel mehr als die älteren mechanischen Analogien. Sie ist, wie wir sehen werden, noch bei weitem nicht ausgeschöpft.

Das Wesen psychologischer Erklärungen

Das Bakterium *Escherichia coli*, das im Darm lebt und bisweilen Magenverstimmung erzeugt, verhält sich offenbar wie ein intelligenter Organismus, denn es wandert auf Nahrungsquellen zu und von Giften fort. Man könnte denken, es bestimme seinen

Kurs aufgrund einer rationalen Entscheidung, die auf einer inneren Repräsentation seiner Umwelt basiert. In Wirklichkeit hat E. coli, wie D. E. Koshland und andere Biologen herausgefunden haben, keinerlei Bedarf für ein Geistesleben: keine Repräsentation, kein Gedächtnis, keine Entscheidung. Die Evolution hat seine Navigationsprobleme gelöst, ohne es mit einer inneren Repräsentation auszustatten. Die Geißeln des Bakteriums rotieren – gänzlich verabscheut die Natur nicht das Rad –, und wenn sie sich entgegen dem Uhrzeigersinn drehen, treiben sie es vorwärts, während sie, wenn sie sich im Uhrzeigersinn drehen, auseinander fliegen und das Bakterium Purzelbäume schlagen lassen. Es hat spezielle Rezeptorproteine, die entsprechend der Form ihrer Moleküle verschiedene (nahrhafte und toxische) Substanzen binden können, und es ist praktisch der Empfang dieser Substanzen, der für die Umschaltung der Drehrichtung der Geißeln sorgt. Wird Nahrung detektiert, rotieren sie entgegen dem Uhrzeigersinn, so daß der Organismus sich geradlinig fortbewegt. Werden jedoch keine weiteren Nahrungspartikel entdeckt, beginnt die Drehrichtung zu wechseln: Der Organismus wandert aufs Geratewohl umher, wodurch sichergestellt wird, daß er wahrscheinlich wieder auf den Pfad zu den Nahrungsreizen stoßen wird. Er kann folglich ein Ziel ansteuern, das Nahrungspartikel emittiert, ähnlich wie ein Flugzeug, das einigermaßen erratisch einem Leitstrahl folgt.

Das Bakterium ist der Traum eines Behavioristen. Es wirft keine Probleme der kognitiven Psychologie auf, weil es kein Seelenleben hat. Seine Aktionen lassen sich erklären wie die einer Maschine. Und seit Descartes haben Theoretiker angenommen, daß das Funktionieren von Maschinen unschwer zu verstehen sei. Lord Kelvin, der bedeutende viktorianische Physiker, kehrte dieses Argument sogar um und schrieb in einem Brief an einen Kollegen:

Ich bin solange nicht zufrieden, wie ich nicht ein mechanisches Modell von etwas machen kann. Wenn ich ein mechanisches Modell machen kann, kann ich es verstehen. Solange ich kein mechanisches Modell machen kann, kann ich nicht verstehen ...

Dies ist sicherlich ein Kriterium für das, was als eine befriedigende Erklärung gilt. Weil wir Roboter herstellen können, die sich ähnlich wie Bakterien verhalten, glauben wir, die Triebfedern ihres Verhaltens zu verstehen. Andere Organismen – zumindest die Menschen – haben jedoch ein Seelenleben, und wir müssen bestimmen, was wir als gegeben voraussetzen dürfen, um es zu erklären.

Eine Erklärung sollte das Unverstandene anhand dessen erläutern, was wir schon verstanden haben. Es muß also eine gewisse Einigkeit darüber bestehen, welche Konzepte hinreichend gut verstanden sind, um in Erklärungen verwendet zu werden. Erklärt ein Psychoanalytiker die Wahl, die mein Freund bezüglich des Autos getroffen hat, mit der Behauptung, er habe einen ungelösten ödipalen Konflikt gehabt, dann darf ich fragen, was das genau zu bedeuten hat. Der Analytiker wird daraufhin vielleicht erklären, kleine Jungen fühlten sich sexuell zu ihrer Mutter hingezogen und seien daher eifersüchtig auf ihren Vater, und diese unangenehmen Gefühle würden verdrängt und ruhten im Unbewußten. Doch diese Erklärung setzt zu viel als gegeben voraus – so ist zum Beispiel die Idee des Unbewußten erklärungsbedürftig. Auf diese Weise könnten wir bei der Suche nach einer gemeinsamen Grundlage *ad nauseam* weitermachen.

Gibt es irgendeine Abkürzung dergestalt, daß wir im voraus festlegen, was in psychologischen Erklärungen gefahrlos als gegeben vorausgesetzt werden kann? Die Frage berührt die Grundlagen der Kognitionswissenschaft. Bis vor kurzem gab es darauf keine akzeptable Antwort. Psychologische Lehrbücher wimmeln von Fachausdrücken wie »Einstellung«, »Gestalt«, »Prägnanz«, »Gleichgewicht«, »reiner Reiz-Akt«, und psychoanalytische Lehrbücher enthalten eine noch größere Fülle von Fachjargon wie zum Beispiel »Primärprozeß«, »Verdrängung«, »Gegenübertragung«, »Kastrationsangst«, »Phallozentrismus« und »Libido«. Man kann sich kaum des Ausrufs erwehren: *Was bedeuten all diese Wörter? Warum sind es so viele? Und wie können wir ihnen entgehen?* Das Ergebnis dieses ausufernden Wortschwalls ist, daß Theorien oft schwer zu verstehen sind und nur dann Vorhersagen liefern, wenn man die Intuition walten läßt. Eine Theorie jedoch, die nur mit Hilfe der Intuition zu bestimmen vermag, was sie vorhersagt, hat geringen Erklärungswert.

Sie ist kein Wegweiser, sondern eine Krücke, auf die sich der Theoretiker stützt, um mit der anderen Hand die Richtung anzuzeigen.

Die Antwort auf das Problem ist nicht der Computer als solcher, sondern das, was hinter ihm steht – sein mathematischer Vorläufer, die mathematische Theorie der Berechenbarkeit. Diese in den dreißiger Jahren von Logikern entwickelte Theorie liefert eine Vorstellung des Mechanismus, die mehr leistet, als Descartes oder Kelvin es sich je erträumt haben. Sie zeigt, wie man aus einer Reihe einfacher Bausteine eine unbegrenzte Vielfalt komplexer symbolischer Prozesse konstruieren kann. Mit Hilfe dieser Prozesse wurden Modelle von solchen Bereichen wie dem Wetter, der Börse und den Wechselwirkungen zwischen Elementarteilchen gebildet. Bislang waren sie noch auf jeden Bereich anwendbar, und sie sind besonders geeignet, jenen anderen Apparat zu modellieren, der Symbole zu manipulieren scheint, das menschliche Gehirn. Dabei sind die Bausteine der Berechenbarkeit so einfach, daß man kaum einen Einwand dagegen finden kann, sie als gegeben vorauszusetzen.

Die Idee, das mentale Geschehen mit Hilfe eines Rechenprozesses zu erklären, wurde zu Beginn der vierziger Jahre, noch vor der Erfindung des Computers, von Kenneth Craik vorweggenommen. Er verglich das Denken mit der Arbeitsweise einer der Maschinen Kelvins, des Gezeitenrechners, der mittels einer Apparatur von Zahnrädern, Kurbelwellen und Flaschenzügen die Gravitationskräfte modelliert, von denen Höhe und Zeitpunkt der Gezeiten abhängt. Craik wußte offenbar nichts von der Berechnungstheorie, die damals ein kaum bekanntes und obskures Feld war, aber einer ihrer Begründer, Alan Turing, hatte ganz ähnliche Vorstellungen über die Erklärung mentaler Prozesse, die er allerdings erst später veröffentlichen sollte. Turing war darüber hinaus der Ansicht, daß die Berechnungstheorie eine ausgezeichnete Grundlage für Erklärungen biete, denn er wußte, daß es ihr Ziel war, zu zeigen, welche mathematischen Berechnungen sich ohne Rückgriff auf die Intuition durchführen lassen.

Der Plan des Buches

Ziel der Kognitionswissenschaft ist es, zu zeigen, wie der Geist funktioniert. Ihre Leistungsfähigkeit verdankt die Disziplin zum Teil der Theorie der Berechenbarkeit. Ist eine Erklärung berechenbar, so ist sie *prima facie* schlüssig und setzt nicht allzu viel als gegeben voraus. Ob es die richtige Theorie ist oder nicht, hängt von ihrer Übereinstimmung mit den Tatsachen ab, doch zumindest ist es ihr gelungen, Verschwommenheit, Verworrenheit und die mystische Beschwörung verbaler Leerformeln zu vermeiden. Gewisse Prozesse im Nervensystem scheinen Berechnungen (wenn auch vielleicht von einer neuen Art) zu sein. Andere, zum Beispiel die Reaktion der Netzhaut auf Licht, sind physikalische Prozesse, die in Computerprogrammen modelliert werden können. Es könnte jedoch Aspekte des mentalen Geschehens geben, die sich nicht auf diese Weise modellieren lassen und uns zwingen, mehr als gegeben vorauszusetzen, als das Konzept der Berechenbarkeit erlaubt. Möglicherweise gibt es sogar Aspekte des Geistes, die sich der wissenschaftlichen Erklärung entziehen.

In diesem Buch werde ich untersuchen, wie weit sich das mentale Geschehen mit berechenbaren Theorien erklären läßt. Die Hauptaufgaben des Geistes sind

- die Welt wahrzunehmen
- zu lernen, zu erinnern und das Handeln zu steuern
- zu denken und neue Ideen zu erzeugen
- die Kommunikation mit anderen zu steuern
- die Erfahrung von Gefühlen, Intentionen und Selbstwahrnehmung zu erzeugen.

Ich habe das Buch in verschiedene Teile aufgegliedert, die sich jeweils mit berechenbaren Darstellungen dieser Prozesse befassen. Doch bevor ich fortfahre, will ich den zentralen Begriff der Berechenbarkeit erläutern.

Weiterführende Literatur

Miller (1966) ist die beste kurzgefaßte Geschichte der Wissenschaft vom Geist. Der Anhang von Newell und Simon (1972) erzählt die Geschichte des Aufstiegs der kognitiven Psychologie in der Nachkriegszeit. Boden (1977) gibt eine ausgezeichnete Einführung in Computermodelle mentaler Prozesse vom Standpunkt der Künstlichen Intelligenz. Gardner (1985) ist eine anregende Darstellung der Entwicklung der Kognitionswissenschaft.

Zwei hervorragende, aber fortgeschrittene Kenntnisse erfordernde Einführungen in die Kognitionswissenschaft sind Stillings, Feinstein, Garfield, Rissland und andere (1987) sowie die drei Bände, die Osherson und Mitarbeiter (1990) herausgegeben haben. Posner (1989) hat ein bedeutendes Handbuch des Faches vorgelegt. Wer sich mehr für Gehirne als für Geist interessiert, findet bei Churchland und Sejnowski (1992) »einen Seitenblick auf die gegenwärtige Computer-Forschung, die für die Neurobiologie von Belang ist«. Kosslyn und Koenig (1992) betrachten die Beziehungen zwischen Gehirn und Geist unter besonderer Berücksichtigung der kognitiven Neurowissenschaft. Shallice (1988) sowie McCarthy und Warrington (1990) bieten ausgefeilte Analysen dessen, was man aus Untersuchungen der Auswirkungen von Hirnschäden – ein Gebiet, das man gemeinhin als »kognitive Neuropsychologie« bezeichnet – über normale mentale Prozesse lernen kann. Das beste verfügbare Wörterbuch der Psychologie und Kognitionswissenschaft ist Sutherland (1989).

2. Kapitel

Symbole und mentale Prozesse

Was wird in mentalen Prozessen *verarbeitet*? Die Antwort liegt auf der Hand: eine Vielzahl von Wahrnehmungen, Ideen, Bildern, Ansichten, Hypothesen, Gedanken und Erinnerungen. Einer der Lehrsätze der Kognitionswissenschaft besagt, daß all diese Entitäten mentale Repräsentationen oder *Symbole* dieser oder jener Art sind. Es gibt eine gewaltige Literatur über Zeichen, Symbole und Signale. Ein Psychoanalytiker sagt uns, eine im Traum vorkommende Treppe symbolisiere Geschlechtsverkehr. Ein Strukturalist sagt uns, Seifenpulver symbolisiere die Aufrechterhaltung der öffentlichen Ordnung. Ein Anthropologe sagt uns, die Bilderwelt einer Gesellschaft über die Beziehungen zwischen Toten und Lebenden symbolisiere die Beziehungen zwischen den Lebenden. In diesem Kapitel möchte ich nicht die obigen Behauptungen über die Symbolik – sie stammen von Freud, Barthes und Lévi-Strauss – erörtern, sondern die Funktionsweise von Symbolen. Ich beginne mit Symbolen in der Außenwelt, behandle anschließend Symbole und Computer und versuche schließlich zu zeigen, daß mentale Symbole ein geeigneter Fall für die Computer-Modellierung sind.

Systeme von Symbolen

Symbole kommen selten oder nie isoliert vor: Sie treten in Systemen auf. Die einfachsten Systeme enthalten eine geringe Zahl unterschiedlicher Symbole, die jeweils ihre eigene, unverwechselbare Interpretation haben. So greifen die in Abbildung 2.1 dargestellten Verkehrszeichen jeweils eine bestimmte Gefahr

Doppelkurve (zunächst links) — Schleudergefahr bei Nässe oder Schmutz — Gegenverkehr

Straße mit Gegenverkehr kreuzt Einbahnstraße — Verkehr von links — Verkehr von rechts

Abb. 2.1: Beispiele von Verkehrszeichen (mit Erklärungen).

auf, für die es viele Einzelbeispiele gibt. Die Interpretation eines Verkehrszeichens oder eines sonstigen Symbols erfordert eine Prozedur, die die durch das Symbol bezeichnete Entität herausfindet. Daß Menschen solche Prozeduren ausführen können, ist offensichtlich, aber auch Tiere können lernen, bestimmte Symbole zu interpretieren. Mit dieser Methode stellt man fest, ob ein Tier zwischen zwei Formen unterscheiden kann.

Die reichsten Symbolsysteme enthalten eine unbegrenzte Zahl möglicher Symbole. Architektenzeichnungen liefern ein treffendes Beispiel. Eine Zeichnung besteht aus einem Repertoire einfacher symbolischer Elemente – Geraden, Scheitelpunkte und so weiter. Es bezeichnet Entitäten in einem anderen Bereich – die verschiedenen Teile eines Gebäudes. Seine Beziehung zu diesen Objekten beruht auf einer Reihe von Prinzipien – den Regeln des maßstabsgetreuen Zeichnens und bestimmten Konventionen bezüglich der Architektur. Andere Beispiele für unbegrenzte Systeme sind das mathematische Zeichensystem, die musikalische Notation, Landkarten, die alphabetische Schrift, in der Wörter zu Sätzen kombiniert werden, und die ideographische Schrift, in der Symbole, die für Ideen stehen, zu Sätzen kombiniert werden. Sie alle haben, wie die meisten Symbolsysteme, drei Komponenten: eine Menge von einfachen Symbolen in Verbindung mit Prinzipien, um aus ihnen komplexe Symbole zu bilden; eine Menge von Entitäten, die den symbolisierten Bereich darstellt; und eine Methode, um Symbole mit den Entitäten, die sie symbolisieren, zu verknüpfen, und umgekehrt.

Ziffern als Symbole

Ein Bereich von Entitäten kann durch viele verschiedene Symbolsysteme repräsentiert werden. Das ist offenkundig im Bereich der Zahlen, die abstrakte Entitäten sind, und der sie bezeichnenden Symbole, nämlich der Ziffern, die Zeichen sind, welche auf Papier oder in einem anderen Medium aufgezeichnet werden können. Zahlen werden normalerweise mit den von den Arabern erfundenen Dezimalziffern geschrieben. Das Dezimalsystem ist aber nur durch Gewohnheit und Nützlichkeit sanktioniert; es ist nicht sakrosankt. Das Morsealphabet ist eine Notation für die Buchstaben des Alphabets, und es ist binär, weil es nur zwei einfache Symbole enthält (Punkt und Strich). Es gibt auch eine binäre Notation für Zahlen, in der jede Zahl mit nur zwei Arten eines einfachen Symbols (0 und 1) geschrieben wird. So wird Null als 0 geschrieben, Eins als 1, Zwei aber als 10, Drei als 11 und Vier als 100. Das allgemeine Prinzip ist folgendes: Die Stelle ganz rechts bezeichnet Einheiten (0 oder 1), die Stelle links daneben bezeichnet die Anzahl der Zweien, die nächste Stelle links daneben die Anzahl der Vieren, die nächste Stelle links daneben die Anzahl der Achten, und so weiter mit wachsenden Potenzen von Zwei. Die Binärziffer 1100 steht zum Beispiel für die Zahl Zwölf, wie das folgende Schema zeigt:

```
8er  4er  2er  Einheiten
 1    1    0    0
```

Binäre Ziffern sind nützlich, weil sie erlauben, in Geräten mit nur zwei internen Signalen Zahlen darzustellen. So können die binären Grundelemente in einem Computer durch die Anwesenheit (1) oder Abwesenheit (0) einer bestimmten Spannung dargestellt werden, und eine Ziffer kann durch eine Reihe solcher Spannungen dargestellt werden.

Zahlen können auch auf andere Weise symbolisiert werden. Sie können als römische Ziffern geschrieben werden, ja sogar als eine schlichte Strichliste, wie sie ein Häftling in die Wand ritzt, um die Tage seiner Inhaftierung zu zählen. Die Zahl Zwölf kann also auf mindestens vier verschiedene Arten geschrieben werden:

XII (römische Ziffer)
12 (arabische Ziffer)
1100 (binäre Ziffer)
||||||||||||| (Strichliste des Häftlings)

Tatsächlich ist die Anzahl der Schreibweisen, mittels derer man Zahlen symbolisieren könnte, unbegrenzt.

Die Konstruktion von Symbolen

Symbolsysteme können in allen drei oben genannten Komponenten differieren: den Symbolen selbst, dem Bereich, den sie symbolisieren, und den Prinzipien, die sie mit dem Bereich verknüpfen. Diese Differenzen müssen wir verstehen, ehe wir auf die Arten von Symbolen eingehen, die der Geist verwenden könnte.

Die erste Differenz betrifft die Symbole selbst und die Prinzipien, nach denen aus den Grundelementen komplexe Symbole gebildet werden. So unterscheiden sich verschiedene numerische Systeme durch die Grundsymbole, aus denen sie sich zusammensetzen:

I, V, X, L, C, D, M	(römische Grundelemente)
0, 1, 2, 3, 4, 5, 6, 7, 8, 9	(arabische Grundelemente)
0, 1	(binäre Grundelemente)
|	(Strichmarke des Häftlings)

Sie unterscheiden sich auch in den Prinzipien für den Aufbau komplexer Symbole. Die Strichliste des Häftlings besteht lediglich in der Aneinanderreihung von Marken (mit Zwischenräumen zwischen den einzelnen Ziffern). Die Prinzipien für römische Ziffern stellen – wie viele andere Systeme – die Symbole nach Strukturregeln zusammen. Diese Regeln ergeben komplexe Symbole, die eine innere Struktur haben; so haben zum Beispiel die Ziffern in XIV die Struktur (X) (IV) und nicht (XI) (V). Auch lassen die Regeln nur bestimmte Kombinationen von Grundelementen zu; zum Beispiel ist IVX keine zulässige römische Ziffer.

Die Bedeutung von Symbolen

Ein System äußerer Symbole wie Ziffern oder ein Alphabet kann viele verschiedene Bereiche symbolisieren. So kann die Binärziffer 1100 für vielerlei stehen, zum Beispiel die Zahl Zwölf, den Buchstaben »Z« wie im Morsealphabet, eine bestimmte Person, ein Artefakt, eine dreidimensionale Form, eine Region der Erdoberfläche oder viele sonstige Entitäten. Ziffern sind deshalb so wirksam, weil jede sich allen anderen unterscheidet und weil ein unbegrenzter Vorrat von ihnen mit einem einfachen Strukturrezept aufgebaut werden kann. Ein numerisches System kann sogar auch dann benutzt werden, wenn ein Bereich eine potentiell unendliche Anzahl von Entitäten umfaßt, vorausgesetzt, die Ziffern können mit dem, was sie bezeichnen, auf irgendeine Weise verknüpft werden. Die einfachste Verknüpfung ist eine beliebige Paarung jedes Symbols mit einem Denotat und jedes Denotats mit einem Symbol, wie beim numerischen Code für die Zimmer eines Hotels. Ein Symbol kann wohlgeformt sein, zum Beispiel die römische Ziffer XIII, ohne jedoch etwas zu bedeuten – vielleicht gibt es kein Zimmer mit der Nummer dreizehn. Meistens ist es praktisch, wenn statt beliebiger Paarungen gewisse Prinzipien die Interpretationen den Symbolen zuordnen. Diese Prinzipien können Regeln, Konventionen oder Gewohnheiten sein. Sind Symbole nach Strukturregeln aus Grundelementen zusammengesetzt, dann kann die Struktur des Symbols für seine Interpretation bedeutsam sein. Eine römische Ziffer hat eine Struktur, die für ihre Interpretation als Zahl bedeutsam ist. Ein Sandhaufen in einem Stundenglas hat eine Struktur, die für seine Interpretation als Zeitspanne nicht von Bedeutung ist – es kommt nur auf die Menge des Sandes an.

Die Explizitheit von Symbolen

Manche Symbole – darunter vielleicht Gedichte, wenn man dem französischen Dichter Stéphane Mallarmé (1842–98) glauben kann – sind ein Selbstzweck. Doch die meisten Symbole dienen einem Zweck. Wir haben es hier mit einem Gedanken zu tun, der für die Kognitionswissenschaft von großer Bedeutung ist und der in diesem Buch immer wieder auftauchen wird. Symbolsysteme unterscheiden sich darin, was sie über die Entitäten in dem symbolisierten Bereich *explizit* machen. Es ist leicht einzusehen, um was es geht. Nehmen wir zum Beispiel zwei Zahlen, die als Strichmarken eines Häftlings geschrieben sind:

||||

und

|||||||

Welche Zahl ist größer? Man sieht sofort, daß es die durch die zweite Strichliste bezeichnete Zahl ist. Betrachten wir jetzt zwei Zahlen, die in römischen Ziffern geschrieben sind:

MCXXX

und

DCCCLII

Welche ist größer? Die Aufgabe ist schwieriger, weil die Größe von Zahlen durch römische Ziffern weit weniger explizit gemacht wird; man muß die Zahlen ausrechnen, um die Frage beantworten zu können. Eine gute Notation spart Arbeit, weil sie die gewünschte Information explizit macht.

Explizitheit ist keine absolute Eigenschaft; sie hängt von dem *Prozeß* ab, der die jeweilige Aufgabe ausführt. Für diesen Prozeß macht ein Symbol die vorliegende Information mit einem Minimum an Arbeit explizit. Besteht die Aufgabe in der Einschätzung der Größe von Zahlen, dann ist die Strichliste des Häftlings für *uns* expliziter als römische Ziffern. Bei gewissen

Prozeduren ist es umgekehrt, weil sie nur mit römischen Ziffern arbeiten können. Bei der Beurteilung der Explizitheit verlassen wir uns in der Regel darauf, wie uns die Dinge introspektiv erscheinen. Dinge, derer wir uns bewußt sind, sind in unserem Bewußtsein explizit gemacht worden. Leider können solche Einschätzungen uns manchmal im Stich lassen, wenn es um die Explizitheit der Information für einen unbewußten Prozeß geht.

Computer und Symbole

In der allgemeinen Vorstellung sind Computer Maschinen, die »Zahlen fressen«, die also langwierige und mühsame Berechnungen ausführen. Das ist ein doppeltes Mißverständnis.

Zum einen arbeiten Computer gar nicht mit Zahlen, sondern mit Ziffern. Zahlen sind abstrakte Entitäten; Ziffern sind Symbole, die als Stellvertreter für Zahlen (oder für viele sonstige Dinge) interpretiert werden können. Man gibt Binärziffern ein, der Computer bearbeitet sie und gibt Binärziffern aus. Um uns das Leben leichter zu machen, können wir Daten über eine Tastatur eingeben, die jedes getippte Zeichen in eine Binärziffer umwandelt. Ebenso werden die Ziffern, die der Computer auswirft, normalerweise in Zeichen umgewandelt, die dann ausgedruckt oder auf einem Bildschirm angezeigt werden. Doch im Computer selbst gibt es nichts als elektrische Muster von Binärziffern.

Zum anderen können Ziffern als Symbole für eine Vielzahl verschiedener Bereiche verwendet werden, so daß Computer Daten aus visuellen Szenen, Schrift und so weiter verarbeiten können. Sie können sogar ständig variierende Größen wie etwa eine Schallwelle verarbeiten, indem sie eine numerische Approximation mit jedem gewünschten Genauigkeitsgrad durchführen. Computer besitzen jedoch keine Prinzipien, um die von ihnen verwendeten Ziffern mit der Außenwelt zu verknüpfen. Bertrand Russell hat einmal gesagt, in der Mathematik wisse man nie, wovon man spricht und ob das, was man sagt, wahr oder falsch ist. Ich bin mir nicht sicher, ob er hinsichtlich der Mathematik recht hatte, aber sein Aphorismus charakterisiert treffend die heutigen Digitalrechner. Was die Bedeutung ihrer Operationen und Resultate angeht, so ist die Interpretation Sache der Menschen, die sie benutzen. Philosophen folgern aus dieser Tatsache gelegentlich, daß mentale Prozesse keine Rechenprozesse sein könnten. Dieses Argument wird vielleicht an Überzeugungskraft einbüßen, wenn man die Computer mit dem *missing link* ausstattet – mit Prozessen, die ihre Symbole mit der Welt verknüpfen.

Zwar kann ein Computer noch nicht seine Symbole in bezug auf die Welt interpretieren, aber er hat doch zwei symbolische Fähigkeiten. Er kann Symbole in der Weise manipulieren, daß er sie transformiert oder neue Symbole aus ihnen bildet. Und seine internen Operationen werden von Symbolen gesteuert. Er kann ein Programm aus symbolischen Befehlen speichern und diese der Reihe nach abarbeiten. Die symbolischen Befehle sind Binärziffern, und eine geringe Menge von ihnen steuert die Operationen der Maschine. Diese Operationen bestehen aus einer Reihe von Bausteinen, die, soweit wir wissen, ausreichen, um alle erdenklichen Berechnungen auszuführen, ungeachtet ihrer letztlichen Bedeutung (für die Menschen, die die Maschine benutzen). Der Computer manipuliert immer nur Binärziffern, doch in fünfzigjähriger Forschung wurde nicht ein Prozeß entdeckt, der sich nicht durch diese Manipulationen modellieren ließe.

Mentale Symbole

Ein wichtiger Lehrsatz der Kognitionswissenschaft besagt, wie schon erwähnt, daß der Geist ein symbolisches System sei. Er kann Symbole konstruieren, und er kann sie in verschiedenen kognitiven Prozessen manipulieren. Er kann die resultierenden Symbole mit irgend etwas in der Welt verknüpfen, wie es etwa geschieht, wenn man eine Beschreibung verifiziert. Ein Symbol muß aber nicht unbedingt irgendeiner Sache in der Welt entsprechen. Es kann zum Beispiel ein Bild von einem hypothetischen Sachverhalt sein, wie es etwa ein schöner englischer Sommertag ist, oder ein Modell einer imaginären Entität, zum Beispiel ein Fabeltier. Doch Wahrnehmung zieht die Konstruktion von mentalen Symbolen nach sich, welche die Welt repräsentieren. Die unmittelbare Verknüpfung ist eine kausale, die von der Welt zu einer inneren Repräsentation führt – eine Verknüpfung, die sich durch natürliche Auslese entwickelt hat. Die Repräsentation macht die Information explizit, die wir benötigen, um unbeschadet durch die Welt zu navigieren: Sie stattet die Prozesse, die unser Handeln steuern, mit Information darüber aus, *was* sich *wo* befindet. Diese Information ist in den Lichtmustern, die in unsere Augen eindringen, nicht explizit enthalten, sondern wird, wie ich im nächsten Teil des Buches beschreiben werde, in der Verarbeitung der visuellen Information in mehreren Stufen gewonnen.

Warum soll man überhaupt annehmen, daß das Gehirn Symbole enthält? Es setzt sich zusammen aus Nervenzellen, und Nervenzellen erzeugen Impulse, elektrochemische Veränderungen, die sich längs der Nervenfasern relativ langsam ausbreiten und am Berührungspunkt (der »Synapse«) zwischen zwei Nerven mittels anderer elektrischer oder chemischer Prozesse überspringen. Mentale Phänomene sind auf das Gehirn angewiesen, und sie lassen sich am besten durch Symbole erklären. Die Anzahl verschiedener Symbole, die bildlichen Vorstellungen, Überzeugungen oder Erinnerungen entsprechen, ist potentiell unendlich, aber das Gehirn kann nicht eine unendliche Anzahl von präexistierenden Symbolen enthalten, ebensowenig wie eine Bibliothek eine unendliche Anzahl von Bänden enthalten kann. Die ungeheure Vielfalt mentaler Symbole muß aus endlichen Mitteln konstruiert sein – aus Grundsymbolen. Nervenimpulse und die sonstigen elektrochemischen Vorgänge können daher als die – möglicherweise in der Form analogen – Grundelemente aufgefaßt werden, aus denen die Symbole konstruiert werden. Der Computer und die Leistungsfähigkeit numerischer Symbole stellen hier die entscheidende Idee bereit: Wie kompliziert auch immer die Arbeitsweise des Computers sein mag, ganz gleich, um welchen Bereich es geht, und unabhängig davon, wie profund die Resultate sein mögen – ein Computer kann nichts anderes tun, als einige wenige elementare Operationen an Binärziffern durchführen. Man sollte daher mentale Symbole und ihre Manipulationen durch Rechenprozesse modellieren können.

Weiterführende Literatur

Die Idee, den Geist als einen Symbole manipulierenden Apparat aufzufassen, findet man in Craik (1943) und im Werk von Turing (siehe Hodges, 1983). Newell und Simon (1976) bieten eine neuere Formulierung des Konzepts eines physischen Symbolsystems. Verschiedene Typen der symbolischen Repräsentation diskutiert der Philosoph Nelson Goodman (1968). Sutherland und Mackintosh (1971) diskutieren die Fähigkeit von Tieren, die Unterscheidung von Symbolen zu erlernen.

Die Natur der mentalen Repräsentation ist in der Kognitionswissenschaft sehr umstritten, und ein Großteil dieses Buches wird sich dieser Frage widmen (siehe insbesondere das 9., 10. und 12. Kapitel).

3. Kapitel

Berechenbarkeit und mentale Prozesse

Theorien des Geistes sollten nicht so sehr davon ausgehen, daß ihr Inhalt undurchsichtig ist. Es ist eine sinnvolle Beschränkung, sie in berechenbarer Form auszudrücken, weil die Mathematik der Berechnung ursprünglich entwickelt wurde, um zu zeigen, was sich ausgehend von völlig transparenten Prinzipien berechnen läßt. Das Wesen der Berechenbarkeit ist, wie ich an einer Reihe von Beispielen zeigen werde, einfach. Die beiden ersten betreffen die elementare mathematische Operation der Addition. Anschließend zeige ich, wie sich die Leistungsfähigkeit der Berechnung steigern läßt, und zwar an zwei Beispielen von Robotern, die Ausflüge in ihre jeweilige Welt machen können. Die Roboter illustrieren außerdem den Zusammenhang zwischen Maschinen und Grammatiken. Schließlich gehe ich auf die ultimative Rechenmaschine ein, um zu zeigen, daß die Berechnung sich auf nur wenige intuitive Bausteine stützt, die in physischen Geräten wie Computern leicht zu realisieren sind. Leser, die sich mit der Mathematik schwertun, können auf diese Schlußfolgerung vertrauen und zum nächsten Kapitel übergehen.

Befehle und Programme

Die Summe von zwei einstelligen Ziffern wissen Sie auf Anhieb, und wenn Sie gefragt werden: »Wieviel ist neun plus acht?«, können Sie sofort antworten: »Siebzehn.« Um die folgende Summe zu berechnen:

```
  139
+ 288
```

nutzen Sie dieses Wissen, müssen aber zusätzlich Ziffern aus einer Spalte in die nächste übertragen. Die Ziffern in der Spalte rechts außen summieren sich auf 17, also müssen Sie 1 in die nächste Spalte übertragen und zu deren Summe hinzuschlagen.

Dieses Additionsverfahren ist einfach, aber effektiv. Es besteht aus einer endlichen Anzahl von Befehlen, die, richtig befolgt, in einer endlichen Anzahl von Schritten die Summe von zwei beliebigen natürlichen Zahlen ergibt. Warum soviel Aufhebens von der Endlichkeit der Schritte, werden Sie sich vielleicht fragen. Deshalb, weil ein Verfahren, bei dem Sie eine unendliche Anzahl von Befehlen kennen oder eine unendliche Anzahl von Schritten ausführen müssen, von keinerlei praktischem Nutzen ist. Ein effektives Verfahren, etwa ein Kochrezept oder ein Strickmuster, muß das gewünschte Ziel in einer endlichen Anzahl von Schritten und mit einer nur endlichen Menge von Wissen erreichen. Eine explizite Beschreibung eines solchen effektiven Verfahrens werde ich als »Programm« bezeichnen. Mathematiker benutzen manchmal das Wort »Algorithmus«.

Der Entwurf eines Programms

Angenommen, wir wollen ein Programm entwerfen, das Additionen ausführt. Es wird einfacher sein, wenn es die im vorigen Kapitel beschriebenen Binärziffern verwendet. Es benötigt dann nur die Regeln für die binäre Addition, und die sind unkompliziert: Die Summe von zwei Nullen ist 0, und die Summe von 1 und 0 ist 1. Da die Zahl 2 als 10 geschrieben wird (siehe voriges Kapitel), muß die Summe von 1 plus 1 gleich 0 sein, mit einem Übertrag von 1 in die nächste Spalte links. Betrachten Sie die Addition 3 + 2, im binären Verfahren ausgeführt:

$$\begin{array}{r} 1\,1 \\ +\,1\,0 \\ \hline 1\,0\,1 \end{array} \quad \left(\begin{array}{r} 3 \\ +\,2 \\ \hline 5 \end{array}\right)$$

Wir beginnen mit der Spalte rechts außen, und wenn wir 1 zu 0 addieren, ergibt sich natürlich 1. In der nächsten Spalte müssen wir 1 und 1 addieren, und hier ergibt sich 10, also müssen wir die 1 in die nächste Spalte übertragen. Diese Spalte enthält sonst keine Ziffern, also summiert sie sich auf 1. Das Resultat ist die Binärziffer 101, und sie entspricht 5.

Das Programm muß mit der Übertragung einer Ziffer fertig werden. Das läßt sich auf die Weise lösen, daß man festhält, ob ein Übertrag erfolgt ist oder nicht, und für Additionen mit einem Übertrag gesonderte Befehle festlegt. Das Programm enthält die folgenden Befehle:

Im Zustand ohne Übertrag:

$$\left.\begin{array}{l}0 + 0 = 0 \\ 0 + 1 = 1 \\ 1 + 0 = 1\end{array}\right\} \text{Bleibe im Kein-Übertrag-Zustand}$$

Wenn keine weiteren Ziffern mehr zu addieren sind, hält die Maschine an.

$$1 + 1 = 0 \quad \text{Gehe in den Übertrag-Zustand}$$

Erfolgt ein Übertrag, geht das Programm in einen Übertrag-Zustand und berücksichtigt aufgrund entsprechend modifizierter Regeln den Übertrag:

$$0 + 0 = 1 \quad \text{Gehe wieder in den Kein-Übertrag-Zustand}$$

$$\left.\begin{array}{l}0 + 1 = 0 \\ 1 + 0 = 0 \\ 1 + 1 = 1\end{array}\right\} \text{Bleibe im Übertrag-Zustand}$$

Wenn keine weiteren Ziffern mehr zu addieren sind, wirft die Maschine 1 aus und hält an.

Es gibt viele Möglichkeiten, eine Maschine zu bauen, die dieses Programm ausführen würde: Sie könnte aus Zahnrädern und Hebeln bestehen wie eine altmodische mechanische Rechenmaschine; sie könnte aus einem hydraulischen System bestehen, durch das Wasser strömt; sie könnte aus Transistoren bestehen, die in eine Siliziumscheibe geätzt sind und durch die elektrischer Strom fließt. Es könnte sogar vom Gehirn ausgeführt werden. Jede dieser Maschinen benutzt für die Darstellung binärer Symbole ein anderes Medium – die Stellungen der Zahnräder, die An- oder Abwesenheit von Wasser, die Stärke der Spannung und, möglicherweise, Nervenimpulse. Worauf es jedoch ankommt, ist weniger die physische Beschaffenheit der Maschine als vielmehr ihr Programm. Ihr Aufbau ist in Abbildung 3.1 zusammengefaßt: Die beiden Kreise stehen für die beiden Zustände der Maschine, und die Pfeile stehen für Befehle und zeigen die Übergänge von einem Zustand in den anderen. Das Programm erzeugt das Resultat Schritt für Schritt, indem die zu addierenden Paare aus den Ziffern Spalte für Spalte eingegeben werden.

Aus der Sicht der Berechnungstheorie ist die Maschine ein Beispiel für den denkbar einfachsten Aufbau: Sie hat eine endliche Anzahl von Grundsymbolen, Befehlen und Speicherzuständen. Ein solches Gerät bezeichnet man als »Finite-state«-Maschine. Es gibt davon viele Varianten, vom Kombinationsschloß bis zur Strickmaschine.

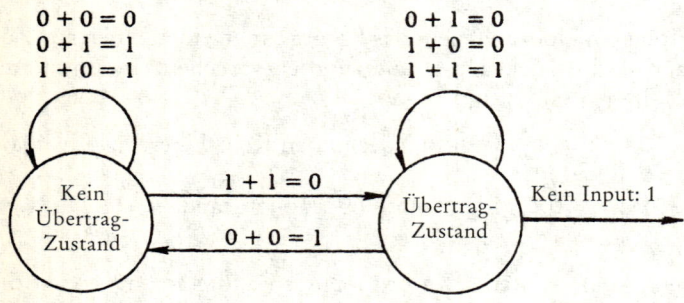

Abb. 3.1: Eine Finite-state-Maschine für die Addition zweier Binärziffern. Die Maschine hat zwei Zustände, dargestellt durch die Kreise: einen Zustand für das Vorliegen eines Übertrags und einen für den Fall, daß kein Übertrag vorliegt. Die Pfeile repräsentieren Übergänge von einem Zustand in den anderen, und die Gleichungen über den Kreisen sind Befehle, die ausgeführt werden: Die linke Seite repräsentiert den Input der beiden zu addierenden Ziffern, die rechte Seite den Output der Maschine. Beginnend im Kein-Übertrag-Zustand, ist das Resultat von 1 + 1 gleich 0 und ein Übergang in den Übertrag-Zustand. Wenn kein weiterer Input erfolgt, hält die Maschine im Kein-Übertrag-Zustand an, und nachdem sie den Output 1 erzeugt hat, hält sie im Übertrag-Zustand an.

Wie man die Rechenleistung steigert

Stellen Sie sich einen Roboter vor, der wie ein Bakterium seine Welt erkunden kann. Seine Bewegungen sind jedoch eingeschränkt: Er kann nur Schritte von einheitlicher Länge machen, und er kann an jedem Punkt seines Ausflugs nur in Nord-, Süd-, Ost- oder Westrichtung gehen. Von jedem Ausflug muß er zu seinem Heim zurückkehren. Abbildung 3.2 zeigt ein Beispiel einer akzeptablen Reise. Können wir ein System der Positionsbestimmung anhand des zurückgelegten Weges [dead reckoning] entwickeln, das dem Roboter erlaubt, seinen Weg nach Hause zu bestimmen und die kürzeste Route herauszufinden, allein gestützt auf die Aufzeichnung der Schritte, die er getan hat? Die-

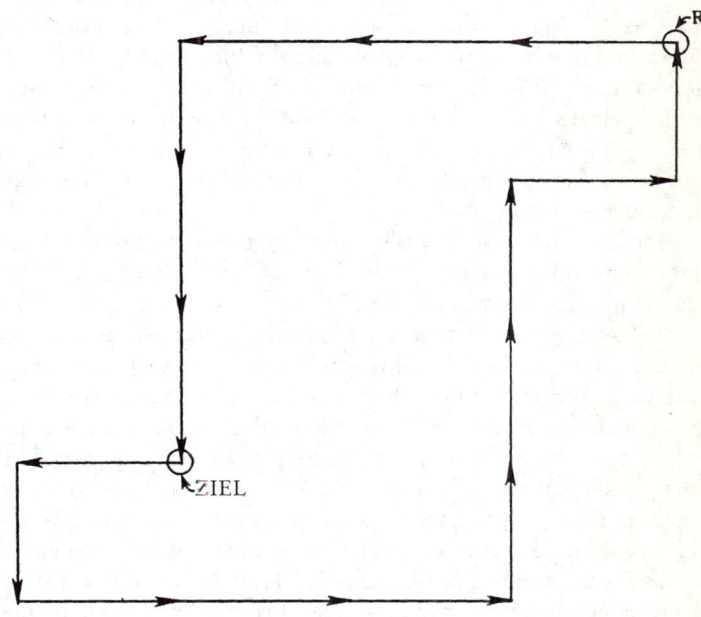

Abb. 3.2: Ein Ausflug eines Roboters, der zu seinem »Heim« zurückkehrt. Sein Weg vom Punkt R aus fällt in die Menge der minimalen Heimkehrrouten, d. h., er erfordert die denkbar wenigsten Schritte.

ses Problem erfordert mehr Rechenleistung, als sie einer Finite-state-Maschine zu Gebote steht.

Die Rechenleistung bezieht sich hier auf das, was eine Berechnung überhaupt zu erreichen vermag, und nicht auf ihre Geschwindigkeit oder Effizienz. Sie denken vielleicht daran, daß neue und wirkungsvolle Arten von Befehlen dahinterstecken. Tatsächlich – und das ist einigermaßen überraschend – besteht die entscheidende Modifikation nicht in neuartigen Befehlen, sondern in einem besseren Speicher. Benötigt wird ein unbegrenzter Speicher für die bei den Berechnungen anfallenden Zwischenergebnisse. Speicher bedeutet Leistung.

Die einfachste Form eines unbegrenzten Speichers funktioniert wie ein Stapel von Platten. Die einzige Platte, auf die Sie direkt Zugriff haben, ist die oberste des Stapels, und eine neue Platte kann nur über den anderen Platten des Stapels abgelegt werden. Ein Stapel von Symbolen stellt eine ähnliche Form von Speicher dar, wobei nur auf den obersten Punkt zugegriffen werden kann. Benötigt ein Programm ein Symbol, das weiter unten im Stapel gespeichert ist, müssen die Punkte darüber entfernt werden. Ist ein Symbol aber einmal aus dem Stapel entfernt, so ist es nicht länger im Speicher. Es muß dann sofort benutzt werden, oder es wird vergessen.

Um das Navigationsproblem des Roboters zu lösen, will ich mit einem einfacheren Apparat beginnen, der sich lediglich in einer Dimension vorwärts oder rückwärts bewegen kann. Wenn seine Ausflüge stets bei seinem Heim enden müssen, müssen sie natürlich die gleiche Anzahl von Schritten in beiden Richtungen enthalten. Wir müssen den Roboter mit einem Navigationsprogramm ausstatten, das wie ein Zähler fungiert, und das erreichen wir, indem wir einen *Stapel* benutzen, der die Reise protokolliert. Einen Schritt nach vorn wollen wir mit dem Symbol »vorwärts«, einen Schritt zurück mit dem Symbol »rückwärts« bezeichnen. Diese Symbole lassen sich in Binärcode darstellen.

Das Programm beginnt mit einem leeren Stapel, und wenn der Roboter einen Schritt macht, fügt das Programm im allgemeinen das diesem Schritt entsprechende Symbol oben auf den Stapel. Aber es gibt eine Ausnahme. Ein Schritt in eine Richtung wird durch einen unmittelbar folgenden Schritt in die Gegenrichtung

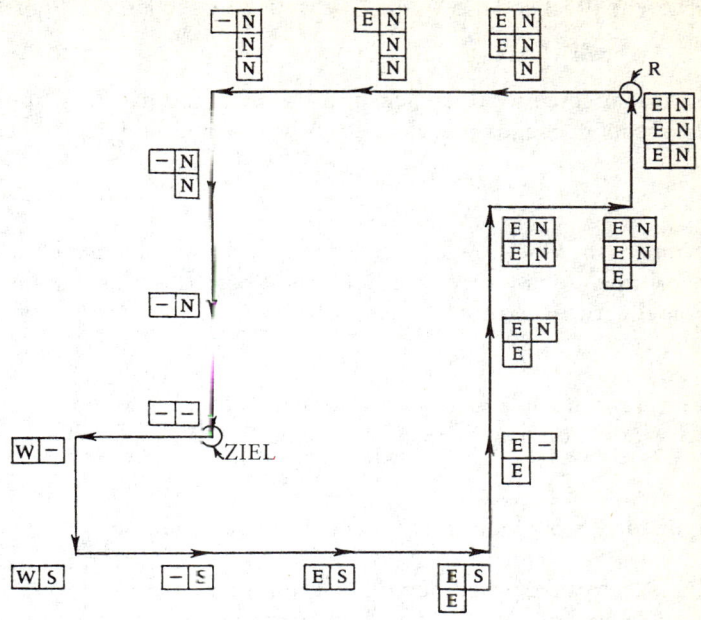

Abb. 3.3: Die Inhalte der Stapel, die das Navigationsprogramm des Roboters auf dem Ausflug benutzt. Vom Punkt R aus nimmt der Roboter den kürzesten Heimweg.

aufgehoben. Sobald also eine solche Folge vorkommt, wird das Symbol oben auf dem Stapel entfernt. Macht der Roboter zum Beispiel einen Schritt zurück und befindet sich auf dem Stapel zuoberst ein »vorwärts«, so entfernt das Programm es vom Stapel. Es wird gelöscht, weil die beiden Bewegungen sich gegenseitig aufheben. Es läßt sich demnach einfach feststellen, ob der Roboter heimgekehrt ist: Er ist immer dann zu Hause, wenn sein Stapel leer ist.

Wir können beobachten, wie das Programm funktioniert, wenn wir den Zustand des Stapels des Roboters verfolgen, während er einen Ausflug in seine Welt macht und wieder von dort zurückkehrt. Er beginnt mit einem leeren Stapel, macht einen Schritt vorwärts von seiner Basis fort, und das Programm setzt entsprechend das Symbol »vorwärts« oben auf den Stapel:

→ »vorwärts«

Er macht einen weiteren Schritt nach vorn, und das Programm setzt entsprechend ein weiteres »vorwärts« oben auf den Stapel:

→ »vorwärts«
»vorwärts«

Nun macht er einen Schritt zurück zu seinem Heim. Dieser Schritt hebt den vorigen auf, und das »vorwärts« oben auf dem Stapel wird entfernt:

»vorwärts« ←

Er macht noch einen Schritt zurück, und das Symbol verschwindet von dem Stapel:

←

Nun, da der Stapel leer ist, ist der Roboter zu Hause.

Das Navigationsprogramm für den Roboter, der sich in zwei Dimensionen bewegt, Nord-Süd und Ost-West, liegt jetzt eigentlich auf der Hand. Es benutzt zwei Stapel, von denen der eine die Schritte in nördlicher und südlicher Richtung, der andere die in östlicher und westlicher Richtung festhält. An jedem Punkt seiner Reise ist die Position des Roboters bezüglich seines Heims direkt durch die Inhalte der beiden Stapel repräsentiert. Die kürzesten Heimwege sind jene, die die Stapel so schnell wie möglich leeren: Jeder Schritt sollte dem zuoberst auf dem Stapel liegenden Symbol entgegengesetzt sein. Abbildung 3.3 zeigt die Inhalte der beiden Navigationsinstrumente des Roboters (seiner Stapel), während er die in der vorigen Abbildung dargestellte Reise macht.

Eigentlich benötigt das Programm nicht zwei Stapel. Ein Speicher von der Art, wie ihn eine Turingmaschine (siehe unten) benutzt, wird ausreichen, doch ist die benötigte Größe der Länge der nach draußen gerichteten Reise direkt proportional.

Nicht-deterministische Verfahren

Wodurch wird die Richtung festgelegt, in die sich der Roboter bei jedem Schritt bewegt? Das Navigationsprogramm enthält keine Befehle, die derartige Entscheidungen treffen. Es bewertet lediglich, ob eine gegebene Reise akzeptabel ist oder nicht. Der Roboter kehrt heim durch die Wahl einer Route, die seine Stapel so schnell wie möglich leert. Ein solches Programm hat eine merkwürdige Eigenschaft. Das Programm für die Addition ist *deterministisch*: Bei jedem Schritt in seinen Berechnungen gibt es nur einen Befehl, den es ausführen kann, und die Wahl ist durch den Input und den aktuellen Zustand des Speichers vollkommen determiniert. Die meisten Programme sind deterministisch, doch ein Programm, das den Roboter zwischen verschiedenen Routen wählen läßt, ist nicht deterministisch. Auf der Rückreise kommt es vor, daß mehr als ein alternativer Befehl ausgeführt werden kann: Der Roboter kann sich entschließen, einen Schritt zu tun, der den einen oder den anderen Stapel leert (sofern beide Symbole enthalten).

Im Alltag stößt man gelegentlich auf eine anscheinend nicht-deterministische Maschine. Mein Telefon zum Beispiel entwickelte kürzlich eine periodisch auftretende Störung: Plötzlich klingelte es ohne erkennbaren Grund. Tatsächlich hatte es sich nicht von deterministischen Prinzipien freigemacht. Es hatte einen Wackelkontakt. Wirklich nicht-deterministisch verhalten sich, falls die Quantentheorie stimmt, vielleicht nur die Elementarteilchen. Maschinen (inklusive Computer) sollen deterministisch ihren Funktionsprinzipien folgen. Wenn wir ein scheinbar zufälliges Verhalten simulieren wollen, zum Beispiel einen Roboter (oder ein Bakterium), der aufs Geratewohl durch sein Universum wandert, können wir ein Verfahren aus dem Casino von Monte Carlo entlehnen und einen Vorgang benutzen, der determiniert, aber nicht vorhersagbar ist. Oft geht man jedoch praktischerweise einfach darüber hinweg, wie eine Entscheidung zustande kommt. Man erhält so eine Spezifikation, die nicht deterministisch ist. Dieses Vorgehen empfiehlt sich bei der Analyse kreativer Prozesse (siehe 14. Kapitel).

53

Grammatiken und Programme

Ein komplexes Symbol kann nach Regeln für akzeptable Kombinationen aus Grundsymbolen zusammengesetzt sein. So geben die Regeln für römische Ziffern an, welche Sequenzen ihrer Grundsymbole akzeptabel sind. Eine Grammatik ist ein Satz von Regeln für einen Bereich von Symbolen (oder eine Sprache), der alle richtig gebildeten Konstruktionen charakterisiert und eine Beschreibung ihrer Struktur liefert. Grammatiken in diesem Sinne, wie sie zuerst der Linguist Noam Chomsky vorgeschlagen hat, weisen eine enge Beziehung zu Programmen auf. Die Natur der Beziehung läßt sich anhand des Roboters verdeutlichen, der sich innerhalb einer Dimension bewegt. Jede seiner Reisen läßt sich durch eine Kette von Symbolen darstellen, zum Beispiel:

 vorwärts vorwärts rückwärts vorwärts vorwärts rückwärts
 rückwärts rückwärts

und wir können eine Grammatik konstruieren, die alle akzeptablen Reisen, die bei der Basis des Roboters enden, spezifiziert.

Es gibt zwei akzeptable minimale Reisen, einen Schritt vorwärts, gefolgt von einem Schritt rückwärts, oder umgekehrt. Die beiden ersten Regeln der Grammatik sind demnach offensichtlich:

1. REISE = vorwärts rückwärts
2. REISE = rückwärts vorwärts

wobei »REISE« eine akzeptable Reise bezeichnet und »=« bedeutet, daß das links stehende Symbol rechts analysiert wird.

Jetzt stoßen wir auf eine gewisse Schwierigkeit. Die Anzahl der Schritte einer Reise ist nicht begrenzt. Wir können aber eine beliebige akzeptable Reise, mag sie auch noch so lang sein, stets mit einem Schritt vorwärts beginnen und mit einem entsprechenden Schritt rückwärts enden lassen; so erhalten wir immer ein akzeptables Ergebnis. Genauso können wir jede akzeptable Reise mit einem Schritt rückwärts beginnen und mit einem entsprechenden Schritt vorwärts enden lassen; so erhalten wir ebenfalls eine akzeptable Reise. Das Problem ist, diese Möglichkeiten in der Grammatik festzuhalten. Logiker, die an der Theorie der Rechenmaschinen arbeiteten, kamen auf eine ingeniöse Idee: Wir formulieren Regeln, die diese Möglichkeiten direkt festhalten, also:

3. REISE = vorwärts REISE rückwärts
4. REISE = rückwärts REISE vorwärts

Regel 3 besagt, daß das Anfügen eines Schritts vorwärts vor einer akzeptablen Reise und eines Schrittes rückwärts an ihrem Ende immer eine akzeptable Reise ergibt. Regel 4 erlaubt die umgekehrten Anfügungen. Diese Regeln sind zirkulär, weil das Symbol »REISE« auf beiden Seiten des Gleichheitszeichens vorkommt. Diese Zirkularität, die man als »Rekursion« bezeichnet, ist zwar tückisch, aber dennoch kein Zirkelschluß. Das wird klarer, wenn wir eine Reise mittels der Grammatik analysieren.

Betrachten wir die Reise, die durch die folgende Symbolkette dargestellt wird:

vorwärts vorwärts rückwärts rückwärts

Regel 3 sagt uns, daß eine Reise akzeptabel ist, wenn wir sie analysieren können als:

vorwärts REISE rückwärts

Regel 3 liefert also eine Analyse, die sich mit Hilfe eines umgekehrten Baumdiagramms illustrieren läßt:

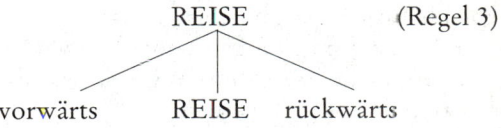

Das Symbol »REISE« oben im Diagramm entspricht dem Symbol auf der linken Seite von Regel 3, und die drei Symbole unten im Diagramm entsprechen denen auf der rechten Seite der Regel. Natürlich ist diese Analyse unvollständig. Wir müssen dafür sorgen, daß die »REISE« unten im Diagramm sich gleichfalls auf eine akzeptable Reise bezieht. Tatsächlich entspricht sie der Sequenz »vorwärts rückwärts« in der ursprünglichen Kette, und Regel 1 gibt an, daß das eine akzeptable Reise ist. Die Analyse der vollständigen Reise läßt sich daher in dem folgenden Baumdiagramm illustrieren:

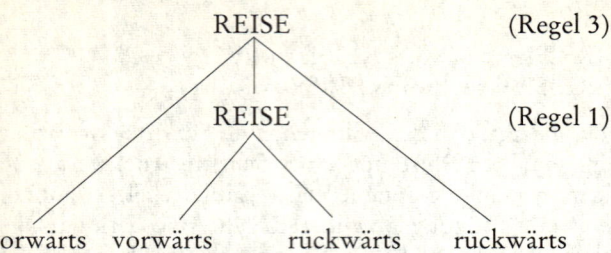

Statt eines Baumdiagramms könnten wir die Symbole der Reise in einer Klammer zusammenfassen und die Klammern entsprechend beschriften:

(vorwärts (vorwärts rückwärts) rückwärts)
                      REISE   REISE

Die Häufigkeit, mit der eine akzeptable Reise auf diese Weise in eine andere eingebettet werden kann, ist unbegrenzt.

Wir benötigen noch eine letzte Regel:

5. REISE = REISE REISE

Diese Regel legt eine naheliegende Verallgemeinerung fest: Wenn zwei akzeptable Reisen in Reihenfolge zusammengefaßt werden, ist das Resultat gleichfalls eine akzeptable Reise. Wenn wir drei oder mehr akzeptable Reisen kombinieren, ist das Ergebnis immer noch akzeptabel, aber wir benötigen keine weiteren Regeln, um diese Tatsache festzuhalten. Rekursive Regeln wie Regel 5 können unbegrenzt oft angewandt werden:

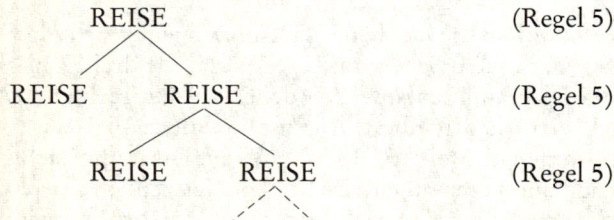

und liefern eine Analyse von Reisen, die aus beliebig vielen Unter-Reisen zusammengesetzt sind.

Es besteht ein allgemeiner Zusammenhang zwischen Programmen und Grammatiken. Der Output eines Programms läßt sich in eine Grammatik fassen. Eine Grammatik allein kann jedoch nichts *tun*: Sie harrt ihrer Benutzung, um Symbole zu erzeugen oder zu analysieren. Programme dagegen können durchaus etwas tun. Sie können eine Grammatik benutzen, um Symbolketten zu erzeugen oder ein Baumdiagramm, das sie der Grammatik entsprechend analysieren.

Ein Navigationsprogramm könnte sich zwar auf die Grammatik für Reisen stützen, aber notwendig ist das nicht. Das von mir zuvor beschriebene Programm macht keinen Gebrauch von grammatischen Regeln. Dies ist ein wichtiger Punkt: Es gibt stets unbegrenzt viele Möglichkeiten, unterschiedliche Programme zu formulieren, um ein und dieselbe Berechnung auszuführen. Wir können mit der oder ohne die Grammatik navigieren; wir können zwei Zahlen mittels der Dezimal- oder der Binärziffern addieren. Es gibt viele Wege, ein Kaninchen abzuhäuten; und es gibt viele Wege, ein Programm zu formulieren.

Turingmaschinen

Je leistungsfähiger die benutzten Programme sind, desto leistungsfähiger müssen auch die Grammatiken sein, um deren Output zu charakterisieren. Und je leistungsfähiger die Grammatiken sind, um Sprachen oder Symbolbereiche zu charakterisieren, desto leistungsfähiger müssen auch die Programme sein, um deren Strukturen zu analysieren oder zusammenzustellen. Die Leistungsfähigkeit hängt, wie schon erwähnt, vom Fassungsvermögen des Speichers für die Zwischenergebnisse ab. Finite-state-Maschinen haben einen Speicher, der nur eine endliche Menge von ihnen aufnehmen kann, und sie behandeln diese als Zustände der Maschine. Sie können die Navigationsprogramme nicht ausführen, weil die Länge der Abhängigkeit von einem Symbol bis zum nächsten nicht begrenzt ist. Mit einem stapelartigen Speicher entsteht jedoch eine leistungsfähigere Maschine, die unbegrenzt Zwischenergebnisse speichern und dadurch ihren Weg nach Hause finden kann. Es ergibt sich die Frage: Wie läßt sich der Speicher noch weiter verbessern?

Ein naheliegender Schritt ist, die Einschränkung zu beseitigen, daß der Speicher wie ein Stapel funktioniert, und unbegrenzten Zugriff auf jede beliebige Menge von Speicherinhalt zuzulassen. Für einen solchen Speicher gibt es mehrere, gleichwertige Konzeptionen. Die wohl einfachste Idee hatte Alan Turing. Die von ihm konzipierte Maschine hat einen Speicher, der aus einem Band besteht, das wie ein Abschnitt aus einem Rechenheft in Zellen aufgeteilt ist. Das Band kann hin- und herbewegt werden in einem Gerät, das die Inhalte einer Zelle lesen und bei Bedarf das aktuelle Symbol löschen und durch ein anderes ersetzen kann. Kommt die Maschine ans Ende des Bandes, läßt sich ein Stück anfügen, so daß es ihr nie an Speicherkapazität fehlt. Da ein Symbol nur dann aus dem Speicher verschwindet, wenn es von der Maschine gelöscht wird, ist dieses System den Beschränkungen des Stapels enthoben. Allerdings können zwei Stapel ein unendlich verlängerbares Band simulieren, indem sie Symbole untereinander hin- und herschieben.

Da der Bandvorrat unbegrenzt ist, kann man ein und dasselbe Band benutzen, um Ausgangsdaten in die Maschine einzuspeisen, Zwischenergebnisse zu speichern und ein Endergebnis abzuspeichern. Das Band fungiert als kombinierte Eingabe, Speicher und Ausgabe. Die Leistung der Maschine wird nicht erhöht, wenn man für diese Zwecke getrennte Bänder verwendet, ja nicht einmal dann, wenn man mehrere Bänder parallel oder zweidimensionale, dreidimensionale oder vieldimensionale Darstellungsformen benutzt. Die Leistung als solche wird durch diese Modifikationen nicht verändert, sondern allenfalls die Art, wie sie erbracht wird – die Art des verwendeten Programms sowie seine Geschwindigkeit und Effizienz.

Wird eine Finite-state-Maschine mit einem unbegrenzten Band ausgestattet, so entsteht das leistungsfähigste Rechengerät: eine Turingmaschine. Sie kann bloß vier elementare Operationen ausführen: Sie kann eine 0 auf ihrem Band durch eine 1 ersetzen, sie kann eine 1 auf ihrem Band durch eine 0 ersetzen, sie kann das Band ein Kästchen nach links verschieben, und sie kann das Band ein Kästchen nach rechts verschieben. Gesteuert wird sie von einem Programm von Befehlen, wie sie auch für eine Finite-state-Maschine gelten, nur kommt natürlich noch der Befehl hinzu, daß Zwischenergebnisse auf das Band geschrieben werden. Jeder Befehl gibt eine Bedingung und eine Aktion an, die auszuführen ist, sofern die Bedingung erfüllt ist. Die Bedingung ist festgelegt durch das Symbol auf dem Band und den Zustand der Maschine, und die Aktion besteht in einer der vier Operationen und einem Wechsel in den nächsten Zustand der Maschine. Hier einige der Befehle für eine Turingmaschine, die zwei Zahlen addiert, welche durch Strichmarken eines Häftlings dargestellt sind (siehe 2. Kapitel):

Bedingung		Aktion	
Aktueller Zustand	Gelesenes Symbol	Operation	Nächster Zustand
1	1	Ersetze Symbol durch 0	1
1	0	Rücke Band nach links	2

1936 vermutete Turing, daß alles, was sich berechnen läßt, berechnet werden kann von einem Programm für eine Finite-state-Maschine, ausgestattet mit einem einzigen, eindimensionalen Band, auf dem mit einer Ziffer je Zelle ein Binärcode aufgezeichnet ist. Diese Vermutung ist unbeweisbar, weil der Begriff der Berechnung unklar ist. Tatsächlich lieferte Turing eine explizite Analyse dieses vagen Begriffs. Es gelang ihm, mit einem Minimum an Voraussetzungen auszukommen. Wie die anschließende Entwicklung der Digitalrechner zeigt, setzte er so wenig voraus, daß Lord Kelvins Forderung für »mechanische« Erklärungen erfüllt worden wäre. Turings Vermutung wäre jedoch widerlegt, wenn jemand eine alternative Form von Berechnung entwickelte, die gleichfalls nur ein Minimum voraussetzt, die aber Ergebnisse liefert, die mit einer Turingmaschine nicht zu erreichen sind. Inzwischen sind viele alternative Konzeptionen der Berechenbarkeit vorgeschlagen worden, doch bislang hat sich bei allen gezeigt, daß sie die Leistungsfähigkeit von Turingmaschinen nicht übertreffen.

Eine Universalmaschine

Das Programm für eine Turingmaschine ist ein Satz von Befehlen. Jeder Befehl läßt sich seinerseits als Binärziffer symbolisieren und mit einem Standardcode für die Zustände der Maschine und ihre vier Arten von Operationen auf dem Band festhalten. (Wieder erleben wir die Leistungsfähigkeit numerischer Symbole.) Daraus folgt natürlich, daß jede Turingmaschine dargestellt werden kann als eine einzige, allerdings sehr lange Binärziffer, die aus der Aneinanderreihung der Binärziffern jedes ihrer Befehle gebildet wird. (Viele Autoren sind von der Analogie zur Darstellung der Erbinformation in der DNS gefesselt.) Mit diesem Codierungssystem läßt sich eine »Universalmaschine« konstruieren, die die Operationen jeder beliebigen Turingmaschine simulieren kann. Eine Universalmaschine liest Daten, gefolgt von der Binärziffer, in der die Befehle einer bestimmten Turingmaschine codiert sind. Die Befehle der Universalmaschine ermöglichen ihr, die Befehle zu interpretieren, die in der Binärziffer codiert sind, und sie an den Daten auszuführen. Eine Universalmaschine ist es deshalb, weil sie auf diese Weise jede beliebige Turingmaschine simulieren kann. Sie ist der abstrakte Vorläufer des modernen Digitalrechners.

Computer funktionieren ganz anders als Turingmaschinen: Ihr Speicher besteht nicht bloß in einem eindimensionalen Band, und ihr Repertoire an grundlegenden Operationen ist sehr viel reicher. Ein Computerprogramm ist jedoch einer bestimmten Turingmaschine analog, und der Computer ist einer Universalmaschine analog, weil er jedes Programm, das in einem geeigneten Code geschrieben ist, ausführen kann. Alles, was ein Computer berechnen kann, kann auch von einer Turingmaschine berechnet werden.

Doch nicht alles läßt sich berechnen. Es gibt viele Probleme, die formuliert werden können, aber keine berechenbare Lösung haben. Es ist zum Beispiel nicht möglich, eine Universalmaschine zu konstruieren, die feststellen kann, ob eine beliebig ausgewählte Turingmaschine, der man beliebig ausgewählte Daten eingibt, irgendwann anhalten oder ewig weiterrechnen wird. Es gibt also keinen Test, der mit Sicherheit entscheiden kann, ob ein Problem eine berechenbare Lösung besitzt oder nicht.

Einige Lehren für die Kognitionswissenschaft

Ist der Geist ein rechnerisches Phänomen? Man weiß es nicht. Es könnte sein; er könnte aber auch auf Operationen beruhen, die von keinem Computer einzufangen sind. Wenn diese Operationen gleichwohl effektive Prozeduren sind, so würden sie den Beweis dafür liefern, daß Turings Vermutung über die Natur der Berechnung falsch ist. Allerdings sollte man *Theorien* des Geistes nicht mit dem Geist selbst verwechseln, sowenig wie man Theorien über das Wetter mit Regen oder Sonnenschein verwechseln sollte. Klar ist, daß die Berechenbarkeit einen geeigneten Begriffsapparat für Theorien des Geistes bereitstellt. Dieser Apparat setzt nichts voraus, was nicht offenkundig wäre – jede Berechnung kann notfalls immer auf eine endliche Menge von Befehlen für das Verschieben eines Bandes und das Aufzeichnen eines Binärcodes reduziert werden. Wenn wir jedoch annehmen, daß Turings Vermutung stimmt, so läßt sich jede klare und explizite Darstellung dessen, wie Menschen zum Beispiel Gesichter erkennen, deduktiv folgern, neue Ideen erzeugen oder erlernte Handlungen steuern, jederzeit von einem Computerprogramm modellieren.

Aus dem bisher Gesagten lassen sich für die Kognitionswissenschaft drei Lehren ziehen.

Erstens gibt es für jede berechenbare Aufgabe eine unendliche Anzahl verschiedener Programme, und so ist es nicht möglich, aufgrund der Beobachtung des menschlichen Verhaltens durch Elimination aller übrigen auf die richtige Theorie zu stoßen. Stets wird es einige alternative Theorien geben, die gleichermaßen plausibel sind. Theorien sind in hohem Maße durch empirische Daten unterdeterminiert; sie gehen immer über das hinaus, was beobachtet wurde und beobachtet werden kann.

Zweitens wird eine Theorie mentaler Prozesse, sollte sie sich an Leistungsfähigkeit als einer Universalmaschine ebenbürtig erweisen, schwer zu widerlegen sein. Eine solche Theorie wäre, wie wir noch sehen werden, mit jedem beliebigen Muster von beobachteten Reaktionen in Einklang zu bringen.

Drittens sollten Theorien des Geistes in einer Form ausgedrückt werden, die in einem Computerprogramm modelliert werden kann. Es kann an mehreren Gründen liegen, wenn eine Theorie diesem Kriterium nicht genügt: Sie ist grundlegend unvollständig, sie stützt sich auf einen nicht berechenbaren Prozeß, sie ist inkonsistent, inkohärent oder setzt – wie etwa eine mystische Lehre – soviel voraus, daß nur ihre Anhänger sie verstehen. Diese Mängel sind nicht immer offensichtlich. Nicht immer wissen Erforscher des Geistes, daß sie nicht wissen, worüber sie sprechen. Am sichersten findet man das heraus, indem man ein Computerprogramm entwirft, das die Theorie modelliert. Ein funktionierendes Computerprogramm verläßt sich sowenig wie möglich auf Intuition; die Theorie, die es verkörpert, mag falsch sein, ist aber zumindest kohärent und nimmt nicht zuviel als gegeben an. Es gibt Computerprogramme, die die Wechselwirkungen der Elementarteilchen, die Mechanismen der Molekularbiologie und die Volkswirtschaft eines Landes modellieren. Im Rest des Buches geht es um berechenbare Theorien des Geistes.

Weiterführende Literatur

Turings (1936) klassischer Aufsatz über Berechenbarkeit ist sehr technisch. Die beste und kürzeste Einführung in das Thema für den Laien gibt Trakhtenbrot (1963). Der Zusammenhang zwischen Grammatiken und Berechnung wurde in einem Fachaufsatz von Chomsky (1959) geklärt. Turing (1950) erörterte in einem sehr lesenswerten Aufsatz die Frage, ob Maschinen denken können. Er sah nur eine Möglichkeit, die Frage zu klären, nämlich durch einen praktischen Test: Kann ein Computer das Verhalten eines Menschen so gut imitieren, daß der Unterschied nicht erkennbar ist? Viele dieser Fragen werden in einem unterhaltsamen Buch von Hofstadter (1979) diskutiert.

Epstein (1992) berichtet von den Ergebnissen des ersten jährlichen Wettbewerbs zwischen Computerprogrammen, die darauf abzielen, Menschen zu täuschen und Turings Test zu bestehen. Ein Problem, das in der Berechnungstheorie letzthin bedeutsam wurde, ist die Durchführbarkeit von Programmen, also die Frage, ob sie mit vertretbarer Speicherkapazität in vertretbarer Zeit ausgeführt werden können. So ist zum Beispiel eine Suche nach allen möglichen Schachspielen *nicht* durchführbar, nicht einmal mit einem Computer, der so groß wäre wie das Universum und mit Lichtgeschwindigkeit arbeitete. Für eine knappe, glänzende Einführung in das Problem der *Undurchführbarkeit* siehe Poundstone (1988, 9. Kap.).

TEIL II

Das Sehen

(...) der eigentliche Kern der visuellen Wahrnehmung ist der Schluß von der Struktur eines Bildes auf die Struktur der realen Welt draußen. Die Theorie des Sehens ist nichts anderes als die Theorie darüber, wie das geschieht, und ihr zentrales Anliegen sind die physikalischen Beschränkungen und Annahmen, die diesen Schluß ermöglichen.

David Marr

4. Kapitel

Die visuelle Vorstellung

Betrachten wir drei Auffassungen über das Sehen. Die erste, die oft geäußert wird, hält es für trivial einfach. Das Auge gleicht einer Fernsehkamera. Man richtet es auf eine Szene, es registriert diese Szene und projiziert ein Bild davon in den Kopf.

Diese, der »Vulgärpsychologie« entstammende Auffassung hat nur ein Problem: Wer betrachtet das Bild, und wie sieht man es? Das Endergebnis der Wahrnehmung kann offensichtlich nicht ein Bild sein, weil dieses wiederum wahrgenommen werden müßte, so wie ein Bild, das an der Wand einer Galerie hängt, erst durch die Wahrnehmung einen Sinn bekommt. Das zu erklärende Problem ist bloß um einen Schritt nach hinten verschoben worden. Diese Auffassung des Sehens ist unter dem Aspekt der Berechnung unbrauchbar, weil sie nicht das richtige Resultat erbringt.

Die zweite Auffassung besagt, daß Sehen unmöglich sei. Das Auge gleicht einer Fernsehkamera. Man richtet es auf eine Szene, und es registriert diese Szene. Da aber viele unterschiedliche Anordnungen von Dingen ein und dasselbe Bild erzeugen können, kann das Gehirn unmöglich herausfinden, welche spezielle Anordnung man betrachtet.

Dieses raffiniertere Argument sei an einem Beispiel illustriert. Angenommen, das Auge sieht einen einzelnen dünnen Stab, der senkrecht erscheint. Der Stab kann aber ebensogut zum Betrachter hin wie von ihm fort geneigt sein – auf der Netzhaut entsteht dennoch praktisch dasselbe Bild. Abbildung 4.1 zeigt drei Möglichkeiten: Jeder der drei Stäbe erzeugt dasselbe Bild, da alle von oben nach unten denselben Gesichtswinkel ausfüllen. Die Abbildung zeigt nur drei Möglichkeiten, doch würde auch eine unendliche Anzahl verschiedener Stäbe dem Auge dasselbe Bild vermitteln, wenn sie nur nach Länge, Dicke und Lage den entsprechenden Gesichtswinkel erzeugen.

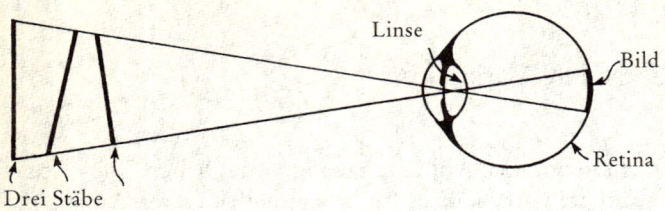

Abb. 4.1: Drei verschiedene Stäbe, die dasselbe Bild auf die Netzhaut projizieren.

Eine naheliegende Antwort auf dieses skeptische Argument lautet: Ich habe zwei Augen, sie empfangen geringfügig verschiedene Bilder von dem Stab, und anhand dieser Disparität kann ich seine wahre Orientierung herausfinden. Ich kann auch umhergehen oder meinen Kopf drehen; dann sehe ich den Stab aus verschiedenen Blickwinkeln, und die entstehenden Bilder lassen sich nur mit einer ganz bestimmten Orientierung in Einklang bringen. Darauf erwidert der Skeptiker: Aha, die Wahrnehmung ist also unmöglich, wenn du ein Auge schließt und reglos dastehst; im übrigen mußt du mir erklären, wie das Gehirn zum räumlichen Sehen kommt, wie es also aus den geringfügigen Abweichungen zwischen den beiden Netzhautbildern die Tiefe ableitet und wie es Bilder von unterschiedlichen Blickwinkeln aus miteinander verknüpft.

Nach der dritten Auffassung, die uns am weitesten bringt, ist das Sehen für das Gehirn ganz leicht, nur für uns ist es schwer zu verstehen. Normalerweise sehen wir die Dinge automatisch und mühelos. Diese Leichtigkeit erzeugt den subjektiven Eindruck, direkten Kontakt mit der Welt zu haben, der von großem evolutionärem Vorteil ist. Wenn man einen Tiger sieht, geht man ihm aus dem Weg. Man bleibt nicht stehen, um die Sehvorgänge daraufhin zu prüfen, ob sie richtig funktionieren. Was für die Spezies vorteilhaft ist, schafft jedoch ein Problem für die Kognitionswissenschaft. Ihr fällt es schwer, herauszubekommen, wie das Sehen funktioniert.

Um ein solches Problem zu lösen, müssen wir bedenken, was wir über die Berechnung wissen: Wir benötigen mindestens drei Ebenen der Erklärung. Wir benötigen eine Theorie darüber, *was* berechnet wird – was in den Prozeß eingegeben wird, *was* daraus abgeleitet werden soll und welchen Zwängen der Prozeß unterliegen könnte. Wir benötigen eine Theorie darüber, *wie* das System die Berechnungen ausführt, also eine berechenbare Theorie des von ihm benutzten Verfahrens. Wir benötigen eine Theorie der zugrunde liegenden Neurophysiologie (der »Hardware« der Nervenzellen, in denen das Verfahren verkörpert ist). Wenn wir uns auf nur eine dieser Ebenen beschränken, werden wir kaum zu einer zutreffenden Erklärung gelangen. Eine Theorie des Sehens, die all diese Ebenen umfaßt, wurde von dem verstorbenen David Marr und seinen Mitarbeitern formuliert, darunter besonders Keith Nishihara, Tomaso Poggio und Shimon Ullman. Ihrer Darstellung folge ich im wesentlichen, weil sie sie in Computerprogrammen modelliert haben, die für das Sehen des Roboters brauchbar sind.

Das rechnerische Problem des Sehens

Der unglückliche Roboter, den wir im letzten Kapitel zurückließen, wie er in seinem Universum umherwanderte, findet seinen Heimweg einzig durch die Aufzeichnung seines bisher zurückgelegten Weges [dead reckoning]. Besäße er Sehvermögen, könnte er sehen, wohin er geht, aber dafür benötigt er Augen. Die Funktion eines Auges ist eine doppelte. Es muß eine Reihe von lichtempfindlichen Elementen enthalten – eine Netzhaut –, um die in Lichtquanten enthaltene Energie in einen internen symbolischen Code zu übersetzen. Licht wird von Oberflächen nach allen Richtungen reflektiert, und folglich muß das Auge außerdem dafür sorgen, daß das Licht von jedem einzelnen Punkt einer Szene auf nur einen einzigen Punkt der Netzhaut fällt und nicht auf alle. Ein kleiner Durchlaß, eine Linse, bündelt das Licht in diesem Sinne. Soweit die Theorie, doch leider ist, wie Helmholtz bemerkte, das menschliche Auge kein vollkommenes Instrument.

Die Beleuchtung der Oberflächen und ihre Anordnung innerhalb der Szene sowie die von ihnen reflektierte Lichtmenge erzeugen ein bestimmtes Lichtmuster, das auf die Netzhaut fällt. Die Zellen der Netzhaut verwandeln diese Energie in Nervenimpulse. Diese Nervenimpulse sind abhängig von der Physik des Lichts und der Linsen und von der Biochemie der Nervenzellen im Auge. Kognition ist daher nicht allein eine Sache von Berechnungen, die mentale Symbole umwandeln: Symbole können durch physikalische Wechselwirkungen mit der Welt erzeugt werden. Diese Wechselwirkungen sind kein Geheimnis. Die elektronischen Kameras, die der Roboter benutzen wird, besitzen Sensoren, die die Lichtenergie in elektrische Impulse umwandeln, wenn auch längst nicht so raffiniert wie das menschliche Auge. Wir kümmern uns nicht um diese Details, sondern um das, was anschließend passiert.

Was letztlich vom Roboter berechnet werden muß, ist eine symbolische Repräsentation der dreidimensionalen Welt, die sein Verhalten zu lenken vermag. Während er seine Augen über eine Szene wandern läßt, wird die Repräsentation *explizit* machen, wo der Roboter sich in bezug auf die Objekte in der Szene befindet und wo sie sich in bezug aufeinander befinden. (Der Leser wird sich aus dem 2. Kapitel erinnern, daß ein Symbol Information für einen Prozeß explizit macht, wenn diese Information ohne weitere Berechnungen verfügbar ist.) Die Repräsentation wird außerdem Formen, Farben, Texturen und Beleuchtungsverhältnisse explizit machen. Wenn der Roboter sich durch die Welt bewegt, wird die Repräsentation eine kinematische sein, also erkennen lassen, daß der Roboter sich bewegt (und die Szenerie nicht). Der Roboter wird die Repräsentation benutzen können, um an Objekten vorbeizusteuern, ohne anzustoßen oder in Löcher zu fallen. Wenn die Dinge in der Szene sich bewegen, wird der Roboter seine Repräsentation benutzen können, um ihre künftigen Positionen vorherzusehen. Wenn zwei Dinge kollidieren, wird die Repräsentation eine dynamische sein: Der Roboter wird erkennen, daß ein Ding die *Ursache* für die Bewegung des anderen ist. Wenn dem Roboter Dinge vertraut sind, wird er sie als das erkennen, was sie sind. Er wird sogar Objekte erkennen, die er nie zuvor gesehen hat, zum Beispiel einen Baum einer unbekannten Art oder einen Bücherschrank von ungewöhnlicher Form. Kurz, der Sehapparat des Roboters wird – wie der eines Menschen – aus den Lichtmustern, die auf seine Netzhäute fallen, ein *Modell* der Welt konstruieren.

Beschränkungen des visuellen Prozesses

Für Empiristen ist der Geist eine leere Tafel und die Information, die das Sehen möglich macht, draußen in der realen Welt. Für Rationalisten enthält der Geist ein Wissen, das er der Welt überstülpt. In Wahrheit scheinen beide recht zu haben. Die in die Augen einfallenden Lichtmuster enthalten Information, aber die Sehvorgänge beruhen auch auf Annahmen über die Natur der physikalischen Welt. Das Sehen ähnelt eher dem Problem, den Wert von x in der Gleichung

$5 = x + y$

herauszufinden. Die Gleichung ist offensichtlich nicht klar formuliert, denn es ist unmöglich zu bestimmen, welchen Anteil x und y zu 5 beisteuern. Wenn man aufgrund bisheriger Erkenntnisse annehmen kann, daß y vermutlich einen Wert kleiner als 1 hat, kann man folgern, daß x vermutlich einen Wert größer als 4 hat. Beim Sehen machen Annahmen über die Welt ein unklar formuliertes Problem lösbar.

Licht, das von Oberflächen reflektiert und auf die Netzhäute gelenkt wird, enthält, wie der verstorbene J. J. Gibson betonte, viel Information. Seine Auffassung wurde durch die Analyse der projektiven Geometrie zweier Abbildungen bestätigt. Wie Christopher Longuet-Higgins neben anderen Beweisen gezeigt hat, genügt es, wenn nur fünf Punkte auf der Oberfläche eines Objekts auf zwei aus unterschiedlichem Winkel aufgenommenen Fotos übereinstimmen, um die vollständige dreidimensionale Geometrie der Situation zu berechnen: die Orientierung der

Oberfläche in bezug auf die beiden Kameras sowie die relative Position der Kameras zueinander. Berthold Horn und seine Mitarbeiter haben analoge Beweise bezüglich der Formen konstruiert: Die Form von etwas läßt sich aus den Intensitätswerten seiner Abbildung gewinnen, vorausgesetzt, seine Oberfläche ist eben und matt, so daß sie Licht gleichförmig und diffus reflektiert, und seine Orientierung an bestimmten Punkten in der Abbildung ist bekannt.

Doch gleichgültig, wieviel Information in dem Licht steckt, daß auf die Netzhäute fällt – mentale Mechanismen sind unweigerlich daran beteiligt, die Identität von Dingen in einer Szene und ihren Eigenschaften zu erschließen, die das Sehen für das Bewußtsein explizit macht. Ohne solche Mechanismen wären die Netzhautabbildungen genauso unbrauchbar wie die Bilder, die Fernsehkameras erzeugen, und die können – entgegen der naiven Auffassung – *nicht* sehen. Wenn der Roboter gefährliches Gelände durchqueren soll, muß er die von seinen Kameras erzeugten Bilder verarbeiten, um Hindernisse und Fallgruben erkennen und lokalisieren zu können. Diese Verarbeitungsprozesse müssen gewisse Annahmen über die Welt zugrunde legen.

Annahmen über die Welt können auf zweierlei Weise gewonnen werden. Sie können als Ergebnis von Millionen Jahren der Evolution in das Nervensystem eingebaut sein, oder sie können während der Lebenszeit einer Person erlernt werden. In diesem Kapitel behandle ich die ersten Stufen des Sehvorgangs, die in die Konstruktion eines visuellen Bildes münden; im nächsten Kapitel beschreibe ich die Wahrnehmung von Tiefe. Beides beruht auf allgemeinen angeborenen Beschränkungen. Im 6. Kapitel behandle ich dann das während der Lebenszeit erworbene Wissen und die Frage, wie es in die Wahrnehmung eingeht.

Die erste Stufe des Sehens: die Grauwertverteilung

Die erste Stufe des Sehens besteht in der physikalischen Wechselwirkung zwischen dem auf die Netzhaut fokussierten Licht und dem Sehpigment in Netzhautzellen. Die menschliche Netzhaut setzt sich aus über 100 Millionen lichtempfindlichen Zellen zusammen. Ein Bruchteil davon (rund 6 Millionen) in der Nähe des Zentrums ist darauf spezialisiert, maximal auf Licht von einer von drei Wellenlängen zu reagieren, und diese drei Zellarten, sogenannte Zapfen, sind jeweils maximal empfänglich für die Farben rot, grün und blau. Was sie aufnehmen, ist die Grundlage für den gesamten Bereich der wahrgenommenen Farben. Die übrigen Netzhautzellen, die sogenannten Stäbchen, sind weniger spezialisiert und reagieren auf Licht von ganz unterschiedlicher Frequenz.

Die Reaktionen von Netzhautzellen und die einer elektronischen Kamera umfassen praktisch eine zweidimensionale Verteilung der Intensitätswerte an jedem Punkt der lichtempfindli-

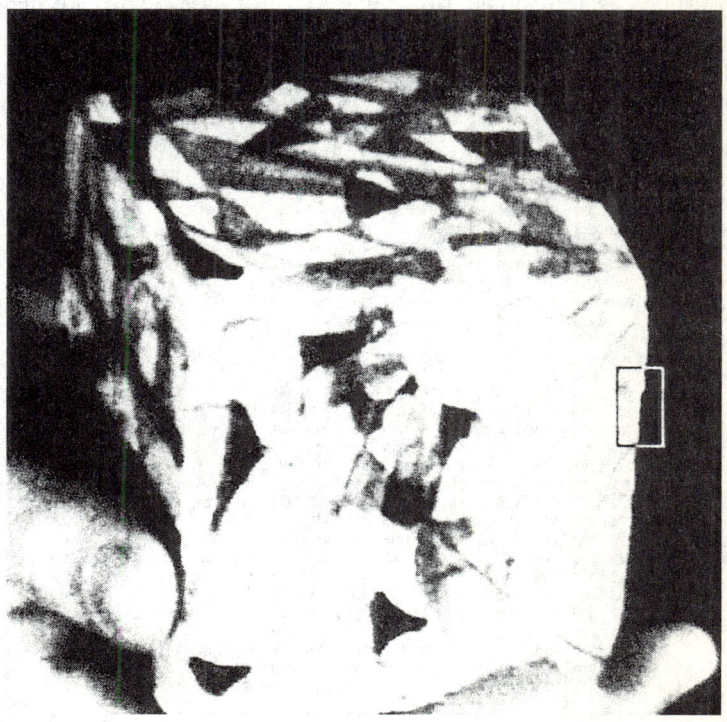

Abb. 4.2: Ein Rasterbild: Eine Punkt-für-Punkt-Darstellung der Intensitätswerte einer Szene (576 × 564 Bildpunkte)

chen Fläche. Diese Werte können durch Ziffern dargestellt werden (je größer die Ziffer, desto intensiver das Licht). Diese Ziffern können, wenn wir von den Farben absehen, in Grautöne und damit in ein Bild zurückverwandelt werden, das »Rasterbild«. Abbildung 4.2 zeigt ein Rasterbild einer elektronischen Kamera, Abbildung 4.3 die Ziffern, die den Intensitäten in einem Ausschnitt dieser Grauwertverteilung entsprechen. Die menschliche Netzhaut liefert eine Verteilung mit sehr viel mehr Elementen (oder »Pixels«, d. h. Bildpunkten).

Das Rasterbild ist weit entfernt von einer Repräsentation dessen, was eine Szene enthält. Explizit macht es nur die Intensität des Lichts an jedem Punkt der Verteilung, bezogen auf eine willkürlich gewählte Skala. Brauchbare Information wird auf der nächsten Verarbeitungsstufe gewonnen.

225	221	216	219	219	214	207	218	219	220	207	155	136	135	130	131	125
213	206	213	223	208	217	223	221	223	216	195	156	141	130	128	138	123
206	217	210	216	224	223	228	230	234	216	207	157	136	132	137	130	128
211	213	221	223	220	222	237	216	219	220	176	149	137	132	125	136	121
216	210	231	227	224	228	231	210	195	227	181	141	131	133	131	124	122
223	229	218	230	228	214	213	209	198	224	161	140	133	127	133	122	133
220	219	224	220	219	215	215	206	206	221	159	143	133	131	129	127
221	215	211	214	220	218	221	212	218	204	148	141	131	130	128	129	118
214	211	211	218	214	220	226	216	223	209	143	141	141	124	121	132	125
211	208	223	213	216	226	231	230	241	199	153	141	136	125	131	125	136
200	224	219	215	217	224	232	241	240	211	150	139	128	132	129	124	132
204	206	208	205	233	241	241	252	242	192	151	141	133	130	127	129	129
200	205	201	216	232	248	255	246	231	210	149	141	132	126	134	128	139
191	194	209	238	245	255	249	235	238	197	146	139	130	129	132	123
189	199	200	227	239	237	235	236	247	192	145	142	124	133	125	138	128
198	196	209	211	210	215	236	240	232	177	142	137	135	124	129	132	128
198	203	205	208	211	224	226	240	210	160	139	132	129	130	122	124	131
216	209	214	220	210	231	245	219	169	143	148	129	128	136	124	128	123
211	210	217	218	214	227	244	221	162	140	139	129	133	131	122	126	128
215	210	216	216	209	220	248	200	156	139	131	129	139	128	123	130	128
219	220	211	208	205	209	240	217	154	141	127	130	124	142	134	128	129
229	224	212	214	220	229	234	208	151	145	128	128	142	122	126	132	124
252	224	222	224	233	244	228	213	143	141	135	128	131	129	128	124	131
255	235	230	249	253	240	228	193	147	139	132	128	136	125	125	128	119
250	245	238	245	246	235	235	190	139	136	134	135	126	130	126	137	132
240	238	233	232	235	255	246	168	156	141	129	127	136	134	135	130	126
241	242	225	219	225	255	255	183	139	141	126	139	128	137	128	128	130
234	218	221	217	211	252	242	166	144	139	132	130	128	129	127	121	132
231	221	219	214	218	225	238	171	145	141	134	134	131	134	131	126	131
228	212	214	214	213	208	209	159	134	136	139	134	126	127	127	124	122
219	213	215	215	205	215	222	161	135	141	128	129	131	128	125	128	127

Abb. 4.3: Die Intensitätswerte des in Abbildung 4.2 rechts eingerahmten Teils.

Die zweite Stufe des Sehvorgangs: Lokalisierung von Intensitätsänderungen

Wenn Sie die Augen zusammenkneifen und die Szene vor sich betrachten, werden Sie bemerken, daß sie sich aus Bereichen von unterschiedlicher Lichtintensität zusammensetzt. Es gibt helle und dunkle Stellen, abhängig von der Richtung des Lichts und dem Anteil, der in Ihre Augen reflektiert wird. An den Rändern von Objekten ändert sich die Intensität in der Regel, und wie die Wirksamkeit von Strichzeichnungen beweist, sind die Ränder wichtige Anhaltspunkte für die Wahrnehmung. Das visuelle System muß daher die Grauwertverteilung analysieren, um festzustellen, wo die Grenzen zwischen Bereichen von unterschiedlicher Intensität verlaufen. Doch viele Grenzen rühren von Änderungen der Licht- und Reflexionsverhältnisse her und nicht von Rändern, und umgekehrt gibt es Ränder, die keine klaren Intensitätsgrenzen erzeugen. Das visuelle System muß bestimmen, welche Grenzen den Rändern von Objekten entsprechen.

Die in einer Grauwertverteilung wie Abbildung 4.3 enthaltene Information enthält ein gewisses »Rauschen« – Zufallsfluktuationen, die im Licht selbst und im Auge vorkommen. Man kann das Rauschen durch ein einfaches Verfahren vermindern, indem man jeden Wert in der Verteilung durch seinen lokalen Mittelwert ersetzt, der aus diesem Wert und seinen benachbarten Werten gebildet wird. Das Gemeinte läßt sich an einem kurzen eindimensionalen Streifen aus einer Grauwertverteilung (mit willkürlich vereinfachten Werten) verdeutlichen. (Siehe nächste Seite)

Um einen groben lokalen Mittelwert zu ermitteln, setzt man für jeden Wert den Mittelwert ein, der aus diesem und je einem Wert rechts und links von ihm gebildet wird. So wird der Wert 3 etwa in der Mitte der Verteilung zusammen mit seinen unmittelbaren Nachbarn auf seinen Mittelwert gesetzt: $1/3 (4 + 3 + 6)$, was bei Abrundung auf die nächste ganze Zahl 4 ergibt; die 4 am linken Ende des Streifens wird auf den Mittelwert von 4 + 5 gesetzt, was bei Abrundung 4 ergibt. Mit diesem Verfahren, ein gewogenes Mittel herzustellen, beginnen wir an einem

4 5 4 3 6 9 8 7 9

Der Streifen entspricht dem folgenden Graph der Intensitäten:

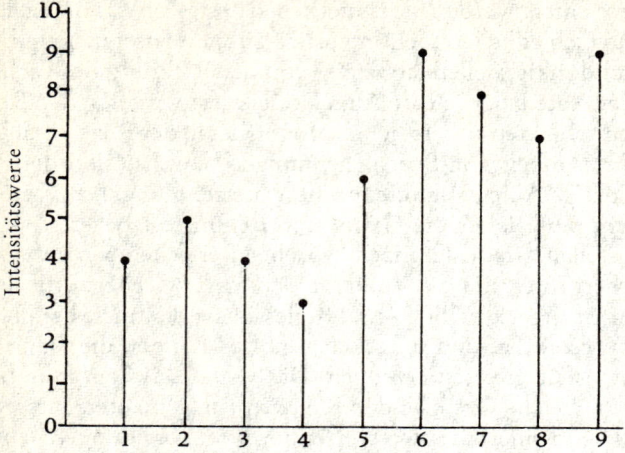

Räumliche Position der Elemente in der Verteilung

Ende der Verteilung und gehen von links nach rechts vor und korrigieren die einzelnen Werte nach einer mathematischen Operation, die einen lokalen Mittelwert ergibt. Die Anwendung einer mathematischen Operation auf eine Verteilung bezeichnet man als »Faltung«. Indem wir die Mittelungsoperation mit der obigen Verteilung falten, erhalten wir die folgenden nächstbenachbarten ganzen Zahlen:

4   4   4   4   6   8   8   8   8

die dem folgenden Graph entsprechen:

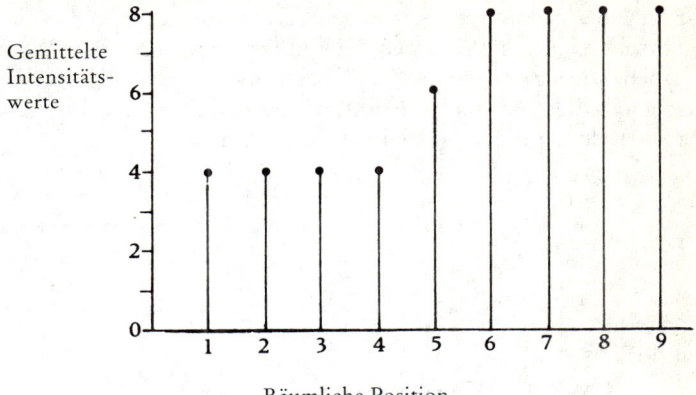

Durch Glätten der lokalen Unregelmäßigkeiten zeichnet sich allmählich ab, daß hier möglicherweise eine Grenze zwischen zwei verschiedenen Intensitätsstufen besteht, ein Gebiet auf einem Werteniveau 4 und eines auf einem Werteniveau 8.

Eine empfindlichere Mittelungsfunktion berücksichtigt mehr Nachbarn, gewichtet sie aber so, daß sie, je weiter sie entfernt sind, um so weniger zum Mittelwert beitragen. Hier sind viele Verfahren möglich, als brauchbar hat sich aber eines auf der Grundlage der *Normalverteilung* erwiesen, die sich bei Messungen häufig ergibt. Abbildung 4.4 zeigt ihre glockenförmige Kurve.

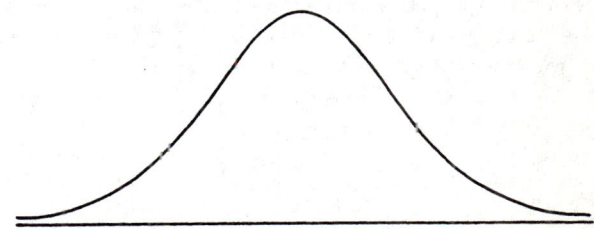

Abb. 4.4: Die glockenförmige Kurve der Normalverteilung.

Wie stellt man, nachdem die Werte in der Grauwertverteilung durch lokale Mittelwertbildung geglättet wurden, die Intensitätsgrenzen fest? Die Grenze zwischen einem hellen und einem dunklen Gebiet entspricht einem relativ plötzlichen Wechsel von Werten einer bestimmten Größe zu Werten einer anderen Größe. Ein Streifen aus dem betreffenden Teil der Verteilung wird Werte haben, wie sie der vorige Graph zeigt. Eine Fläche, die auf den Strichen in diesem Graph aufruht, wäre an den Enden flach, hätte aber in der Mitte einen steilen Gradienten:

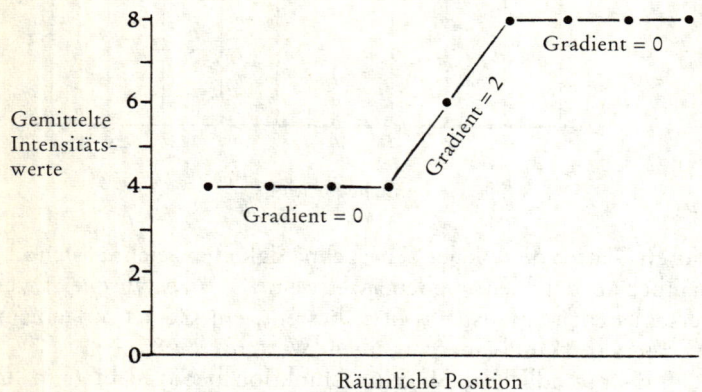

Ein einfaches Verfahren, die Steilheit des Gradienten zwischen zwei angrenzenden Werten zu messen, besteht darin, den linken mit −1 und den rechten mit +1 zu multiplizieren und die Resultate zu addieren. Die zwei angrenzenden Intensitätswerte in der Nähe der Mitte des Graphen sind 4 und 6, und so ist der Gradient zwischen ihnen $(4 \times -1) + (6 \times +1) = 2$. Wir können diese Operation über die ganze Verteilung anwenden:

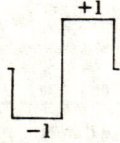

Es ergeben sich die folgenden Werte des Gradienten:

0 0 0 2 2 0 0 0

die wir in einem Graph darstellen können:

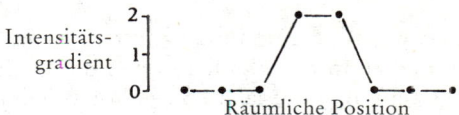

Die Grenze zwischen den beiden Gebieten unterschiedlicher Intensität entspricht hier einem lokalen Höhepunkt der Werte des Intensitätsgradienten. Die Grenze wird auch in den *Änderungen* des Intensitätsgradienten deutlich. Am linken Ende der obigen Fläche ist der Gradient konstant, dann steigen seine Werte an (von 0 auf 2), bleiben in der Mitte konstant (von 2 auf 2) und sinken dann (von 2 auf 0). Am rechten Ende der Verteilung ist die Neigung dann wieder konstant. Unsere obige Operation mißt diese Änderungen des Gradienten und ergibt die Werte

0 0 2 0 −2 0 0

die wir in einen Graph übertragen können:

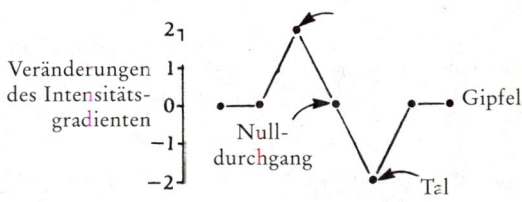

Der Punkt in der Mitte, wo der Wert Null ist und die Kurve von einem Gipfel positiver Werte zu einem Tal negativer Werte übergeht, ist ein »Nulldurchgang«. Er bietet zusammen mit dem benachbarten Gipfel und Tal einen ausgezeichneten Beweis für die Existenz einer Grenze zwischen zwei Gebieten unterschiedlicher Intensitäten.

Die lokale Mittelwertbildung und die Ermittlung von Gradientenänderungen müssen in zwei Dimensionen und nicht bloß an einem einzigen eindimensionalen Streifen vorgenommen werden. Man kann die beiden Operationen jedoch zu einer einzigen zusammenfassen. Diese kombinierte Operation gleicht einem Mexikanerhut; Abbildung 4.5 zeigt einen Querschnitt durch ihn.

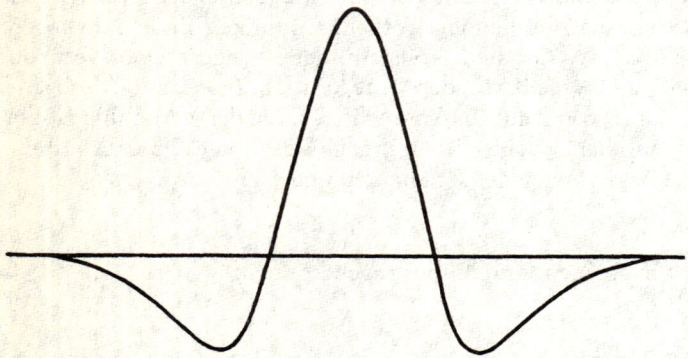

Abb. 4.5: Ein Querschnitt durch den »Mexikanerhut«-Filter, der die lokale Mittelwertbildung mit der Ermittlung von Veränderungen des Intensitätsgradienten verbindet.

Jeder Wert in der Grauwertverteilung wird zusammen mit seinen Nachbarn in einen Mittelwert verwandelt, wobei diese entsprechend dem Mexikanerhut gewichtet werden. Die Gewichtung ist, wie die Abbildung zeigt, positiv für engere Nachbarn, sinkt für fernere Nachbarn ins Negative und geht für Punkte, die so fern sind, daß man sie nicht zu berücksichtigen braucht, allmählich gegen Null. Werden alle Zahlen in der Grauwertverteilung durch den Mexikanerhut gefiltert, ergibt sich eine Verteilung mit positiven und negativen Werten. Die Grenzen zwischen diesen Gebieten ergeben eine Karte der Nulldurchgänge. Abbildung 4.6 zeigt ein Rasterbild und eine Karte der daraus gewonnenen Nulldurchgänge.

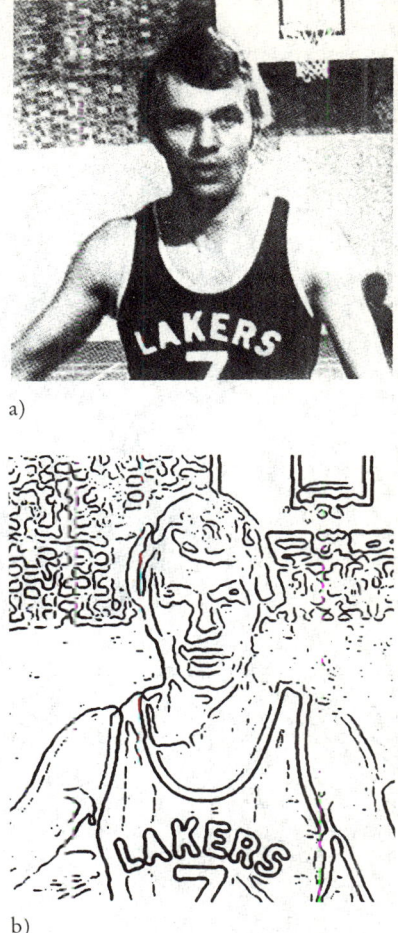

a)

b)

Abb. 4.6: (a) Ein Rasterbild. (b) Eine Karte der Nulldurchgänge: Die Intensität der Linien ist hier abhängig von dem Intensitätskontrast zwischen den Gebieten beiderseits des Nulldurchgangs.
(Aus D. Marr, *Vision.* San Francisco: W.H. Freeman, 1982, S.61)

Die visuelle Filterung

Wie groß sollte der Mexikanerhut für die Filterung der Grauwertverteilung sein? Scharfe und deutlich getrennte Intensitätsänderungen werden bei allen Größen herauskommen. Ein großer Hut, der viele Elemente der Verteilung abdeckt, wird außerdem graduelle Intensitätsänderungen in einem größeren Bereich enthüllen, möglicherweise als Folge der Beleuchtung.

Abb. 4.7: (a) Ein Rasterbild (320 × 320 Bildpunkte). (b) Die Nulldurchgänge, die daraus mit einem kleinen Filter (mit einer exzitatorischen Region von etwa 9 Bildpunkten) gewonnen wurden. (c) Die Nulldurchgänge, die mit einem größeren Filter (mit einer exzitatorischen Region von etwa 18 Bildpunkten) gewonnen wurden.
(Aus D. Marr, *Vision.* San Francisco: W. H. Freeman, 1982, S. 58 und 72)

(a)

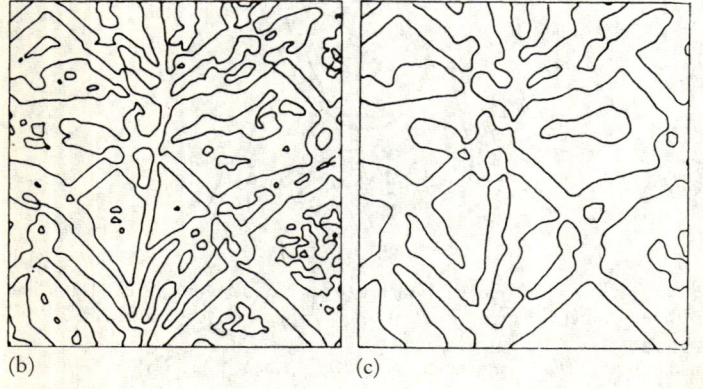

(b) (c)

Ein kleiner Hut, der weniger Elemente abdeckt, wird viele geringfügige Intensitätsänderungen im kleinen enthüllen. Nun reicht die Empfindlichkeit des menschlichen Auges über ein breites Spektrum von Änderungen, und daher soll unser Roboter ähnlich empfindlich sein und die Grauwertverteilung mit einer Reihe von Filtern (also Mexikanerhüten) unterschiedlicher Größe bearbeiten. Abbildung 4.7 zeigt ein Bild (ein Rasterbild) und zwei daraus abgeleitete Karten von Nulldurchgängen, wobei einmal ein kleiner, das andere Mal ein doppelt so großer Filter verwendet wurde.

Eine Bemerkung zur Mathematik

Mit der Differentialrechnung vertraute Leser werden erkennen, daß man zur Berechnung des Intensitätsgradienten in der geglätteten Grauwertverteilung die erste und zur Berechnung der Gradientenänderung die zweite räumliche Ableitung nimmt. Diese zweite Ableitung kann man mit Hilfe des Laplace-Operators isotrop in zwei Dimensionen durchführen, wobei alle Wege, die von einem Pixel wegführen, das gleiche Gewicht erhalten. Die zweidimensionale Gaußsche Normalverteilung glättet die Daten, wobei die Bedeutung mit der Entfernung abnimmt. Der Mexikanerhut verbindet die beiden Funktionen: Es ist dieser Laplace-Operator einer Gauß-Verteilung, der mit der Intensitätsverteilung gefaltet wird.

Die Neurophysiologie des Sehens

Das Sehen verstehen zu wollen, indem man nur Nervenzellen studiert, das ist, wie Marr bemerkt hat, als wolle man den Vogelflug verstehen, indem man nur Federn studiert. Seine Darstellung zeichnet sich dadurch aus, daß sie zusammenfaßt, was das visuelle System tut, wie es das tut und welche Zellen die Berechnungen ausführen.

Zellen in der menschlichen Netzhaut (siehe Abbildung 4.8) empfangen Informationen von einer Reihe von Netzhautrezeptoren, die in einem ungefähr kreisförmigen Feld liegen. Manche dieser »Ganglienzellen« werden durch Licht, das auf Rezeptoren im Zentrum ihres Feldes fällt, erregt und durch Licht, das auf die Peripherie des Feldes fällt, gehemmt. Andere Ganglienzellen funktionieren genau umgekehrt: Licht im Zentrum wirkt auf sie hemmend, Licht an der Peripherie erregend. Diese zwei Arten von Zellen sind genau das, was wir brauchen, um die Berechnungen des Mexikanerhuts auszuführen. Die erste Art berechnet die positiven Werte im Zentrum des Hutes, die andere die negativen Werte am Rand. Jede Nervenzelle feuert von Zeit zu Zeit spontan. Eine Zelle registriert signifikante Informationen normalerweise dadurch, daß sie von ihrer spontanen Feuerungsrate abweicht, und sie kann nicht direkt sowohl positive als auch negative Werte melden. Diese werden daher durch verschiedene Zellen signalisiert. Nulldurchgänge entsprechen demnach Stellen, an denen die Aktivität der beiden Arten von Ganglienzellen ungefähr gleich ist.

Die Neurophysiologen David Hubel und Torsten Wiesel, die für ihre Forschung den Nobelpreis erhielten, entdeckten in der Sehrinde im hinteren Teil des Gehirns Zellen, die durch helle Linien oder Balken mit einer bestimmten Orientierung im Gesichtsfeld erregt werden. Früher nahm man an, daß diese Zellen Ränder, Kanten und andere Merkmale von Objekten detektieren. Plausibler ist Marrs Theorie, wonach sie Nulldurchgänge detektieren. Sie werden erregt durch eine Reihe von benachbarten retinalen Ganglienzellen, die ihrerseits durch eine Änderung des ihrem rezeptiven Feld zugeordneten Intensitätsgradienten erregt werden.

Die dritte Stufe des Sehens: die Urskizze

Die Grauwertverteilung wird durch eine Reihe von Mexikanerhüten verschiedener Größe gefiltert. Die Ergebnisse kann man so deuten, daß sie eine Tatsache berücksichtigen, die von der Evolution vermutlich fest im Gehirn »verdrahtet« wurde: Ein Ding kann nicht an zwei Orten zugleich sein, sei es eine Kante eines Objekts, eine Änderung im Reflexionsverhalten einer

Abb. 4.8(a): Schemazeichnung des Auges.

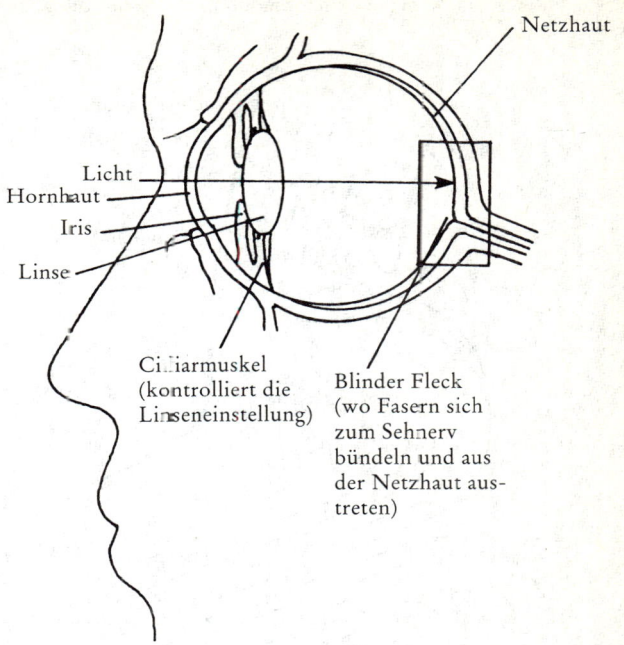

(Schwarzweißversion der Tafel 9 aus J. P. Frisby, *Seeing; Illusion, Brain and Mind.* Oxford: Oxford University Press, 1979)

Oberfläche oder eine Änderung der Beleuchtung. Wenn daher eines dieser Phänomene einen Nulldurchgang in einem gefilterten Bild hervorruft, kommt es wahrscheinlich nicht allzu weit entfernt in Bildern, die von Filtern anderer Größe erzeugt wurden, zu einem entsprechenden Nulldurchgang. Dünne Balken und andere Details können jedoch bei einem kleinen Filter zwei Nulldurchgänge erzeugen, die von größeren Filtern zu einer verwischt werden. Es ist deshalb sehr aufschlußreich, die gefilterten Bilder zu vergleichen. Im allgemeinen liegt einem Nulldurchgang an dem Punkt, wo er auftritt, ein und dasselbe physikalische Phänomen zugrunde.

Abb. 4.8 (b): Schematischer Ausschnitt aus Abbildung 4.8(a), der die Position der Rezeptorzellen und der retinalen Ganglienzellen zeigt. Das Licht geht erst durch die Nerven und Ganglienzellen hindurch, ehe es auf die Rezeptoren trifft.

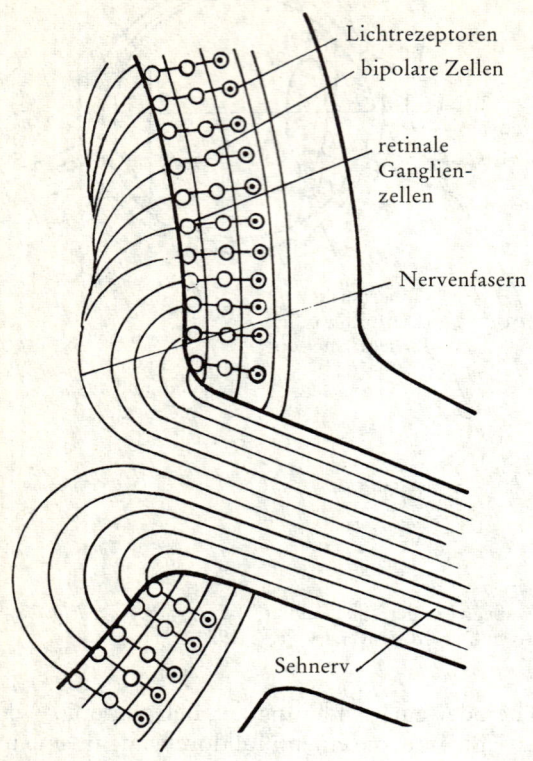

(Schwarzweißversion der Tafel 9 aus J. P. Frisby, *Seeing; Illusion, Brain and Mind.* Oxford: Oxford University Press, 1979)

Was das visuelle System aus einem Vergleich der gefilterten Bilder ableitet, ist umstritten. Für Marr sind, wie ich erklärt habe, die Entsprechungen von Nulldurchgängen die entscheidenden Daten. Doch bei Kurven und Ecken liegen die Nulldurchgänge von Filtern unterschiedlicher Größe in der Verteilung nicht an derselben Position (siehe Abbildung 4.7). Außerdem scheint, wie wir im nächsten Kapitel sehen werden, das menschliche Sehvermögen für die den Nulldurchgängen benachbarten Gipfel und Täler empfindlich zu sein. Roger Watt und Michael Morgan haben argumentiert, daß manche Nulldurchgänge verfälschte Resultate von Rauschen seien und daß man sich besser auf Gipfel und Täler stützen solle. Ein von ihnen entwickeltes Programm hält die positiven und negativen Werte des Filterprozesses getrennt und ermittelt deren Mittelwerte von Filtern unterschiedlicher Größe. Es lokalisiert die Zentren (und Größen) der Gipfel bei den positiven Mittelwerten und die Zentren (und Größen) der Täler bei den negativen Mittelwerten und benutzt sie, um anschließend eine symbolische Repräsentation von Balken, Kanten und Gebieten gleicher Intensität zu konstruieren.

Balken, Kanten und Kleckse sind die Grundelemente, aus denen das visuelle Bild konstruiert wird. Sie bilden jene Urelemente, die Künstlern bei der Anfertigung einer Radierung zur Verfügung stehen. Jedes hat eine bestimmte Position, Orientierung, Länge und Breite und einen bestimmten Intensitätskontrast zur umgebenden Region. Marr macht diese Information explizit und verwendet symbolische Beschreibungen mit entsprechenden numerischen Werten wie zum Beispiel:

KLECKS
(POSITION 146 21)
(ORIENTIERUNG 105)
(KONTRAST 76)
(LÄNGE 16)
(BREITE 6)

Sie werden in der Karte, welche die Ergebnisse der Filterung der Grauwertverteilung zusammenfaßt, bestimmten Stellen zugeordnet. Diese spezielle Beschreibung bezieht sich auf den Klecks unter dem Draht in der oberen linken Ecke von Abbildung 4.7 (b).

Informationen dieser Art fangen die lokalen Details in dem visuellen Bild ein und liefern die Rohdaten für die, wie Marr sie nennt, »Erstskizze«, die die vollständige Organisation des visuellen Bildes explizit macht – in etwa das, was man wahrnimmt, wenn man die Augen zusammenkneift und die Welt ein wenig unscharf sieht. Die Erstskizze wird in der Weise konstruiert, daß ähnliche Elemente zu Linien, größeren Klecksen und strukturierten Gruppen zusammengefaßt werden – ein Prozeß, der bei stetig wachsendem Maßstab laufend wiederholt wird. Diese Prinzipien sind aber noch nicht in einem Programm implementiert worden. Sie lassen sich nicht leicht isolieren, weil sie automatisch und ohne bewußte Anstrengung visuelle Bilder organisieren. So wimmelt Abbildung 4.9 von potentiellen Gruppierungen, und jede potentielle Organisation wird sogleich von einer rivalisierenden anderen abgelöst, besonders dann, wenn

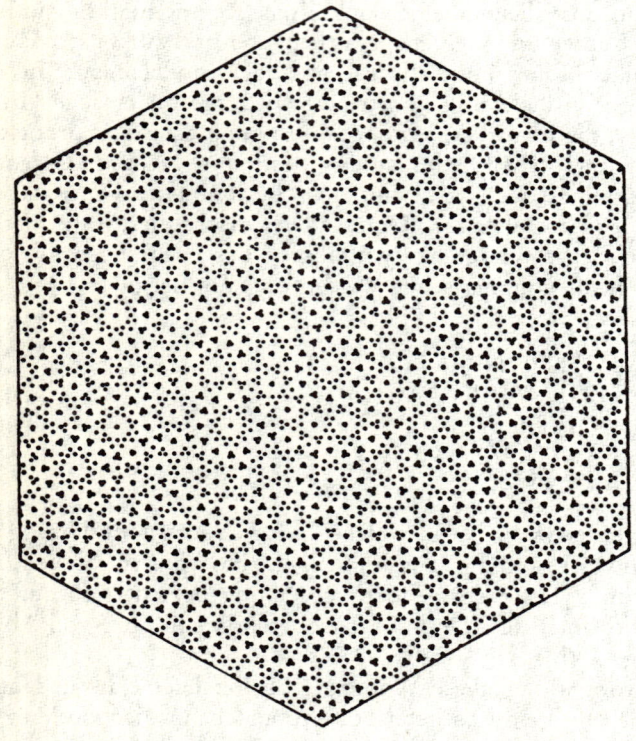

Abb. 4.9: Eine Figur mit vielen potentiellen Organisationen.
(Aus J. L. Marroquin, *Human visual perception of structure*. Magisterarbeit, Department of Electrical Engineering and Computer Science, MIT, 1976)

man seine Augen umherwandern läßt. Die Erstskizze sollte enthüllen, was für die Lokalisierung von Diskontinuitäten auf der physischen Oberfläche der in der Szene enthaltenen Dinge wesentlich ist. Die zugrunde liegenden Prinzipien sind, wie gesagt,

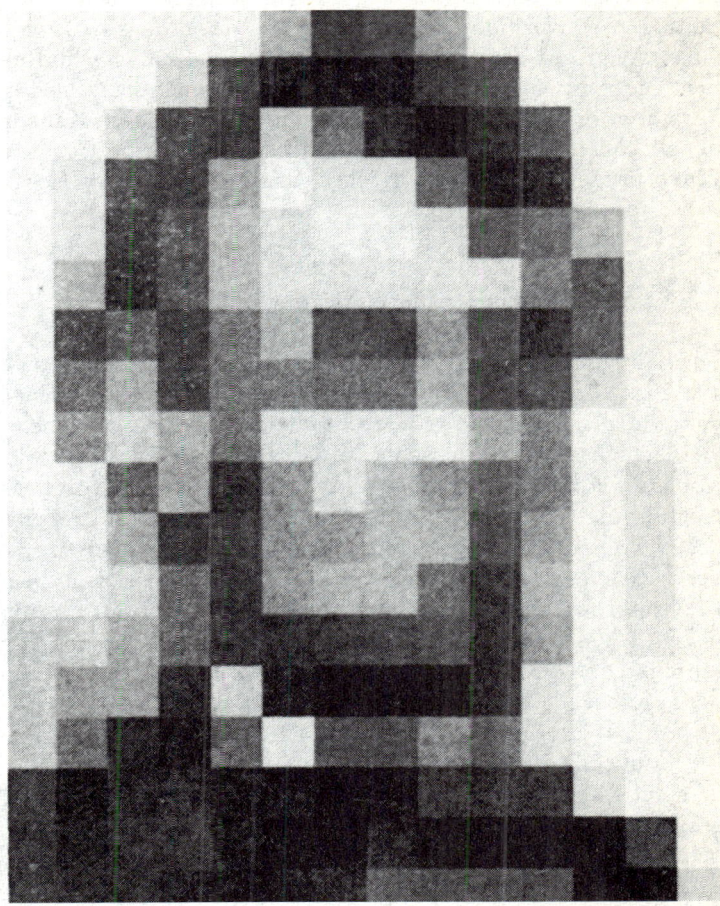

Abb. 4.10: Ein von Leon D. Harmon entworfenes Schachbrettbild. Man betrachte es aus einiger Entfernung mit halbgeschlossenen Augen.
(Aus L. D. Harmon, »The recognition of faces«, *Scientific American*, November 1973, S. 75)

noch nicht richtig verstanden, beruhen aber vermutlich auf angeborenen Annahmen über die Welt.

Wenn man die Welt mit halbgeschlossenen Augen betrachtet, geht einem Information verloren. Paradoxerweise kann man mit Hilfe dieses Tricks Dinge sehen, die man sonst nicht sieht. Das von Leon D. Harmon entworfene Bild in Abbildung 4.10 zeigt eine erkennbare Person, wenn man es mit zusammengekniffenen Augen aus einiger Entfernung verschwommen sieht. Dieses Verfahren reduziert die Information über die scharfen Kanten der Blöcke, die andernfalls die Interpretation der großflächigen Intensitätsänderungen beeinträchtigt. Es reicht aus, um Abraham Lincoln zu erkennen.

Die Kosten der frühen visuellen Bearbeitung

Die heutige Technik kann einen Roboter mit einem Auge ausstatten, das rund eine Million lichtempfindliche Elemente enthält, die allerdings eine größere Fläche einnehmen als die sehr viel dichter gepackte menschliche Netzhaut. Die Natur hat die Miniaturverdrahtung in drei Dimensionen und die parallele Ausführung von Myriaden Berechnungen gemeistert. Jede Zelle des Nervensystems besitzt Tausende von Verbindungen zu anderen Zellen und führt ihre eigenen Berechnungen aus. Dagegen sind elektronische Komponenten wie der Mikrochip auf eine im wesentlichen zweidimensionale Verdrahtung der Bausteine beschränkt, und die Zahl der Verbindungen ist weit geringer als bei der Nervenzelle. Die meisten Computer führen nur eine einzige Kette von Berechnungen aus, und Parallelcomputer sind eine Neuerung jungen Datums. Wenn es um ein Programm geht, mit dem der Roboter die Erstskizze konstruieren kann, besteht das größte Problem darin, sicherzustellen, daß es schnell genug arbeitet. Eine Berechnung, die zwei Sekunden dauert, ist ungeeignet, wenn man sich mit 24 Kilometern pro Stunde bewegt. Bis man einen großen dunklen Fleck in dem Bild bemerkt hat, ist man in das Loch gefallen, das ihn hervorgerufen hat.

Der große Rechenaufwand kommt durch die Filterung der Grauwertverteilung zustande. Auf jeden Bildpunkt in dem

1000 × 1000-Feld, das eine elektronische Kamera erzeugt, muß eine mathematische Operation angewandt werden, die die Werte seiner Nachbarpunkte einbezieht, und dieser Prozeß muß für alle verschiedenen Filtergrößen wiederholt werden. Inzwischen hat man spezielle elektronische Vorrichtungen gebaut, die diese Operation ausführen, die sich aber bislang noch nicht mit der Leistungsfähigkeit des Nervensystems messen können.

Ein Roboter, dessen Bild der Welt lediglich in einer Erstskizze bestünde, wäre mit einer gewöhnlichen Stubenfliege vergleichbar. Ungeachtet ihrer erstaunlichen fliegerischen Gewandtheit bildet die Stubenfliege wahrscheinlich kein dreidimensionales Modell der Welt. Ihr Flugverhalten wird, wie Werner Reichardt und Mitarbeiter in Tübingen gezeigt haben, von schnellen automatischen Mechanismen gesteuert. Einer der Mechanismen bringt die Fliege in ihre Landeroutine, wenn ihr Gesichtsfeld plötzlich rasch expandiert. Wo immer sich die auftauchende Oberfläche befindet – die Fliege stellt ihre Füße in Richtung des Expansionszentrums, und sobald diese die Oberfläche berühren, wird die Energiezufuhr zu ihren Flügeln abgestellt. Ein anderer Mechanismus ermöglicht der Fliege, ihren Sexualpartner zu verfolgen. Dieses System ist empfindlich für einen kleinen schwarzen Fleck, der sich vor einem Hintergrund bewegt. Die den rechten und linken Flügeln zugeführte Energie wird bestimmt von der Position des Flecks im Gesichtsfeld und von dessen Winkelgeschwindigkeit, wodurch die Fliege den Fleck im Zentrum ihres Gesichtsfeldes behält und auf ihn zufliegt. Auf die reale Größe des Ziels kommt es dagegen nicht an. Entscheidend ist allein seine Größe im visuellen Bild. Das Argument, daß Sehen unmöglich sei, trifft also auf die Fliege zu. Wenn ein naher Sexualpartner und ein in der Ferne vorbeifliegender Vogel ein Bild von gleicher Größe auf ihr Auge projizieren, kann sie den Unterschied nicht erkennen. Der ihre Flugbahn steuernde Mechanismus ist jedoch von Natur aus auf kleine, nahe Objekte eingestellt. Wenn die Fliege versucht, einen fernen Vogel abzufangen, wird sie scheitern, was umgekehrt leider nicht immer zutreffen muß.

Das visuelle System der Fliege ist auf ihre Welt abgestimmt. Was sie können muß, ist, Sexualpartner anfliegen, auf Oberflächen landen und rasch starten, wenn eine andere drohende Oberfläche auf sie zu rast. Wenn unser Roboter eine reichere Welt bewohnen soll, muß er genau wie die Menschen in drei Dimensionen wahrnehmen können. Er muß das visuelle Bild – die in der Erstskizze explizit gemachte Information – als einen Vorläufer für die Gewinnung von Informationen über die physikalischen Oberflächen, denen es seine Entstehung verdankt, behandeln.

Weiterführende Literatur

Poggio (1984) ist eine hervorragende kurze Einführung in das Werk Marrs. Frisby (1979) hat ein reizvolles Buch über das Sehen geschrieben, das voll ist von großartigen optischen Täuschungen und durchdrungen von dem mathematisch-logischen Ansatz. Mayhew und Frisby (1984) geben eine technischere Darstellung des Computersehens. Watt (1988) ist eine fortgeschrittene Monographie über die ersten Stufen des Sehvorgangs beim Menschen.

Mead (1989) und seine Mitarbeiter haben eine künstliche Netzhaut und außerdem einen Siliziumchip gebaut, der das neurale Schallortungssystem der Schleiereule modelliert. Eine stärker mathematische Darstellung der Themen dieses Kapitels findet man bei Yuille und Ullman (1990).

5. Kapitel

Wahrnehmung der Welt mit räumlicher Tiefe

Halten Sie einen Daumen einige Zentimeter vor Ihre Nase und den anderen Daumen annähernd in gerader Linie mit dem ersten, aber mit ausgestrecktem Arm. Jetzt schließen Sie zum Betrachten der Daumen erst das eine, dann das andere Auge. Sie werden bemerken, daß der scheinbare Abstand der Daumen verschieden ist, je nachdem, mit welchem Auge Sie blicken. Der Effekt beruht natürlich darauf, daß die Augen die Welt aus leicht unterschiedlichen Positionen sehen. Die ersten Stufen des Sehens, die ich im vorigen Kapitel beschrieben habe, erzeugen ein Bild – eine Erstskizze, die eine organisierte Repräsentation der großen Gebiete unterschiedlicher Intensitäten ist. Die Ansichten Ihrer Daumen verdeutlichen die Disparität zwischen den beiden Bildern, die Ihre Augen erzeugen. Das visuelle System benutzt diese Disparität, um die Entfernung von Dingen zu berechnen. Stereopsis, die Verschmelzung der disparaten Bilder zu dem Zweck, die Welt mit räumlicher Tiefe wahrzunehmen, ist eine der wesentlichen Komponenten des menschlichen Sehvermögens, und mit ihr sowie mit anderen Anhaltspunkten für das räumliche Sehen werde ich mich in diesem Kapitel befassen.

Das rechnerische Problem der Stereopsis

Abbildung 5.1 zeigt schematisch die Disparität. Welchen Punkt die Augen auch fixieren, sein Bild fällt auf das Zentrum der Netzhaut, wo die Dichte der Rezeptoren am größten ist. Jeder andere, für beide Augen sichtbare Punkt wird ebenfalls auf beide Netzhäute projiziert, und der Abstand sowie die Richtung sei-

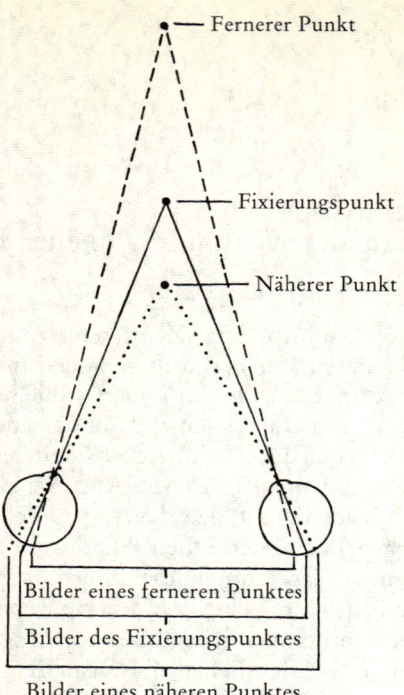

Abb. 5.1: Diagramm der Disparitäten zwischen Punkten, die auf die Netzhaut projiziert werden.

ner Projektionen von den Zentren beider Augen werden, wie die Abbildung zeigt, eindeutig von seiner räumlichen Position in bezug auf den Fixierungspunkt bestimmt. Ein naher Punkt projiziert zum Beispiel mit geringen Abständen von den Zentren auf die beiden Netzhäute, aber die Abstände bzw. die Richtungen sind von einem Auge zum anderen verschieden, weil beide einen unterschiedlichen Gesichtspunkt einnehmen. Wenn Größe und Richtung der Disparität bekannt sind, kann man mit ein wenig Trigonometrie die relative räumliche Tiefe des Punktes bestimmen.

Sie denken vielleicht, die Stereopsis sei leicht zu erklären, aber das trifft nicht zu – aus einem sehr guten Grunde. Bevor die

Disparitäten gemessen werden können, müssen die entsprechenden Projektionen jedes Punktes in einer Szene zwischen den beiden visuellen Bildern miteinander verglichen werden. Dieser Schritt stellt uns vor ein Rätsel. Es ist nutzlos, die jeweils gleiche Stelle auf der Netzhaut beider Augen zu betrachten, eben wegen der Disparitäten zwischen den beiden Bildern. Man könnte vielleicht so vorgehen, daß man zunächst die Objekte in der Szene identifiziert und dann ihre einzelnen Teile in den beiden Bildern miteinander vergleicht. Diese Methode läßt sich bei der niedrigen Aufgabe, Punkte in Bildern miteinander zu vergleichen, von der Struktur von Objekten leiten. Sie ist ein Beispiel für das, was man generell als absteigende (»*top-down*«) Verarbeitung bezeichnet. Man kann sich jedoch kaum vorstellen, daß Objekte identifiziert werden können, *bevor* die relative Tiefe und Orientierung ihrer Oberflächen durch Stereopsis bestimmt ist. Ein anderes Verfahren könnte darin bestehen, die Intensitätswerte in den beiden Grauwertverteilungen miteinander zu vergleichen. Bei dieser Methode wird die unterste Kategorie von Daten benutzt, und sie ist ein Beispiel für das, was man generell als aufsteigende (»*bottom-up*«) Verarbeitung bezeichnet. Leider gibt es keine Methode, die mit Intensitätswerten arbeiten könnte, da die Intensitäten von zueinander gehörenden Punkten in beiden Augen ganz verschieden sein können. Wenn Sie eine Sonnenbrillenlinse vor ein Auge halten, sehen Sie die Welt weiterhin mit räumlicher Tiefe, obwohl die Linse die Intensität des in das eine Auge eintretenden Lichts reduziert.

Top-Down- und Bottom-Up-Verarbeitung

Wann immer ein Programm benutzt wird, um nach bestimmten Prinzipien Daten einer Struktur zuzuordnen, erhebt sich die Frage der absteigenden (*top-down*) oder der aufsteigenden (*bottom-up*) Verarbeitung oder einer Kombination von beiden. Man kann Programme so anlegen, daß sie im einen oder anderen Modus arbeiten, daß sie vom einen in den anderen wechseln, ja sogar, daß sie beide parallel ausführen. Ein Programm, das absteigend arbeitet, sagt anhand der Prinzipien die in den Daten zu findenden Details vorher, es benutzt also die Struktur von Objekten, um Netzhautdisparitäten vorherzusagen. Ein Programm, das aufsteigend (*bottom-up*) arbeitet, sagt anhand der Prinzipien die übergeordnete Struktur vorher, es benutzt also die Netzhautdisparitäten, um die Struktur von Objekten vorherzusagen. Falls über die Verfahrensweise Unklarheiten bestehen, können beide Modi zur Vorhersage benutzt werden, doch sagen sie unterschiedliche Dinge vorher.

Welcher Modus ist der beste? Das läßt sich nicht allgemein beantworten, und allein aufgrund von Gesichtspunkten der Berechnung läßt sich nicht entscheiden, welchen Modus ein kognitives System gewählt hat. Was wir brauchen, sind empirische Anhaltspunkte, und dazu können wir zwei experimentelle Vorgehensweisen benutzen. Zunächst versuchen wir festzustellen, ob das System auch dann funktioniert, wenn es nicht auf übergeordnetes Wissen zugreifen kann. Ist das der Fall, so kann der Prozeß aufsteigend (*bottom-up*) benutzt werden. Sodann versuchen wir festzustellen, ob das System auch dann funktioniert, wenn die eingegebenen Daten sehr schlecht sind. Ist das der Fall, so ist der Prozeß nicht vollkommen von Daten abhängig, und er kann übergeordnetes Wissen nutzen und absteigend arbeiten. Wir werden bei passender Gelegenheit Beispiele für beide Vorgehensweisen kennenlernen, doch hat sich gezeigt, daß die erste für die Erforschung der Stereopsis entscheidend war.

Zufallspunkt-Stereogramme

Das Stereoskop, eine viktorianische Erfindung, erlaubt es, zwei Bilder von einer Szene, die von geringfügig abweichenden Standpunkten aus aufgenommen sind, den beiden Augen getrennt darzubieten. Das visuelle System verschmilzt die beiden Bilder zu einem einzigen, das der Betrachter mit dem lebhaften Eindruck räumlicher Tiefe sieht. Sie können sich selbst ein einfaches Stereoskop bauen, indem Sie zwei kleine rechteckige Spiegel zusammenkleben, wie es in Abbildung 5.2 dargestellt ist. Sie müssen durch die Ausrichtung der Spiegel dafür sorgen, daß das rechte Auge das rechte Bild und das linke Auge das linke Bild sieht und daß die wahrgenommenen Bilder verschmolzen werden können. Wenn Sie die Abbildungen 5.3 (a) und (b) betrachten, sollten Sie einen klaren Eindruck von räumlicher Tiefe erhalten. Wenn Sie das Buch auf den Kopf stellen, sollte ein umgekehrter Tiefeneffekt entstehen. Bei manchen dauert es ein bis zwei Minuten, bis der Effekt sich einstellt, und bei anderen – rund 10 Prozent der Bevölkerung, die unter einem leichten Schielen und anderen geringfügigen Defekten leiden – zeigt er sich möglicherweise gar nicht.

Eine wichtige Entdeckung hinsichtlich der Stereopsis machte Bela Julesz. Er fand heraus, daß Bilder, die Zufallsmuster enthalten, bei Betrachtung mit dem Stereoskop den Eindruck räum-

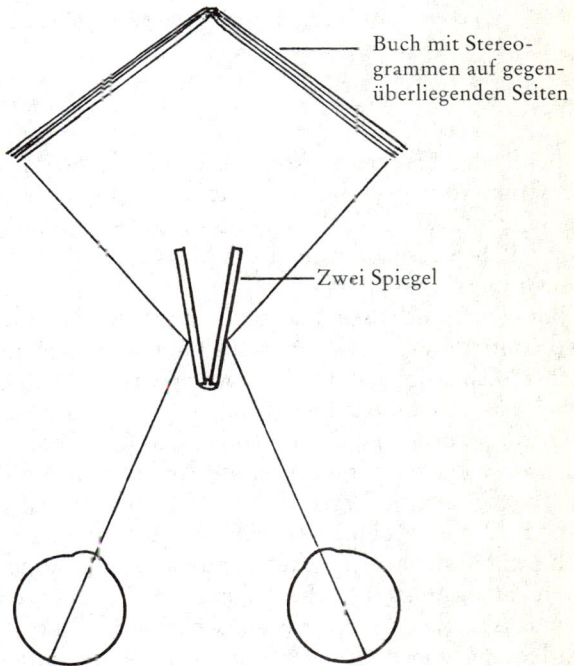

Abb. 5.2: Schema eines selbstgebastelten Stereoskops für das Betrachten der Stereogramme in diesem Buch: Das linke Auge (unten im Schema) betrachtet das linke Bild, das rechte Auge das rechte Bild.

Blick des linken Auges

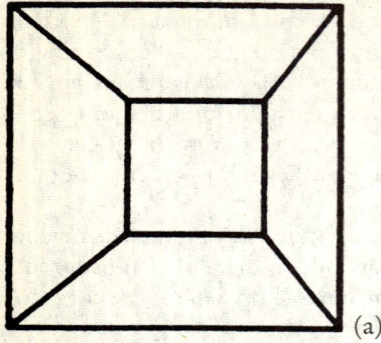
(a)

Abb. 5.3: Zwei geometrische Figuren für die stereoskopische Betrachtung.

licher Tiefe hervorrufen können. Die Bilder werden mittels eines Computerprogramms erzeugt, das entsprechende Disparitäten einbaut. Wenn Sie die Abbildungen 5.4 (a) und (b) betrachten, sollten Sie irgendwann in der Mitte ein in die Tiefe gerücktes Quadrat erkennen.

Julesz's Entdeckung bedeutet natürlich, daß die Stereopsis »von unten nach oben« funktionieren kann, allein aufgrund einfacher Disparitäten und ohne daß eine Struktur von Objekten zu sehen ist. Das Quadrat in Abbildung 5.4 sehen Sie erst, wenn Stereopsis zustande gekommen ist, denn die Zufallspunkte liefern sonst keinen Hinweis darauf. Andererseits wird Stereopsis durch explizites übergeordnetes Wissen nicht befördert. Wie John Frisby und John Clatworthy herausfanden, wird das Wahrnehmen räumlicher Tiefe aufgrund von stereoskopisch betrachteten Zufallsmustern nicht dadurch beschleunigt, daß man den Versuchspersonen sagt, was sie sehen sollten; nicht einmal die Darbietung von dreidimensionalen Modellen hilft. Möglicherweise ist die Stereopsis von anderen Sehvorgängen weitgehend unabhängig. Sie könnte ein eigenes Modul des visuellen Systems darstellen.

Blick des rechten Auges

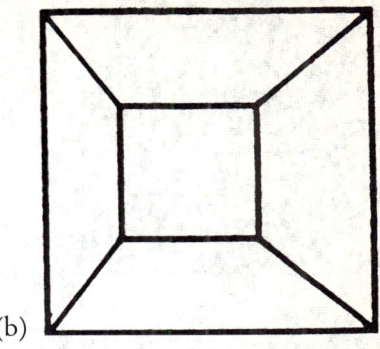

(b)

Zwei Bedingungen des räumlichen Sehens: Einmaligkeit und Kontinuität

Marr betonte, daß es möglicherweise zwei Tatsachen bezüglich der Welt gibt, die im Gehirn fest verdrahtet sind und den Vergleichsvorgang bei der Stereopsis lenken. Da ist zunächst eine Bedingung, auf die wir schon früher gestoßen sind: Ein Ding kann nicht an zwei Orten zugleich sein. Aus dieser *Einmaligkeits*-Bedingung folgt, daß ein Punkt in einem Bild normalerweise mit einem und nur mit einem Punkt in dem anderen Bild verglichen werden kann. Zweitens sind die Oberflächen von Objekten gewöhnlich lichtundurchlässig und verhältnismäßig eben, so daß ihr scheinbarer Abstand vom Beobachter sich kontinuierlich ändert und nicht von einem Extrem ins andere springt. Aus dieser *Kontinuitäts*-Bedingung folgt, daß benachbarte Punkte in einem Bild zumeist Punkte in der Szene repräsentieren, die in etwa denselben Abstand vom Auge haben.

Stellen Sie sich zur Veranschaulichung der beiden Bedingungen einen Beobachter vor, der ein Objekt betrachtet, und den-

(a)

(b)

Abb. 5.4: Zwei Stereogramme aus Zufallspunkten.

ken Sie an drei benachbarte Punkte auf dessen Oberfläche. Den drei Punkten entsprechen, wie in Abbildung 5.5 dargestellt, drei Blickachsen von jedem Auge. Die Blickachsen weisen neun potentielle Verschmelzungspunkte auf. Das Problem beim Vergleichen besteht darin, festzustellen, welche davon echte Übereinstimmungen darstellen und wirkliche Punkte auf der Oberfläche des Objekts repräsentieren. Aus der Einmaligkeits-Bedingung folgt, daß auf jeder Blickachse nicht mehr als ein Punkt liegen kann. Es kann also nur drei echte Übereinstimmungen geben und nur eine Übereinstimmung je Blickachse. Die hypothetische Übereinstimmung in Abbildung 5.6 (a) ist möglich, doch die hypothetische Übereinstimmung in Abbildung 5.6 (b) ist durch diese Bedingung ausgeschlossen. Die Kontinuitäts-Bedingung, die die Tatsache widerspiegelt, daß die Oberflächen von Objekten sanft variieren, schließt die in Abbildung 5.6 (a) dargestellte Interpretation aus. Die einzige Interpretation, die beiden Bedingungen gerecht wird, ist in Abbildung 5.7 dargestellt. Die drei benachbarten Punkte liegen in ungefähr demselben Abstand vom Beobachter auf der Oberfläche eines Objekts.

Die möglichen Verschmelzungspunkte in Abbildung 5.5 kann man sich repräsentiert denken durch eine entsprechende Anordnung von Prozessoren. Jeder Prozessor kann aktiv oder in-

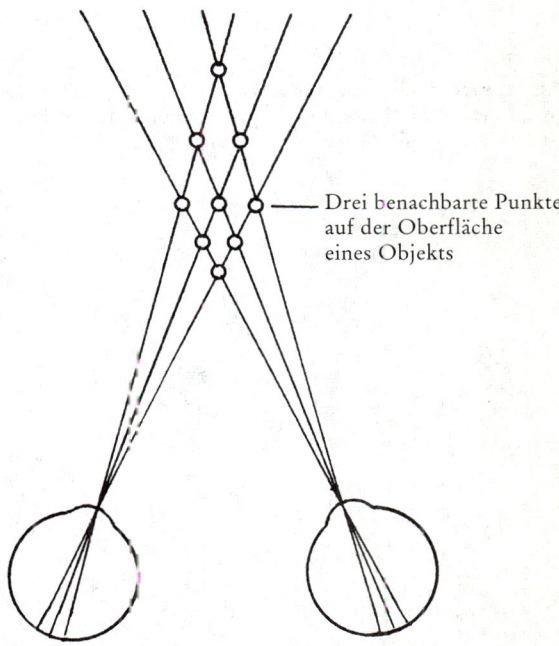

Abb. 5.5: Drei Blickachsen je Auge ergeben neun mögliche Verschmelzungspunkte.

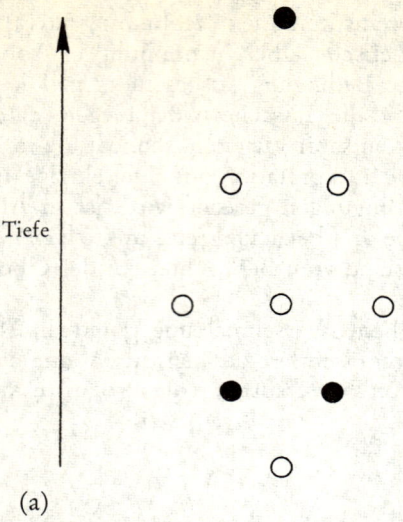

Abb. 5.6: (a) Eine mögliche Verschmelzung, angedeutet durch drei ausgefüllte Punkte auf den Blickachsen in der vorigen Abbildung. (b) Eine Verschmelzung, die die Einmaligkeits-Bedingung verletzt.

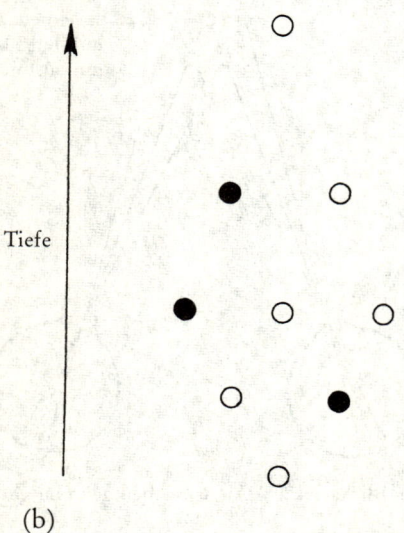

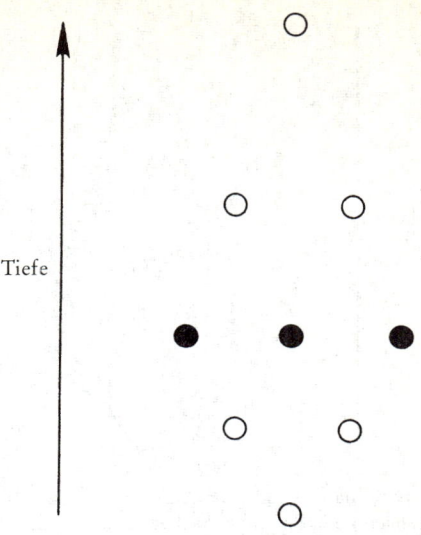

Abb. 5.7: Die einzige Verschmelzung der Blickachsen in Abbildung 5.5, die sowohl der Einmaligkeits- als auch der Kontinuitäts-Bedingung gerecht wird.

aktiv sein, und daß Maß seiner Aktivität steht für die Wahrscheinlichkeit einer Verschmelzung; die Bedingungen lassen sich dann eine entsprechende Verdrahtung der Prozessoren implementieren. Die Einmaligkeits-Bedingung verlangt inhibitorische Schaltungen zwischen den Prozessoren, die auf einer Blickachse liegen, sobald also eine mögliche Verschmelzung angezeigt wird, werden die übrigen inhibiert. Dieses Schema ist in Abbildung 5.8 dargestellt. Die Kontinuitäts-Bedingung wird auf analoge Weise verdrahtet: Sobald ein Prozessor eine mögliche Verschmelzung anzeigt, erregt er alle übrigen Prozessoren, die denselben Abstand vom Beobachter repräsentieren. Dieses Schema ist in Abbildung 5.9 dargestellt. Diese Diagramme zeigen nur eine einzige horizontale Menge von Punkten aus einer Szene. Ein vollständiges System würde Prozessoren für jede horizontale Ebene (bzw. für jede horizontale Zeile in Zufallspunktmustern) erfordern.

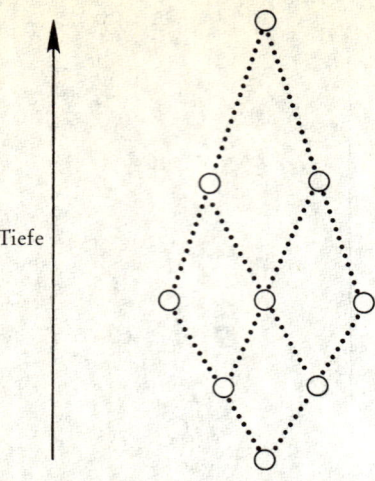

Abb. 5.8: In einer Reihe mit allen denkbaren Verbindungen der Blickachsen von beiden Augen kann die Einmaligkeitsbedingung erreicht werden durch inhibitorische Schaltungen entlang jeder Blickachse. Jede Schaltung innerhalb der Abbildung ist inhibitorisch. Wenn also ein Verbindungspunkt aktiv ist, stoppt er alle anderen, mit denen er gerade verbunden ist.

Ein Programm für Zufallspunkt-Stereogramme

Marr und Poggio entwickelten ein Computerprogramm für die Stereopsis, das die Einmaligkeits- und die Kontinuitäts-Bedingung enthält. Es wirkt direkt auf Elemente ein, die für Zufallspunkte stehen. Das Problem besteht also darin, wie man zu einem Punkt in einer Anordnung den ihm zugeordneten Punkt in der anderen Anordnung findet, obwohl sie in ihrer jeweiligen Anordnung an einer etwas anderen horizontalen Position stehen können. (Diese Abweichungen werden erzeugt von den Disparitäten, die die räumliche Wahrnehmung hervorrufen.) Ein Teilstück einer Zeile in der linken Anordnung kann zum Beispiel aus der folgenden Sequenz bestehen:

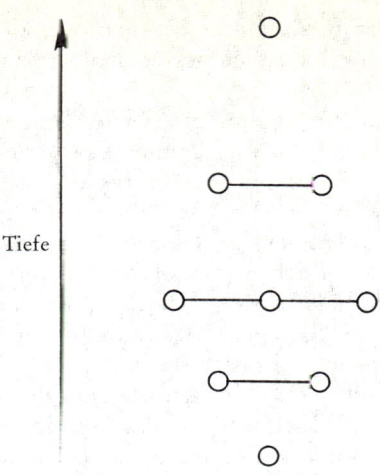

Abb. 5.9: In einer Anordnung, die alle möglichen Verschmelzungspunkte der Blickachsen von den beiden Augen darstellt, kann die Kontinuitäts-Bedingung durch exzitatorische Schaltungen zwischen Verschmelzungspunkten, die denselben Abstand von den Augen haben, implementiert werden. Jede Schaltung in der Abbildung ist exzitatorisch, so daß ein Verschmelzungspunkt, der aktiv ist, alle anderen, die mit ihm verbunden sind, erregt.

während das entsprechende Teilstück in der rechten Anordnung so aussehen könnte:

Das Programm erfordert eine große Zahl von Berechnungen, die aber, zumindest theoretisch, gleichzeitig parallel ausgeführt werden können. Man denkt daran, viele Prozessoren einzusetzen und jeden an den für ihn lokalen Werten, also an seinem eigenen Wert und denen ihrer Nachbarn, dieselbe Berechnung vornehmen zu lassen. Die Ausgabe jedes einzelnen Prozessors wird dann in einen erneuten Aktivitätszyklus eingespeist, und das ganze System rechnet so lange weiter, bis es bei jedem Prozessor stabile Werte erreicht. Diese Art der Berechnung bezeichnet man als »Relaxationsmethode«: Das System nähert sich allmählich einer stabilen Wertekonfiguration. Spreadsheet-Programme für Personal Computer, mit denen man finanzielle Berechnungen durchführen kann, lassen sich ebenfalls in diesem Sinne verwenden.

Das Relaxations-Programm für Stereogramme übernimmt die Zeilen aus den beiden Stereogrammen als ersten Input, und eine Anordnung von Prozessoren errechnet die Menge der möglichen Verschmelzungen. Die Anordnung ist dreidimensional, und jede ihrer zweidimensionalen Scheiben entspricht einer horizontalen Zeile aus den beiden Stereogrammen. Sie repräsentiert, wie Abbildung 5.10 zeigt, all die unterschiedlichen Tiefen möglicher Verschmelzungen der Punkte in den zwei Zeilen. Jeder Prozessor ist ein Finite-state-Gerät (siehe 3. Kapitel) und hat eine gewisse Ähnlichkeit mit einer Nervenzelle. Er ist entweder aktiv oder träge. Falls er aktiv ist, repräsentiert er aktuell einen Verschmelzungspunkt zwischen den zwei Punkten, die Inputs am Rande der Anordnung sind. Falls er träge ist, repräsentiert er aktuell einen Punkt, der *nicht* eine Verschmelzung ist. Die Einmaligkeits- und Kontinuitäts-Bedingungen werden direkt implementiert. Prozessoren empfangen Erregung von ihren Nachbarn in derselben Tiefenebene einschließlich derer in anderen Scheiben (gemäß der Kontinuitäts-Bedingung). Sie empfangen Hemmung von Prozessoren in derselben Blickachse (gemäß der Einmaligkeits-Bedingung). Die Prozessoren haben eine Schwelle und sind nur dann aktiv, wenn die Kombination von Erregung und Hemmung ihren Schwellenwert übersteigt. Nachdem die Stereogramme in die Anordnung eingespeist worden sind, durchläuft diese eine Reihe von Arbeitszyklen, die so lange fortgesetzt werden, bis eine stabile Konfiguration erreicht ist. Diese Konfiguration repräsentiert die passenden Übereinstimmungen der beiden Stereogramme und macht die relative Tiefe der einzelnen Punkte in dem Stereogramm explizit.

Eine Sequenz von Zyklen, die allmählich die Tiefeninterpretation der beiden Stereogramme verdeutlicht, ist graphisch in Abbildung 5.11 dargestellt. Die Ebenen in dieser Abbildung entsprechen unterschiedlichen Tiefen, und sie stehen daher rechtwinklig zu der Scheibe aus den Stereogrammen, die in der vorigen Abbildung dargestellt ist.

Theoretisch erlaubt das Programm, eine Vielzahl von Berech-

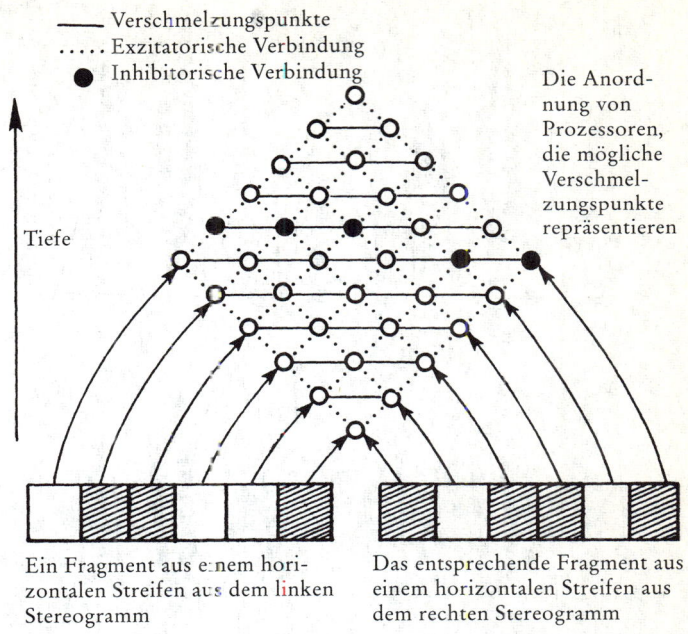

Abb. 5.10: Eine Anordnung von Prozessoren für die Berechnung der Verschmelzungspunkte von horizontalen Streifen aus zwei Stereogrammen. Das schraffierte Quadrat am rechten Ende beider Streifen wird durch die Einheit am rechten Ende der mittleren Reihe von Prozessoren verschmolzen, die Einheit links davon verschmilzt die weißen Quadrate vor dem rechten Ende der beiden Streifen, usw.

nungen parallel durchzuführen, weil jeder Prozessor lediglich Information über die Outputs seiner Nachbarn benötigt. Dennoch erfordert der Prozeß eine Anzahl von Zyklen, und da reale Nervenzellen ziemlich langsam sind (sie brauchen für einen Zyklus, sagen wir mal, eine Hundertstelsekunde), dauert dies vielleicht zu lange, um eine plausible Theorie des Sehens von Säugetieren zu sein.

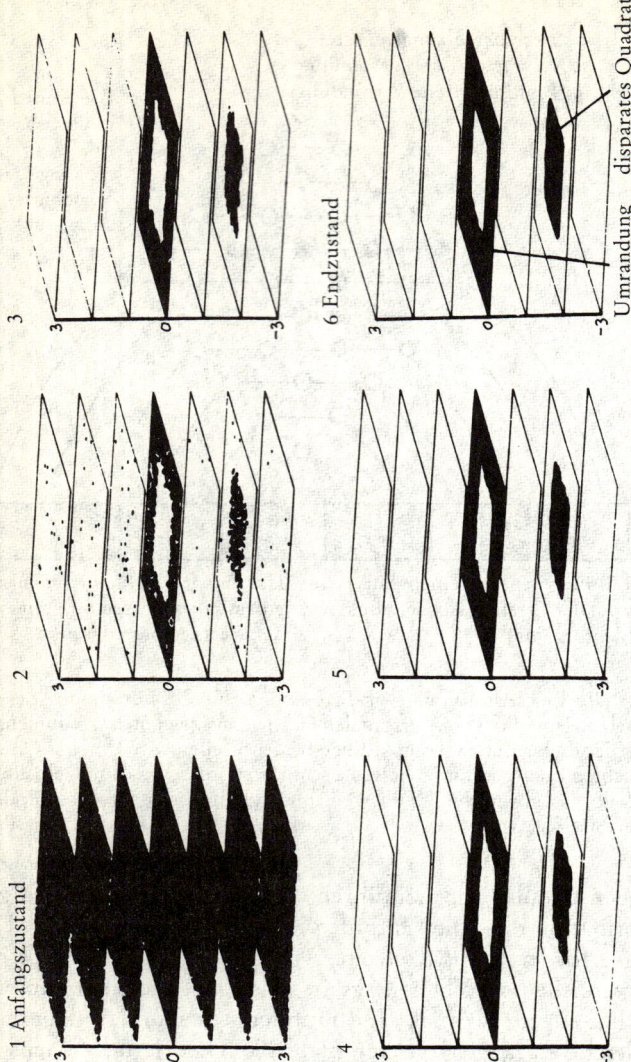

Abb. 5.11: Die Sequenz von Zyklen einer dreidimensionalen Anordnung von Prozessoren, welche mittels der »Relaxations«-Methode die Tiefen in Zufallspunkt-Stereogrammen berechnen.

Reale Stereopsis

Das Zufallspunkt-Programm illustriert ein interessantes Rechenprinzip und einen möglichen Weg, die Bedingungen, denen der Abgleich zweier Bilder unterliegt, zu implementieren. Um jedoch eine psychologisch plausible Prozedur zu entwickeln, müssen wir wissen, was den Input für die menschliche Stereopsis bildet. Es handelt sich um Daten einer unteren Ebene, aber welche Elemente werden wirklich miteinander verglichen? Die Intensitäten in der Grauwertverteilung sind abhängig von veränderlichen Beleuchtungsverhältnissen und entsprechen daher nicht direkt physikalischen Eigenschaften von Oberflächen. Es sind aber Oberflächen, auf die sich die Kontinuitäts-Bedingung bezieht. Die Elemente, die einander zuzuordnen sind, müssen daher etwas sein, das der Repräsentation von Oberflächen näherkommt. Marr und seine Mitarbeiter vermuteten, daß dafür am ehesten Nulldurchgänge in Frage kommen, und sie entwarfen ein Programm, das Nulldurchgänge vergleicht, die ein positives oder negatives Vorzeichen erhalten, je nachdem, ob sie eine Grenze markieren, die den Übergang von einem dunklen zu einem hellen Gebiet (von links nach rechts gehend) oder von einem hellen zu einem dunklen Gebiet.

Das Programm vergleicht zunächst Nulldurchgänge (mit demselben Vorzeichen), die dadurch gewonnen wurden, daß die Grauwertverteilung durch einen großen Mexikanerhut gefiltert wurde. Es arbeitet sich Punkt für Punkt an den Nulldurchgängen entlang, ist aber, was ihre Positionen betrifft, recht großzügig. Man beginnt deshalb mit einem großen Filter, weil er ein grobes Bild ergibt, in dem Nulldurchgänge relativ selten sind. Die Wahrscheinlichkeit einer falschen Zuordnung ist sehr viel geringer, wenn man lediglich in einem Gebiet sucht, das etwa die Breite der zentralen Spitze des Mexikanerhuts hat. Wenn ein Nulldurchgang in einem Bild zwei mögliche Entsprechungen in dem anderen hat, dann wird innerhalb dieses Suchbereichs eine Zuordnung einem Punkt entsprechen, der näher am Beobachter ist als der Fixierungspunkt, und die andere wird einem weiter entfernten Punkt entsprechen. Die Unklarheit läßt sich dadurch beheben, daß man eine Zuordnung von derselben Art trifft wie die nächstgelegene, die bereits getroffen wurde. Dieses Vorgehen erfüllt die Kontinuitäts-Bedingung: Hat ein Teil einer Oberfläche eine bestimmte Tiefe, einen bestimmten Abstand vom Beobachter, so sollte ein angrenzender Teil derselben Oberfläche ungefähr denselben Abstand haben. Dieses Zuordnungsverfahren führt zu einer ersten Registrierung der grob gefilterten Bilder. Anschließend kann es an Nulldurchgängen, die von einem kleineren Mexikanerhut gewonnen wurden, wiederholt werden, und schließlich kann ein Abgleich der Bilder aus dem Filter der kleinsten Größe dazu benutzt werden, die exakte Größe der Disparitäten zu berechnen, aus denen die relativen Tiefen errechnet werden.

Das Programm ist psychologisch plausibler als die Relaxationsmethode für Zufallspunkte. Es eignet sich für den visuellen Apparat von Robotern, und Eric Grimson hat es für die Bearbeitung von Stereo-Luftbildern dahingehend erweitert, daß es eine explizite Darstellung der relativen Abstände der darauf abgebildeten Oberflächen liefert. (Mit Hilfe der Tiefe läßt sich hervorragend eine Tarnung aufdecken.) Es ist jedoch unklar, ob die menschliche Stereopsis dieses Verfahren benutzt. Offensichtlich reagiert das menschliche System auf Disparitäten; der Neurophysiologe Colin Blakemore berichtet, daß in der Sehrinde von Säugetieren Zellsäulen existieren, in denen jede Zelle einer Säule auf eine andere Disparität innerhalb derselben Blickachse reagiert (vgl. Abbildung 5.1). Zwischen was genau aber die Disparitäten bestehen, ist nach wie vor ungeklärt. Das Problem ist, daß Marrs Kandidat – die Nulldurchgänge – nicht die Antwort zu sein scheint. John Mayhew und John Frisby haben gezeigt, daß in manchen Fällen die angrenzenden Gipfel der Gradientenänderung und nicht die Nulldurchgänge selbst für die Stereopsis verwendet werden. Richard Gregory und Mitarbeiter haben gleichfalls herausgefunden, daß die Kanten von Objekten (Nulldurchgänge schlechthin) nicht immer den Elementen entsprechen, die beim räumlichen Sehen miteinander verglichen werden. Und wenn Roger Watt und Michael Morgan mit ihrer im vorigen Kapitel skizzierten Analyse recht haben, sind Nulldurchgänge nicht von Belang für das Wahrnehmen der Welt mit räumlicher Tiefe. Die einzigen unbedenklichen Feststellungen lauten, daß die Stereopsis sich auf Elemente einer tieferen Ebene in der Erstskizze stützen kann und daß das Zuordnungsverfahren von angeborenen Beschränkungen geleitet sein muß, die auf die Natur der physikalischen Welt zurückzuführen sind. Nachdem die Elemente einander zugeordnet sind, besteht der Rest der Stereopsis weitgehend in Trigonometrie.

Andere Anhaltspunkte für räumliche Tiefe

James J. Gibson vertritt seit langem die Ansicht, daß Texturgradienten, wie sie in Abbildung 5.12 dargestellt sind, viele Informationen über die Tiefe und Orientierung von Oberflächen liefern. Ein Texturgradient entsteht durch Objekte oder Markierungen von ungefähr gleicher Form und Größe, die sich in regelmäßigen Intervallen auf einer Oberfläche befinden. Der Gradient zeigt die Orientierung der Oberfläche an, und zwar sowohl das Ausmaß als auch die Richtung ihrer Neigung in bezug auf den Betrachter. Der Zusammenhang zwischen Tiefe und

Abb. 5.12: Zwei Beispiele von Texturgradienten.

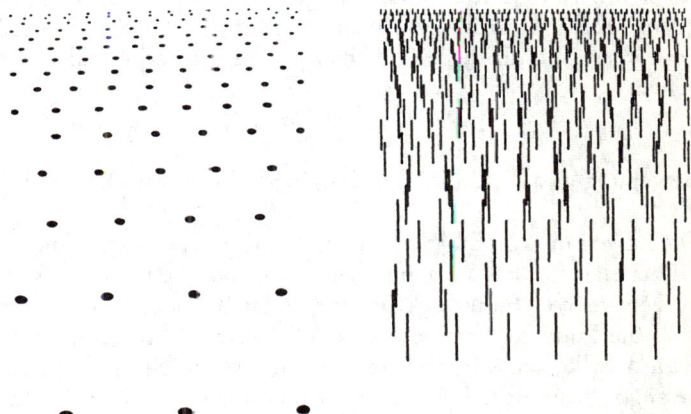

(Aus J. J. Gibson, *The Perception of the Visual World.* Boston: Houghton Mifflin, 1950; S. 84, 86. Copyright James J. Gibson, erneuert 1977 Houghton Mifflin Company.)

Oberflächenorientierung liegt auf der Hand: Wenn die Tiefe – der räumliche Abstand – jedes einzelnen Teils einer Oberfläche von einem Beobachter bekannt ist, dann steht auch deren Orientierung fest. Das visuelle System könnte somit direkt auf die in Texturgradienten enthaltene Information reagieren. Es könnte die Neigung einer Oberfläche zum Beispiel dadurch ermitteln, daß es die Achse der Neigung senkrecht zu der Richtung festlegt, in der die Dichte der Elemente sich am stärksten ändert. Es gibt Computerprogramme, die solche Methoden verwenden, doch weiß man kaum etwas darüber, wie das visuelle System des Menschen den Texturgradienten interpretiert.

Es gibt andere potentielle Anhaltspunkte für räumliche Tiefe. Manche geben mehr Aufschluß über die Entfernung als über die Gestalt oder die Orientierung. So sind ferne Objekte verschwommener, blauer und höher im Gesichtsfeld, und parallele Kanten wie etwa Eisenbahngeleise oder die Seiten von Gebäuden konvergieren mit wachsender Entfernung. Es gibt aber auch Anhaltspunkte, die die Form von Objekten enthüllen. So bietet die relative Bewegung eines Objekts oder auch eines Beobachters mehr als eine Ansicht von dem Objekt, und das kann zur Bestimmung seiner dreidimensionalen Gestalt beitragen. Auch die sichtbaren Grenzen eines Objekts vor seinem Hintergrund – sein äußerer Umriß – liefern einen wichtigen Anhaltspunkt für seine Gestalt. Auf diese Anhaltspunkte möchte ich näher eingehen.

Bewegung und die dreidimensionale Struktur von Objekten

Die Bewegung von Objekten kann ihre Gestalt verraten. Shimon Ullman hat für diesen Sachverhalt einen sinnreichen Beweis. Eine Menge von Punkten wird auf einen Bildschirm projiziert. Sind die Punkte in Ruhe, sieht der Beobachter nur einen Bildschirm voller willkürlich verteilter Punkte. Doch wenn sie sich bewegen, kommt Leben in die Darbietung, und der Beobachter sieht zwei Zylinder, die in gegenläufiger Richtung rotieren. Der Effekt tritt selbst dann ein, wenn die Rotationsachse sich schlagartig ändert. Tatsächlich sind keine Zylinder vorhanden; die Dar-

Abb. 5.13: Ullmans rotierende Zylinder aus zufälligen Punkten (nur die Punkte werden auf den Bildschirm projiziert).

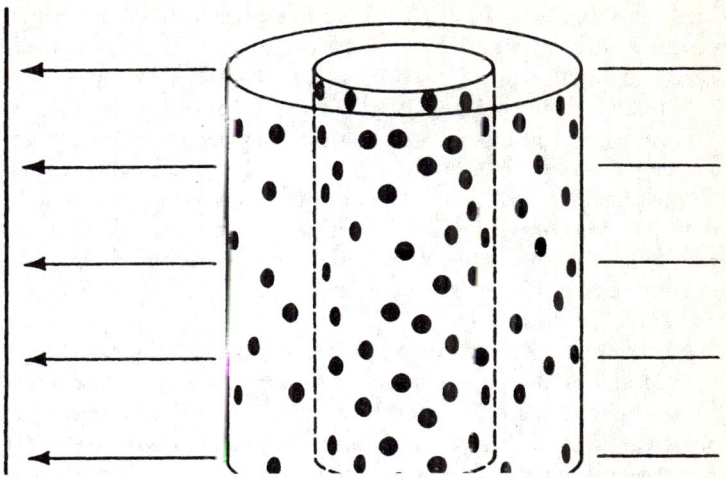

(Aus S. Ullman, *The interpretation of Visual Motion.* Cambridge, Mass.: MIT Press 1979)

bietung wird von einem Computerprogramm erzeugt, das nichts als eine sich bewegende Sequenz von Bildern von Punkten projiziert (siehe Abbildung 5.13). Deren Bewegungen erzeugen die Zylinderformen.

Das Problem, wie aus der Bewegung eines Objekts dessen Gestalt abgeleitet wird, hat Ähnlichkeit mit dem räumlichen Sehen. Das visuelle System muß in zwei Bildern, die durch einen zeitlichen Abstand getrennt sind, die einander entsprechenden Punkte an einem Objekt miteinander vergleichen und dann anhand des Weges, die jeder einzelne Punkt zurückgelegt hat, die Tiefe (die räumliche Entfernung) der entsprechenden Teile des Objekts (und deren Bewegungsrichtung) bestimmen. Die Zuordnungen sollten wie bei der Stereopsis eindeutig sein, wegen der zeitlichen Version der Einmaligkeits-Bedingung: Ein Ding kann sich jeweils nur zu einem Ort bewegen. Natürlich können Dinge auftauchen und verschwinden, so wie sie beim räumlichen

Sehen für ein Auge sichtbar oder unsichtbar sein können. Doch besteht zwischen der Stereopsis und der Wahrnehmung von Bewegung ein wichtiger Unterschied. Die beiden Augen sehen jeweils dieselbe Gestalt, doch die Gestalt eines Objekts kann sich in der Zeit kontinuierlich ändern, wie zum Beispiel, wenn Sie Ihre Faust ballen und öffnen.

Ullman hat eine mathematische Theorie formuliert, mit deren Hilfe die Zuordnungen zwischen sich bewegenden Bildern geklärt werden können, doch gibt es wie beim räumlichen Sehen einige ungelöste Probleme. Der Input für das System kann nicht die Grauwertverteilung sein, aber worin genau er besteht, ist nach wie vor offen. Marr weist auch hier darauf hin, daß möglicherweise Nulldurchgänge benutzt werden, doch gibt es Schwierigkeiten mit dieser Idee.

Nachdem die Zuordnungen von einem Bild zum nächsten geklärt sind, besteht der nächste Schritt darin, sie zu interpretieren. Dazu müssen den möglichen Interpretationen Beschränkungen auferlegt werden. Eine Beschränkung ist die, daß Objekte in der Regel relativ starr sind oder aus relativ starren Teilen zusammengesetzt sind. Die Bedeutung der Starrheit hat der schwedische Psychologe Gunnar Johansson nachgewiesen. In einem Experiment befestigte er lediglich an den wichtigsten Gelenken einer Person winzige Lichter; in einem stockdunklen Raum konnten Beobachter wahrnehmen, daß jemand geht, obwohl nichts zu sehen war außer den Trajektorien der winzigen Lichter. Werden die Lichter jedoch in der Mitte der Gliedmaßen angebracht, sind deren Bewegungen nicht mehr deutbar. Das visuelle System nimmt offensichtlich an, daß benachbarte Lichter durch starre Entitäten miteinander verbunden sind, und wenn das wie im letzteren Fall nicht zutrifft, ist es außerstande, anhand ihrer Bewegungen eine menschliche Gestalt wahrzunehmen.

Ullman hat gezeigt, daß die Starrheitsannahme ebenfalls genügt, um aus zeitlich getrennten Bildern von bewegten Objekten deren Struktur zu erschließen. Wenn vier Punkte auf einem starren Objekt in drei aufeinanderfolgenden Ansichten identifiziert werden können, läßt sich deren statische dreidimensionale Konfiguration rekonstruieren. Die vier Punkte müssen nicht in derselben Ebene liegen, und da angenommen wird, daß sie nicht

Abb. 5.14: Das optische Flußfeld für einen Piloten beim Anfliegen eines Flugplatzes.

(Aus J. J. Gibson, *The Perception of the Visual World*. Boston: Houghton Mifflin, 1950, S. 84, 86. Copyright James J. Gibson, erneuert 1977 Houghton Mifflin Company.)

perspektivisch, sondern parallel auf das visuelle Bild projiziert werden, steht nicht eindeutig fest, welches die näheren und welches die ferneren Punkte sind. Es gibt zwar Konfigurationen, die noch weniger Informationen erfordern, doch drei Ansichten von vier Punkten garantieren eine Lösung.

Ullmans Beweis bezieht sich nicht auf Punkte, die in derselben Ebene liegen, und genau diese Anordnung liegt im Falle des »optischen Flusses« vor, wenn ein Beobachter sich relativ zu einer großen Fläche bewegt; vor dieser Situation steht zum Beispiel ein Pilot, der ein Flugzeug landet, wie in Abbildung 5.14 dargestellt. Die Mathematik des optischen Flusses ist durch Christopher Longuet-Higgins definitiv geklärt worden. Die Orientierung einer starren Fläche und die Bewegung des Auges relativ zu ihr läßt sich prinzipiell anhand der momentanen Geschwindigkeiten des sich ändernden Bildes in einem einzigen Auge bestimmen. Die Berechnung prüft die Starrheitsannahme, auf der sie beruht. Bislang ist noch nicht geklärt, ob beim menschlichen Sehvorgang derartige Berechnungen stattfinden.

Kontur und Gestalt

Ich halte meine Hand zwischen ein Licht und eine Wand, betätige sie entsprechend, und was Sie auf der Wand sehen, ist der Schatten eines Kaninchens. Das Phänomen ruft erneut das Argument ins Gedächtnis, daß Sehen unmöglich sei: Es gibt unendlich viele verschiedene dreidimensionale Gestalten, die ein und denselben zweidimensionalen Schatten hervorrufen können. Woran liegt es dann, daß Sie ein Kaninchen sehen?

Diese Frage erhebt sich nicht nur bei Schatten, sondern auch bei Silhouetten und den sichtbaren Konturen von Objekten vor ihrem jeweiligen Hintergrund (wo eine große Diskontinuität besteht, was den Abstand verschiedener Flächen vom Betrachter angeht). Auch hier ist unklar, ob das Sehen sich auf ein Wissen von solchen Dingen wie Kaninchen stützt oder ob es einfachere Annahmen benutzt und, auf die visuellen Daten gestützt, von unten nach oben arbeitet.

Marr vertrat die Ansicht, daß die Interpretation von Schatten, Silhouetten und den Konturen von Objekten einfachen angeborenen Beschränkungen unterliegt. Danach geht das visuelle System von der Annahme aus, daß jeder Punkt im Bild einer Kontur isomorph auf die reale Kontur des Objekts abgebildet werden kann, das dieses Bild erzeugt, daß benachbarte Punkte im Bild der Kontur auf benachbarte Punkte am Objekt zurückgehen und daß diese Punkte am Objekt in einer einzigen Ebene liegen. Das heißt: Wenn Sie die Silhouette Ihrer Hand betrachten, streift jeder Blick die Hand an genau einem Punkt ihrer Oberfläche, und diese Punkte bilden zusammen eine stetige äußere Kontur, die das Objekt in ein und derselben Ebene umfährt.

Es gibt natürlich Ausnahmen von diesen Prinzipien. Zwei separate Teile eines Objekts können, von einem bestimmten Standpunkt aus gesehen, genau dieselbe sichtbare Kontur erzeugen. Wenn Sie Ihre Hand mit geschlossenen Fingern von der Seite her betrachten, dann können mehrere Finger an verschiedenen Stellen eine einheitliche Silhouette ergeben. Auch können, wenn Sie Ihre Hand ein wenig wenden, benachbarte Punkte ihrer Silhouette zu zwei verschiedenen, hintereinander liegenden Fingern gehören. Und natürlich besteht ihre Silhouette nicht aus Punkten, die alle in derselben Ebene liegen. Im allgemeinen ist es bei solchen Ausnahmen unmöglich, an der Silhouette eines Objekts seine wahre dreidimensionale Gestalt zu erkennen, es sei denn, das Objekt ist Ihnen so vertraut wie Ihr Handrücken. Wo die Annahmen jedoch zutreffen, kann das visuelle System gewöhnlich die wahre Gestalt eines Objekts erkennen.

Die zweieinhalbdimensionale Skizze

Wann immer der Geist eine scheinbar unmögliche Aufgabe bewältigt, muß er eigenständige Informationen über die Welt besitzen. Sehen ist scheinbar unmöglich, doch hat die Evolution das visuelle System mit angeborenen Beschränkungen ausgestattet, die ihm die Bewältigung dieser Aufgabe ermöglichen. Einmaligkeit, Kontinuität der Oberfläche, Starrheit und die Beschränkungen bezüglich Konturen – sie alle sind daran beteiligt, aus der Erstskizze die Tiefe und Orientierung von Oberflächen herzuleiten. Es gibt andere Hinweise, die biologisch bedeutsam sind, zum Beispiel die Helligkeit und Farbe einer Oberfläche sowie ihre Schattierungs- und Flächenkonturen. Auch sie beruhen wahrscheinlich auf solchen angeborenen Beschränkungen, die automatisch und unbewußt wirksam werden und von einem Wissen von Objekten relativ unbeeinflußt sind. Sie sind ein Teil dessen, was man *reine* Wahrnehmung nennen könnte: die visuellen Module, die nach dem Modus »von unten nach oben« die Grauwertverteilung in die Erstskizze transformieren und die dann das räumliche Sehen bewirken, Bewegungen interpretieren, aus Konturen die Gestalt ableiten und all die anderen Prozesse ausführen, die der Wahrnehmung von Oberflächen zugrunde liegen.

Der Eckstein von Marrs Theorie des Sehens ist die Annahme, daß die letzte Stufe der reinen Wahrnehmung eine explizite Repräsentation der relativen (auf den Beobachter bezogenen) Tie-

Abb. 5.15: Illustration der zweieinhalbdimensionalen Skizze.

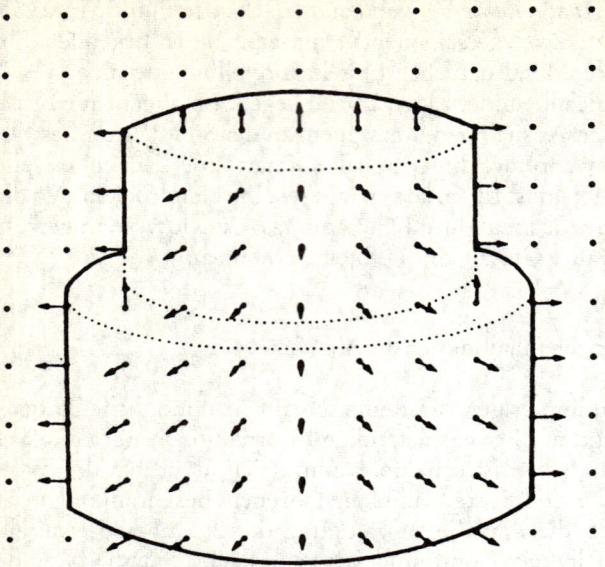

(Aus D. Marr, *Vision.* San Francisco: W. H. Freeman, 1982, S. 129)

fen und Orientierungen jeder sichtbaren Oberfläche in einer Szene liefert. Er nennt diese Repräsentation die »zweieinhalbdimensionale Skizze« (oder $2^1/_2$ D-Skizze). Der Ausdruck ist nicht wörtlich zu nehmen; er bezeichnet lediglich eine Repräsentation, die nicht die vollständigen dreidimensionalen Beziehungen explizit macht, da die Tiefen auf den Beobachter bezogen sind. Die Repräsentation wird manchmal durch ein Diagramm veranschaulicht, das wie ein Nadelkissen aussieht, in dem jede Nadel die Tiefe und Orientierung einer Region einer Oberfläche darstellt (siehe Abbildung 5.15). Quellen der zweieinhalbdimensionalen Skizze sind Stereopsis, Bewegung, Kontur und all die anderen Anhaltspunkte für Tiefe, die ich in diesem Kapitel diskutiert habe. Sie soll die von diesen Quellen gelieferte Information integrieren, Konsistenz herstellen und fehlende Teile von Oberflächen ergänzen. Ob das visuelle System des Menschen wirklich eine solche Repräsentation konstruiert, ist nicht bekannt.

Inzwischen sind zwar Computerprogramme für viele dieser Informationsquellen implementiert worden, doch ist es – zum Leidwesen unseres Roboters – noch nicht möglich, all die Prozesse zu modellieren, die es uns ermöglichen, die Welt mit räumlicher Tiefe zu sehen. Im übrigen reicht die zweieinhalbdimensionale Skizze nicht aus, den Roboter unbeschadet durch die Welt navigieren zu lassen, da sie die äußere Erscheinung von Oberflächen lediglich vom Standpunkt eines Roboters aus explizit macht. Eine vernünftige Repräsentation einer Szene sollte es, wie wir im nächsten Kapitel sehen werden, möglich machen, Objekte zu identifizieren, und dazu muß sie unabhängig von jedem partikularen Standpunkt sein. Identifikation ist nicht mehr eine Frage der reinen Wahrnehmung, da sie auf Annahmen beruht, die das Ergebnis der Erfahrungen einer Person sind.

Weiterführende Literatur

Marr (1982) und Ullman (1979) sind die besten Quellen für die Gegenstände dieses Kapitels. Die Zeitschriften *Artificial Intelligence* (1981, Vol. 17) und *Cognition* (1984, Vol. 18) haben dem Sehen Sonderausgaben gewidmet. Koenderink (1984, 1990) gibt eine fortgeschrittene Darstellung der Rolle der Kontur als Anhaltspunkt für die Gestalt und zeigt außerdem Fehler in Marrs Analyse auf. Brady (1983) erörtert die Analyse der Gestalt vom Standpunkt des Maschinensehens aus. Marrs Vorstellung von einem visuellen Modul, wie es der Mechanismus des räumlichen Sehens verkörpert, hat Fodor (1983) neben anderen Überlegungen dazu angeregt, eine modulare Architektur für weite Teile des Geistes vorzuschlagen. Bruce und Green (1990) ist ein Lehrbuch über das Sehen für höhere Semester, in dem die Forschungen von Marr, Gibson und anderen einander gegenübergestellt werden

6. Kapitel

Szenen, Gestalten und Bilder

Unser Ziel ist, das menschliche Sehen zu verstehen und, sofern das möglich ist, ein ähnliches System in einem Roboter zu implementieren. Was berechnet werden muß, ist eine dreidimensionale Repräsentation der Welt, die explizit macht, *was* sich *wo* befindet. Sie betreten ein Zimmer, erkennen, daß es einen Tisch und weitere Möbel enthält, und Sie finden den Weg zum Tisch. Sie können diese Handlung ausführen, obwohl Sie noch nie in dem Zimmer gewesen sind. Ihr visuelles System löst dabei drei Probleme: Es nimmt die dreidimensionalen Gestalten von Objekten wahr, es identifiziert die Objekte anhand ihrer Gestalt (das *was* in der symbolischen Repräsentation), und es nimmt ihre relative Lage im Raum wahr (das *wo* in der symbolischen Repräsentation).

Die Wahrnehmung der Gestalt von Objekten und der räumlichen Beziehungen zwischen ihnen stellt nicht zwei eigenständige Aufgaben dar, sondern eine einzige Aufgabe in zwei unterschiedlichen Bezugsrahmen: Eine Szene ist nichts anderes als ein komplexes Objekt, das sich aus zahlreichen untergeordneten Objekten zusammensetzt, und die meisten Objekte sind ihrerseits aus Teilen zusammengesetzt, usw. usf. So wie ein Objekt sich relativ zu einem anderen bewegen kann, kann sich auch ein Teil eines Objekts relativ zu einem anderen bewegen, wie zum Beispiel, wenn Sie Ihre Hand öffnen und schließen. Ein Unterschied besteht darin, daß Objekte (und ihre Teile) in der Regel Namen und Funktionen haben, was auf Szenen (mit Ausnahme von Räumen) nur selten zutrifft. Ich gehe zunächst auf die Wahrnehmung von Gestalten ein und komme später auf die Benennung von Teilen zurück.

Die Konstruktion eines dreidimensionalen
Modells der Welt

Angenommen, ein Roboter habe eine symbolische Repräsentation der relativen Abstände (Tiefen) und Orientierungen aller Oberflächen errechnet, die in seinem Blickfeld liegen – die zweieinhalbdimensionale Skizze, die ich im vorigen Kapitel beschrieben habe (allerdings mogeln einige moderne Roboter und benutzen zur Messung dieser Entfernungen Laser). Diese Repräsentation macht nicht die Gestalten von Objekten oder ihre räumlichen Beziehungen explizit, und sie ändert sich, wenn der Roboter sich bewegt, weil die Orientierungen der Oberflächen sich in bezug auf den Roboter ändern. Eine brauchbarere und stabilere Repräsentation würde die wirklichen dreidimensionalen Gestalten von Objekten und die räumlichen Beziehungen zwischen ihnen explizit machen.

Konfrontiert mit der Szene in Abbildung 6.1 – einer dem 17. Jahrhundert entstammenden Welt von Blöcken, die Ähnlichkeit mit einer Sphäre hat, wie sie die Erforscher der Künstlichen Intelligenz lieben –, muß der Roboter eine Repräsentation konstruieren, die unabhängig von seinem partikularen Standpunkt ist und die das Programm, das seine Bewegungen steuert, in die Lage versetzen würde, ihn vor Zusammenstößen mit irgendwelchen Hindernissen zu bewahren. Die Repräsentation muß daher ein dreidimensionales *Modell* der Szene sein, das wie das Modell eines Architekten die Gestalt von allem, was die Szene enthält, explizit macht – die Regionen, die ausgefüllt sind, und die leeren Räume. Eine solche Struktur erfordert nicht eine dreidimensionale Anlage in der Hardware des Computers. Ihre physikalische Verkörperung muß lediglich so funktionieren, wie wenn sie dreidimensional wäre, damit man durch Angabe ihrer Positionen auf drei Koordinaten auf Elemente zugreifen und diese manipulieren kann. Solche Strukturen sind in Programmen gang und gäbe.

Die Konstruktion des Modells beruht auf einer geometrischen Transformation der zweieinhalbdimensionalen Skizze. Eine ähnliche Aufgabe ergibt sich, wenn aufgrund von Radaraufnahmen oder Stereo-Luftbildern ein Computermodell von Gelän-

Abb. 6.1: Eine Zeichnung aus einem Buch über Perspektive, das der niederländische Künstler Jan Vredeman de Vries 1604 veröffentlichte.
(Aus J. V. de Vries: *Perspective*. New York: Dover, 1968)

deformationen konstruiert werden soll. Es gibt Programme, die im Computer die entsprechenden Daten in dreidimensionale Modelle umwandeln und die Projektionen der Szene aus unterschiedlichen Blickwinkeln präsentieren können. Es sind relativ einfache Programme, doch weiß man nicht, wie das visuelle System des Menschen die analogen Transformationen ausführt.

Die Interpretation von Strichzeichnungen

Verschiedene Forscher, die sich mit Künstlicher Intelligenz befassen, unter ihnen vor allem der verstorbene Max Clowes, David Huffman und David Waltz, wollten ein analoges Problem lösen. Sie bemerkten, daß Strichzeichnungen die Kanten von Objekten explizit machen und daß solche Zeichnungen von den Leuten als Darstellungen von dreidimensionalen Szenen interpretiert werden. Sie versuchten, Programme zu entwerfen, die zu ähnlichen Interpretationen imstande wären.

Clowes und Huffman erkannten unabhängig voneinander, daß Wissen von der Welt die Interpretation der Grundsymbole in einer Strichzeichnung einschränkt und dadurch eine vernünftige dreidimensionale Interpretation ermöglicht. Da ihre Ideen ähnlich sind, beschreibe ich lediglich Clowes' Programm. Sein Input besteht aus Strichzeichnungen von einer einfachen Welt von Blöcken. Alle Blöcke haben plane Oberflächen, und an einer Ecke können nur drei Oberflächen aneinanderstoßen. Das Programm liefert eine Interpretation der Zeichnung, in der jedes Grundsymbol (Striche und Berührungspunkte von Strichen) ein Label erhält, das seine angemessene dreidimensionale Interpretation repräsentiert. Den Kern des Programms bildet ein Wörterbuch, das die Menge der möglichen Bedeutungen für alle Arten von Grundsymbolen definiert, die in einer Zeichnung vorkommen können. Ein einzelner gerader Strich wie

---

hat nur vier mögliche Bedeutungen. Er kann für eine Außenkante stehen, die ein Objekt in der Szene begrenzt. In diesem Fall entspricht eine Seite des Strichs einer Oberfläche des Objekts, und die andere Seite entspricht dem Hintergrund oder einer Oberfläche, die durch das Objekt verdeckt wird. Hier gibt es natürlich zwei Interpretationen, je nachdem, auf welcher Seite des Strichs die Oberfläche des Objekts liegt. Der Strich kann aber auch eine Kante darstellen, an der zwei Oberflächen ein und desselben Objekts aneinanderstoßen. In diesem Fall kann die Kante entweder konvex sein, wie auf der Oberseite eines Blocks, oder konkav, wie an der Innenseite einer Kiste.

In Zeichnungen der Clowes-Huffman-Welt von Blöcken können nur vier Arten von Berührungspunkten zwischen Strichen vorkommen: eine L-Form, eine T-Form, eine Y-Form und eine Pfeilform. Man kann sie an dem Balken sehen, der in Abbildung 6.1 über den Kisten liegt: Man findet eine L-Form an dem mit f gekennzeichneten Punkt, T-Formen an jedem Schnittpunkt zwischen dem Strich, der die Unterkante des Balkens darstellt, und den Strichen, die die Oberkante einer Kiste darstellen, eine Y-Form an dem mit d gekennzeichneten Punkt und eine Pfeilform an dem mit c gekennzeichneten Punkt.

Da es für einen einzelnen Strich vier mögliche Interpretationen gibt, denken Sie vielleicht, daß es für einen L-Berührungspunkt sechzehn mögliche Interpretationen geben sollte (die vier für den einen Strich, multipliziert mit den vier für den anderen). Tatsächlich schließt die Natur der Blöckewelt viele der Kombinationen als unsinnig aus. So muß zum Beispiel mindestens einer der beiden Striche an einem L-Berührungspunkt die Kante eines Objekts bezeichnen, die eine andere Oberfläche oder den Hintergrund verdeckt. Die Menge der Interpretationen für die anderen Arten von Berührungspunkten ist in ähnlicher Weise beschränkt.

Die Interpretation einer Zeichnung macht sich eine höhere Form von Beschränkung zunutze: die Notwendigkeit einer konsistenten Interpretation aller Grundsymbole (Striche und Berührungspunkte) in einer Zeichnung. Selbst wenn jedes Grundsymbol in einer Zeichnung zunächst nur physikalisch möglichen Interpretationen zugeordnet wird, gibt es immer noch sehr viele potentielle Interpretationen der Zeichnung insgesamt. Die meisten davon werden jedoch Objekte bezeichnen, die unmöglich sind, wie dasjenige in Abbildung 6.2. Wenn die Interpretation eines Berührungspunktes einen Strich als eine verdeckende

Abb. 6.2: Strichzeichnung einer Figur, die von Max Clowes' Programm zur Interpretation von Zeichnungen als physikalisch unmöglich erkannt wird.

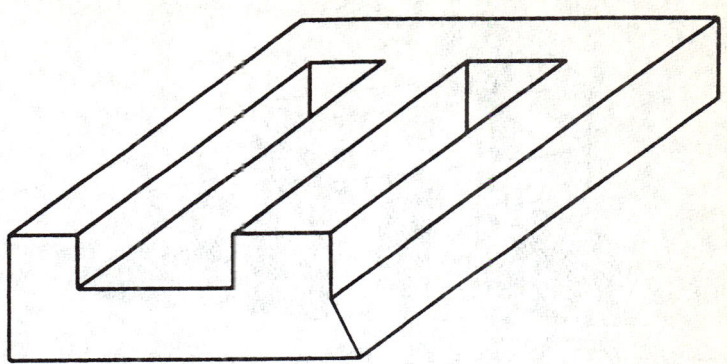

(Aus M. Clowes, On seeing things. *Artificial Intelligence*, 2, 1971, S. 105)

Kante eines Objekts auffaßt, dann muß dieser Strich auch in der Interpretation des Berührungspunkts an seinem anderen Ende eine verdeckende Kante sein. Das Objekt in Abbildung 6.2 verletzt diese Beschränkung: Betrachten Sie allein den vorderen oder allein den hinteren Teil des Objekts, dann ist das, was Sie sehen, vernünftig. Die beiden Teile verlangen jedoch eine gegensätzliche Interpretation der sie verbindenden Striche.

Das Verfahren zur Interpretation der Zeichnungen weist zunächst jedem Grundsymbol alle zulässigen Interpretationen zu und überprüft dann die Konsistenz der Interpretationen eines benachbarten Paares. Wenn es alle bis auf die konsistenten eliminiert hat, prüft es die Interpretationen eines anderen benachbarten Grundsymbols, stellt für alle drei eine konsistente Interpretation her usw., bis jedes Grundsymbol in der Zeichnung in den Prozeß einbezogen ist. Wenn sich das Programm schließlich stabilisiert – es benutzt die im 5. Kapitel erörterte Relaxationsmethode –, werden jene Interpretationen das Ergebnis sein, die die Zeichnung sinnvoll deuten. Wenn es sich tatsächlich auf ein unmögliches Objekt bezieht, wird keine Interpretation zustande kommen.

David Waltz hat gezeigt, daß ein Schritt, der die Dinge schein-

Abb. 6.3: Eine Strichzeichnung von Blöcken, die von einem Computer interpretiert werden soll.

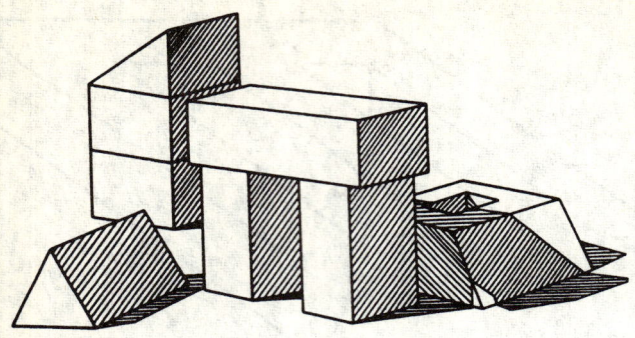

(Aus D. Waltz, Understanding line drawings of scenes with shadows. In: P. Winston, Hrsg., *The Psychology of Computer Vision*. New York: McGraw-Hill, 1975)

bar komplizierter machte – die Einführung von Schatten, komplexeren Blöcken und komplexeren Konfigurationen von Blöcken (siehe Abbildung 6.3) –, in Wirklichkeit zu einer Vereinfachung führte. Sein Programm sieht die Möglichkeit vor, daß ein Strich einen Spalt bezeichnet, wo ein Block neben einem anderen oder auf einer Oberfläche liegt, oder daß er die Kante eines Schattens bezeichnet, auf deren einer Seite es schattig ist, während es auf der anderen hell ist. Schatten geben uns eine Information, die einem anderen Standpunkt entspricht, und sie können uns verraten, ob ein Objekt auf einer Oberfläche ruht oder bloß an sie angrenzt. Abbildung 6.4 zeigt einige dieser Möglichkeiten auf; dort ist eine Zeichnung anhand von Waltz' Programm gekennzeichnet. Obwohl es inzwischen mehr Grundsymbole und sehr viel mehr Bedeutungen für sie gibt, gelangt das Programm schneller (und weniger uneindeutig) als in der einfacheren Welt der Blöcke zu einer Interpretation einer Zeichnung insgesamt.

Andere Forscher, darunter Alan Mackworth, haben noch avanciertere Programme entwickelt, die für die Charakterisierung von Zeichnungen nicht ein Wörterbuch mit Interpretationen für einzelne Grundsymbole verwenden, sondern allgemeine

Abb. 6.4: Die Charakterisierung einer Strichzeichnung mit Hilfe des Programms von David Waltz.

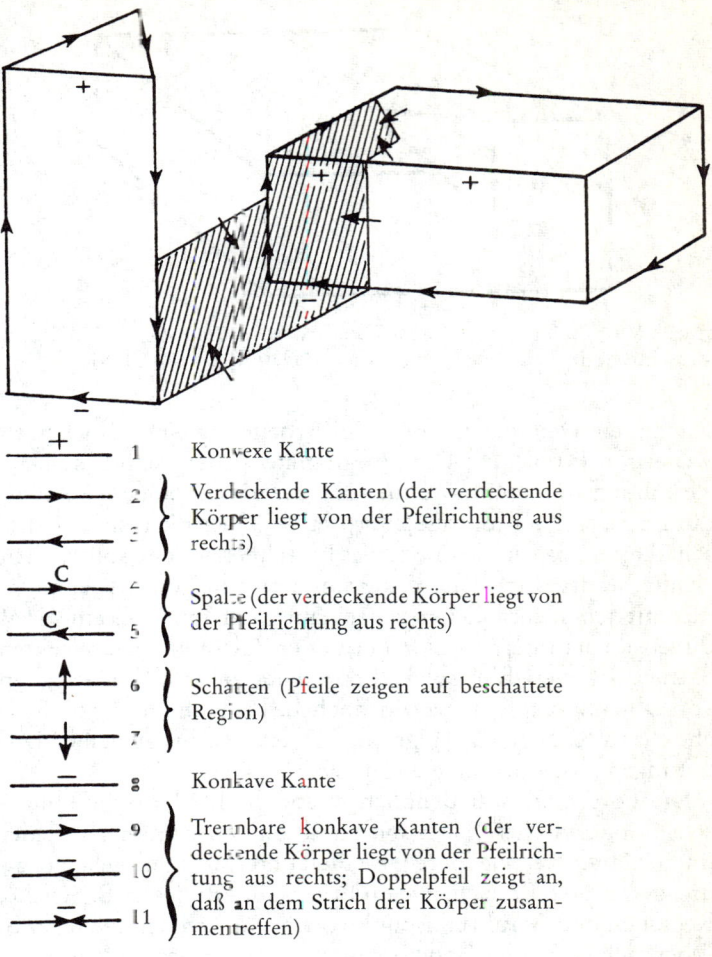

──+──	1	Konvexe Kante
──▶──	2	Verdeckende Kanten (der verdeckende Körper liegt von der Pfeilrichtung aus rechts)
──◀──	3	
──C──	4	Spalte (der verdeckende Körper liegt von der Pfeilrichtung aus rechts)
──C──	5	
──↑──	6	Schatten (Pfeile zeigen auf beschattete Region)
──↓──	7	
──−──	8	Konkave Kante
──▶──	9	Trennbare konkave Kanten (der verdeckende Körper liegt von der Pfeilrichtung aus rechts; Doppelpfeil zeigt an, daß an dem Strich drei Körper zusammentreffen)
──◀──	10	
──▶◀──	11	

(Aus D. Waltz, Understanding line drawings of scenes with shadows. In: P. Winston, Hrsg., *The Psychology of Computer Vision*. New York: McGraw-Hill, 1975)

Abb. 6.5: Strichzeichnung einer Figur, die von Programmen für die Interpretation von Strichzeichnungen nicht als physikalisch unmöglich erkannt wird.

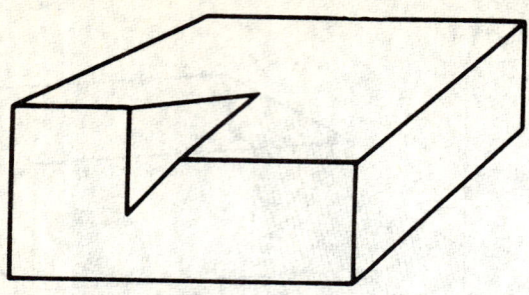

(Aus J. Mayhew und J. Frisby, Computer vision. In: T. O'Shea und M. Eisenstadt, Hrsg., *Artificial Intelligence.* London: Harper and Row, 1984)

Prinzipien. Dennoch gibt es beim Arbeiten in einer Blöckewelt weiterhin Probleme. Die Programme geben selbst solchen Zeichnungen, die unmögliche Objekte darstellen (siehe Abbildung 6.5), eine vernünftige Interpretation. Marr kritisiert an diesem Ansatz, daß er die Frage, was berechnet werden sollte, nicht richtig beantwortet. Falls das Programm eine gewisse Ähnlichkeit mit dem menschlichen Sehen haben soll, müßte es eine dreidimensionale Interpretation der in der Zeichnung dargestellten Szene auswerfen. Eine solche Repräsentation muß die Gestalten von Objekten explizit machen, doch die Programme, die die Striche charakterisieren, gelangen nicht weiter als bis zu den Orientierungen zusammenhängender Oberflächen.

Die Forschung war dennoch wertvoll. Sie klärte die Unterscheidung zwischen Form und Funktion. Stuart Sutherland, der untersucht hatte, wie Tiere Gestalten unterscheiden, gelangte zu drei getrennten Bereichen: dem Bereich des Bildes, z. B. Striche, Regionen und Berührungspunkte; dem Bereich der Szene, z. B. Oberflächen, Kanten und Gestalten; und dem Bereich der funktionalen Objekte, z. B. Stühle, Tische und Menschen. Die Forschung überzeugte außerdem viele Psychologen davon, daß manche prosaischen Aspekte der Wahrnehmung untersucht werden können, ohne daß man komplizierte Experimente durchführen muß: Schlichte Intuitionen im Hinblick auf Zeichnungen warfen bereits Fragen auf, die niemand beantworten konnte.

Die Identifikation von Objekten

Die Konstruktion eines mentalen Modells erfordert manchmal mehr als bloß eine Transformation der zweieinhalbdimensionalen Skizze. Oft reichen die Daten in der Skizze nicht für ein vollständiges Modell aus. So sind zum Beispiel von der Tischplatte in Abbildung 6.1 nur zwei Kanten sichtbar, doch wenn Sie mit abendländischen Möbeln vertraut sind, werden Sie das Objekt als einen Tisch identifizieren und sich seine Platte als rechteckig vorstellen. Sie sind angewiesen auf Ihr Wissen von den Gestalten von Tischen, das Sie aus Ihrer Erfahrung der Welt gewonnen haben, doch der Mechanismus der Identifikation ist unbewußt im Helmholtzschen Sinne. Ihr visuelles System konstruiert eine Beschreibung des wahrgenommenen Objekts und vergleicht sie mit einer Art von mentalem Katalog der dreidimensionalen Gestalten von Objekten. Es kann diese von partikularen Standpunkten aus erkennen und anschließend den Rest ihrer Gestalt automatisch extrapolieren.

Der Pionier von Computermodellen dieses Vorgangs war L. G. Roberts, der ein Programm schuf, das Fotos von Objekten in einer Blöckewelt in der Weise interpretiert, daß es die Objekte mit abgespeicherten Prototypen identifiziert. Künstler wie Cézanne und die Kubisten ließen sich von der platonischen Lehre leiten, daß sich alle Gestalten in einen Grundbestand von elementaren kubischen Formen zerlegen lassen, und Roberts' Programm arbeitet nach einem ähnlichen Prinzip. Es stützt sich auf drei raumfüllende Prototypen: den Würfel, den rechtwinkligen Keil und das sechseckige Prisma (siehe Abbildung 6.6). Zunächst wandelt es ein Foto in eine Strichzeichnung um, wozu es einen simplen Liniensucher verwendet, einen groben Vorläufer des Mechanismus der Erstskizze. Dann nimmt es, von unten nach oben vorgehend, einzelne Berührungspunkte von Strichen als Hinweise auf einen einschlägigen Prototyp. So deutet ein Y-

Abb. 6.6: Die drei Prototypen, die in L. G. Roberts' Programm benutzt werden.

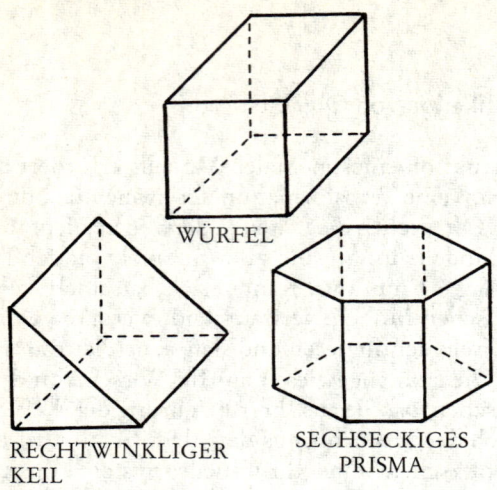

(Aus K. Oatley, *Perceptions and Representations*. London: Methuen, 1978, S. 178)

Berührungspunkt auf den Prototyp des Würfels hin, da er an der oberen Ecke der Vorderseite eines Würfels vorkommt.

In der letzten Stufe des Programms wird der Prototyp in einem absteigenden Prozeß dazu benutzt, den Rest des Objekts in der Zeichnung zu interpretieren. Die diesen Abgleich ausführenden Operationen können den internen (durch Koordinaten in drei Dimensionen spezifizierten) Prototyp auf zweidimensionale Abbildungen projizieren, sie können seine Abmessungen vergrößern oder verkleinern, ihn drehen und von einer Stelle zur anderen verschieben, um ihn mit dem aktuellen Objekt in der Szene zur Deckung zu bringen. Das Programm kann außerdem für die Analyse komplexerer Objekte Prototypen miteinander verknüpfen.

David Marr und Keith Nishihara gingen in der Verwendung von Prototypen einen Schritt weiter. Die Identifikation eines Objekts kann von vielen verschiedenen Standpunkten aus erfolgen, und deshalb, so argumentierten sie, müsse die Gestalt eines Objekts nicht in einem auf den Beobachter zentrierten Koordinatensystem (wie zum Beispiel die zweieinhalbdimensionale Skizze), sondern in Koordinaten angegeben werden, die von der Gestalt des Objekts selbst bestimmt sind. Das visuelle System erzeugt von einem zusammengefalteten Regenschirm eine Repräsentation, die explizit macht, daß er ein länglicher Zylinder ist. Dieses Modell ist standpunktunabhängig, und wir können uns ja in der Tat das Erscheinungsbild eines Schirms von unterschiedlichen Standpunkten aus vorstellen. Auf diese Fähigkeit, mentale Vorstellungen (oder mentale Bilder) rotieren zu lassen, komme ich in Kürze zurück.

Ein leistungsfähiges System für die Erfassung der Gestalt von Objekten sützt sich auf die Idee, einen zweidimensionalen Querschnitt längs einer Achse zu verschieben. Wird zum Beispiel ein Kreis rechtwinklig zu einer Geraden verschoben, überstreicht er die räumliche Gestalt eines Zylinders. Wenn er dabei kontinuierlich schrumpft, beschreibt er einen Kegel. Generell können wir einen Querschnitt von beliebiger Gestalt benutzen, seine Größe kann sich während der Verschiebung kontinuierlich ändern, und die Achse muß keine Gerade sein, sondern kann beliebig gekrümmt sein. Man bezeichnet die so entstehende Klasse von Gestalten etwas irreführend als »generalisierte Kegel«. So kann die Gestalt einer Banane hinreichend genau durch einen generalisierten Kegel beschrieben werden, und die Gestalt eines Menschen kann hinreichend genau beschrieben werden als aus einer Reihe von generalisierten Kegeln zusammengesetzt. Marr und Nishihara vertraten die Ansicht, der Geist enthalte einen Katalog von Gestalten von Objekten, die als generalisierte Kegel repräsentiert sind. Abbildung 6.7 zeigt die Art von Katalog, den sie sich vorstellten; er folgt derselben Repräsentationsidee wie die Strichmännchen in Kinderzeichnungen. Da er die Längen und die Anordnung der Unterachsen explizit macht, kann man ihn zur Identifikation komplexer Objekte benutzen. Abbildung 6.7 zeigt die Gestalten zwar als einfache Zylinder, doch soll der mentale Katalog generalisierte Kegel verwenden. Sie gehören zu der Klasse von Gestalten, die sich aus Silhouetten ableiten lassen, welche die im vorigen Kapitel beschriebenen

Abb. 6.7: Auszug aus dem von Marr und Nishihara vorgeschlagenen Katalog von Gestalten.

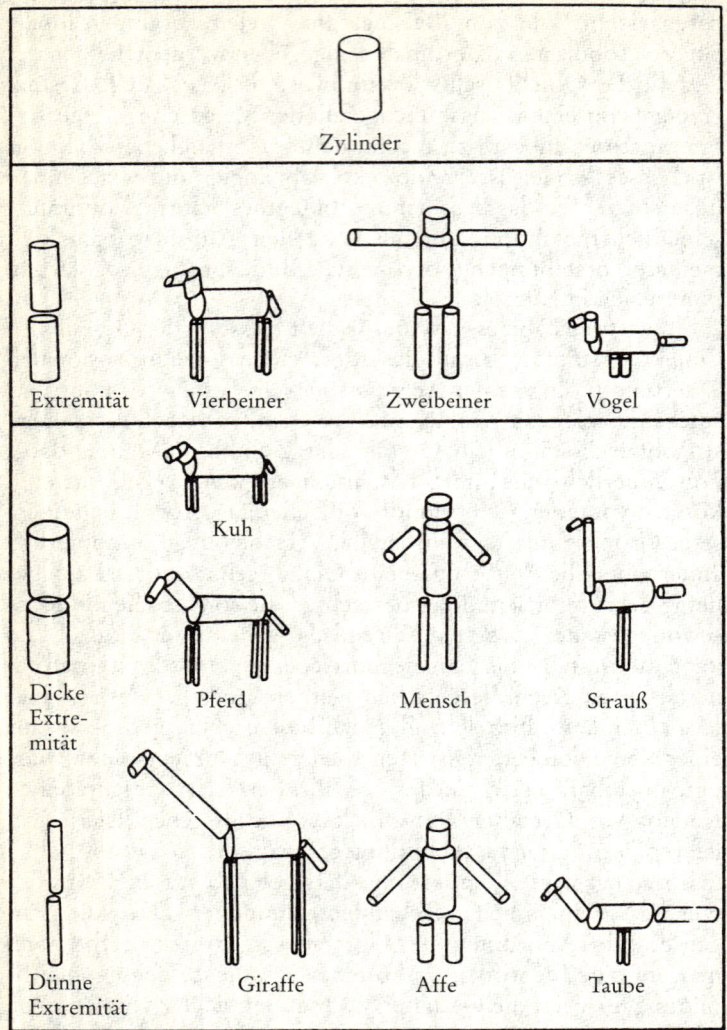

(Aus D. Marr und H. K. Nishihara, Representation and recognition of the spatial organization of three-dimensional shapes. *Proceedings of the Royal Society,* B, 1978, 200)

Beschränkungen erfüllen. Es gibt jedoch Gestalten – sie reichen von Origami bis zu zerknüllten Zeitungen –, welche diese Beschränkungen verletzen und keine generalisierten Kegel sind.

Abb. 6.8: Die hierarchische Organisation der Gestalt eines Menschen nach Marr und Nishihara.

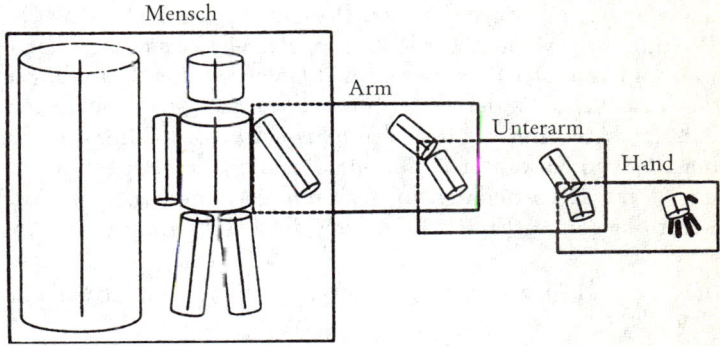

(Aus D. Marr und H. K. Nishihara, Representation and recognition of the spatial organization of three-dimensional shapes. *Proceedings of the Royal Society,* B, 1978, 200)

Der Katalog von Marr und Nishihara repräsentiert komplexe Objekte in einer hierarchischen Organisation. Die oberste Ebene hält ihre grobe Objektstruktur fest; die tieferen Ebenen machen die Details explizit. Abbildung 6.8 zeigt die hierarchische Organisation der Gestalt eines Menschen. (Zur Vereinfachung der Darstellung werden wiederum Zylinder benutzt.) Die Körperachse liefert ein auf den Körper selbst zentriertes Koordinatensystem, und mit Hilfe dieses Systems lassen sich die Relationen der Achsen von Kopf, Armen und Beinen spezifizieren. Deren Achsen liefern wiederum Koordinaten für die nächsttiefere Ebene, und so weiter. Der Katalog kann auf unterschiedliche Weise durchsucht werden. So kann, wie in Roberts' Programm, ein bestimmter Hinweis auf einen wichtigen Teil eines Objekts aufsteigenden Zugriff auf einen Prototyp liefern. Der Prototyp kann dann absteigend für den Versuch benutzt werden, den Rest der Figur zu identifizieren. Für den Identifikationsvorgang können auch spezifische Informationen über die

Orientierung der Hauptachse in Relation zu anderen Achsen benutzt werden.

David Hogg hat einige dieser Ideen erweitert, um die Bewegung einzubeziehen. Das von ihm entwickelte Programm interpretiert Filme von einem gehenden Mann. Das Programm besitzt einen internen Prototyp eines Mannes, wie ihn Abbildung 6.8 zeigt, den es mit Hilfe von Prinzipien, wie sie in Roberts' Programm verwendet werden, auf das sich bewegende Bild projizieren kann. Der Prototyp enthält außerdem Beschränkungen der Variablen, von denen die Winkel der Gelenke abhängen, so daß der Mann nur die festgelegte Sequenz von Haltungen, die beim Gehen vorkommen, durchlaufen kann. Das Programm arbeitet mit den Rohdaten in der Grauwertverteilung, und der Identifikationsvorgang wird durch die Feststellung einer Ab-

Abb. 6.9: Ein Bild, das die Rolle von *top-down*-Prozessen in der Wahrnehmung illustriert.

(Aus J. Thurstone und R. G. Carraher, *Optical Illusions and the Visual Arts.* New York: Litton, 1966. Copyright Van Nostrand Reinhold Co.)

weichung zwischen aufeinanderfolgenden Bildern des Films ausgelöst. Das Programm rahmt den Bereich der Veränderung mit einem Rechteck ein und nimmt an, daß dessen Hauptachse der Hauptachse des Prototyps entspricht. Wenn diese Relation geklärt ist, wechselt es in einen absteigenden Arbeitsmodus, um die Details von Armen und Beinen in Übereinstimmung zu bringen, wobei der Standort der Kamera berücksichtigt wird.

Diese Erkennungsmethoden zeichnen sich dadurch aus, daß übergeordnetes Wissen von der Gestalt von Objekten benutzt wird. Die Theorien nehmen an, daß wir durch unsere Erfahrung solches Wissen sammeln und es bei der Deutung der visuellen Welt nutzen. Ist die Annahme gerechtfertigt? Der Leser wird sich an ein einschlägiges experimentelles Vorgehen erinnern, das ich oben beschrieben habe: Wenn ein Prozeß selbst bei schlechten Ausgangsdaten abläuft, wird er möglicherweise von übergeordnetem Wissen geleitet. Abbildung 6.9 ist eine klassische Illustration eines solchen Phänomens. Auf den ersten Blick könnte man meinen, zufällig verteilte helle und dunkle Flecken vor sich zu haben. Tatsächlich zeigt das Bild einen Hund, der im Halbschatten eines Baumes am Boden schnuppert. Dieses Wissen sollte ausreichen, damit Sie den Hund identifizieren können.

Form, Funktion und Identifikation

Ihr Begriff von einem Tisch muß Informationen für die perzeptuelle Identifikation von Tischen enthalten. Als George Miller und ich jedoch daran gingen, Begriffe zu analysieren, stellten wir bald fest, daß Tische im Unterschied zum Menschen keine kanonische Gestalt haben; die Fülle ihrer Formen ist unübersehbar. Außerdem können Sie ein Objekt selbst dann als einen Tisch erkennen, wenn seine Gestalt von allen Tischen, die Sie jemals gesehen haben, abweicht. Wir mußten daraus schließen, daß ein Artefakt als Mitglied einer Kategorie identifiziert werden kann nicht aufgrund eines wesentlichen Aspekts seiner dreidimensionalen Gestalt, sondern weil seine Form, seine Abmessungen und andere sichtbare Eigenschaften welcher Art auch immer als einer bestimmten *Funktion* angemessen wahrgenommen werden. Man erkennt die Möglichkeiten, die in dem Artefakt stecken. Es ist ein Tisch, weil es eine Oberfläche hat, auf der man Gegenstände ablegen könnte. Diese Art von fortgeschrittener Erkennung übersteigt bislang die Fähigkeiten aller Computerprogramme. Sie beruht auf übergeordnetem Wissen, zum Beispiel dem Wissen von den besonderen Funktionen, denen Tische dienen. Sie beruht ferner auf Schlußfolgerungen, die von der Form auf die Funktion zielen. Sie nehmen die Gestalt eines Objekts wahr und schließen daraus auf seinen vermutlichen Zweck. Leider kommt es auch vor, daß Sie die Gestalt eines Objekts wahrnehmen – vielleicht ist es ein unbekanntes Hochzeitsgeschenk –, ihm aber keine Funktion zuordnen können.

Bemerkenswerte Erkenntnisse zur visuellen Erkennung liefert die Neuropsychologie. Neuropsychologen erforschen die psychologischen Folgen von Hirnschädigungen durch Unfälle, Schlaganfälle, Gifte und chirurgische Eingriffe. Ihr Ziel ist, das normale Funktionieren des Gehirns zu erhellen und nachteilige Folgen des Schadens zu beheben, wenn es möglich ist. Elizabeth Warrington, eine führende britische Neuropsychologin, und ihre Mitarbeiter haben verläßliche Hinweise darauf gefunden, daß für die Wahrnehmung von Form und Funktion unterschiedliche Mechanismen verantwortlich sind. Ist ein bestimmter Teil des Gehirns, der linke Schläfenlappen, geschädigt, so ist unter Umständen die Fähigkeit des Patienten, die Funktion eines Objekts zu erkennen, beeinträchtigt, obwohl der Patient die dreidimensionale Gestalt weiterhin wahrnimmt. Ist ein anderer Teil des Gehirns, der rechte Schläfenlappen, geschädigt, so tritt der umgekehrte Effekt auf. Wenn einige Patienten in einer bestimmten Fähigkeit beeinträchtigt sind, nicht aber in einer zweiten, während andere Patienten in dieser zweiten, nicht aber in der ersten Fähigkeit beeinträchtigt sind, sprechen Neuropsychologen von einer »doppelten Dissoziation« zwischen den beiden Fähigkeiten. Daraus folgt, daß diese Fähigkeiten verschiedenen Modulen zugeordnet sind, da sie unabhängig voneinander durch eine Hirnverletzung geschädigt werden können. Im Falle von Form und Funktion bestätigt die doppelte Dissoziation die Unterscheidung zwischen den ihnen zugrunde liegenden Wahrnehmungsmechanismen.

Visuelle Vorstellungen

Die Fähigkeit, sich den Zweck eines Objekts zu denken, könnte mit visuellen Vorstellungen zusammenhängen. Die meisten Menschen sind in der Lage, sich vor ihrem geistigen Auge eine Vorstellung von einer Person, einem Raum oder einer Szene zu machen, die ihnen vertraut ist. Und wenn man ihnen ein Bild wie das auf der linken Seite von Abbildung 6.10 vorlegt, können sie, wie Roger Shepard und Mitarbeiter nachgewiesen haben, entscheiden, ob es dasselbe Objekt darstellt wie das rechte Bild der Abbildung. Der Vergleich beruht offenbar darauf, daß man an dem Bild des ersten Objekts in Gedanken eine Rotation vornimmt: Je weiter die Rotation geht, in Grad gemessen, desto länger ist die Reaktionszeit (in direkter Proportion). Für je 60 Grad der Rotation, die sie an einem Bild dieser Gestalt vornehmen müssen, benötigen Versuchspersonen etwa eine Sekunde, und diese Beziehung gilt auch dann, wenn die Rotation nicht nur in der Bildebene, sondern im Raum durchgeführt wird. Marcel Just

Abb. 6.10: Zeigt die linke Zeichnung dasselbe Objekt wie die rechte? Ein Beispiel eines Versuchs aus Shepards Aufgabe, in Gedanken eine Rotation auszuführen. Die Zahlen zeigen die Fixierungen der Augenbewegungen an, die eine Versuchsperson bei einem von Just und Carpenter durchgeführten Experiment machte.

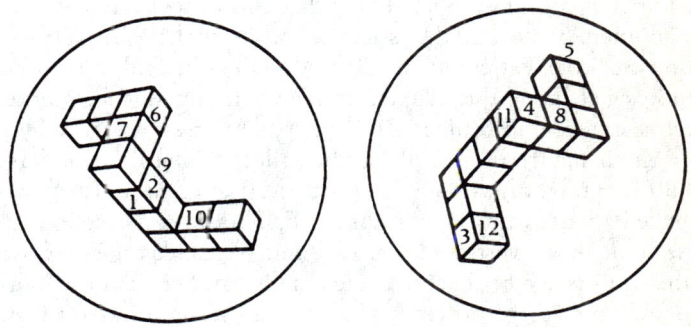

(Aus M. A. Just und P. A. Carpenter, Eye fixation and cognitive process, *Cognitive Psychology*, 8, 1976)

und Patricia Carpenter haben die Augenbewegungen von Personen, die diese Aufgabe durchführten, registriert, und Abbildung 6.10 zeigt ein typisches Muster der Fixierungen; daraus geht hervor, daß die Versuchspersonen die Hauptachse finden (Fixierungen 1 und 2), sie in Gedanken rotieren lassen und dann ihre Entscheidung überprüfen, zuerst an den Enden des einen Objekts (Fixierungen 3–5), dann an dem anderen (Fixierungen 6–7), und so weiter.

Eine mentale Vorstellung gleicht einer Wahrnehmung, außer daß, wie David Hume es formulierte, die beiden sich unterscheiden »in der Kraft und Lebendigkeit, mit der sie den Geist beeindrucken«. Ein klassisches Experiment aus dem Jahre 1910 demonstrierte denn auch die Ähnlichkeit zwischen den beiden Erfahrungen: C. W. Perky forderte Versuchspersonen auf, sich ein gewöhnliches Objekt wie etwa eine Banane vorzustellen und ihre Vorstellung auf eine an der Wand angebrachte Glasscheibe zu »projizieren«. Ohne ihr Wissen projizierte der Experimentator von der anderen Seite der Wand aus das Bild einer Banane auf die Scheibe und steigerte allmählich dessen Intensität. Die Versuchspersonen ließen sich weismachen, daß sie eine intensive mentale Vorstellung erleben, obwohl das Bild auch für die anderen Anwesenden deutlich zu sehen war.

Neuropsychologen haben Beweise für einen gemeinsamen Mechanismus, der sowohl dem Sehen als auch den mentalen Vorstellungen zugrunde liegt. Hirnschäden können ein seltsames Phänomen auslösen, die sogenannte »visuelle Vernachlässigung«, bei der Patienten eine Seite des Gesichtsfeldes nicht bewußt registrieren. Ihre Augen sind in Ordnung, und sie merken nichts von ihrem Problem. Zum Beispiel essen sie das Essen von der einen Hälfte ihres Tellers, aber alles, was auf der anderen Hälfte liegt, ignorieren sie, so als existierte es nicht. Fordert man solche Patienten auf, Szenen aus der Erinnerung zu beschreiben, etwa eine ihnen vertraute Piazza, dann vernachlässigen sie, wie Eduardo Bisiach beobachtete, gleichfalls eine Seite der mentalen Vorstellung. Aufgefordert, sich vorzustellen, sie stünden am anderen Ende der Piazza, ignorieren sie wiederum eine Seite, und zwar die Gegenseite zu derjenigen, die sie bei ihrer ersten Beschreibung vernachlässigt haben.

Die zentrale Frage bezüglich mentaler Vorstellungen ist, welcher Natur sie sind. Stephen Kosslyn, ein führender Theoretiker auf diesem Gebiet, hat argumentiert, daß eine mentale Vorstellung einer Ansicht von einem Objekt entspreche und daß sich verschiedene mentale Operationen auf sie anwenden ließen. Bei einem Experiment ließ er Versuchspersonen eine Karte von einer gedachten Insel zeichnen und diese mit verschiedenen Landmarken versehen. Nachdem sie sich die Karte eingeprägt hatten, wurde diese fortgenommen. Nun sollten sie sich die Karte vorstellen und sich auf eine bestimmte Stelle konzentrieren. Der Experimentator nannte ihnen der Reihe nach die Namen der einzelnen Landmarken, und bei jeder Landmarke, die auf der Karte war, suchten sie nach der entsprechenden mentalen Vorstellung, und wenn sie sie gefunden hatten, drückten sie einen Knopf. Die Reaktionszeit hing von der Entfernung der jeweiligen Landmarke vom Ausgangspunkt ab. Dieses und ähnliche Resultate lassen den Schluß zu, daß Menschen mentale Vorstellungen absuchen können.

Kosslyn vermutet, daß Vorstellungen in einer zweidimensionalen internen Anordnung repräsentiert sind. Er hat ein auf dieser Hypothese basierendes Computerprogramm implementiert. Das Programm generiert eine Vorstellung in Gestalt eines Aktivierungsmusters in den Zellen einer Anordnung. Das Muster entspricht der Gestalt der sichtbaren Oberflächen eines Objekts. Es beginnt gleich nach seiner Generierung zu verblassen, sofern es nicht aufgefrischt wird. Das Muster kann so groß sein, daß es die Anordnung, die eine endliche Größe hat, sprengt, und es kann umgekehrt zu klein sein, um Auflösung zu finden innerhalb der Anordnung, die eine endliche »Körnung« hat, welche von der Informationsmenge abhängt, die die einzelnen Zellen aufnehmen können. Die Anordnung kann Informationen entweder direkt von der visuellen Verarbeitung oder vom Speicher aufnehmen. Wie Kosslyn annimmt, erinnern wir uns entweder an die konkrete Erscheinung eines Objekts (die seiner zweieinhalbdimensionalen Skizze ähnelt) oder an eine abstraktere strukturelle Beschreibung (die dem für seine Erkennung benutzten dreidimensionalen Modell ähnelt). Möglicherweise werden beide Arten von Erinnerung benutzt, um eine mentale Vorstellung zu erzeugen. Das Muster der aktivierten Zellen in der Anordnung kann von einer Stelle zur anderen verschoben, gedreht und verkleinert oder vergrößert werden, und die Ergebnisse dieser Transformationen können mit Hilfe verschiedener Operationen untersucht werden, die nach bestimmten Formen suchen, die gesamte Anordnung abtasten oder Details vergrößert hervorheben. Aus dem Programm wurde die Vorhersage abgeleitet, daß die Dauer einer in Gedanken vorgenommenen Rotation einer mentalen Vorstellung von deren Größe abhängt; dies wurde experimentell bestätigt.

Ein Programm, das mentale Vorstellungen modelliert, muß Verfahren für die Konstruktion und Manipulation von Vorstellungen umfassen. Wenn Vorstellungen jedoch spezifische Ansichten von Objekten sind (ähnlich der zweieinhalbdimensionalen Skizze), dann werden sie möglicherweise aus den dreidimensionalen Modellen der Objekte konstruiert. Bei der in Gedanken vorgenommenen Rotation wird das Modell manipuliert, und anschließend wird daraus durch einen Projektionsvorgang die mentale Vorstellung abgeleitet. Eine andere Möglichkeit hat Geoffrey Hinton angedeutet. Nach seiner Ansicht ist eine interne Anordnung welcher Art auch immer gar nicht nötig. Wenn man sich ein Objekt vorstellt, greift man auf dessen strukturelle Beschreibung (die seinem dreidimensionalen Modell ähnelt) zu und fügt ihr eine temporäre Information über sein äußeres Erscheinungsbild von einem bestimmten Standpunkt aus hinzu. Die Verfahren zur Manipulation der Vorstellung können dann direkt diese Koordinatenwerte transformieren, und die von ihnen erzeugten neuen Werte können dann von Verfahren für die Auffindung signifikanter Zusammenhänge benutzt werden.

Der kanadische Kognitionswissenschaftler Zenon Pylshyn geht einen Schritt weiter. Er ist seit langem der Ansicht, daß innere Vorstellungen im mentalen Geschehen keine ursächliche Rolle spielen. Die inneren Phänomene rühren daher, daß Menschen ihre allgemeinen kognitiven Fähigkeiten dazu benutzen, physikalische Vorgänge zu simulieren. Es gibt keine Rotationen oder Manipulationen von internen Anordnungen, sondern lediglich Manipulationen von Symbolketten – das übliche Medium der mentalen Repräsentation, Pylshyn zufolge. In einem trivialen Sinne hat Pylshyn ohne Zweifel recht: Jedes Computerprogramm wird reduziert auf Ketten von Binärziffern in dem Code, der die Maschine steuert, und vermutlich reduziert sich jeder mentale Prozeß auf Nervenimpulse oder einen anderen primitiven Code. Die funktionale Organisation dieser primitiven Symbole kann jedoch höhere Zusammenhänge explizit machen, zum Beispiel die dreidimensionale Struktur eines Objekts oder sein visuelles Erscheinungsbild von einem bestimmten Standpunkt aus. Eine mentale Vorstellung ähnelte dann in der Tat einer Anordnung in einer Programmiersprache. Sie würde dafür sorgen, daß bestimmte Zusammenhänge leicht herzustellen sind – Zusammenhänge genau jener Art, die die einzelnen Verfahren in Kosslyns Programm herausarbeiten sollen.

Schlußfolgerungen

In was für einem Muster wird Licht von Objekten auf eine Fläche reflektiert? Dies ist ein wohlformuliertes Problem der Optik, das sich genauso lösen läßt wie eine Menge von Gleichungen. Sehen ist umgekehrte Optik. Es muß klären, was für Objekte die auf die Netzhäute projizierten Lichtmuster hervorgerufen haben. Dies ist kein wohlformuliertes Problem; es ist fast unlösbar, weil zuviele Unbekannte vorliegen – zuviele verschiedene Arten, auf welche das Lichtmuster erzeugt worden sein könnte. Wenn der Geist eine scheinbar unmögliche Aufgabe löst, muß er eine Geheimwaffe besitzen, und diese Geheimwaffe ist, wie schon gesagt, das Wissen. Wissen kommt in zwei Hauptvarianten vor, die im wesentlichen auf zweierlei Weise genutzt werden, absteigend (*top-down*) und aufsteigend (*bottom-up*).

Eine Art von Wissen entspringt der Evolution, und seine Weisheit ist in die Prozesse des Nervensystems eingebaut. Dieses Wissen ist eigentlich gar kein Wissen. Es wird nie explizit gemacht, und es ist in den Berechnungen eines untergeordneten Moduls verkapselt. Solche Module geben ihre Arbeitsweise weder der Introspektion preis, noch hat bewußte Steuerung nennenswerten Einfluß auf sie.

Die andere Art von Wissen sammelt sich im Laufe des Lebens an. Sie haben Erfahrung mit Tischen, und so lernen Sie etwas von ihren Formen und Funktionen, und Sie können dieses explizite Wissen, das der Introspektion zugänglich ist, dazu benutzen, über die Identität eines Objekts nachzudenken. In Wirklichkeit sind Sie sich gar nicht immer darüber im klaren, daß sie solches Wissen nutzen, und auch seiner Natur sind Sie sich nicht bewußt. Was kommt da rasch auf Sie zu, während Sie mitten auf der Straße stehen und überlegen? Ein Motorrad. Sie brauchen zum Glück keine umständliche Analyse anzustellen, um zu dieser Schlußfolgerung zu gelangen. Ehe Sie beschreiben könnten, wie Sie diese Identifikation bewerkstelligt haben, sind Sie schon zur Seite gesprungen. Diese Unmittelbarkeit der Wahrnehmung hat Gibson und seine Anhänger an der Geschichte, die ich in diesem Kapitel erzählt habe, zweifeln lassen – der Geschichte davon, wie das Sehen dreidimensionale mentale Modelle konstruiert und wie das persönliche Wissen für unbewußte logische Folgerungen, die Objekte identifizieren, genutzt wird. Die Geschichte hat jedoch den gewaltigen Vorteil, daß ein Anfang damit gemacht wurde, sie in ein rechnerisches Bezugssystem zu übersetzen. Es ist sogar möglich, unseren Roboter mit einer primitiven Fähigkeit dieser Art auszustatten.

Vielleicht markiert die Unterscheidung zwischen den beiden Arten von Wissen die Grenze zwischen reiner Wahrnehmung und Kognition. Marr zog diese Grenze zwischen der zweieinhalbdimensionalen Skizze und dem dreidimensionalen Modell. Nach den Erkenntnissen der Neuropsychologen könnte man die Grenze zwischen dem dreidimensionalen Modell und der Identifikation von Objekten und ihren Funktionen ziehen. Vielleicht gibt es auch keine klare Grenze. Es gibt nur zwei Gewißheiten. Erstens: Wenn wir die Welt wahrnehmen, kann die Information über die relative Entfernung (Tiefe) von Oberflächen nicht ohne die Inanspruchnahme von angeborenen Beschränkungen gewonnen werden. Zweitens: Die Identifikation von Objekten kann nicht ohne die Nutzung persönlichen Wissens zustande kommen. Die Anhäufung dieses Wissens beruht auf Lernen und auf der Fähigkeit, sich das Gelernte ins Gedächtnis zurückzurufen. Die von mir diskutierten Theorien hatten nichts über diese

Fähigkeiten zu sagen. Sie sind Gegenstand des nächsten Teils dieses Buches.

Weiterführende Literatur

Gregory (1970, 1981) ist lange für die Rolle des unbewußten Schlußfolgerns eingetreten und vergleicht die Wahrnehmung mit der Aufstellung und Nachprüfung von wissenschaftlichen Hypothesen. Oatley (1978) gibt eine anregende Darstellung der Rolle von absteigenden (*top-down*) Prozessen beim Sehen und von Computerprogrammen, die Strichzeichnungen interpretieren. Einzelheiten vieler dieser Programme findet man bei Winston (1975). Pinker (1984) befaßt sich in seinem einführenden Essay mit mentalen Vorstellungen und der Wahrnehmung von Formen. Biedermann (1990) trägt bestätigende experimentelle Tatsachen für eine Theorie der Erkennung von Objekten vor, deren Grundlage generalisierte Kegel und invariante Hinweise auf sie sind. Die wichtigsten Untersuchungen über mentale Vorstellungen findet man bei Shepard und Cooper (1982) sowie bei Kosslyn (1980, 1983). Pylshyn (1984) formuliert seine allgemeinen Ansichten über die Kognitionswissenschaft und seine Skepsis hinsichtlich mentaler Vorstellungen als funktionaler Repräsentationen. Block (1981) ist eine brauchbare Sammlung von Aufsätzen über mentale Vorstellungen aus philosophischer Sicht. Farah (1984) bietet einen kurzen Überblick über die Neuropsychologie der mentalen Vorstellungen.

TEIL III

Lernen, Gedächtnis und Handeln

Wir erkennen jetzt, warum das Problem der zentralen Steuerung in Gehirnen mit dem des Langzeitgedächtnisses zusammenhängt. Es liegt auf der Hand, daß ein Tier oder gar der Mensch nicht eine einfache und vorhersagbare Reihe von Operationen an dem Input, der ihn stimuliert, vornimmt. Wir müssen daher annehmen, daß die Steuerung der Operationen des Gehirns sich nicht nur nach der Natur des Inputs richtet, sondern auch nach den Ergebnissen früherer Operationen.

Donald Broadbent

7. Kapitel

Lernen und Erlernbarkeit

Manche Organismen besitzen ein angeborenes Repertoire von Verhaltensweisen, um mit ihrer speziellen »Nische« in der Umwelt fertig zu werden. Sie können überleben und sich fortpflanzen dank angeborener Reaktionen, die von bestimmten Ereignissen automatisch ausgelöst werden. Der Vorzug solcher Reaktionen ist, daß sie nicht erlernt werden müssen und daher zur Verfügung stehen, sobald der Organismus auf die Welt kommt. Ihr Nachteil ist, daß sie, abgesehen von einer gewissen Feinabstimmung, eventuell geistlos wiederholt werden, wann immer die Bedingungen, die sie auslösen, wieder eintreten. Die Sandwespe führt eine Kette von angeborenen Reaktionen aus, wenn sie ihr Nest baut, und falls ein Teil des Nestes beseitigt wird, kehrt sie automatisch zu dem entsprechenden früheren Stadium der Kette zurück und baut von dort aus weiter. Solange die partielle Zerstörung wiederholt wird, wiederholt die Wespe ihre Bauarbeit; sie lernt nie, daß ihre Sisyphusmühen umsonst sind. Doch nicht alle angeborenen Verhaltensweisen haben diese mißliche Eigenschaft.

Jeder Organismus hat angeborene Verhaltensweisen. So hat ein neugeborenes Baby einen Greifreflex, der stark genug ist, sein eigenes Gewicht zu tragen. Dieser Reflex verschwindet später, doch andere wie zum Beispiel das schützende Schließen des Augenlides bleiben auf Lebzeiten erhalten. Doch angeborene Verhaltensweisen eignen sich nur für ein Leben in einer einfachen Welt. Sie verurteilen eine Spezies zum Untergang, wenn ihre Umwelt sich drastisch verändert, während eine Spezies, die *lernen* kann, unter Umständen neue Verhaltensweisen erwirbt, die ihr eine Anpassung erlauben. Menschen sind so anpassungsfähig, daß sie lernen können, in fast jeder Umgebung zu leben.

Aber was ist Lernen? Jeder kennt es, doch es ist schwer zu definieren. Normalerweise ist es eine relativ dauerhafte Veränderung, die eintritt, wenn man durch Erfahrung fähig wird, entweder etwas zu tun, was man vorher nicht konnte, oder es besser zu tun. Man kann Fakten erlernen wie den Namen einer Person, man kann allgemeine Begriffe und Prinzipien wie die Relativitätstheorie erlernen, und man kann Gewohnheiten und Fertigkeiten erlernen wie das Autofahren. Es gibt außerdem verschiedene Systeme des Lernens. Man kann durch Versuch und Irrtum lernen, ein Schloß zu öffnen; man kann durch die Befolgung von Anweisungen lernen, ein Textverarbeitungsprogramm zu nutzen; man kann Skifahren lernen, indem man es dem Skilehrer nachmacht.

Sobald man ein internes Modell dessen hat, was geschehen sollte, kann man durch Üben die Fähigkeit erlernen, bis die eigene Leistung dem angestrebten Modell nahekommt. Zunächst achtet man auf das, was man auszuführen versucht, doch wenn man mehr Übung bekommt, braucht man nur noch auf die schwierigeren Teile der Aufgabe zu achten. Viele Fähigkeiten werden so automatisch, daß man sie auszuüben vermag, ohne ihnen überhaupt bewußte Aufmerksamkeit zu schenken. Der Philosoph Alfred North Whitehead schrieb in diesem Sinne:

> Es ist eine ganz und gar irrige Auffassung, daß wir die Gewohnheit pflegen sollten, bei dem, was wir tun, zu denken. Das genaue Gegenteil ist der Fall. Der Zivilisationsfortschritt besteht darin, daß die Zahl der wichtigen Operationen wächst, die wir ausführen können, ohne an sie zu denken.

An der automatischen Ausführung wird deutlich, daß das Gehirn verschiedene Dinge parallel erledigen kann: Ein Teil widmet sich einer erlernten Fähigkeit, während ein anderer die bewußte Erfahrung vermittelt. Auf dieses Phänomen werde ich mehrfach zurückkommen.

Lernen als Assoziationsbildung

Trotz der vielfältigen Formen des Lernens haben Theoretiker immer wieder nach seinen fundamentalen »Bausteinen« gesucht. Aus der Formulierung des Aristoteles und dem Labor der Psychologen ergab sich die Antwort, daß jegliches Lernen auf *Assoziationen* beruht. Eine Erfahrung wird mit einer anderen assoziiert. Dabei kann der Organismus ein passiver Beobachter der beiden Erfahrungen sein, er kann aber auch lernen, einen bestimmten Teil seines eigenen Verhaltens mit einer Klasse nachfolgender Ereignisse zu assoziieren. Assoziationen, so nimmt man an, sind Verbindungen im Gehirn, die von einem Ding zum anderen führen. Sie können ein und denselben Reiz mit mehreren alternativen Reaktionen verknüpfen, mit unterschiedlichen Wahrscheinlichkeiten, die von der Stärke der assoziativen Verknüpfungen abhängen.

Psychologen haben nachgewiesen, daß Tiere lernen, bestimmte Ereignisse in ihrer Umwelt vorherzusagen. Sie entwickeln eine assoziative Verknüpfung zwischen zwei Ereignissen, sofern das zweite Ereignis signifikant oder überraschend ist und vom ersten Ereignis vorhergesagt wird. Der prototypische Fall eines solchen Lernens ist Iwan Pawlows »klassische Konditionierung«, bei der ein Tier lernt, daß ein Ereignis wie das Ertönen einer Glocke die Verabreichung von Futter vorhersagt. Dann genügt allein die Glocke, um den Speichelreflex auszulösen. George Bernard Shaw sagte, Pawlow habe Hunde gequält, um zu zeigen, daß das Ertönen des Essensgongs ihnen das Wasser im Mund zusammenlaufen läßt. (Die beste Prophylaxe, so fügte er hinzu, gegen ein derart verabscheuungswürdiges Verhalten wäre es gewesen, Übungsstücke von Shaws Mutter zu singen.) Tatsächlich hat Pawlow nicht den seit mindestens hundert Jahren bekannten konditionierten Reflex entdeckt, sondern einige seiner verdeckteren Prinzipien.

Eine assoziative Verknüpfung kann auch hergestellt werden durch eine selbstgewählte Reaktion auf ein Ereignis, das als Belohnung fungiert. Das gängige Beispiel ist die »operante Konditionierung«, mit der B. F. Skinner sich ausgiebig befaßt hat. Man setzt beispielsweise eine Taube in einen Käfig, in dem sich ein scheibenförmiger Schlüssel befindet. Irgendwann pickt sie den Schlüssel auf, und sobald sie das tut, wird ihre Reaktion durch Futter »verstärkt«. Dieses System erhöht die Häufigkeit, mit der die Taube den Schlüssel aufpickt. Es stellt eine Verknüpfung zwischen der Pickreaktion und dem belohnenden Ereignis her.

Die schlichte Assoziationstheorie ist inzwischen durch Entwicklungen auf mehreren Seiten überholt worden. Auf der einen Seite haben Verhaltensforscher, die Tiere in der freien Wildbahn studieren, entdeckt, daß die Verhaltensweisen ebenso mannigfaltig sind wie die Arten und ebenso eng mit der Umwelt eines Tieres verknüpft wie sein Körperbau. Sie haben hingewiesen auf angeborene *Beschränkungen* dessen, was eine Art lernen kann. Manche Verhaltensweisen werden leicht gelernt, andere nicht. Eine Ratte, die eine süße Flüssigkeit trinkt und anschließend krank wird, lernt zum Beispiel auf Anhieb, diese Flüssigkeit nie wieder zu trinken. Ist die Flüssigkeit jedoch geschmacksneutral und wird ihre Giftigkeit durch ein anderes gleichzeitiges Ereignis wie etwa ein blinkendes Licht signalisiert, so lernt das Tier nicht, die Flüssigkeit zu meiden. Es wurde durch natürliche Auslese für bestimmte Kausalzusammenhänge sensibilisiert, für andere nicht. Desgleichen lernt ein frisch geschlüpftes Gänseküken, dem ersten großen bewegten Objekt zu folgen, das es sieht. Es behandelt dieses Objekt als die Muttergans, auch dann, wenn es zufällig der Verhaltensforscher Konrad Lorenz ist. Dieser schnellen Form des Lernens, die man als »Prägung« bezeichnet, liegen ebenfalls angeborene Beschränkungen zugrunde.

Auf der anderen Seite haben moderne Tierpsychologen Zweifel an direkten Assoziationen zwischen Reizen und Reaktionen bekommen und sich zunehmend einer kognitiven Auffassung des Lernens zugewandt. Auch bei Tieren kann Lernen stattfinden, ohne daß sich das direkt im Verhalten äußert. Es verändert einen internen kognitiven Zustand, und seine Auswirkungen werden erst später sichtbar.

Es gibt noch eine Schwierigkeit. Man kann lernen, einen Knopf zu drücken, wenn das eine oder andere von zwei Lichtern angeht, und nicht zu reagieren, wenn beide Lichter aufleuchten. Es ist jedoch nicht möglich, diese exklusive Disjunktion (reagiere auf das eine oder andere Licht, aber nicht auf beide) in einer direkten Assoziation zwischen den Reizen und der Reaktion zu begründen. Wenn die assoziativen Verknüpfungen stark genug sind, um eine Reaktion auf ein einzelnes Licht hervorzurufen, dann müssen sie auch eine Reaktion auf beide Lichter hervorrufen. Die Aufgabe erfordert eine innere Repräsentation, die zwischen Reizen und Reaktion in der Weise vermittelt, daß die Reaktion auf beide Lichter gehemmt wird.

Zweifel an der Assoziation haben Kognitionswissenschaftler veranlaßt, das Lernen unter anderen, abstrakteren Gesichtspunkten aufzufassen. Einige haben eine umfassende Theorie darüber aufgestellt, wie sich das Lernen vollziehen könnte. Andere haben Computermodelle des menschlichen Lernens entwickelt. Wieder andere, die eine Neigung zur Künstlichen Intelligenz haben, haben nach einem universalen Verfahren gesucht, das jedes Faktum, jeden Begriff und jede Fähigkeit lernen könnte. Es wäre äußerst praktisch, wenn ein Computer nicht von Menschen programmiert werden müßte, sondern die Maschine statt dessen mit einem Lernprogramm ausgestattet werden könnte, so daß sie lernen könnte, alles allein zu machen. Die Durchführung eines solchen Vorhabens stößt an Grenzen, die bezüglich der Grenzen des Lernens höchst aufschlußreich sind. Bevor wir näher auf sie eingehen können, müssen wir uns mit dem Lernen im Sinne einer rechnerischen Aufgabe befassen.

Lernen vom Standpunkt der Berechnung

Wenn man ein Faktum lernt, dann lernt man, über etwas auf andere Weise zu denken; manchmal ist der Unterschied trivial, manchmal nicht. Wenn man einen Begriff lernt, lernt man, verschiedene Dinge als Beispiele einer und derselben Kategorie aufzufassen. Ohne dieses Klassifikationsverfahren wäre Denken unmöglich, weil jedes Ereignis und jede Entität etwas Einmaliges wäre. Wenn man eine Fertigkeit erlernt, erwirbt man ein Programm, das einen befähigt, etwas zu tun, das man vorher nicht tun konnte. Lernen besteht also generell in der Konstruktion von neuen Programmen aus Elementen der Erfahrung. Man kann folglich nichts lernen, wenn man nicht bereits einige Fähigkeiten besitzt, denn aus nichts lassen sich keine Programme konstruieren. Die Konstruktionsmethoden selbst müssen ein eigenes Programm oder eine Folge von Programmen sein, die die Erfahrung als Input nehmen und Programme für die Steuerung des Verhaltens aufbauen oder modifizieren. Ein lernendes Programm kann seinerseits erlernt worden sein – Sie können das Lernen erlernen, aber dann würde dieses Lernen von einem anderen Programm abhängen, usw. usf. Letztlich kann das Lernen nur auf angeborenen Programmen beruhen, die Programme machen.

Es genügt eine geringe Zahl von angeborenen Verfahren, um die Grundlage für die Konstruktion jedes möglichen Programms zu bilden. Dieser Schluß ergibt sich daraus, daß man nur wenige Bausteine benötigt, um eine universale Turingmaschine zu konstruieren, also ein Gerät, das alles berechnen kann, was berechenbar ist (siehe 3. Kapitel). Es gibt im übrigen, wie ich jetzt zeigen werde, nur drei mögliche Klassen von Programmen, die lernen können.

Nehmen Sie eine beliebige Aufgabe, die erlernbar ist, und überlegen Sie, nach welchen Prinzipien ihr Erlernen ablaufen könnte. Das Lernen muß in ein Programm münden, das die Aufgabe ausführt, und folglich muß jemand – Lernender oder Lehrer – abschätzen können, ob ein Fortschritt erzielt wurde. Ohne solche »Rückkopplung« würde der Lernende im dunklen tappen. Eine Lernmethode besteht darin, das Programm durch eine beliebige Kombination vorhandener Elemente zusammenzustellen, wobei die Rückkopplung dazu dient, die Brauchbarkeit des Resultats abzuschätzen. Diese Methode eines reinen »Versuch und Irrtum« ähnelt der Evolution von Arten, wie sie die moderne neodarwinistische Theorie sieht. Sie funktioniert nur, wenn eine vernünftige Chance besteht, das gewünschte Programm durch eine Reihe von graduellen Schritten zu erreichen, für die jeweils eine vernünftige Wahrscheinlichkeit bestehen muß, durch Zufall einzutreten, und die jeweils erfolgreich bestehen können, um zur nächsten Verbesserung zu führen. Die Wahrscheinlichkeit, mittels einer unbeschränkten neodarwinistischen Methode eine nennenswerte Fähigkeit zu erlernen, ist vernachlässigbar gering, wie Erforscher der Künstlichen Intelligenz in den sechziger Jahren entdeckten, als sie mit Programmen, die auf dieser Methode basierten, keine Fortschritte erzielten.

Die zweite Konstruktionsmethode ist von Informationen bestimmt, die sicherstellen, daß nur lebensfähige Programme erzeugt werden – eine Methode, die einer neolamarckistischen Evolutionstheorie ähnelt. Ein solches Programm ist sehr effizient, doch verlangt es ein erhebliches Wissen (bzw. entsprechende Unterrichtung) über einen Bereich. Praktisch ist es nur durchführbar, wo die Aufgabe trivial ist oder ein Individuum gelernt hat zu lernen. Besteht die Aufgabe etwa in einem neuen Tanzschritt, kann ein geübter Tänzer sie rasch meistern.

Die dritte Konstruktionsmethode ist nur zum Teil durch vorhandene Information beschränkt. Im Alltag ist diese Methode die häufigste. Wenn Sie durch Versuch und Irrtum lernen, ein Schloß zu öffnen, besitzen Sie bereits die wesentlichen Komponenten der Fähigkeit, zusammen mit Beschränkungen ihrer wahrscheinlichen Kombinationen: Die Menge der Möglichkeiten, aus der Sie eine Auswahl treffen, ist sehr begrenzt. Wenn Sie Skifahren lernen, durchlaufen Sie viele Zyklen abwechselnder Konstruktion und Bewertung, die Ihre Kompetenz nach und nach verbessern. Es kann geschehen, daß Sie auf einer Ebene des Könnens steckenbleiben, von der aus Sie Ihre Leistung nur durch beharrliches Üben verbessern können: Die Reorganisation der sukzessiven Programme wird zunehmend schwieriger.

Mein Ziel ist nun, mittels einer berechnungstheoretischen Analyse den Bereich dessen, was prinzipiell gelernt werden kann, einzugrenzen. Ich werde – am einen Ende des Bereichs – die skeptische philosophische These widerlegen, daß Begriffe nicht erlernt werden können. Am anderen Ende werde ich zeigen, daß ein universales Verfahren, das jede erdenkliche Aufgabe erlernen könnte, in der Tat ein Hirngespinst ist. Lernen ist möglich, aber nur, wenn die Klasse der zu erlernenden möglichen Begriffe oder Fähigkeiten beschränkt ist.

Begriffliches Lernen ist möglich

Nach der pessimistischsten Auffassung vom Lernen ist es unmöglich, vom Erwerb einfacher Fakten und Fähigkeiten abgesehen. Es war der Philosoph Jerry Fodor, der diese These auf sehr provokative Art vorgetragen hat. Er behauptet, alle Begriffe seien angeboren – vielleicht die extremste Version der rationalistischen Lehre von angeborenen Ideen, die jemals vorgeschlagen wurde. Fodors Argumentation ist raffiniert und lehrreich, aber ich werde zu zeigen versuchen, daß sie nicht schlüssig ist.

Fodor geht von dem hypothetischen Problem aus, wie Kinder, die eine elementare Logik kennen, eine stärkere Logik erlernen könnten. Er stellt sich vor, daß die Kinder die Logik der Wörter »und«, »oder«, »nicht« und »wenn« beherrschen, was sie in die Lage versetzt, Schlüsse wie die folgenden zu ziehen:

Wenn es nicht regnet, ist das Pferd auf der Weide.
Das Pferd ist nicht auf der Weide.
Folglich regnet es.

Die stärkere Logik läßt den Gebrauch solcher Wörter wie »kein(e)« [»any« in negativen Sätzen] und »einige, irgendein, irgendwelche« [»some«] zu und erlaubt Schlußfolgerungen wie die folgenden:

Wenn es heute zu keiner Zeit [gar nicht] geregnet hat, werden einige Pferde auf allen Weiden sein.
Es sind keine Pferde auf einigen der Weiden.
Folglich hat es heute zu irgendeiner Zeit [irgendwann] geregnet.

Fodor behauptet, daß Kinder nicht lernen können, den Übergang von einer Logik zur anderen zu machen. Um die stärkere Logik zu erlernen, müßten sie zunächst lernen, was mit Aussagen wie

Es sind keine Pferde auf einigen der Weiden.

gemeint ist. Doch die Bedeutung eines solchen Satzes kann, sagt Fodor, im Geist eines Kindes im vorhergehenden Stadium noch nicht einmal formuliert werden, weil die einzig verfügbaren Begriffe die der elementaren Logik sind, und diese Begriffe sind zu schwach, um die Bedeutung von »kein(e)« und »irgendein, einige« auszudrücken. Wenn Kinder sich die Bedeutungen von Aussagen in der stärkeren Logik noch nicht einmal vergegenwärtigen können, werden sie auch nicht in der Lage sein, diese Logik zu erlernen.

Das Argument gilt generell und führt zu dem Schluß, daß es nicht möglich ist, komplexe Begriffe aus einfacheren zu konstruieren, weil die einfacheren nicht reich genug sind, um die Vergegenwärtigung der komplexen zu erlauben. So gelangt Fodor unausweichlich zu seiner extremen Ansicht, daß alle Begriffe angeboren seien: »Es ist buchstäblich ausgeschlossen, daß man ein Begriffssystem lernen kann, das reicher ist als dasjenige, das man bereits besitzt.«

Ein Anzeichen dafür, daß Fodors Argument falsch ist, besteht darin, daß es zuviel beweist, nämlich, daß Logik und Begriffe noch nicht einmal angeboren sein können, weil sie sich gar nicht erst *entwickelt* haben können. Wenn die Konstruktion neuer Ideen aus alten und Rückkopplung aus der Umwelt nicht zum Erlernen neuer Begriffe führen können, dann können auch analoge neodarwinistische Prozesse von evolutionären Ausmaßen nicht funktioniert haben. Wenn andererseits die neurale Hardware durch Reifung, Mutation, Beschießung mit kosmischen Strahlen oder sonstige Einwirkungen tatsächlich verändert wird, warum sollte man dann annehmen, daß ein solcher Prozeß nicht rechnerisch von einem Gerät nachgeahmt werden kann, das die Leistungsfähigkeit einer universalen Turingmaschine hat?

In die Irre geht Fodors Argument durch die Uneindeutigkeit seiner Behauptung, daß Lernen nicht die Leistung steigern könne. Gewiß kann Lernen nicht die Rechenleistung steigern, aber es kann die logische und begriffliche Leistung steigern: Das sind zwei ganz verschiedene Dinge, wie ich gleich erläutern werde.

Ein lernendes System hat als solches eine bestimmte *rechnerische* Leistung. Wenn es, sagen wir, die Leistung einer Finite-state-Maschine hat, wird nichts, was anschließend an Lernen passiert, seine Rechenleistung steigern – dazu müßte es mit einem besseren Speicher ausgerüstet werden. Es ist jedoch denkbar, daß ein solches System zu einem bestimmten Zeitpunkt nicht in der Lage ist, eine Addition auszuführen, daß es diese Fähigkeit aber zu einem späteren Zeitpunkt gemeistert hat. Um das zu beweisen, nehme ich an, daß es zu dem früheren Zeitpunkt in der Lage ist, nur eine einzige mathematische Operation auszuführen, eine, die den Nachfolger einer beliebigen ganzen Zahl liefert:

Nachfolger (0) = 1
Nachfolger (1) = 2
Nachfolger (2) = 3
usw.

Es kann die Operation für die Addition dadurch konstruieren, daß es seine bestehenden Bausteine in der richtigen Weise kombiniert. Es kann zum Beispiel die Addition durch ein beliebiges neues Symbol, etwa »+«, repräsentieren, und es kann dessen Bedeutung mit einer zweiten rekursiven Formel (siehe 3. Kapitel) in die folgende zweigliedrige Definition fassen:

$x + 0 = x$
$x + \text{Nachfolger}(y) = \text{Nachfolger}(x + y)$

Da es bereits den Nachfolger einer beliebigen ganzen Zahl berechnen kann, kann es mit Hilfe dieser Definition die Addition beliebiger ganzer Zahlen ausführen.

Hier beispielsweise, wie es 1 + 1 berechnen kann:

1 + 1 = 1 + Nachfolger (0)
(weil 1 = Nachfolger (0), wegen der Nachfolgerfunktion)
1 + Nachfolger (0) = Nachfolger (1 + 0)
(wegen der zweiten Zeile der Definition von +)
= Nachfolger (1)
(weil 1 + 0 = 1, wegen der ersten Zeile der Definition von +)
= 2 (wegen der Nachfolgerfunktion)

Das System ist folglich von einem elementaren zu einem fortgeschritteneren Begriff fortgeschritten.

Die Lehre, die man aus all dieser mathematischen »Bastelarbeit« ziehen kann, ist bedeutsam: Ein System mit einer feststehenden Rechenleistung kann dennoch seine begriffliche Leistung steigern. Das Argument gilt generell: Es ist möglich, komplexere Begriffe zu *erlernen*.

Warum es kein universales Lernverfahren geben kann

Eine weitere Lehre, die man aus einer berechnungstheoretischen Analyse ziehen kann, ist, daß es Grenzen dessen gibt, was erlernt werden kann: Nicht jedes beliebige Verfahren ist erlernbar, nicht einmal mit dem mächtigsten lernenden System, das möglich ist, einem System mit der Leistung einer universalen Turingmaschine. Um diesen Punkt zu beweisen, muß ich Ihnen den Zusammenhang zwischen Programmen und Grammatiken ins Gedächtnis rufen.

Im 3. Kapitel habe ich gezeigt, daß verschiedene Arten von Programmen sich in ihrer rechnerischen Leistung unterscheiden, weil sie den Speicher in unterschiedlichem Maße für die Ergebnisse von Zwischenberechnungen benutzen. Ich habe ferner gezeigt, daß das Verhalten eines Programms durch eine Grammatik charakterisiert werden kann, und folglich unterscheiden sich auch Grammatiken in ihrer Leistung. Wir können fragen: Ist es möglich, jede beliebige Grammatik zu erlernen? Wenn nicht, so folgt daraus, daß auch die entsprechenden Programme nicht erlernbar sind. Das Argument wird sich mit einem Wort auf den engen Zusammenhang zwischen Programmen und Grammatiken stützen.

Die Frage der Erlernbarkeit von Grammatiken wurde erstmals von Noam Chomsky aufgeworfen, der wissen wollte, wie Kinder die Grammatik ihrer Muttersprache erlernen können. Mir geht es jedoch um die allgemeine Frage des Erlernens jeder Art von Grammatik, auch jener, die die grundlegenden Fähigkeiten der Programme charakterisieren. Denken Sie sich zwei Grammatiken A und B, von denen Sie wissen, daß eine zum Beispiel die Improvisationen eines bestimmten Musikers charakterisiert. Sie werden, gleichgültig, wie mächtig die Grammatiken sein mögen, unter Umständen ganz leicht entscheiden können, welche die richtige Grammatik ist; ein paar Takte Musik enthalten vielleicht eine Tonfolge, die offensichtlich nicht von einer der Grammatiken erzeugt worden sein können, und folglich muß die andere Grammatik die richtige sein. Leider kommt es nicht oft vor, daß man von vornherein weiß, daß nur eine kleine Menge von Grammatiken die einzigen relevanten Kandidaten sind. Manchmal ist es außerdem nur schwer festzustellen, ob eine spezielle Symbolkette von einer bestimmten Grammatik erzeugt werden kann. Nehmen Sie also statt dessen an, daß Sie lediglich wissen, welche spezielle *Klasse* von Grammatiken in Frage kommt. Da die verschiedenen Klassen, die Programmen von unterschiedlicher Rechenleistung entsprechen, unendlich viele Grammatiken enthalten, ist nicht klar, wie wir vorgehen können. E. M. Gold hat jedoch einige sehr zweckdienliche Theoreme bewiesen.

Gold ging von einer idealisierten Form des Lernens aus, die sich in einer Reihe von Versuchen vollzieht. Bei jedem Versuch wird Ihnen eine einzige Symbolkette präsentiert. In einem einfachen Lernverfahren sind die Ketten stets grammatikalisch. Besteht Ihre Aufgabe aber darin, eine Grammatik zu erlernen, die willkürlich aus einer Klasse von Grammatiken ausgewählt wurde, dann genügt dieses Verfahren, wie Gold bewies, nur für Grammatiken, die lediglich eine endliche Anzahl von grammatikalischen Ketten enthalten. Die meisten brauchbaren Grammatiken enthalten jedoch eine potentiell unendliche Anzahl von grammatikalischen Ketten. Gäbe es eine endliche Liste, die angeblich jeden grammatikalischen englischen Satz enthielte, dann könnte man jederzeit einen weiteren hinzufügen, indem man an den längsten Satz in der Liste mit »und« ein Satzglied anfügte.

In einem weitergehenden Lernverfahren wird Ihnen entweder eine grammatikalische oder eine ungrammatikalische Kette präsentiert, die korrekt als solche gekennzeichnet ist, und Sie benutzen diese Information, um eine Hypothese über die Grammatik zu formulieren, die für die grammatikalischen Ketten verantwortlich ist. Sie können im Laufe Ihres Lebens nur eine endliche Anzahl von Sätzen oder Symbolketten untersuchen, und jede derartige Sammlung kann immer durch eine unbe-

grenzte Anzahl verschiedener Grammatiken charakterisiert sein
– sie stimmen alle überein, was den Status der Ketten betrifft, die
Sie gesehen haben, doch bezüglich des Status anderer Ketten
stimmen sie nicht überein. Doch vielleicht werden Sie nach einer
endlichen Anzahl von Ketten immer wieder auf dieselbe Grammatik tippen. Dies ist ein bemerkenswerter Sachverhalt. Sie haben die Sprache bis zur vollständigen Beherrschung erlernt, und
Gold führt zur Charakterisierung Ihrer Leistung einen Fachterminus ein: Sie haben die Sprache »im Limes« identifiziert. Sie
werden Ihre Meinung über ihre Grammatik nie mehr ändern.
Natürlich können Sie nie wissen, ob (bzw. wann) Sie diesen Zustand erreicht haben, aber schließlich können Sie auch nie sicher
sein, daß Sie eine Sprache vollkommen beherrschen. Es gibt
jedoch zwei verschiedene Arten von Mißlingen: Es kann passieren, daß Sie sich auf die falsche Grammatik festlegen, es kann
Ihnen aber auch passieren, daß Sie sich überhaupt nicht festlegen und ständig Ihre Meinung ändern.

   Gold schlug ein allgemeines Lernprogramm vor, mit dessen
Hilfe er, wenn auch rein hypothetisch, einige Theoreme darüber,
welche Klassen von Grammatiken erlernbar sind, beweisen
konnte. Aus der Tatsache, daß jede Grammatik aus einer endlichen Anzahl von Regeln besteht, folgt, daß man die unendliche
Menge aller möglichen Grammatiken von gegebener Rechenleistung in eine einheitliche numerische Reihenfolge bringen kann.
(Wir wandeln die Regeln in, sagen wir, Binärziffern um, verketten diese zu einer einzigen großen Ziffer, welche die jeweilige
Grammatik als ganze repräsentiert, und ordnen die Ziffern nach
ihre Größe an.) Diese Liste geht *ad infinitum* weiter, aber sie ist
numerisch geordnet. Das Lernprogramm geht von der Hypothese aus, daß eine Grammatik, die es zu erlernen versucht, der
ersten Grammatik in der Liste entspricht. Es bleibt solange bei
dieser Hypothese, bis die Grammatik den korrekten Status einer
Kette nicht mehr vorherzusagen vermag; in diesem Fall übernimmt das Programm die nächste Grammatik aus der Liste, bis
auch diese scheitert, usw. Irgendwo in der Liste muß die richtige Grammatik sein, so daß man sie, wenn sie einmal erreicht ist,
nie mehr aufzugeben braucht. Man hat dann die Sprache »im
Limes« identifiziert.

Die einfachsten Grammatiken entsprechen Finite-state-Programmen, die keinen Speicherzugriff für Zwischenergebnisse haben. Auf der nächsten Stufe der Rechenleistung gibt es Grammatiken wie die für das eindimensionale Navigieren, die Programmen mit Zugriff auf einen stapelartigen Speicher entsprechen (siehe 3. Kapitel). Beide Klassen von Grammatiken können im Limes identifiziert werden. Ist eine Grammatik jedoch willkürlich aus der Menge ausgewählt worden, die Programmen mit der Leistung einer universalen Turingmaschine entsprechen, dann gibt es kein Verfahren, das sie garantiert im Limes erlernt. Wenn es keine Garantie gibt, daß eine Grammatik erlernbar ist, dann gibt es auch keine Garantie dafür, daß das Programm, das sie charakterisiert, erlernbar ist. Es gibt folglich Aufgaben, für die ein Erlernen nicht garantiert werden kann: Es gibt kein universales Lernverfahren.

Lassen Sie uns, da die Luft in diesem Bereich der reinen Mathematik ein bißchen dünn ist, wieder auf die Erde kommen. Angenommen, Sie sollen lernen, eine Folge von Punkten und Strichen vorherzusagen, und die Quelle dieser Symbole ist ein *deterministisches* Gerät, dann besteht keine Garantie dafür, daß Sie oder jemand anders Erfolg haben wird, nicht einmal mit Unterstützung der leistungsfähigsten Rechengeräte. Die Quelle der Signale könnte eine Turingmaschine sein, die willkürlich aus der Menge mit universaler Leistung ausgewählt wurde. Sollten wir es einmal schaffen, Radiosignale aus dem All aufzufangen, so besteht keine Garantie dafür, daß wir in der Lage sein werden, die Grammatik derer, die sie ausgesandt haben, zu erlernen.

Die Notwendigkeit von Beschränkungen beim Lernen

Eine letzte Lehre, die wir aus der berechnungstheoretischen Analyse ziehen können, ist die Notwendigkeit von Beschränkungen dessen, was erlernt werden soll. Diese Notwendigkeit folgt unmittelbar aus dem Nichtvorhandensein eines universalen Lernverfahrens. Gegen Golds Theoreme kann man einiges sagen: Seine Idealisierung des Lernprozesses ist psychologisch unrealistisch; sein Lernverfahren braucht unmöglich viel Zeit, um auch nur eine einfache Grammatik zu erlernen; sein Kriterium erfolgreichen Lernens – Identifikation im Limes – ist zu streng. Da Lernen innerhalb einer vertretbaren Zeitspanne erfolgreich sein muß, müssen eine oder mehr Bedingungen aus der folgenden Aufzählung erfüllt sein:

- ein effizienteres Lernprogramm
- scharfe Beschränkungen der Menge, aus der die zu erlernende Grammatik genommen wird
- eine schwächere Vorstellung davon, was als Erfolg gilt.

Könnte die zu erlernende Grammatik jedoch zur Menge der Grammatiken von bestimmter Rechenleistung gehören, dann gibt es keine Methode, die Golds Programm generell übertreffen kann. Wir müssen daher die beiden anderen Möglichkeiten untersuchen.

Falls die Beschränkungen der Klasse der relevanten Grammatiken ausreichen, um bis auf eine *endliche* Anzahl von Kandidaten alle zu eliminieren, ist die Aufgabe, eine Grammatik zu erlernen, lösbar, ungeachtet der Mächtigkeit der relevanten Grammatiken. Golds Programm wird eindeutig nach einer endlichen Anzahl von Versuchen auf die richtige Grammatik konvergieren, und es wird auch für die mächtigsten Grammatiken funktionieren. Es ist daher wünschenswert, Zugang zu einer Repräsentation der verschiedenen, aber endlich vielen in Frage kommenden Grammatiken zu haben, aus der die zu erlernende entnommen wird.

Noam Chomsky zog diese Folgerung im Hinblick darauf, daß Kinder ihre Muttersprache beherrschen lernen. Ein wichtiges Ziel seines Forschungsprogramms war, zu zeigen, daß die Mannigfaltigkeit der Grammatiken für natürliche Sprache strikt beschränkt ist. Er argumentiert, daß es nur eine endliche Anzahl möglicher menschlicher Sprachen gebe und daß sie in eine angeborene Menge von Prinzipien (eine sogenannte »Universalgrammatik«) gebannt seien. Jede einzelne Sprache ist in diesem allgemeinen Rahmen durch spezifische Auswahlmöglichkeiten repräsentiert, und Kinder stellen sich auf diese besondere Sprache ein, indem sie diese Auswahlmöglichkeiten (oder »Parameter«) auf ihre angemessenen Werte setzen.

Wo es nur endlich viele Kandidaten gibt, wird Lernen zu einer Art Deduktion: Eingehende Daten werden dazu benutzt, Hypothesen zu eliminieren, bis nur ein Kandidat übrigbleibt. In manchen Fällen vollzieht sich das Lernen jedoch in induktiver Form, die weit unsicherer ist und daher einem schwächeren Erfolgskriterium genügt als die Identifikation im Limes. Trotzdem sind für ein erfolgreiches Lernen Beschränkungen nötig, und es ist, wie die Verhaltensforschung an Tieren gezeigt hat, von der Natur der Beschränkungen abhängig, was erlernt werden kann.

In diesem Kapitel habe ich eine berechnungstheoretische Analyse der Erlernbarkeit skizziert und einige Schlüsse im Hinblick darauf gezogen, was erlernt werden kann und was nicht. Und ich habe die drei allgemeinen Klassen von Verfahren beschrieben, durch die Lernen sich vollziehen könnte. Bevor ich einige spezifische Verfahren des Lernens (9. und 10. Kapitel) und der Induktion (13. Kapitel) diskutiere, möchte ich auf die Natur des Gedächtnisses eingehen.

Weiterführende Literatur

Angeborene Verhaltensweisen und ethologische Untersuchungen des Lernens werden von Hinde (1982) diskutiert. Das maßgebende psychologische Lehrbuch über das Lernen ist Hilgard und Bower (1974) – eine Neuauflage wird vorbereitet. Frühe psychologische Untersuchungen des Lernens von Tieren werden in Boakers (1984) beschrieben; Dickinson (1980) gibt eine vorzügliche Darstellung neuerer Untersuchungen und betont die Rolle kognitiver Repräsentationen. Fogel, Owens und Walsh (1966) umreißen den Versuch, durch unbeschränkte simulierte Evolution zu Künstlicher Intelligenz zu gelangen. Die Theorie der Erlernbarkeit wird informell von Pinker (1979) vorgestellt, in technischen Einzelheiten durch Osherson, Stob und Weinstein (1986) erweitert und in ihren Anwendungen auf den Erwerb der natürlichen Sprache von Pinker (1984) und Berwick (1985) diskutiert. In Valiant (1984) beruhen die Beschränkungen, die ein Lernen von Vorbildern ermöglichen, auf den rechnerischen Grenzen des lernenden Systems und schließen die Möglichkeit ein, daß Lernen nicht perfekt sein kann. Für eine Übersicht über neuere Entwicklungen in diesem Ansatz, der gelegentlich als »wahrscheinlich näherungsweise korrektes« [englisch: »probably approximately correct«, kurz »pac«] Lernen bezeichnet wird, siehe Kearns (1990) und Valiant (1991).

8. Kapitel

Die Komponenten des Gedächtnisses

Da es kaum Vorteile hat, glühendheiße Objekte festzuhalten, hat Ihr angeborener Reflex, sie fallen zu lassen, einen offenkundigen Wert. Doch das Leben läßt sich selten mit solcher Gewißheit vorhersehen, und daher ist es vorteilhaft, wenn man lernen und sich erinnern kann. Sie werden eher überleben, wenn Sie sich an die Lage einer Ihrer Nahrungsquellen erinnern können, statt sie nochmals entdecken zu müssen. Dies ist ein Beispiel für das Erlernen eines Faktums: Eine Erfahrung wird im Gedächtnis niedergelegt und später bei Bedarf wieder in Erinnerung gerufen. Die Fähigkeit scheint allgemein verbreitet zu sein, aber Erforscher der Künstlichen Intelligenz bemühen sich bislang vergebens um Programme, die mit derselben Kontextempfindlichkeit Fakten abrufen. Wenn Sie sich immer wieder über die Lückenhaftigkeit Ihres Gedächtnisses beklagen, lassen Sie sich von dem Gedanken trösten, daß niemand weiß, ob die übliche Neigung zum Vergessen ein bedauerlicher Mangel in der Anlage des menschlichen Gedächtnisses oder nicht vielmehr ein Merkmal ist, das dessen Effizienz insgesamt erhöht.

Die Komplexität des Gedächtnisses wird deutlich, sobald man zu klären versucht, wessen es bedarf, um sich an ein Faktum zu erinnern. Das Gedächtnissystem muß mindestens fünf Dinge leisten. Erstens registriert es die Erfahrung und trifft ein Urteil, ob sich die Abspeicherung lohnt. Zweitens legt es eine Repräsentation der Erfahrung nieder. Drittens bewahrt es die Erinnerung, möglicherweise über lange Zeit. Viertens ruft es nach einer entsprechenden Anforderung rasch und effizient die Erinnerung ab, entweder mit Absicht, wie zum Beispiel, wenn Sie sich an Ihre Telefonnummer erinnern müssen, oder spontan, wie zum

Beispiel, wenn ein Ding Sie an ein anderes erinnert. Fünftens hält es die abgerufene Erinnerung für eine kurze Zeit, während derer sie zum Denken beiträgt, im Bewußtsein bereit.

Ich werde das Gedächtnissystem genauer unter die Lupe nehmen. Ich beginne mit einer Art von Gedächtnis, die gut verstanden ist – dem Speicher in Computern –, und vergleiche sie mit dem menschlichen Gedächtnis, mit dem Ziel, Klarheit über die Anzahl der verschiedenen Komponenten des Gedächtnisses zu gewinnen, auf die sich der Geist stützt. Anschließend behandle ich die Frage, ob diese verschiedenen Komponenten stufenweise hintereinander oder in einem frei interagierenden parallelen System miteinander verknüpft sind. Die zahlreichen Experimente, die man veranstaltet hat, um diese Frage zu beantworten, zeigen beispielhaft auf, wie schwierig die psychologische Forschung ist. Schließlich ziehe ich einige Folgerungen im Hinblick auf die Gedächtniskomponenten, die unser Roboter vermutlich benötigen wird. Die verwirrendste Frage – wie nämlich nichtbewußte mentale Prozesse das Abrufen von Erinnerungen steuern – bewahre ich mir für das nächste Kapitel auf.

Die Speicherorganisation des Computers

Beim Rechnen ist der Speicher ein wesentliches Element. Oben habe ich beschrieben, wie die Fähigkeit, bestimmte Berechnungen durchzuführen, von dem richtigen Zugriff auf einen Speicher abhängt. Jetzt möchte ich untersuchen, wie der Speicher in einem Computer funktioniert.

Ein Computer hat praktisch drei Hauptkomponenten:
- einen zentralen Prozessor, der die Aktionen der Maschine steuert;
- einen Speicher, der Programme, Daten und Resultate speichert;
- ein Eingabe/Ausgabe-System, das mit Peripheriegeräten wie der Tastatur für das Eintasten von Informationen verbunden ist.

Ein Computer nimmt Daten von seiner Eingabe auf, manipuliert sie anhand eines in seinem Speicher vorhandenen Programms und gibt die Resultate aus. Das Programm wird ausgeführt vom zentralen Prozessor, der den nächsten Befehl aus dem Speicher holt und ihn ausführt. Dieser Vorgang stützt sich auf die drei Komponenten der Zentraleinheit: das Rechenwerk, das die Operationen ausführt, das Steuerwerk, das sie synchronisiert, und eine Reihe von Registern, die kleine, kurzzeitige Speicher sind. Um sich beispielsweise an die gegenwärtige Position im Programm zu erinnern, gibt es ein Register, das man als Befehlszähler bezeichnet und das die Adresse des nächsten auszuführenden Befehls im Speicher enthält. Ein anderes Register, der Akkumulator, hält eine Ziffer fest, zu der die Inhalte von Registern addiert, subtrahiert werden können usw. Andere Register werden für allgemeine Zwecke genutzt, etwa um den Status eines Resultats anzuzeigen, z. B., daß ein Übertrag vorhanden ist. Für den Computer besteht alles aus Binärziffern, dargestellt als binäre Verteilungen von Spannungen; und es gibt eine Menge von rund hundert Grundbefehlen, die in der Zentraleinheit »fest verdrahtet« sind und durch unterschiedliche Binärziffern aufgerufen werden. Sie führen arithmetische oder logische Operationen an Ziffern (in Registern oder im Speicher) aus, transportieren Daten von einer Stelle zur anderen, übertragen (durch Operationen am Befehlszähler) die Steuerung von einem Teil des Programms auf einen anderen, geben Daten ein und aus und steuern die Zentraleinheit selbst, indem sie diese beispielsweise am Ende eines Programms anhalten lassen.

Der Speicher eines Computers ist wie eine Reihe von Briefkästen organisiert. Jeder Briefkasten hat eine eigene numerische Adresse und enthält eine bestimmte Menge von Informationen in Gestalt einer Binärziffer. Es gibt drei Arten von Speichern. ROM (Read Only Memory) ist ein dauerhafter Speicher, weil die in ihm vorhandene Information nicht verlorengeht, wenn die Maschine ausgeschaltet wird; er enthält die für die Maschine wichtigsten Programme. RAM (Random Access Memory) enthält Informationen, die vom zentralen Prozessor verändert werden können; dieser Speicher wird dazu benutzt, das Programm, das gerade ausgeführt wird, vom Programm benötigte Daten und dessen Resultate zu speichern. Für die langfristige Speicherung von Programmen und Daten, die aktuell nicht benutzt wer-

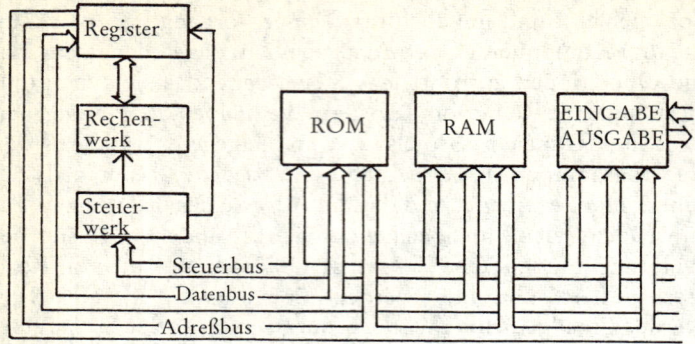

Abb. 8.1: Vereinfachtes Schema der Architektur eines Computers.

den, verwendet man externe Speicher wie Magnetbänder, Disketten oder Festplatten.

Die Komponenten des Computers kommunizieren miteinander über drei getrennte Sammelleitungen, »Bus« genannt. Der Adreßbus enthält die binären Adressen von Speichereinheiten; der Datenbus transferiert Informationen von und zu diesen Einheiten; und der Steuerbus enthält Anweisungen, die das Steuerwerk des Prozessors für die Synchronisation dieser Transfers erzeugt. Die Architektur der Maschine insgesamt zeigt Abbildung 8.1.

Der Speicher eines Computers dient verschiedenen Funktionen. Grundlegende »Fähigkeiten«, auf die die Maschine jederzeit Zugriff hat, sind abgelegt im ROM, das normalerweise nicht geändert werden kann. Permanente Aufzeichnungen von Programmen und sonstigen Informationen werden festgehalten in einem Langzeit-Speicher (auf Band oder Diskette/Festplatte). Die Zwischenergebnisse von Berechnungen und sonstige untergeordnete Daten ohne dauerhaften Wert werden festgehalten in einem Kurzzeit-Speicher (dem Akkumulator und anderen Registern des zentralen Prozessors).

Es gibt viele andere denkbare Architekturen für Computer.

Was ich beschrieben habe, ist ein Beispiel der Architektur, die der Mathematiker John von Neumann entworfen hat. Sie geht insofern auf die universale Turingmaschine zurück, als Programm und Daten in demselben Speicher gespeichert werden und der zentrale Prozessor seriell arbeitet. Inzwischen findet man häufiger Maschinen mit einer ganz anderen Architektur, in denen mehrere Prozessoren parallel arbeiten. Auch sie verwenden Kurzzeit-, Haupt- und Langzeitspeicher, doch sind Programme und Daten oft in verschiedenen Speichern abgelegt.

Die Organisation des menschlichen Gedächtnisses

Seit vielen Jahren versuchen kognitive Psychologen herauszubekommen, wie das menschliche Gedächtnis organisiert ist. Früher gingen sie von einem einzigen monolithischen Gedächtnis aus, in dem alle Erfahrungen festgehalten werden, und zwar für eine Dauer, die davon abhängt, wie gut sie eingeprägt wurden. Nach und nach sind Psychologen zu der Auffassung gelangt, daß es mindestens drei verschiedene Gedächtnissysteme gibt: eine Reihe von sensorischen Speichern, ein Kurzzeitgedächtnis und ein Langzeitgedächtnis.

Die erste Entwicklung erfolgte in den 1950er Jahren und führte zu einem der bedeutenden Vorläufer der Kognitionswissenschaft: der Idee, daß der Geist eine Vorrichtung zur Informationsverarbeitung ist. George Miller bemerkte in seinem inzwischen klassischen Aufsatz von 1956 »The magical number seven, plus or minus two«, daß viele Phänomene auf die Existenz eines Kurzzeitgedächtnisses hindeuten, das eine begrenzte Kapazität der Informationsspeicherung besitzt. Eine siebenstellige Telefonnummer kann man sich im allgemeinen ohne größere Schwierigkeiten für einige Sekunden merken. Kaum besser ist Ihre Fähigkeit, Binärziffern zu behalten. Wenn Sie die Folge

101000100111

lesen und dann wegschauen, um sie aus dem Gedächtnis herzusagen, werden Sie finden, daß die Aufgabe recht schwierig ist. Sie können Ihre Leistung verbessern, wenn Sie das Ganze mit Hilfe einer Gedächtnisstütze in größere Blöcke aufgliedern. Bilden Sie zum Beispiel Dreiergruppen, die Sie in Dezimalzahlen umwandeln. So ist

101 = 5
000 = 0
100 = 4
111 = 7

Jetzt brauchen Sie sich nur 5047 zu merken. Wenn Sie lernen können, Ziffern in Fünfergruppen aufzugliedern und die Gruppen in ihre dezimalen Äquivalente zu übersetzen, werden Sie in der Lage sein, sich bis zu vierzigstellige Binärziffern zu merken. Doch die Anzahl der Blöcke, die Sie sich merken können, bleibt, wie Miller bemerkte, annähernd konstant bei rund sieben Stück (plus minus zwei). Dagegen ist das Fassungsvermögen Ihres Langzeitgedächtnisses so groß, daß es grenzenlos erscheint.

Donald Broadbent schlug 1958 in seinem Buch *Perception and Communication* eine Theorie des Informationsflusses von den Sinnesorganen zum Kurzzeit- und Langzeitgedächtnis vor. Er faßte seine Theorie auf damals neuartige Weise in einem Blockdiagramm zusammen, das in Abbildung 8.2 präsentiert wird. Die Theorie besagt im wesentlichen, daß viel zuviel Information auf die Sinne eindringt, als daß alles vollständig verarbeitet werden kann. Daher bestimmt ein Auswahlfilter, welche Information über einen »Kanal« von begrenzter Kapazität zur Weiterverarbeitung weitergeleitet wird. Wenn Sie auf einer Cocktailparty sind, ermöglicht Ihnen der Auswahlfilter, sich auf ein persönliches Gespräch zu konzentrieren und alles, was sonst noch an Ihr Ohr dringt, zu ignorieren. Der Filter wird gesteuert vom Langzeitgedächtnis, so daß er, wenn in einem anderen Gespräch Ihr Name erwähnt wird, Ihre Aufmerksamkeit sogleich auf dieses Gespräch umschaltet. Wenn Sie hungrig sind, wird der Filter darauf eingestellt, Informationen auszusieben, die für Ihr leibliches Bedürfnis von Belang sind, und das System, das Ihr Verhalten steuert, wird so agieren, daß Ihre Chancen, auf entsprechende Dinge zu stoßen, steigen. Ihr Verhalten wird von Ihren Erinne-

Abb. 8.2: Broadbents Diagramm des Informationsflusses von den Sinnen zum Gedächtnis von 1958.

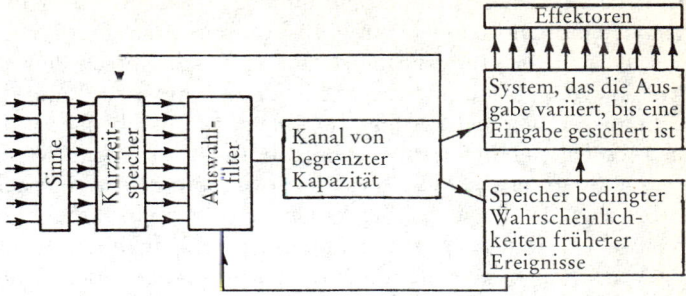

(Nach D. E. Broadbent, *Perception and Communication.* Oxford: Pergamon, 1958, S. 299)

rungen an frühere Erfahrungen gesteuert, die abgespeichert sind in der Form von Wissen über die Wahrscheinlichkeit, mit der ein bestimmtes Ereignis eintritt, nachdem ein anderes Ereignis eingetreten ist. Ihr Kurzzeitgedächtnis speichert die eingehende sensorische Information für einige Sekunden, bis sie durch den Filter gesiebt oder durch neu eintreffende Information ersetzt ist. Information, die bereits den begrenzten Kanal passiert hat, kann dagegen mit Hilfe des Kurzzeitgedächtnisses wieder in Umlauf gebracht werden: Auf diesem Weg kann Material in einer Schleife kreisen, wenn Sie es in Gedanken wiederholen. Dabei wird dann allerdings die Kapazität des begrenzten Kanals für alle anderen Dinge noch mehr beschränkt.

Dieses erste Schema ist infolge weiterer experimenteller Entdeckungen immer mehr modifiziert worden. Es ging davon aus, daß ein Gespräch, an dem Sie nicht beteiligt sind, nur minimale Verarbeitung erfährt. Aus späteren Untersuchungen ergab sich, daß derartiges Material eher stärker bearbeitet wird. Die Interpretation eines mehrdeutigen Satzes, der einem Ohr dargeboten wird, kann zum Beispiel beeinflußt werden durch Material, das dem anderen Ohr so leise dargeboten wird, daß Sie seinen Inhalt gar nicht wahrnehmen. Deshalb haben Theoretiker wie Anne Treisman die Ansicht vertreten, die Verarbeitung von unbeachtetem Material werde durch einen flexibleren Mechanismus reguliert.

Die nächste Neuerung bestand in der Aufspaltung des Kurzzeitgedächtnisses in zwei getrennte Komponenten. Das Phänomen, das für die Aufspaltung sorgte, läßt sich einfach demonstrieren. Wenn Sie abends in Ihrem Wohnzimmer sind und das Licht ausmachen, behalten Sie für einen Sekundenbruchteil danach einen flüchtigen visuellen Eindruck von dem Raum. George Sperling hat diese Situation experimentell nachgestellt und gezeigt, daß Personen, denen man ganz kurz eine Menge von Buchstaben vorführt, zwar nicht den ganzen Inhalt der Menge angeben können, aber dennoch die ganze Menge gesehen und kurz registriert haben. Fordert man sie nämlich unmittelbar nach der Darbietung auf, sich an einen bestimmten Teil davon zu erinnern, dann schaffen sie es gewöhnlich. Doch je länger man mit der Aufforderung wartet, desto schlechter wird ihre Leistung. Offenbar existiert ein sensorisches Gedächtnis für einen visuellen Eindruck, das etwa eine Viertelsekunde lang bestehen bleibt. Vielleicht, so hat ein Skeptiker, Ralph Haber, bemerkt, ist dieses Gedächtnis dazu gut, im Gewitter Zeitung zu lesen – doch welche Funktion könnte es haben? Die Antwort lautet: die Urskizze so lange präsent zu halten, daß die Berechnungen ermöglicht werden, die nötig sind, um aus ihr die nächste Repräsentation abzuleiten. Tatsächlich muß es getrennte und laufend aktualisierte Speicher für jede Art der Repräsentation (Urskizze, zweieinhalbdimensionale Skizze, dreidimensionales Modell) geben, auf der das Sehen aufbaut, und wahrscheinlich beruht die Nachwirkung eines Bildes nach dem Erlöschen der Lichter in komplizierter Weise auf ihnen. Für das Hören sind ähnliche Effekte nachgewiesen worden – von dem, was gerade eben jemand gesagt hat, behalten Sie ein kurzes »Echo« zurück, das rasch vergeht. Jedes Sinnesorgan muß sein eigenes Gedächtnissystem haben, dessen Inhalte laufend durch neu eintreffende Informationen ersetzt werden und nicht angegeben werden können. Diese sensorischen Gedächtnisse sind etwas anderes als das Kurzzeitgedächtnis, das Informationen für mehrere Sekunden festhält.

Neuropsychologische Belege für verschiedene Gedächtnissysteme

Bestimmte Bilder von Hirnschäden lassen die Unterschiede zwischen Kurzzeit- und Langzeitgedächtnis deutlich hervortreten. Besonders aufschlußreich ist der von Brenda Milner beschriebene tragische Fall des Patienten H. M. Infolge einer Schädigung des Hippocampus (eines unter der Hirnrinde gelegenen Organs) konnte er Erfahrungen nicht mehr im Langzeitgedächtnis speichern. An Ereignisse vor der Schädigung konnte er sich erinnern, doch seither lebte er ganz in der Gegenwart. Von einem Tag auf den anderen erkannte er seine Ärzte nicht wieder; er las immer wieder dieselben Zeitschriften und merkte nicht, daß er sie schon gelesen hatte. Doch die Fähigkeit, sich kurzfristig eine Telefonnummer zu merken, war unbeeinträchtigt, und er konnte weiterhin neue manuelle Fertigkeiten erlernen.

Der von Tim Shallice und Elizabeth Warrington studierte Fall von K. F. bietet fast die entgegengesetzte Konfiguration von Symptomen. Dieser Patient hatte, ebenfalls durch eine Hirnschädigung, praktisch sein Kurzzeitgedächtnis für Wörter und Zahlen verloren, konnte aber Erfahrungen im Langzeitgedächtnis speichern und sie abrufen. Möglicherweise – das zeigt dieser Fall – ist die Speicherung und Abrufung von Langzeiterinnerungen nicht in nennenswertem Umfang auf eine Verarbeitung im Kurzzeitgedächtnis angewiesen.

Sie werden sich vielleicht fragen, ob K. F. mit der Sprache zurechtkam. Ich hatte einmal Gelegenheit, mit ihm zu sprechen. Er hatte keine Schwierigkeiten, ein Gespräch zu führen. Allerdings gab es ein verräterisches Anzeichen. Ich bat ihn, den Satz:

Der Hund biß den Mann, und der Mann starb

nachzusprechen, und er tat es fehlerfrei. Doch als ich ihn bat, den Satz:

Der Mann, den der Hund biß, starb

zu wiederholen, war er dazu nicht in der Lage. Der Hörer muß bei diesem Satz das Subjekt – »der Mann« – im Gedächtnis behalten, während der eingebettete Relativsatz – »den der Hund biß« – verarbeitet wird, bis das Hauptverb – »starb« – auftaucht. Solche Sätze sind in der Tat eine zusätzliche Belastung für das Kurzzeitgedächtnis. Michael Power hat gezeigt, daß Versuchspersonen, die mit einem Zeigestock ein sich bewegendes Ziel verfolgen, mehr Fehler machen, wenn sie beim Erzählen einer Geschichte zufällig gerade einen solchen Satz äußern. K. F. hatte wegen seines begrenzten Kurzzeitgedächtnisses vermutlich das Subjekt des Satzes vergessen, bis das Hauptverb vorkam, so daß er den Satz nicht verstehen und folglich auch nicht wiederholen konnte.

Da Langzeit- und Kurzzeitgedächtnis unabhängig voneinander durch eine Hirnverletzung geschädigt werden können, besteht zwischen ihnen eine »doppelte Dissoziation«, was darauf hindeutet, daß sie auf unterschiedlichen Modulen im Gehirn beruhen.

Das Arbeitsgedächtnis

Ihnen werden einige Diskrepanzen zwischen dem Speicher eines Computers und dem menschlichen Gedächtnis aufgefallen sein. Computer haben einen Hauptspeicher (RAM), der auf halbem Wege zwischen der permanenten langfristigen Speicherung (auf Band oder Diskette/Festplatte) und der flüchtigen Ablage der Zwischenergebnisse von Berechnungen (in Registern) steht. Dagegen scheinen Menschen mit einem Langzeitgedächtnis ausgestattet zu sein, das einerseits einen schnellen Zugriff erlaubt (wie das RAM) und dennoch relativ permanent ist (wie das Band oder die Diskette). Sie haben außerdem sensorische Speicher, die den Computern, die in der Regel keine Sinnesorgane haben, fehlen. Unser mit Sehvermögen ausgestatteter Roboter wird gewiß einen großen Speicher benötigen, um die vielen visuellen Repräsentationen, die er berechnet, festzuhalten.

Die Analogie zwischen menschlichem Gedächtnis und Computer-Speicher ist enger geworden in einer Theorie, die letzthin von Alan Baddeley und Graham Hitch vorgetragen wurde. Sie beobachteten, daß Versuchspersonen, die acht Ziffern wiederholen sollen – eine Aufgabe, die das Kurzzeitgedächtnis ganz in Anspruch nehmen sollte –, währenddessen andere Aufgaben ausführen können. Sie können Sätze verstehen und verifizieren, wenn auch langsamer als sonst, und sie können sogar eine andere Gedächtnisaufgabe erfüllen, bei der sie sich an eine Liste von Gegenständen erinnern sollen. Nach Ansicht von Baddeley und Hitch sollte man sich unter dem, was bislang als Kurzzeitgedächtnis betrachtet wurde, eher ein »Arbeitsgedächtnis« vorstellen, das mehrere getrennte Komponenten umfaßt: eine zentrale Exekutive, die eine begrenzte Datenmenge beliebiger Art verarbeiten kann und die das System als Ganzes steuert; einen Kurzzeitspeicher für visuelle oder räumliche Informationen; und einen Kurzzeitspeicher für Sprache, der wie die »Schleife« funktionieren kann, die in Broadbents ursprünglichem Modell der Wiederholung von verbalem Material dient.

Aus dieser Theorie folgt unter anderem, daß Ihre begrenzte Fähigkeit, sich Telefonnummern, Binärziffern und dergleichen zu merken, davon abhängt, wieviel Material Sie in einer Zeitspanne von zwei bis drei Sekunden wiederholen können. Gewöhnlich beschränkt sich diese Fähigkeit auf rund sieben Wörter, doch wie Baddeley bestätigt hat, schneiden Sie um so schlechter ab, je mehr Silben die Wörter umfassen. Durch die oben beschriebene Gruppenbildung wird die Anzahl der zu wiederholenden Einzelheiten verringert. Da Sie visuelle Formen nicht wiederholen können (es sei denn, Sie können sie benennen), können Sie sich diese auch schlechter merken – höchstens zwei oder drei. Die Theorie wurde kürzlich in einem Experiment von Guojun Zhang und Herb Simon einwandfrei bestätigt. Sie baten einige Chinesen, sich Teile von chinesischen Schriftzeichen einzuprägen, von denen die eine Art Namen hatte, die andere Art nicht. Die Versuchspersonen konnten sich von den Zeichen, die Namen hatten, rund sechs merken, von den namenlosen Zeichen dagegen nicht einmal drei.

Parallele und serielle Verarbeitung

Im Unterschied zum gängigen Computer hat das Gehirn nicht nur einen Prozessor. Viele Prozesse laufen parallel ab, wenngleich der Strom der bewußten Erfahrung seriell zu sein scheint.

Broadbents ursprüngliche Theorie ging davon aus, daß ein Informationsfluß von den Sinnen bis zum Langzeitgedächtnis mehrere Stufen durchläuft (siehe Abbildung 8.1). Sie postuliert ein Fließband mit einer Reihe von Prozessoren, die das »Produkt«, das dort zusammengebaut wird, nacheinander bearbeiten. Aus dem Konzept des Arbeitsgedächtnisses und Broadbents heutiger Theorie folgt, daß mehrere Prozessoren ein und dieselbe Information gleichzeitig bearbeiten können, wie Roboter, die an derselben Stelle des Fließbandes an demselben Auto arbeiten. Daneben kann Information aus einer Art von Gedächtnis direkt in eine andere transferiert werden.

Wie läßt sich entscheiden, ob bei einer bestimmten Denkaufgabe serielle oder parallele Verarbeitung stattfindet? Daran knüpft sich eine Geschichte mit einer Moral, die ich erzählen will, weil es darum geht, wie die Inhalte des Kurzzeitgedächtnisses dazu genutzt werden, eine Entscheidung zu treffen. Die Geschichte beruht auf einem einfachen Experiment.

Wenn ich Sie frage, ob in einer Liste, die ich Ihnen gerade gegeben habe, eine bestimmte Ziffer vorkommt, werden Sie ohne Probleme antworten können. Wenn ich Ihnen die Liste 4 1 7 gebe und Ihr Gedächtnis mit der Ziffer 1 auf die Probe stelle, werden Sie mit »ja« antworten. Saul Sternberg, damals bei Bell Telephone Laboratories, machte die nicht überraschende Beobachtung, daß die Reaktionszeit mit der Anzahl der Ziffern in der Liste wächst. Mit jeder zusätzlichen Ziffer brauchen die Versuchspersonen etwa eine Fünfundzwanzigstelsekunde länger für die Antwort. Sollten sie, sobald sie eine Übereinstimmung gefunden haben, aufhören, die Liste in Gedanken zu überprüfen, müßten sie für eine »Ja«-Antwort weniger Zeit benötigen als für eine »Nein«-Antwort, bei der sie natürlich die ganze Liste überprüfen müssen, um sicherzustellen, daß sie nicht die gefragte Ziffer enthält. Doch in Wirklichkeit hält jede zusätzliche Ziffer sie bei »Ja«- wie bei »Nein«-Antworten um dieselbe Zeitspanne auf. Daraus folgerte Sternberg, daß die Versuchspersonen die Aufgabe in mehreren Phasen ausführen: Selbst nach einer positiven Übereinstimmung überprüfen sie die gesamte Liste, und sie tun das, *bevor* sie antworten.

Ob eine Aufgabe mehrere Phasen erfordert, prüft man üblicherweise dadurch, daß man sich eine Variante ausdenkt, die eine Phase ausläßt, und dann mißt, wieviel schneller die Variante ausgeführt werden kann. Würde im ganzen Experiment immer wieder nach derselben Ziffer gefragt, wüßten die Versuchspersonen sie bald auswendig, und die Aufgabe würde um die Phase, in der die Ziffer identifiziert wird, verkürzt. Die Versuchspersonen müßten schneller antworten, und die Zeitersparnis würde ein Maß dafür liefern, wie lange es dauert, die Ziffer zu identifizieren. Die Werte für die einzelnen Phasen müßten dann zusammen die Zeit ergeben, die die Aufgabe insgesamt in Anspruch nimmt. Doch die Methode, einzelne Phasen von einer Aufgabe zu »subtrahieren«, hat ihre Tücken. Ihre Werte sind nur dann brauchbar, wenn die Aufgabe, die sich so ergibt, in den verbleibenden Phasen genau dieselben Operationen erfordert. In Wirklichkeit können die verbleibenden Phasen sich aber erheblich ändern – jedenfalls nimmt man das an, weil die Subtraktion einer Phase bisweilen eine Aufgabe ergibt, deren Erfüllung mehr Zeit beansprucht!

Dieses Problem brachte Sternberg dazu, sich eine neue »additive« Methode auszudenken. Wenn eine Aufgabe sich aus mehreren unabhängigen Phasen zusammensetzt, müßte etwas, das eine Phase behindert, in seinen Auswirkungen unabhängig von etwas anderem sein, das eine andere Phase behindert. Erschwert man zum Beispiel die Identifikation der gefragten Ziffer, so wird sich das in einer Verzögerung der Antworten auswirken, und fügt man der Liste eine weitere Ziffer hinzu, so wird die Wirkung eine ähnliche sein, und diese beiden Effekte sollten sich addieren und ein Maß dafür liefern, um wieviel die Antworten sich verzögern, wenn beide auftreten. Bei den Experimenten fand Sternberg, daß die Erschwerung der Prüfziffer und die Verlängerung der Liste in der Tat additive Effekte haben. Dieses und andere Resultate schienen die Auffassung zu bestätigen, daß die Aufgabe aus seriellen Verarbeitungsphasen bestand.

Leider ist, wie Sternberg erkannte, seine analytische Methode nicht eindeutig. Additive Effekte sind nur dann richtig zu interpretieren, wenn eine Aufgabe sich wirklich aus unabhängigen seriellen Phasen zusammensetzt. Das ist es aber, was man herauszufinden wünscht. Es kann durchaus sein, daß die Phasen nicht unabhängig voneinander sind und daß parallele Verarbeitung stattfindet.

Die »additive« Methode gab den Anstoß zu tausend Experimenten. Und eine geringe Änderung des Verfahrens hatte, wie so oft in der kognitiven Psychologie, große Auswirkungen auf die Resultate. Gibt man den Versuchspersonen eine Liste mit Ziffern, die sie sich merken sollen, und bittet man sie anschließend, eine *visuelle* Darbietung von Ziffern und Buchstaben daraufhin zu durchsuchen, ob sie eine der Ziffern enthält, dann hat die Länge der Liste unter einer bestimmten Bedingung gar keine Folgen. Wenn in der Darbietung nur Ziffern vorkommen, die auf der Liste stehen, hat, wie Walter Schneider und Richard Shiffrin beobachteten, die Länge der Liste keinen Einfluß auf die Reaktionszeit. Die Versuchspersonen brauchen in einer Darbietung von Buchstaben lediglich eine Ziffer zu erkennen, und sie bekommen bei dem Experiment eine solche Übung in der Unterscheidung von Ziffern und Buchstaben, daß sie automatisch antworten können. Wenn in der Darbietung Ziffern vorkommen können, die nicht auf der Liste stehen, erfordert die Aufgabe eine bewußte Entscheidung, und die Länge der Liste bekommt wieder Einfluß auf die Reaktionszeit. Auch hier weichen die Resultate von Sternbergs Feststellungen ab. Wenn die Liste länger wird, wirkt sich das auf die »Nein«-Antworten weit stärker aus als auf die »Ja«-Antworten. Dies läßt vermuten, daß Personen, die eine visuelle Darbietung absuchen, mit »Ja« antworten, sobald sie eine positive Übereinstimmung finden, doch um mit »Nein« zu antworten, müssen sie dennoch die ganze Darbietung absuchen.

Donald Broadbent hat ein Computermodell entwickelt, das zeigt, daß all die verschiedenen Resultate auf einem einzigen *parallelen* Mechanismus beruhen könnten. Nach seiner Auffassung sammelt und wägt der Geist die Beweise, die für eine »Ja«- oder »Nein«-Antwort sprechen, ab wie ein Statistiker, der angesichts von Ungewißheit zu einer Entscheidung gelangt. Die Beweise werden parallel in verschiedenen Registern gesammelt, die jeweils für einen Gegenstand der Liste zuständig sind: Jeder eingehende Gegenstand wird mit allen Gegenständen in der Liste verglichen, und bei positivem Ausgang erhöht sich der numerische Wert im entsprechenden Register um einen bestimmten Betrag, bei negativem Ausgang vermindert er sich entsprechend. Kompliziert werden die Dinge dadurch, daß das System ein zufallsbedingtes »Rauschen« aufweist; in der Computersimulation wird nach den Vergleichen zu jedem Register eine unterschiedliche Zufallszahl hinzuaddiert oder von ihm abgezogen. Sobald die Beweise in einem Register einen kritischen Wert übersteigen, reagiert das System mit »Ja«. Sollte diese Antwort infolge der Zufallsfluktuation falsch sein, wird das Kriterium auf einen sehr viel höheren Wert heraufgesetzt, um solche voreiligen Antworten zu verhindern. Bei den folgenden Versuchen wird, wenn sie korrekt ausfallen, das Kriterium jedesmal herabgesetzt, bis wieder ein Fehler auftritt. Die »Nein«-Antworten hängen von einem ähnlichen Kriterium ab: Liegen die gesammelten Beweise unter dessen Wert, antwortet das System mit »Nein«. Ein Fehler bewirkt, daß das Kriterium stark herabgesetzt wird. Fallen die negativen Antworten anschließend korrekt aus, wird der Wert des Kriteriums wieder nach und nach erhöht.

Durch seine Computersimulation erkannte Broadbent, daß die Leistungen vom Rauschen im System abhingen. Bei einem gewissen Rauschen ergab die Simulation Resultate, wie sie Sternberg erhalten hatte; wurde das Rauschen verringert, hatte die Anzahl der Gegenstände auf der Liste keinen großen Einfluß mehr, und die Resultate ähnelten denen der Versuchspersonen, die in einer visuellen Darbietung von Buchstaben nach Ziffern suchen. Übung könnte also den Effekt haben, nicht so sehr einen Übergang von der bewußten Steuerung zu automatischen Reaktionen zu erzeugen, sondern vielmehr das Rauschen im System herabzusetzen. Als Broadbent andere Faktoren in seinem Programm berücksichtigte, darunter Abweichungen in der Erkennbarkeit visueller Gegenstände, hatte die Erweiterung der Liste um einen Gegenstand eine größere verzögernde Wirkung auf »Nein«- als auf »Ja«-Antworten – genau das Resultat, das Schneider und Shiffrin beobachtet hatten. Die unterschiedlichen Resultate lassen sich also mit einem einzigen Mechanismus erklären – dem parallelen Sammeln von Beweisen.

Und die Moral aus dieser Geschichte? Sie besteht natürlich darin, daß es sehr schwierig ist, festzustellen, welcher Verarbeitungsmodus bei einer bestimmten geistigen Aufgabe benutzt wird. Die Schwierigkeit wurde hier für das Gedächtnis aufgezeigt, aber sie ist allgegenwärtig.

Schlußfolgerungen

Unser Ziel ist letztlich, einen Roboter mit einem Erinnerungssystem auszustatten, das dem menschlichen Gedächtnis vergleichbar ist. Die in diesem Kapitel diskutierten Forschungen liefern uns einige Hinweise, wie ein solches System beschaffen sein sollte, aber noch sind wir nicht in der Lage, unser Vorhaben auszuführen. Wir haben etwas über die einzelnen Komponenten des Gedächtnisses gelernt, und es hat sich gezeigt, daß wir fünf Hauptkomponenten benötigen:

- eine zentrale Exekutive, die das System als Ganzes steuert
- eine Reihe von sensorischen Speichern, die die verschiedenen, vom Wahrnehmungssystem benötigten Repräsentationen festhalten
- ein Arbeitsgedächtnis, um die Zwischenergebnisse der zentralen Exekutive, darunter die räumlichen Repräsentationen, festzuhalten und eine verbale Schleife für die Wiederholung bereitzustellen
- ein permanentes Gedächtnis für wichtige Fähigkeiten
- ein Langzeitgedächtnis für Erfahrungen und Wissen.

Die Tatsachen deuten darauf hin, daß das menschliche kognitive System nur einen Teil der eintreffenden Information für die weitere Verarbeitung und Speicherung im Gedächtnis auswählt und daß dies auf zweierlei Weise geschehen kann: einerseits aufgrund bewußter Entscheidungen der zentralen Exekutive, andererseits aufgrund der Eigenschaft bestimmter Klassen von Ereignissen, die automatisch »die Aufmerksamkeit fesseln«.

Zwei Schwierigkeiten stechen hervor. Erstens: In was für einem Format ist die Information im Langzeitgedächtnis repräsentiert? Besteht sie in Sätzen, die in einem Code abgespeichert sind, in Bildern, in Assoziationen zwischen geistig repräsentierten Ereignissen oder in irgendeinem anderen Format? Zweitens: Wie steuert die zentrale Exekutive die Folge der Operationen für die Speicherung von Informationen im Langzeitgedächtnis, für ihre Abrufung und ihre Manipulation im Arbeitsgedächtnis? Sie besitzen nicht von Geburt an die Fähigkeit, Sternbergs Aufgabe auszuführen; Sie gehen vielmehr ins Labor, lassen sich vom Experimentator erklären, was Sie zu tun haben, und können diese Befehle in Prozesse übersetzen, die Sie in die Lage versetzen, die Aufgabe zu erfüllen. Sie merken aber nichts davon, wie Ihr Geist den entsprechenden Informationsfluß steuert, noch ist Ihnen bewußt, wie er die entsprechende Folge von Operationen festlegt. Im Laufe des Experiments bekommen Sie Übung, und vielleicht werden verschiedene Änderungen, die Ihnen kaum bewußt sind, Sie in die Lage versetzen, die Aufgabe effizienter zu erfüllen. Verschiedene Menschen entwickeln unterschiedliche Strategien, die sich ebenfalls im Laufe des Experiments ändern können.

Ein wichtiges Nebenthema dieses Kapitels war die Schwierigkeit, aus den Resultaten psychologischer Experimente Antworten auf diese Fragen zu erhalten. Die von mir erörterten Theorien versuchen diese Resultate mit dem Postulat einer entsprechenden Sequenz von mentalen Operationen zu erklären; zu der Frage, wie diese Sequenz zustande kommt, wie sie entwickelt und modifiziert wird, haben sie wenig zu sagen. Der verstorbene Allen Newell sagte, die Forschung werde von bestimmten experimentellen Paradigmen wie etwa Sternbergs Aufgabe angetrieben: »Man kann nicht mit 20 Fragen gegen die Natur antreten und gewinnen.« Mit anderen Worten: Die Steuerungsprozesse des Geistes, die ihn so flexibel an strategische Anforderungen anpassen, lassen sich nicht einfach dadurch isolieren, daß man im Labor diese oder jene Aufgabe erforscht. Wir müssen darüber hinaus die Gesamtarchitektur des Geistes betrachten.

Weiterführende Literatur

Einen ausgezeichneten Führer zum Gedächtnis für »Benutzer« bietet Baddeley (1983), eine fortgeschrittene Darstellung des Gedächtnisses Baddeley (1990). Halsall und Lister (1980) beschreiben den üblichen Aufbau des Speichers von Mikrocomputern. Die Idee einer »doppelten Dissoziation« bei Patienten, die an einer Hirnverletzung leiden, wird diskutiert in Shallice (1988). Sacks (1985) stellt in einer an Beziehungen reichen Sammlung von Krankengeschichten »Der verlorene Seemann« vor, einen Patienten, der genau wie K. M. ausschließlich in der Gegenwart lebt. Die Unterscheidung zwischen intentionalem und automatischem Verhalten diskutieren z. B. Norman und Shallice (1980), Reason und Mycielska (1982) und Johnson-Laird (1983).

9. Kapitel

Pläne und Produktionen

Lernen, Gedächtnis und alle höheren mentalen Prozesse könnten unterschiedliche Manifestationen derselben allgemeinen Prinzipien des Geistes sein. In diesem Fall bestünde eine vernünftige Forschungsstrategie darin, eine Theorie einer solchen mentalen »Architektur« zu entwickeln und dann eine auf dieser Architektur basierende Programmiersprache zu implementieren, in der spezifische Programme geschrieben werden können, welche mentale Prozesse modellieren. Über die Architektur des Geistes gibt es zwei wesentliche Vermutungen: Nach der einen beruht sie auf einem »Produktionssystem«, nach der anderen auf »paralleler verteilter Verarbeitung«. Beide haben Wichtiges zu sagen über das Lernen und die Abrufung von Informationen aus dem Gedächtnis. Ich beschreibe sie beide und beginne in diesem Kapitel mit Produktionssystemen, während die parallele verteilte Verarbeitung im nächsten Kapitel behandelt werden wird.

Psychologen haben einmal geglaubt, das Verhalten werde von äußeren Ereignissen gesteuert. Wie schon im 1. Kapitel erwähnt, legte Karl Lashley dar, daß diese Hypothese nicht die schnelle Ausführung von gelernten Fertigkeiten erklären könne, die eine innere Organisation voraussetze. George Miller, Eugene Galanter und Karl Pribram versiegelten 1960 mit der Veröffentlichung ihres Buches *Plans and the Structure of Behavior* den Sarg des Behaviorismus. Sie definierten einen Plan als »einen innerhalb des Organismus vorhandenen hierarchischen Prozeß, der die Reihenfolge bestimmen kann, in der eine Folge von Operationen auszuführen ist«, und sie zeigten, daß Planung ein wesentliches Element der Kognition ist. Produktionssysteme haben ihre Wurzeln in der Planung und im Werk von Allen Newell und

Herbert Simon, die auf dem Gebiet der Computermodellierung mentaler Prozesse bahnbrechend waren. Ich beginne meine Beschreibung von Produktionen mit der Betrachtung ihrer Ursprünge in der Erforschung von Plänen.

Pläne und der Suchvorgang

Wenn Sie einen Plan entwickeln, dann denken Sie, so Newell und Simon, an einen *Ausgangszustand* und ein *Ziel*, und Ihre Aufgabe ist es, eine Folge von *Operationen* zu ersinnen, die Sie von dem einen zum anderen bringt. Angenommen, Ihre Aufgabe sei, ein geometrisches Theorem zu beweisen. Der Ausgangszustand ist eine Reihe von Bedingungen, die oft in einem Diagramm zusammengefaßt sind; das Ziel ist eine Folgerung; und die Operationen bestehen in verschiedenen Axiomen und logischen Regeln, die Sie benutzen dürfen. Die Menge aller möglichen Folgen dieser Operationen ist riesengroß, und was Sie innerhalb dieses hypothetischen »Problemraums« finden müssen, ist eine Route durch den Raum vom Ausgangszustand zum Ziel:

Ausgangszustand → Zustand 2 → Zustand 3 → ... → Ziel

wobei jeder Pfeil eine der zulässigen Operationen symbolisiert.

Es gibt viele verschiedene Möglichkeiten, nach einer Route durch einen Problemraum zu suchen, und viele sind in Computerprogrammen implementiert worden. Sie können mit dem Ausgangszustand beginnen, alle machbaren Operationen auf ihn anwenden, wodurch Sie eine Reihe von alternativen zweiten Zuständen erhalten, auf die Sie dann wieder die Operationen anwenden, usw. Wenn ein Problem an sich unlösbar ist oder Sie nicht alle Operationen kennen, auf die es ankommt, müssen Ihre Bemühungen scheitern. Anderenfalls wird diese sogenannte »*breadth-first*«-Suche früher oder später ans Ziel kommen. Der Haken ist, daß die Anzahl der zu untersuchenden Routen exponentiell wächst: Sie verdoppelt sich mit jedem Schritt, selbst wenn an jedem Punkt nur zwei mögliche Operationen angewandt werden können. Die Untersuchung aller Routen wird bald nicht mehr durchführbar, selbst wenn Sie einen Computer haben, der so groß ist wie das Universum und mit Lichtgeschwindigkeit arbeitet. Das Suchproblem ist unlösbar. Noch schlimmer: Es ist, wie wir im 12. Kapitel sehen werden, bewiesen worden, daß eine Suchprozedur in bestimmten Bereichen unter Umständen nicht entdeckt, daß es keine erfolgreiche Route gibt: Die Prozedur geht praktisch in den Problemraum, verirrt sich und kommt nie mit einer Antwort heraus. Deshalb müssen, unabhängig von der benutzten Prozedur, Beschränkungen die Suche in einem handhabbaren Rahmen halten. Wieder spielen sie eine entscheidende Rolle bei einer geistigen Aufgabe.

Eine andere Klasse von Suchprozeduren erkundet in einer »*depth-first*«-Suche jeweils eine Route, so wie Sie es auch machen, wenn Sie einen Weg durch ein Labyrinth suchen. Wenn Sie zwischen verschiedenen Routen wählen müssen, ziehen Sie alle Ihnen verfügbaren Informationen für die Entscheidung heran. Sie könnten zum Beispiel abschätzen, welchen potentiellen Wert die einzelnen Alternativen haben. Das ist problemlos, wenn Sie eine absolut sichere Methode der Abschätzung haben; Sie wählen jeweils die beste Option und gelangen so ans Ziel, ohne Sackgassen erkunden zu müssen.

Leider gleichen viele Planungsprobleme dem Labyrinth von Hampton Court Palace. Sie müssen sich entscheiden, ohne Genaues über den Wert einer Alternative zu wissen, und so gehen Sie voran, bis Sie entweder am Ziel oder in einer Sackgasse landen. Wenn Sie in eine Sackgasse geraten, können Sie zum letzten Punkt, an dem Sie gewählt haben, zurückkehren und eine andere Alternative ausprobieren. Wenn Sie alle Optionen an diesem Punkt ausgeschöpft haben, ohne weiterzukommen, können Sie einen weiteren Schritt zurückgehen, usw. Wenn Sie schließlich alle Möglichkeiten an allen Entscheidungspunkten erschöpft haben, ist das Problem unlösbar. Dieses Verfahren, denselben Weg durch alle Entscheidungspunkte zurückzuverfolgen, im Englischen treffend als »*backtracking*« bezeichnet, verlangt von Ihnen die gleiche Umsicht, die Theseus bewies, der aus dem Labyrinth des Minotaurus herausfand, indem er das Knäuel der Ariadne abwickelte: Sie müssen jede Entscheidung, die Sie treffen, dokumentieren. Dazu benutzen Programme in der Regel einen Stapel als Speicher, wie das Navigationssystem des Roboters (siehe 3. Kapitel).

»Wer die Geschichte nicht kennt«, heißt es, »ist dazu verurteilt, ihre Irrtümer zu wiederholen.« So ergeht es einem mit dem bloßen *backtracking*, das nicht den *Grund* berücksichtigt, aus dem eine bestimmte Entscheidung zum Mißerfolg führte. Wenn Sie mit einer Hand nach einem glühendheißen Feuerhaken greifen, würden Sie es, diesem Verfahren folgend, mit der anderen Hand versuchen.

Sie müssen nicht unbedingt mit dem Ausgangszustand in einem Problem»raum« beginnen und wahllos nach einer Route zum Ziel suchen. Newell und Simon entwarfen ein Programm, das auf einer Idee des Mathematikers George Polya basiert (ihm kam Platon zuvor). Es sucht nach einer Operation, die den Unterschied zwischen dem Ziel und dem Ausgangszustand verringert. Wenn Sie beispielsweise nach einem Plan suchen, um das Loch in Ihrem Eimer zu flicken, ist es eine geeignete Operation zur Verminderung des Unterschieds zwischen Ziel und Ausgangszustand, einen Stöpsel in das Loch zu stecken. Doch vielleicht ist die Durchführung dieser Operation nicht möglich, weil eine ihrer Voraussetzungen nicht erfüllt ist, beispielsweise, weil Sie keinen Stöpsel haben. An diesem Punkt führten Newell und Simon eine ingeniöse Idee ein. Sie erzeugen ein neues Unterziel – einen Stöpsel zu finden –, und Sie setzen dieses Unterziel auf den Stapel über Ihr Hauptziel. Nun verfahren Sie genauso, um dieses Unterziel zu erreichen: Sie suchen nach einer Operation, die geeignet ist, den Unterschied zwischen dem Unterziel und dem Ausgangszustand zu verringern. Wenn Sie einen Stöpsel gefunden haben, nehmen Sie das Unterziel von dem Stapel, weil es erreicht worden ist. Dadurch kommt das Hauptziel wieder an die Spitze des Stapels, und Sie können die Operation ausführen, die die Abzweigung verursachte, d. h. Sie stecken den Stöpsel in das Loch in Ihrem Eimer. Die Suche nach einem Unterziel kann ein weiteres Unter-Unterziel erzeugen usw., wodurch sich Unterziele bis zu einer beträchtlichen Höhe auf dem Stapel türmen können. Ihre Erzeugung darf natürlich nicht endlos weitergehen. Auch darf ein Unterziel nicht als Teil seiner Lösung zu demselben Unterziel zurückführen. Es sollte nicht so gehen wie in dem Lied, daß Sie zu dem Unterziel gelangen, Wasser in dem Eimer zu tragen, um das Loch darin zu flicken.

Newell und Simons Programm, das als GPS (für »general problem solver« – allgemeiner Problemlöser) bezeichnet wird, muß ausgestattet werden mit einem Wissen von allen Operationen, die geeignet sind, ein Problem auf einem bestimmten Gebiet zu lösen, und mit Beschränkungen hinsichtlich der Situationen, in denen sie wahrscheinlich brauchbar sind. Es plant eine Handlungsweise anhand einer allgemeinen Suchprozedur, die, wie ich erklärt habe, auch benutzt wird, um Teile des Problems zu lösen. Ein solches Schema ist ein weiteres Beispiel der »Rekursion«, die hier zu einem hierarchischen Plan für die Lösung eines Problems beiträgt.

Wie Produktionssysteme funktionieren

Wenn man etwas plant, muß man sich Wissen über geeignete Operationen in Erinnerung rufen. Doch welches Programm steuert die Abrufung des Wissens aus dem Langzeitgedächtnis, und in welcher Form ist das Wissen dort gespeichert? Newell und Simon haben vorgeschlagen, daß das Wissen repräsentiert wird durch eine ungeheure Menge von bedingten Regeln (oder »Produktionen«), die die folgende Form haben:

Bedingung → Handlung

Man könnte meinen, bedingte Regeln wie »Wenn in dem Eimer ein Loch ist und Sie einen Stöpsel haben, dann stecken Sie den Stöpsel in das Loch« seien eine ziemlich ärmliche Repräsentation für allgemeines Wissen. In Wirklichkeit stellen sie jedoch eine Grammatik dar, die es an Leistungsfähigkeit mit einer universalen Turingmaschine aufnehmen kann. Der amerikanische Logiker Emil Post hat Produktionsregeln sogar ursprünglich erdacht, um zu definieren, was sich berechnen läßt. Sie sind eine psychologisch orientierte Berechnungstheorie, in der man spezifische Theorien der Kognition konstruieren kann.

Eine Grammatik allein kann nichts tun, wie ich im 3. Kapitel bemerkte. Sie ist auf ein Programm angewiesen, das sie benutzt.

Produktionsregeln sind ebenfalls auf ein Programm angewiesen, bevor sie etwas tun können. Newell und Simon nahmen an, daß die Produktionsregeln im Langzeitgedächtnis gespeichert sind und daß das Programm, das sie abruft und nutzt, im Arbeitsgedächtnis läuft. Sobald der in der *Bedingung* einer Regel beschriebene Sachverhalt im Arbeitsgedächtnis auftaucht, wird die Regel ausgelöst und ihre *Handlung* ausgeführt. Der aktuelle Inhalt des Arbeitsgedächtnisses wird also mit allen Regeln im Langzeitgedächtnis verglichen – ein Vergleich, der beim Menschen vermutlich in einem einzigen parallelen Schritt erfolgt –, um eine Regel auszulösen. Die Handlung einer Regel kann eine physische Reaktion sein, sie kann aber auch den Inhalt des Arbeitsgedächtnisses verändern und auf diese Weise steuern, welche Regel als nächste ausgelöst wird. Die Prinzipien, nach denen eine Regel auf eine andere folgt, sind folglich in die Regeln selbst eingebaut. Das System löst das Problem, das ich am Ende des letzten Kapitels erwähnte: Es steuert die Erfüllung einer Aufgabe. Dieses abstrakte Rezept ist zunächst schwer zu begreifen, aber es wird anhand eines Beispiels deutlicher werden.

Um die Funktionsweise eines Produktionssystems zu verdeutlichen, möchte ich jenes skizzieren, das der Psychologe Richard Young entworfen hat und das die Leistung von Kindern bei einer einfachen Aufgabe modelliert. Sie sollen eine Reihe von Holzstäben entsprechend ihrer Länge ordnen. Wie Jean Piaget und seine Mitarbeiter beobachteten, durchlaufen Kinder mehrere Stadien hinsichtlich ihrer Fähigkeit, die Aufgabe zu erfüllen. Vierjährige schaffen es gerade, zwei Stäbe in die richtige Reihenfolge zu bringen. Diese begrenzte Fähigkeit erfordert nur eine einfache Reihe von Produktionsregeln, die ich hier umgangssprachlich umschreibe. Sie stützen sich auf ein Arbeitsgedächtnis in Form eines Stapels, auf den die Ziele gelegt werden und von dem sie genommen werden, wenn sie erreicht sind.

Der erste Schritt besteht darin, das Hauptziel (die geordnete Folge zu bilden) auf den Stapel zu legen. Der Rest der Durchführung wird von den Regeln bestimmt. Es gibt Regeln, die dafür sorgen, daß der erste Stab hingelegt wird:
1. Wenn es das gegenwärtige Ziel (also dasjenige oben auf dem Stapel) ist, eine Folge zu bilden, und noch keine Stäbe hinge-

legt worden sind, dann füge dem Stapel das Ziel hinzu, den ersten Stab hinzulegen.
2. Wenn es das gegenwärtige Ziel ist, den ersten Stab hinzulegen, dann nimm einen großen Stab.
3. Wenn es das gegenwärtige Ziel ist, den ersten Stab hinzulegen, und soeben ein großer Stab genommen wurde, dann lege ihn links außen hin und nimm das Ziel von der Spitze des Stapels (weil es erreicht wurde).

Dieser letzte Schritt erfüllt das Ziel, mit dem Hinzufügen des ersten Stabes die Anordnung zu beginnen, doch das Hauptziel, eine Folge zu bilden, bleibt weiterhin an der Spitze des Stapels. Eine zweite Reihe von Regeln macht es möglich, daß der Zyklus des Legens von Stäben weitergeht:
4. Wenn es das gegenwärtige Ziel ist, eine Folge zu bilden, und mindestens ein Stab hingelegt wurde, dann füge dem Stapel das nächste Ziel hinzu, das darin besteht, einen weiteren Stab hinzulegen.
5. Wenn es das gegenwärtige Ziel ist, einen weiteren Stab hinzulegen, dann nimm den nächstgelegenen Stab.
6. Wenn es das gegenwärtige Ziel ist, einen weiteren Stab hinzulegen, und soeben ein Stab genommen wurde, dann lege ihn rechts von der Folge hin und nimm das Ziel vom Stapel.
7. Wenn es das gegenwärtige Ziel ist, eine Folge zu bilden, und mindestens ein Stab hingelegt wurde und keine Stäbe zum Hinlegen mehr da sind, dann nimm das Ziel vom Stapel und höre auf.

Ein Programm, das diese sieben Regeln enthält, wird zunächst einen großen – vielleicht den größten – Stab nehmen und anschließend nolens volens der Folge Stäbe hinzufügen, genau wie die jüngsten Kinder, die Piaget beobachtete. Young hat gezeigt, daß der Übergang von einem Stadium zum anderen in der Entwicklung des Kindes durch Hinzufügen neuer Regeln modelliert werden kann. So verbessert das Hinzufügen der folgenden Regeln die Leistung durch Vertauschen eines gerade gebildeten Paars benachbarter Stäbe, falls sie in der verkehrten Reihenfolge liegen:
8. Wenn es das gegenwärtige Ziel ist, einen weiteren Stab hinzulegen, und soeben eine neue Konfiguration von Stäben ge-

bildet wurde, dann prüfe, ob der neu hingelegte Stab größer ist als sein Nachbar in der Folge.
9. Wenn es das gegenwärtige Ziel ist, einen weiteren Stab hinzulegen, und der neu hingelegte Stab kleiner ist als sein Nachbar, dann nimm das Ziel vom Stapel (weil es erfüllt ist).
10. Wenn es das gegenwärtige Ziel ist, einen weiteren Stab hinzulegen, und der gerade hingelegte Stab *größer* ist als sein Nachbar, dann vertausche die beiden Stäbe.

Die Auswirkungen dieser letzten Regel breiten sich in der ganzen Folge von Stäben aus. Die Regel wird anfangs ausgelöst, wenn ein Stab, der soeben der Anordnung hinzugefügt wurde, größer ist als sein Nachbar, wie in der nachstehenden Folge:

Die Anwendung der Regel erzeugt eine neue Anordnung:

Diese neue Anordnung löst Regel 8 aus, die feststellt, daß der neu hingelegte Stab größer ist als sein Nachbar zur Linken, und diese Tatsache löst wiederum Regel 10 aus. Sie ergibt:

Diese neue Anordnung löst Regel 8 aus, die feststellt, daß der neue Stab *kleiner* ist als der zu seiner Linken, und diese Tatsache löst Regel 9 aus, die das Ziel, den Stab hinzulegen, vom Stapel nimmt.

Dieses System von Regeln wird letztlich dafür sorgen, daß die Stäbe richtig angeordnet sind, ähnlich der Leistung von Fünf- bis Sechsjährigen, die die Aufgabe erfüllen können, aber nur durch fortgesetztes Umstellen der Stäbe, bis sie in der richtigen Reihenfolge liegen. Achtjährige können die Stäbe gewöhnlich in die richtige Reihenfolge bringen, ohne Fehler zu machen, und sie können sogar einen zusätzlichen Stab an der ihm gebührenden Stelle einfügen. Young modellierte dieses Stadium durch noch mehr Regeln, die dafür sorgen, daß die Reihenfolge, in der die Stäbe genommen werden, von ihrer Größe abhängt.

Das Programm stapelt die Ziele hierarchisch, und die Aufgabe hat die folgende Struktur:

```
                Bilde eine Folge
               /                \
Lege den ersten Stab hin    Lege einen weiteren Stab hin
```

wobei das Ziel, einen weiteren Stab unterzubringen, weiterhin gilt, bis keine Stäbe mehr da sind, die man hinzufügen könnte. Der Plan ist also eine einfache Hierarchie, in der ein Ziel zwei Unterziele beherrscht. Im Prinzip könnte ein Plan Unterziele enthalten, die ihrerseits Unter-Unterziele beherrschen und so weiter – nicht *ad infinitum*, aber so lange, bis er zu einer Menge von elementaren Handlungen gelangt, die einfache Ziele verwirklichen.

Produktionssysteme sind lediglich eine von verschiedenen Möglichkeiten, hierarchische Pläne zu generieren und auszuführen. Die Theorien, die in ihnen gebildet werden, basieren auf expliziten Mustern. Die Bedingungen der Regeln enthalten Variablen wie etwa »Stab«, die viele verschiedene Stäbe bezeichnen können, und daher ist es eher das *Muster* der Information im Arbeitsgedächtnis und nicht so sehr ihr spezieller Inhalt, das eine Regel auslöst.

Newell und Simon benutzten ursprünglich ein Produktionssystem, um eine Theorie darüber zu formulieren, wie Menschen Probleme in der Logik, beim Schachspiel und in anderen Bereichen lösen. Seither wurden viele Programmiersprachen auf der Grundlage von Produktionssystemen geschaffen. Sie wurden benutzt, um praktische Programme zu entwickeln, die das Wissen von menschlichen Experten verkörpern (die sogenannten »Expertensysteme«, die ich im 12. Kapitel erörtern werde). Sie wurden ferner benutzt, um eine Reihe von psychologischen Theorien zu konstruieren. Die wesentlichen Differenzen zwischen diesen Theorien betreffen nicht die Produktionsregeln, sondern die Programme, die diese manipulieren. Strittig ist, ob das Arbeitsgedächtnis ein Stapel ist, weil Menschen Schwierigkeiten mit zahlreichen Aufgaben haben, die für ein derartiges Gedächtnis trivial wären, zum Beispiel, stark verschachtelte Sätze zu verstehen. Manche Programme benutzen daher ein Arbeitsgedächtnis, das als Schleife oder »Pufferspeicher« funktioniert, in dem die Punkte in der Reihenfolge angesprochen werden, in der sie in das Gedächtnis eintreten: Der erste, der kommt, ist der erste, der geht.

Ein anderer Unterschied zwischen den Theorien betrifft eine Frage, die den Leser vielleicht schon beschäftigt hat: Was geschieht, wenn mehr als eine Produktionsregel mit dem Inhalt des Gedächtnisses übereinstimmt? Youngs System löst diejenige Regel aus, die in den meisten Details mit dem Inhalt des Gedächtnisses übereinstimmt. Außerdem kann der Programmierer die Regeln in eine Prioritätenfolge bringen, so daß im Konfliktfall die Regel mit der höchsten Priorität gewählt wird. Die Lösung kann aber auch berücksichtigen, wie häufig eine Regel benutzt wurde oder wann sie zuletzt ausgelöst wurde.

Die ACT-Theorie des Gedächtnisses

John Anderson hat auf der Grundlage eines Produktionssystems eine allgemeine Theorie des Gedächtnisses und des Lernens entwickelt. Diese Theorie, die er ACT nennt, wurde in einer ständig weiterentwickelten Reihe von Computersimulationen implementiert, zu denen auch ACT gehört, die in Abbildung 9.1 skizziert ist. Die Theorie kennt zwei Arten von Langzeitgedächtnis, eine für Fakten und Erfahrungen und eine für Fähigkeiten. Sie erinnern sich an Erfahrungen, rufen sie sich ins Gedächtnis und kosten sie vielleicht noch einmal aus. Doch bei

Fähigkeiten ist es anders: Sie erinnern sich nicht an sie, und Sie spielen sie nicht erneut durch. Sie wenden sie vielmehr in einer den Umständen angemessenen Weise an. Es gibt, wie wir im letzten Kapitel gesehen haben, Hirnverletzungen, die das Gedächtnis für Erfahrungen beeinträchtigen, aber das Gedächtnis für Fähigkeiten nahezu unversehrt lassen. Nach Ansicht mancher Psychologen, darunter namentlich Endel Tulving, kann man weiter unterscheiden zwischen einem Gedächtnis für spezifische autobiographische Erfahrungen und einem Gedächtnis für Dinge des Allgemeinwissens, wie es etwa die Bedeutungen von Wörtern sind. Anderson postuliert jedoch nur drei Gedächtniskomponenten: ein Arbeitsgedächtnis, dessen Kapazität von einem Augenblick zum anderen veränderlich ist, ein Langzeitgedächtnis für Fähigkeiten (Produktionsgedächtnis) und ein Langzeitgedächtnis für Propositionen, Vorstellungen und Re-

Abb. 9.1: Die Hauptkomponenten von Andersons ACT-Theorie des Gedächtnisses.

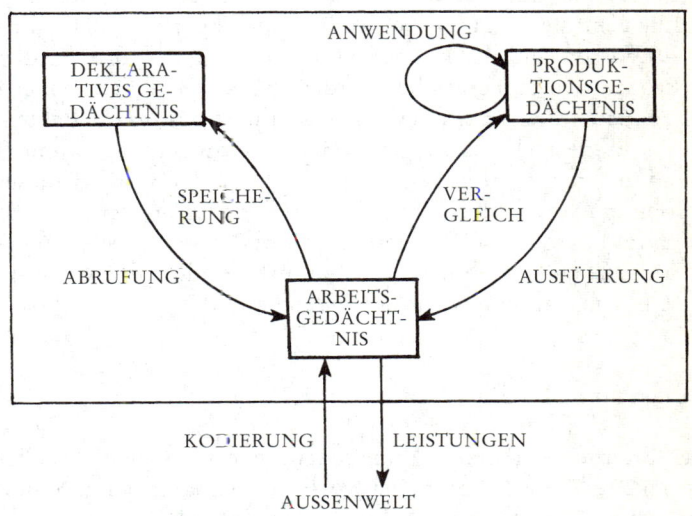

(Aus J. R. Anderson, *The Architecture of Cognition*. Cambridge, Mass.: Harvard University Press, 1983, S. 19)

präsentationen der Reihenfolge von Ereignissen (deklaratives Gedächtnis).

Die Theorie führt in die Architektur von Produktionssystemen mehrere Komplikationen ein. Die Gegenstände in allen drei Gedächtnissen können in ihrer »Aktivität« variieren (wie die Prozessoren in Marr und Poggios Programm für das räumliche Sehen von Zufallspunkten). Entsprechen die Inhalte des Arbeitsgedächtnisses mehr als einer Regel im Produktionsgedächtnis, wird diejenige ausgelöst, die gerade am aktivsten ist. Außerdem erregt ein aktives Muster seine anderen, spezifischeren Versionen und hemmt alternative Muster. ACT verbindet somit den üblichen »aufsteigenden« *(bottom-up)* Modus des Mustervergleichs mit einer anschließenden »absteigenden« *(top-down)* Verarbeitung, die von einer aktiven übergeordneten Struktur zu Vorhersagen über untergeordnete Details führt. Der absteigende Prozeß kann eine Regel auslösen, die nicht vollständig mit den Inhalten des Arbeitsgedächtnisses übereinstimmt – ein Verfahren, das sinnvoll sein kann, das aber auch zu Ausführungsfehlern führen kann, wie sie ähnlich von Menschen gemacht werden.

Eine zentrale Annahme von Andersons Theorie ist, daß sämtliches Wissen zunächst in Form von Propositionen vorliegt, aber in Prozeduren umgewandelt werden kann. Wenn Sie beispielsweise Autofahren lernen, erklärt man Ihnen bestimmte Fakten, die Sie ohne recht zu begreifen als Anleitung zu bestimmten Handlungen interpretieren können. Durch Üben wird dieses Wissen umgewandelt in Prozeduren im Produktionssystem, die rasch und automatisch ausgeführt werden. Diese Idee wirft erneut die Frage des Lernens auf und insbesondere die, wie es in einem Produktionssystem stattfinden kann.

Lernen und Übung

Das Erlernen komplexer Fähigkeiten, besonders intellektueller Fähigkeiten, wie sie im Planen vorliegen, ist langwierig. Simon hat dargelegt, daß Kinder fünf bis sechs Jahre brauchen, bis sie schulreif sind, und dann nochmals eine Ausbildung von zwanzig Jahren, um kompetente Ärzte, Wissenschaftler oder Akade-

Abb. 9.2: Eine Illustration des »Potenz«gesetzes des Lernens: Der Logarithmus der Zeit, die eine Person benötigt, um eine auf dem Kopf stehende Seite Text zu lesen, ist dargestellt als eine Funktion des Logarithmus der Anzahl der Seiten, die diese Person schon gelesen hat. Die Daten stammen von Paul A. Kolers.

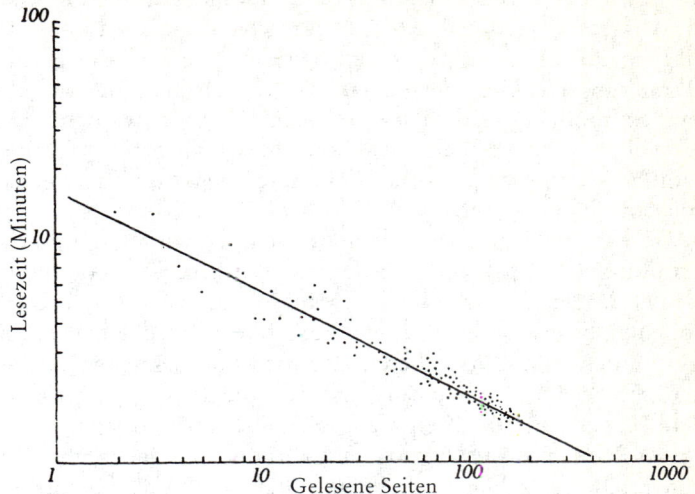

(Aus A. Newell und P. S. Rosenbloom, Mechanisms of skill acquisition and the law of practice. In J. R. Anderson, Hrsg., *Cognitive Skills and their Acquisition*. Hillsdale, NJ: Lawrence Erlbaum, 1981, S. 7. Die Daten wurden erstmals veröffentlicht von P. A. Kolers, Memorial consequences of automatized encoding. *Journal of Experimental Psychology: Human Learning and Memory*, 1, 1975)

miker zu werden. Man fragt sich, ob die Langsamkeit unvermeidlich ist und was sich darin über den Geist äußert, während er Fakten akkumuliert und Übung im Umgang mit Wissen erlangt.

Einen Anhaltspunkt liefert das »Potenz«gesetz des Lernens, das zwischen der Zeit, die für die Ausführung einer Aufgabe benötigt wird, und dem Einüben dieser Aufgabe einen Zusammenhang herstellt. Gewiß, Übung macht den Meister, und je mehr Sie üben, desto schneller werden Sie. Doch Allen Newell und Paul Rosenbloom haben durch die Auswertung zahlreicher

Lernstudien – von der Zigarrenherstellung in einer Fabrik bis zum Lesen von Texten, die auf dem Kopf stehend im Labor dargeboten werden – ein allgemeines quantitatives Gesetz gefunden: Wenn man den Logarithmus der Zeit, die eine Aufgabe erfordert, gegen den Logarithmus der Häufigkeit abträgt, mit der die Aufgabe ausgeführt wurde, ergibt sich eine gerade Linie. Abbildung 9.2 zeigt ein typisches Beispiel. Die wichtigste Einschränkung des Gesetzes besagt, daß es sich um eine Aufgabe handeln muß, die sofort fehlerfrei ausgeführt werden kann. Die Schnelligkeit, mit der eine Aufgabe letzlich ausgeführt werden kann, stößt an eine physische Schranke, die dem Gesetz ebenfalls eine Schranke setzt.

Was hat das Gesetz zu bedeuten? Nehmen wir an, die für die Erfüllung einer Aufgabe erforderliche Zeit hänge von der Summe der Zeitspannen ab, die die Erfüllung ihrer einzelnen Komponenten beansprucht. Würde Übung bewirken, daß jede dieser Komponenten mit derselben konstanten Rate schneller erledigt wird, käme eine Zeitersparnis zustande, die der gegenwärtig zur Erfüllung der Aufgabe benötigten Zeit direkt proportional wäre. Dieses Prinzip ist viel zu effizient: Es ergibt ein sogenanntes »Exponential«gesetz. Dieses Gesetz macht deutlich, daß die Rate des Lernens nicht konstant ist, sondern allmählich sinkt. Es ist so, als gingen die Möglichkeiten einer Verbesserung durch fortgesetztes Üben allmählich zur Neige. Aber worin könnten diese Möglichkeiten bestehen?

Eine auf George Miller zurückgehende Idee, auf die im vorigen Kapitel hingewiesen wurde, besagt, daß ein Lernender durch Üben in die Lage versetzt werden kann, die Elemente einer Aufgabe in größeren Einheiten oder »Blöcken« (*chunks*) zusammenzufassen. Schachneulinge haben zum Beispiel Schwierigkeiten, sich die Positionen der einzelnen Figuren zu merken, wenn sie das Brett nur wenige Sekunden betrachten dürfen. Schachmeister erinnern sich dagegen nach derselben kurzen Darbietung des Bretts an die Position jeder einzelnen Figur. Sie haben ein enormes Gedächtnis für Schachpositionen entwickelt, das abgespeichert ist in »Blöcken«, die sinnvollen Beziehungen zwischen Figuren entsprechen. Durch jahrelange Erfahrung haben sie nach Simons Einschätzung an die 50 000 Blöcke gebildet. Je größer der Umfang eines Blocks, das heißt, je mehr Figuren er umfaßt, desto seltener ist sein Vorkommen in Spielen. Ein neuer Block von größerem Umfang kann nur aufgrund von Vorkommnissen der Muster entstehen, die sich aus seinen Bestandteilen zusammensetzen. Newell und Rosenbloom benutzen Produktionen, um das Wachstum von Blöcken zu simulieren, und nach ihrer Darstellung werden die Gelegenheiten für ein solches Lernen um so seltener, je größer die Blöcke werden. Die unvermeidliche Verringerung der Lernrate erklärt vielleicht das Potenzgesetz.

Die Konstruktion neuer Produktionsregeln

Hier schließt sich nun der Kreis, und wir sind wieder bei der Auffassung des Lernens als eines Programms, das neue Programme konstruiert, aber mit der Einschränkung, daß die entstehenden Programme die Form von Produktionssystemen annehmen sollten. Ein Produktionssystem besteht aus einem Satz von Regeln, und so kann Lernen nur in der Weise stattfinden, daß dem bestehenden Satz eine neue Regel hinzugefügt wird. Es gibt viele mögliche Mechanismen für die Konstruktion solcher Regeln. Es kann sich um spezielle Regeln handeln, die die Fähigkeit haben, neue Regeln zu konstruieren oder neue Regeln hinzuzufügen oder, wie Clayton Lewis vorgeschlagen hat, verschiedene bestehende Regeln zu einer einzigen zusammenzufassen.

Eine andere Quelle von Produktionen könnten Fakten sein. Nehmen wir zum Beispiel an, daß sich unter den Fakten in Ihrem Langzeitgedächtnis eine gewöhnliche Additionstafel befindet, die Sie in der Schule gelernt haben. Diese Tafel wird das Faktum enthalten:

$3 + 5 = 8$

Solche Fakten haben den Vorteil, daß sie für mehrere Dinge benutzt werden können, zum Beispiel dazu, die Summe von $3 + 5$ zu finden oder zu errechnen, welche Zahl zu 3 hinzuaddiert werden muß, um 8 zu erhalten. Doch um Fakten zu benutzen, braucht man natürlich Prozeduren, um sie zu interpretieren, und diese Interpretation erfordert Zeit. Wenn Sie nur die Additionstafel und Prozeduren für ihre Interpretation haben, werden Sie eine Aufgabe relativ langsam erfüllen. Der Übergang von der ersten zögernden Ausübung einer Fähigkeit zu ihrer eingeübten Ausführung entspricht – jedenfalls für John Anderson – dem Übergang von einer Menge von Fakten zu einer Menge von Produktionsregeln. Produktionen haben den Vorteil, daß sie unverzüglich ausgeführt werden können, und so werden Sie, wenn Sie die Fakten der Additionstafel in Produktionen umwandeln können, in der Lage sein, die Aufgabe schneller zu erfüllen. Hier ein Beispiel einer umgangssprachlich umschriebenen speziellen Produktionsregel, die die von Ihnen benötigten Produktionen erzeugt:

> Wenn die Additionstafel ein Faktum von der Form A + B = C enthält, dann bilde eine neue Regel mit der Bedingung (ZIEL: A und B addieren) und der Handlung (ANTWORT C).

Diese Regel kann eine neue Regel konstruieren, zum Beispiel:

> Wenn es das Ziel ist, 3 und 5 zu addieren, dann ist die Antwort 8.

Dieser Mechanismus kann bei bestimmten Formen des Lernens unheimlich effektiv sein.

John Anderson hat außerdem eine alternative Methode des Lernens vorgeschlagen. Er hat einen speziellen Mechanismus eingeführt, der Fakten in Regeln umwandelt. Eine solche Transformation ähnelt der Übersetzung (Kompilation) eines in einer höheren Programmiersprache geschriebenen Programms in den Maschinencode, der unmittelbar einen Computer steuert. Ebenso wie die Kompilation ein spezielles Programm erfordert, verlangt die Umwandlung von Propositionen in prozedurale Regeln eine spezielle Maschinerie, die in die Architektur des Produktionssystems eingebaut ist. Es ist eine der hübschen Eigenschaften dieses Ansatzes, daß er, wie Anderson darlegte, einige der negativen Aspekte der eingeschliffenen Übung erklärt. Wenn eine Fähigkeit automatisiert ist, wird sie ohne nachzudenken und ohne Zugriff auf einige ihrer bisherigen Zwischenstufen ausgeführt. Dabei kommt manchmal Blödsinn heraus. Wenn Sie gelernt haben, sich nach einer gewissen Formel zu verhalten, übersehen Sie vielleicht eine offenkundige Abkürzung, die sich in einer neuen Situation ergibt. Ihr Verhalten kann Sie sogar in die Irre führen, wie das folgende Kinderrätsel zeigt: Wie sprichst du M A C H A M I S H aus? Wie sprichst du M A C H E N R Y aus? Wie sprichst du M A C H I N E R Y aus?

Schlußfolgerungen

Ein Produktionssystem ist eine elegante und einheitliche Möglichkeit, eine Theorie über das Lernen, die Repräsentation und den Abruf von Wissen zu konstruieren. Natürlich läßt sich von einer bestimmten Theorie wie etwa ACT zeigen, daß sie falsch ist. Doch im Prinzip haben Produktionssysteme die unbegrenzte Potenz einer universalen Turingmaschine. Daher ist nicht zu erwarten, daß sie als eine Hypothese über die Architektur des Geistes durch empirische Tatsachen widerlegt werden können. Sie lassen sich mit jedem konsistenten Muster von Resultaten vereinbaren. Sie ähneln eher einer Programmiersprache als einer empirisch nachprüfbaren Theorie.

Was haben die Theoretiker, die Produktionssysteme konstruiert haben, eventuell gemeinsam? Es sind allem Anschein nach drei Grundprinzipien. Die Theoretiker gehen erstens von einer einheitlichen Architektur des Geistes aus. Sie sind zweitens der Ansicht, daß die Steuerungsprozesse für das Erfüllen mentaler Aufgaben relativ einfach sind: Praktisch lösen die Inhalte eines Arbeitsgedächtnisses in einem Langzeitgedächtnis gespeicherte Prozeduren aus, die durch ihre Auswirkungen auf das Arbeitsgedächtnis wiederum bestimmen können, was als nächstes selektiert wird. Drittens nehmen sie an, daß die für Lernen und Gedächtnis maßgebenden Prozesse auf symbolischen Regeln beruhen. Die Bedeutung eines bestimmten Symbols in einem Produktionssystem hängt völlig von den Regeln ab, in denen es vorkommt, und diese Regeln müssen innerhalb des Systems mit einer expliziten Struktur niedergelegt sein. Sie werden es vielleicht merkwürdig finden, daß sich unter der Oberfläche Ihres geistigen Lebens Regeln verbergen, die sich so leicht umgangssprachlich umschreiben lassen. Würden Sie, wenn Sie den Deckel des Geistes anheben und hineinspähen könnten, dort wirklich Prinzipien finden, die wie ein parlamentarisches Gesetz formuliert sind, und könnten solche Prinzipien alle Eventualitäten berücksichtigen? Vielleicht doch nicht. Diese Zweifel sind es, die unter anderem hinter der alternativen Konzeption von der Architektur des Geistes stecken, die ich im nächsten Kapitel beschreiben will.

Weiterführende Literatur

Untersuchungen über die Leistungen von Kindern bei der Aufgabe, Folgen zu bilden, werden beschrieben von Piaget (1952) sowie von Inhelder und Piaget (1964). Klahr, Langley und Neches (1986) sind die Herausgeber eines Bandes, in dem es um die Modellierung des Lernens und der kindlichen Entwicklung durch Produktionssysteme geht. Newell (1973) gibt eine Darstellung von Produktionssystemen aus der Sicht der Psychologie, Simon (1981, 4. Kap.) bietet einen anregenden Essay über Erinnern und Lernen, und Winston (1984, 6. Kap.) skizziert die Programmierungsprozeduren. Produktionssysteme, Unterziele und Blockbildung sind zentrale Ideen in dem SOAR-System von Newell (1990) und seinen Mitarbeitern, einer einheitlichen Theorie der Kognition, die auch die Grundlage einer universell anwendbaren Programmiersprache ist.

Eine Reihe von Theoretikern, darunter Suchman (1987), vertreten hinsichtlich der Kognition einen Ansatz der »situationsabhängigen Handlung« (»situated action«). Nach ihrer Ansicht spielt die Vorausplanung und die mentale Repräsentation eine geringere Rolle; dafür betonen sie die Interaktion mit der Welt: Intelligentes Handeln kann von der Situation bestimmt sein (Chapman und Agre, 1987). Brooks (1989) ist ebenfalls der Ansicht, Intelligenz bei Robotern könne eine emergente Eigenschaft von einfachen Systemen sein, die keine Repräsentationen von der Welt besitzen (vgl. meine Bemerkungen über E. coli, S. 29 oben). Menschen konstruieren jedoch derartige Repräsentationen: Der Wahrnehmungsvorgang besteht weitgehend darin, brauchbare Informationen aus der Umwelt zu gewinnen und für Zwecke der Planung und Erörterung explizit zu machen.

10. Kapitel

Parallele verteilte Verarbeitung

Es gibt seit einiger Zeit eine revolutionäre Idee, was die Architektur des Geistes betrifft; teils spricht man von »Konnektionismus«, teils von »paralleler verteilter Verarbeitung«. Anders als die Theorie der Produktionssysteme verwendet sie nicht Regeln mit einer *expliziten* Struktur. Und in dieser Theorie ist das Gedächtnis noch weiter entfernt von einer Reihe numerierter Briefkästen, die jeweils Inhalte bergen. Eine Langzeiterinnerung an eine Erfahrung ist vielmehr in der Art eines Hologramms auf viele Verarbeitungseinheiten verteilt, und jede dieser Einheiten ist an der Repräsentation vieler Erfahrungen beteiligt, eine Idee, die im folgenden klarer werden wird. Die Verarbeitungseinheiten des Systems ähneln ein bißchen idealisierten Hirnzellen. Jede kann nur eine ganz bestimmte einfache Berechnung durchführen. Die Leistungsfähigkeit des Systems beruht darauf, wie die Einheiten untereinander verbunden sind. Eine seiner wesentlichen Eigenschaften, auf die ich näher eingehen werde, ist die Lernfähigkeit.

Die rekonstruktive Natur des menschlichen Gedächtnisses

In ihren Zwecken unterscheiden sich das menschliche Gedächtnis und der Computerspeicher nicht so augenfällig wie in ihren Leistungen. Ein Computer vergißt nie etwas, außer er funktioniert nicht richtig oder Sie schalten ihn aus oder Sie programmieren ihn darauf, daß er vergißt; auf die Inhalte seines Speichers wird aber letztlich zugegriffen durch Befehle, die eine numerische Adresse enthalten und die Daten von dieser Adresse zur

Zentraleinheit schicken. Das menschliche Gedächtnis irrt zwar gelegentlich, doch ist es mit einer bemerkenswerten Fähigkeit ausgestattet, die uns so vertraut ist, daß wir kaum von ihr Notiz nehmen: Ein Sachverhalt erinnert uns an einen anderen. Lassen Sie uns ein Spiel spielen, um die Raffiniertheit dieser Fähigkeit zu verdeutlichen.

Ich denke an etwas, wovon Sie wahrscheinlich schon gehört haben, und ich werde Ihnen ein paar Tips geben. Ihre Aufgabe ist es, so schnell wie möglich zu erraten, um welches Objekt es sich handelt. Hier die Tips:

Es ist ein Navigationsinstrument.
Es ist kein Kompaß.
Man mißt damit den Winkel der Sonne oder anderer Himmelskörper über dem Horizont.
Sie können damit Ihre geographische Position bestimmen.
Es besteht aus einem Fernrohr, einem dreieckigen Gestell und einem Spiegel.

Sie sind jetzt vermutlich in einem von drei geistigen Zuständen. Entweder haben sie das Objekt erkannt, oder Sie wissen, daß Sie keine Ahnung haben, was es ist, oder sein Name »liegt Ihnen auf der Zunge«. Im letzteren Falle werden Sie vermutlich sagen können, aus wieviel Silben das Wort besteht (zwei) oder mit welchem Konsonanten es anfängt (»s«), und vermutlich wurden Sie auch an ein oder zwei Wörter erinnert, die mit dem gemeinten Wort eine Ähnlichkeit hinsichtlich der Bedeutung (»Theodolit«) oder des Klangs (»Sexta«) oder beider (»Sekante«) haben. Vielleicht haben Sie schon nach ein oder zwei Tips an das richtige Objekt gedacht, obwohl die Beschreibung unvollständig war. Sie hätten es vermutlich selbst dann gefunden, wenn ich einen irreführenden Tip eingeschmuggelt hätte. Irgendwie liefert Ihr Gedächtnis einen Gegenstand, der einer Reihe von Einschränkungen genügt. Dieses Retrievalsystem, das außerhalb Ihrer bewußten Wahrnehmung arbeitet, untersucht nicht der Reihe nach die Inhalte einer Reihe von Briefkästen. Anderenfalls würde es sehr lange dauern, bis Sie zu dem Schluß kämen, daß Sie noch nie etwas von dem Objekt gehört haben.

Die Abbildung 10.1, die auf einer von Peter Lindsay und Don

Norman erdachten Abbildung basiert, zeigt ein Wort, das teilweise durch Tintenkleckse unkenntlich gemacht ist. Um welches Wort geht es? Auch hier haben Sie vermutlich auf Anhieb erkannt, daß es RED ist. In diesem Fall ist Ihr Gedächtnis rekonstruktiv tätig. Der erste Buchstabe könnte ein K oder ein R sein, der zweite ein E oder ein F, der dritte ein B oder ein D. Es gibt somit acht verschiedene mögliche Buchstabenketten, aber nur eine davon ist ein englisches Wort. Sie brauchten nicht umständlich jede einzelne Möglichkeit in Betracht zu ziehen – das richtige Wort fiel Ihnen mühelos ein. Erneut wird das Retrievalsystem automatisch mit mehreren Beschränkungen fertig und findet einen Gegenstand, der ihnen entspricht.

Abb. 10.1: Welches Wort ist hier teilweise durch Kleckse unkenntlich gemacht?

(Nach P. Lindsay und D. Norman, *Human Information Processing*, 1. Aufl., New York: Academic Press, 1972, S. 142)

Parallele Verarbeitung lokaler Repräsentationen

Wie läßt sich die Wirksamkeit des menschlichen Retrievalsystems beim Erkennen gedruckter Buchstaben erklären? Einer Hypothese zufolge lassen sich die Hinweisreize gleichzeitig mit allen Inhalten des Gedächtnisses abgleichen, so wie wenn man durch einen Pack Lochkarten eine Stricknadel steckt. Eine bessere Theorie schlugen Jay McClelland und Dave Rumelhart vor. Sie nahmen an, daß jedes mögliche Wort durch eine eigene Verarbeitungseinheit repräsentiert wird. Die Einheiten sind kleine Prozessoren, die miteinander verbunden sind und parallel rechnen. Jede hat ein bestimmtes Aktivitätsniveau, das sich jeden Augenblick ändern kann und das der Stärke der Unterstützung entspricht, die der Gegenstand, den eine Einheit repräsentiert, jeweils genießt. Manche Paare von Einheiten repräsentieren sich gegenseitig unterstützende Möglichkeiten, zum Beispiel die, daß der erste Buchstabe des Wortes ein »R« ist und daß das Wort insgesamt »RED« lautet. Die entsprechenden Einheiten sind so miteinander verknüpft, daß sie sich gegenseitig erregen: Wenn eine aktiviert wird, erhöht sie das Aktivitätsniveau der anderen. Andere Paare von Einheiten repräsentieren inkonsistente Möglichkeiten, zum Beispiel die, daß der erste Buchstabe des Wortes ein »R« ist und daß der letzte Buchstabe des Wortes ein »B« ist. Die entsprechenden Paare sind so miteinander verknüpft, daß sie sich gegenseitig hemmen: Wenn eine Einheit aktiviert wird, senkt sie das Aktivitätsniveau der anderen.

Abbildung 10.2 zeigt einen Ausschnitt aus der gesamten Anlage. Der Übersichtlichkeit wegen sind die meisten Verbindungen fortgelassen worden, darunter alle hemmenden zwischen

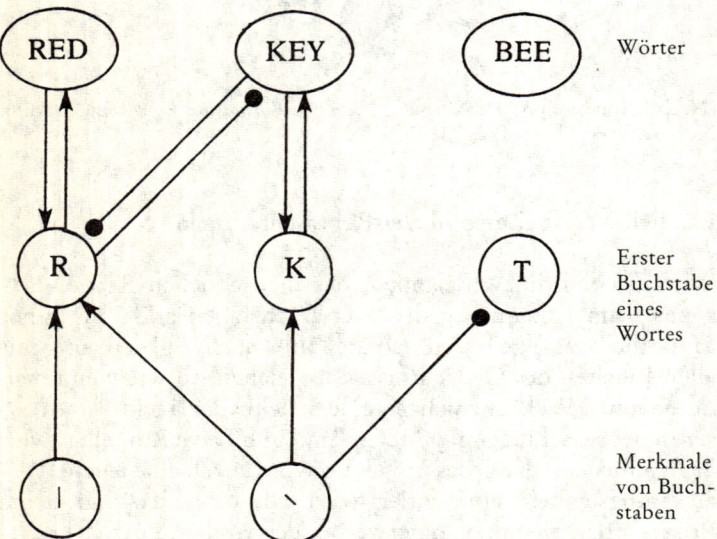

Abb. 10.2: Ein Fragment des Worterkennungsgeräts von McClelland und Rumelhart. Pfeile entsprechen erregenden, Punkte hemmenden Verbindungen. Dargestellt sind nur einige dieser Verbindungen.

Einheiten derselben Ebene. Die Verbindungen zwischen Wort- und Buchstabenebene sind entweder erregend oder hemmend, je nachdem, ob die von ihnen repräsentierten Gegenstände miteinander zu vereinbaren sind oder nicht. Es gibt eine dritte Ebene von Einheiten, die Teile von Buchstaben repräsentieren, zum Beispiel eine senkrechte Linie oder einen waagerechten Strich, und die Einheiten, welche Buchstaben repräsentieren, erregen oder hemmen.

Die Theorie erklärt, wie wir Wörter wahrnehmen, die teilweise durch Tintenkleckse unkenntlich gemacht sind. Im Falle der Abbildung 10.1 wird die Einheit, die das Wort »RED« repräsentiert, von den Einheiten erregt, die ein »R« an der ersten, ein »E« an der zweiten und ein »D« an der dritten Stelle repräsentieren. Zwar werden andere Wörter ein wenig zum Beispiel durch »K« an der ersten Stelle erregt, doch kein Wort erfährt soviel Aktivierung wie »RED«. Dieses Wort speist wiederum Aktivierung an jene Einheiten zurück, die Buchstaben repräsentieren, welche es erregen, diese erregen es zusätzlich usw., bis die Worteinheit hinreichend aktiv ist, um eine Schwelle zu erreichen, die gleichbedeutend ist mit Erkennen.

Experimente haben gezeigt, daß ein Buchstabe in der Mitte eines Wortes leichter erkannt wird als in der Mitte einer Nonsenskette. Man erkennt etwa ein »K« leichter, wenn es in

ANKLE

vorkommt, als wenn es in

XMKTF

vorkommt. Die Theorie erklärt dieses Phänomen. Es tritt auf, weil die Einheit, die das Wort »ANKLE« repräsentiert, Aktivierung an die Einheiten zurückspeist, die seine einzelnen Buchstaben repräsentieren; eine solche Rückkoppelung kann dagegen nicht bei der Nonsenskette vorkommen, da sie kein Wort ist und als ganze durch keine Verarbeitungseinheit repräsentiert wird.

Statt Briefkästen mit numerischen Adressen gibt es hier aktive Einheiten, die von den Komponenten des zu erkennenden Wortes adressiert werden. Diese Anordnung scheint ein Schritt hin zum menschlichen Gedächtnis zu sein, aber wie entsteht überhaupt das System der wechselseitigen Verbindungen? Und muß jedes Wort, jeder Buchstabe und jeder Teil eines Buchstabens einen eigenen lokalen Briefkasten im Gedächtnis haben? Im nächsten Abschnitt werde ich zeigen, daß deren Repräsentationen auf viele Gedächtniseinheiten verteilt sein können, die jeweils an der Repräsentation vieler Gegenstände teilhaben. Diese Idee, die auf eine Reihe von Theoretikern zurückgeht, darunter James Anderson, Geoff Hinton und Tuevo Kohonen, ermöglicht eine Darstellung dessen, wie die Verbindungen im Gedächtnis durch Lernen entstehen könnten.

Lineare Assoziationen zwischen Mustern

Angenommen, zwei Sätze von Verarbeitungseinheiten sollen so miteinander verknüpft werden, daß bei Stimulierung des einen Satzes mit einem bestimmten Aktivitätsmuster der andere Satz mit einem entsprechenden Aktivitätsmuster reagiert. Wird zum Beispiel in einen Satz von Einheiten das Muster eingespeist, das das gedruckte Wort »rot« repräsentiert, dann wird von dem anderen Satz das Muster erzeugt, das dem Klang des Wortes entspricht. Wir nehmen an, daß eine Einheit nur auf einem von drei Aktivierungsniveaus sein kann: aktiv (+1), neutral (0) oder gehemmt (-1). Es mag den Anschein haben, als sei dieses Schema allzu simpel, um Wörter repräsentieren zu können, doch können wir bekanntlich praktisch alles durch eine Kette von Binärziffern (0 oder 1) repräsentieren, und daher kann diese ternäre Notation genausogut funktionieren. Allerdings wird durch solche Codierungssysteme möglicherweise nicht das *explizit* gemacht, was an dem repräsentierten Gegenstand am bedeutsamsten ist.

Die Assoziationen zwischen Mustern können in drei Schritten hergestellt werden. Der erste Schritt besteht darin, die Stärke der Verbindungen zwischen den zwei Sätzen von Einheiten festzustellen. (Dieses Konzept ist nicht zu verwechseln mit dem der Aktivitätsniveaus von Einheiten.) Wir können die Stärke von Verbindungen in einem Schaltdiagramm darstellen, aber auch in einer Anordnung, in der eine Zeile für eine Einheit des einen Satzes und eine Spalte für eine Einheit des anderen Satzes steht und die Zelle, in der Zeile und Spalte zusammentreffen, die Stärke der Verbindung zwischen den beiden Einheiten enthält. In der Praxis werden wir es mit vielen Einheiten zu tun haben, doch alle Prinzipien des Systems lassen sich an einem kleinen Beispiel mit nur zwei Einheiten in jedem Satz verdeutlichen:

Visuelle Einheiten

Auditorische Einheiten

Die Stärke der Verbindung zwischen zwei Einheiten ist in beiden Richtungen dieselbe. Wir wollen mit McClelland und Rumelhart annehmen, daß die Stärke erregend, neutral oder hemmend sein kann; sie kann somit einen Wert zwischen +1 und −1 haben. Eine Einheit überträgt einer anderen eine Aktivierung, die ihrer eigenen Aktivierung entspricht, multipliziert mit der Stärke der Verbindung; eine aktive Einheit (+1) mit einer hemmenden Verbindung der Stärke − 0,5 zu einer anderen Einheit überträgt auf diese einen Wert von − 0,5.

Der zweite Schritt besteht in der Implementierung des Prinzips, daß das Aktivierungsniveau einer Einheit gleich der Summe aller Aktivierungen ist, die sie von anderen Einheiten erhält. Wir können dieses Prinzip benutzen, um die Stärke der Verbindungen so festzusetzen, daß zum Beispiel das visuelle Muster +1 −1 automatisch das auditorische Muster −1 −1 erzeugt und umgekehrt. Hier die Verbindungsstärken, die diese Assoziation begründen:

Visuelle Einheiten
+1   −1

−.5	.5	−1
−.5	.5	−1

Auditorische Einheiten

Betrachten wir die auditorische Einheit in der oberen Zeile. Ihr Aktivierungsniveau ist die Summe der Werte (Aktivierung × Verbindungsstärke), die sie von allen visuellen Einheiten erhält:

$(+1 \times -0,5) + (-1 \times 0,5)$

was gleich -1 ist. Die Aktivierung der auditorischen Einheit in der unteren Zeile wird auf dieselbe Weise ermittelt. Die Anordnung ist symmetrisch: Wenn das auditorische Muster die Eingabe ist, ist das visuelle Muster die Ausgabe. Generell muß die Verbindungsstärke zwischen zwei Einheiten positiv sein, wenn beide Einheiten Aktivierungsniveaus mit gleichem Vorzeichen haben; sonst muß es negativ sein. Die numerischen Werte der Stärke hängen von der Gesamtzahl der Verbindungen ab.

Wir können mit Hilfe derselben Prinzipien eine Anordnung konstruieren, die eine Assoziation zwischen einem anderen Paar von Mustern herstellt. Die folgende Anordnung stellt eine Assoziation zwischen dem visuellen Muster +1 +1 und dem auditorischen Muster −1 +1 her:

Visuelle Einheiten
+1 +1

−.5	−.5	−1
.5	.5	+1

Auditorische Einheiten

Nun kommt der dritte Schritt, und er ist bemerkenswert. Wir addieren die beiden Anordnungen von Verbindungsstärken und erhalten:

Visuelle Einheiten

−1	0
0	1

Auditorische Einheiten

Diese eine Anordnung genügt, um jede Assoziation herzustellen: Geben Sie das erste visuelle Muster ein, und Sie erhalten das erste auditorische Muster; geben Sie das zweite visuelle Muster ein, und Sie erhalten das zweite auditorische Muster. Beide Assoziationen sind in einem einzigen Satz von Verbindungen zwischen den beiden Sätzen von Einheiten encodiert. Das System ist, wie die Mathematiker sagen, »linear«, weil verschiedene Operationen – in diesem Fall Verbindungsstärken – Effekte haben, die additiv verknüpft werden können.

Die Anzahl der verschiedenen Assoziationen, die in einem einzigen Satz von Verbindungen repräsentiert werden können, hat natürlich eine Grenze, und sie ist gleich der Anzahl der Einheiten in beiden Sätzen. Da jeder Satz nur zwei Einheiten enthält, können nur zwei Assoziationen hergestellt werden, doch ein reales Netzwerk von Zellen im Gehirn könnte Millionen von Assoziationen repräsentieren. Ähnliche Eingabemuster erzeugen ähnliche Ausgabemuster, und da man Interferenz gerne vermeidet, sollten die Eingabemuster unabhängig voneinander sein. (Dafür gibt es eine exakte mathematische Formulierung: Ein Paar von Eingabemustern sollte »orthogonal« sein, d. h., seine Querprodukte sollten sich zu Null addieren; für die beiden visuellen Eingaben +1 −1 und +1 +1 z. B. ist das Querprodukt $(+1 \times +1) + (-1 \times +1) = 0$, und folglich gilt die Gleichung.)

Aus einem großen System dieser Art ergeben sich mehrere interessante Eigenschaften. Die Aktivität einer einzelnen Einheit ist relativ unwichtig. Wenn sie schlecht funktioniert oder zerstört wird, bedeutet das keine drastische Beeinträchtigung des Systems. Auch kann das System selbst dann, wenn ein geringer Teil einer Eingabe verlorengeht oder gelöscht wird, die korrekte Ausgabe erbringen. Wenn eine Anordnung darauf beruht, jede Eingabe mit sich selbst zu assoziieren, ist es sogar in der Lage, bei fragmentarischen Eingaben die fehlenden Teile zu ergänzen. Numerische Adressen wurden ersetzt durch ein System, in dem die *Symbole* in der Eingabe selber das Gedächtnis adressieren. Bei einem solchen Gedächtnis sind Erinnerung, Rekonstruktion und völlige Konfabulation nur vage voneinander abgegrenzt.

Diese Verwischung der Gedächtniskategorien ähnelt dem menschlichen Gedächtnis. Sir Frederic Bartlett beobachtete in den dreißiger Jahren, daß Menschen die Geschichten, an die sie sich erinnern, rekonstruieren. Sie betonen bestimmte Punkte und lassen andere aus, je nach ihrem Interesse. Ohne sich dessen bewußt zu sein, machen sie plausible Inferenzen, um ein fehlendes Detail zu rekonstruieren. Bei realen Ereignissen treten dieselben Phänomene auf, wie Ulrich Neisser in einer ingeniösen Studie gezeigt hat. Er verglich die Aussagen von John Dean über die Vorgänge, die zum Watergate-Skandal führten, mit den Abschriften der Bänder, die im Weißen Haus aufgenommen worden waren. Der Vergleich zeigte, daß Dean sich korrekt an den Kern früherer Gespräche erinnerte, ihn aber nicht zutreffend mit bestimmten Episoden in Verbindung bringen konnte. Es war, als wären seine Erinnerungen an viele ähnliche Diskussionen zu einem einzigen Komplex verschmolzen, wie eine Reihe von übereinander kopierten Fotos eines und desselben Menschen. Das Bild war insgesamt zutreffend, aber seine Details waren verschwommen und teilweise falsch.

Unsere Fähigkeit, das Wesentliche zu behalten, äußert sich in dem bemerkenswerten Vermögen, etwas, das wir gesehen haben, wiederzuerkennen. Lionel Standing hat diese Fähigkeit experimentell gemessen. Er bot einer kleinen Gruppe von Versuchspersonen zehntausend Bilder für jeweils fünf Sekunden dar. Anschließend bot er im Test Paare von Bildern dar, eines aus der ursprünglich dargebotenen Menge und dazu ein ähnliches, das nicht gezeigt worden war. Selbst noch nach zwei Tagen konnten die Versuchspersonen mit einer Treffsicherheit von 80 Prozent das Bild benennen, das sie zuvor gesehen hatten.

Lernen in Perceptronen

Inwiefern könnten die entsprechenden Verbindungsstärken ein Ergebnis des Lernens von Erfahrungen sein? Diese Frage ist fast so alt wie die Idee des assoziativen Lernens. Ihre modernen Formulierungen gehen zurück auf die ersten Untersuchungen der Eigenschaften von Netzwerken von Einheiten, die Nervenzellen ähneln. Der verstorbene Donald Hebb, ein Pionier auf diesem Gebiet, schlug ein einfaches Lernprinzip vor: Wann immer zwei miteinander verbundene Einheiten gleichzeitig aktiv sind, erhöhen sie die Stärke der zwischen ihnen bestehenden Verbindung. Frank Rosenblatt, ein anderer Pionier, schlug vor, zur Mustererkennung ein Gerät zu verwenden, das er »Perceptron« nannte. Es besteht aus einer künstlichen Netzhaut in Verbindung mit einer Reihe von Eingabeeinheiten, die ihrerseits mit Ausgabeeinheiten verbunden sind. Die Einheiten haben eine Schwelle, und eine Einheit wird nur dann aktiv, wenn ihre Schwelle von der Summe der Werte, die sie empfängt, überschritten wird.

Mit der Einführung von Schwellen entsteht eine Einheit, in der Eingaben nicht länger additive Effekte haben: Wird die Aktivität einer Einheit durch wiederholte Zufuhr desselben Betrages erhöht, so tritt kein Effekt ein, bis die Akkumulation die Schwelle der Einheit überschreitet und diese aktiv wird. Solche »nichtlinearen« Einheiten können komplizierte Berechnungen ausführen, wenn das Aktivitätsniveau wiederum als Eingabe in sie eingespeist wird. Wird das Aktivitätsniveau dagegen in ein System linearer Einheiten wieder eingespeist, entstehen nur triviale Resultate, weil (wie die Matrixalgebra zeigt) dieselbe Berechnung immer auch durch einen einzigen Durchlauf durch ein anderes lineares Netzwerk durchgeführt werden kann.

Abbildung 10.3 zeigt ein Perceptron, bestehend aus zwei Eingabeeinheiten mit vernachlässigbar niedrigen Schwellen, die verbunden sind mit einer Ausgabeeinheit mit einer Schwelle von 0,5. Die Stärke der Verbindung von den zwei Eingabeeinheiten zur Ausgabeeinheit beträgt jeweils +1. Ist eine Eingabeeinheit aktiv, übermittelt sie also an die Ausgabeeinheit einen Wert +1. Dieser überschreitet deren Schwelle, und folglich feuert sie. Sie feuert nur dann nicht, wenn beide Eingabeeinheiten inaktiv sind.

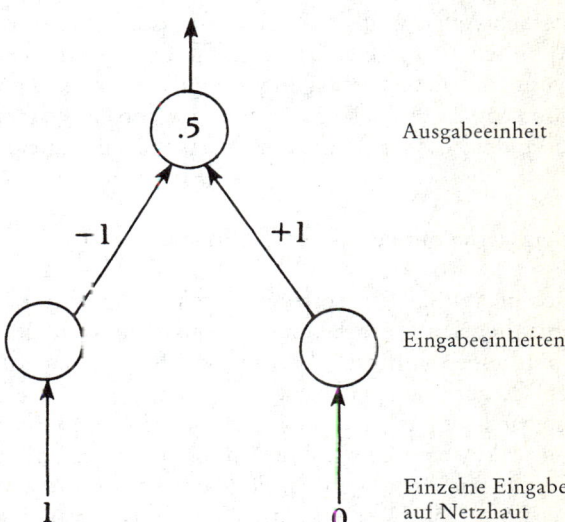

Abb. 10.3: Ein Perceptron, das erkennt, wann die eine oder andere seiner Eingabeeinheiten (oder beide) aktiv ist bzw. sind.

Das Netzwerk erkennt somit eine inklusive Disjunktion, d. h. die Aktivität in der einen oder anderen Eingabeeinheit (oder in beiden).

Damit ein Perceptron lernen kann, griff Rosenblatt die entscheidende Idee auf, ihm Rückmeldung über seine Leistung zu geben, ihm also mitzuteilen, wann es einen Fehler gemacht hatte. Aufgrund des folgenden Prinzips kann es sich schrittweise den korrekten Einstellungen für Schwellenwerte und Verbindungsstärken nähern: Falls das Perceptron das Muster nicht meldet, wenn es tatsächlich da ist, werden alle Verbindungsstärken von aktiven Einheiten erhöht, und die Schwelle der Ausgabeeinheit wird gesenkt. Falls das Perceptron dagegen fälschlich meldet, das Muster sei da, wenn es in Wirklichkeit nicht da ist, werden alle Verbindungsstärken von den aktiven Einheiten zur Ausgabeeinheit gesenkt, und deren Schwelle wird erhöht. Marvin Minsky und Seymour Papert haben bewiesen, daß dieses Verfahren für jedes Muster, das ein Perceptron erkennen kann, funktioniert. Leider hat die Sache einen Haken. Es gibt gewisse Muster, die Perceptrone nicht erkennen können. So gibt es für die Schwellen und die Verbindungsstärken des Netzwerks in Abbildung 10.3 oder irgendeines sonstigen Perceptrons keine Werte, die dieses befähigen würden, auf eine *exklusive* Disjunktion zu reagieren, also zu reagieren, wenn entweder die eine oder die andere Eingabeeinheit aktiv ist, aber nicht beide.

Netzwerke mit verborgenen Einheiten

Der Haken an Perceptronen – wie an traditionellen Assoziationstheorien – ist, daß sie sich ausschließlich auf direkte Verknüpfungen von Eingabeeinheiten (Reizen) zu Ausgabeeinheiten (Reaktionen) stützen. Sie machen keinen Gebrauch von internen Repräsentationen. Das ist der Grund, warum sie nicht mit exklusiven Disjunktionen oder sonstigen komplizierten Konzepten fertig werden, und deshalb vermögen sie nicht die Leistungsfähigkeit des menschlichen Gedächtnisses zu erklären.

Wenn eine Netzwerkarchitektur gegeben ist, kann der Bedarf an Repräsentationen dadurch befriedigt werden, daß man Ein-

Abb. 10.4: Ein Netzwerk mit einer »verborgenen« Einheit, das erkennt, wann eine seiner Eingabeeinheiten aktiv ist, aber nicht beide.

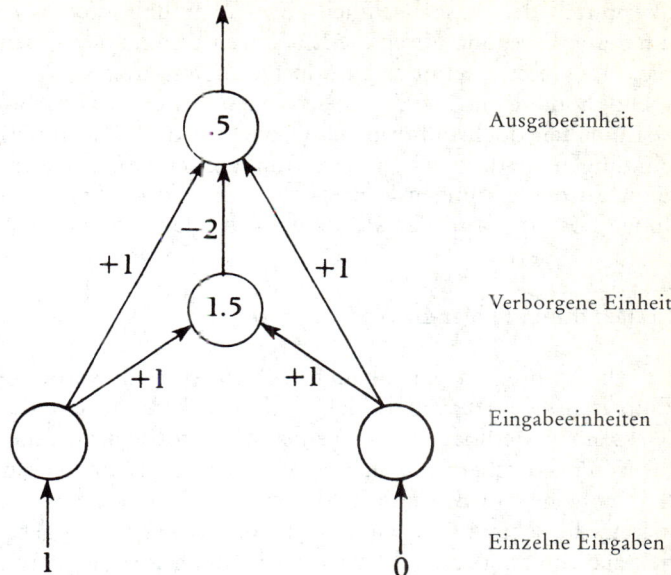

(Nach D. E. Rumelhart, G. E. Hinton und R. J. Williams, Learning internal representations by error propagation. In D. E. Rumelhart, J. L. McClelland and the PDP Research Group, *Parallel Distributed Processing: Explorations in the Microstructure of Cognition*. Vol. 1: *Foundations*. Cambridge, Mass.: Bradford Books, MIT Press, 1986)

heiten einführt, die zwischen den Eingabe- und den Ausgabeeinheiten verborgen liegen. Diese »verborgenen« Einheiten können Relationen zwischen den einzelnen Teilen einer Eingabe repräsentieren. Das Gerät in Abbildung 10.3 könnte eine exklusive Disjunktion (entweder die eine oder die andere Eingabeeinheit ist aktiv, aber nicht beide) erkennen, wenn sie daran gehindert werden könnte, zu feuern, wenn beide Eingabeeinheiten aktiv sind. Wir schalten deshalb eine verborgene Einheit dazwischen, die erkennt, wann beide Eingabeeinheiten feuern, und in diesem Fall die Ausgabeeinheit hemmt. Abbildung 10.4 zeigt ein solches Gerät. Ist nur eine der Eingabeeinheiten aktiv, feuert die Ausgabeeinheit, weil ihre Schwelle überschritten wird. Sind jedoch beide Eingabeeinheiten aktiv, feuert die verborgene Einheit und übermittelt der Ausgabeeinheit eine Hemmung, die ausreicht, um deren Erregung durch die Eingabeeinheiten zu kompensieren. Das Gerät erkennt eine exklusive Disjunktion.

Die Pioniere der Netzwerktheorie benutzten zwar verborgene Einheiten, doch wußte niemand, wie man die Stärke ihrer Verbindungen modifizieren mußte, um Lernen zu erzeugen. Es zählt zu den Errungenschaften des Konnektionismus, daß er einige Lösungen für dieses Problem gefunden hat.

Lernen durch Fehler-Backpropagation

Es gibt mehrere Möglichkeiten, Netzwerke mit verborgenen Einheiten so einzurichten, daß sie lernen können. Die derzeit wirksamste Methode ist die »Fehler-Backpropagation«, die von mehreren Forschern unabhängig voneinander erfunden wurde. Am einfachsten läßt sich die Idee anhand von Netzwerken erklären, die schichtweise aufgebaut sind, wobei die Eingabeeinheiten die unterste und die Ausgabeeinheiten die oberste Schicht bilden, mit einer beliebigen Anzahl von Zwischenschichten aus verborgenen Einheiten. Jede Einheit ist nur mit Einheiten in höheren Schichten verbunden, so daß die Aktivierung sich nach oben hin im Netzwerk ausbreitet (vgl. Abbildung 10.4). Eine Einheit hat nicht eine Alles-oder-nichts-Schwelle wie beim Perceptron, sondern einen Schwellenwiderstand, der die Nettogröße ihrer Eingabe reduziert. Sie ist auch kein lineares Gerät, weil lineare Einheiten, wie schon gesagt, nur triviale Berechnungen ausführen können. Somit steigt die Ausgabe einer Einheit kontinuierlich, wenn die Summe ihrer Eingaben steigt, doch die Relation ist keine lineare: Es hängt von der Gesamtgröße der Eingabe ab, ob eine gegebene Steigerung der Eingabe-Aktivierung sich auf die Ausgabe in unterschiedlichem Ausmaß auswirkt.

Lernen beruht auf drei Operationen. Zunächst gibt es eine anfängliche Testphase, in der am unteren Rand des Netzwerks eine Eingabe-Aktivierung eingeführt wird, die sich dort nach oben ausbreitet und eine Ausgabe erzeugt. Sodann wird diese Ausgabe mit der von einer äußeren Quelle (oder einem Lehrer) vorgegebenen gewünschten Ausgabe verglichen. Besteht zwischen ihnen kein Unterschied, erfolgt kein Lernen. Besteht eine Diskrepanz, wird eine Fehlermeldung berechnet. Drittens wird die Stärke der Verbindungen zu einer Ausgabeeinheit in der Richtung – erregend oder hemmend – modifiziert, die den Fehler verringert, und in dem Ausmaß, wie sie den Fehler zu verringern vermag. Die Prozedur ist eine Verallgemeinerung des bei Perceptronen angewandten Prinzips. Eine entsprechende Modifikation erfolgt in der nächsttieferen Schicht. Generell hängt der Beitrag einer verborgenen Einheit zum Gesamtfehler von ihrem Aktivierungsniveau und der Stärke ihrer Verbindungen zu allen Einheiten in der nächsthöheren Schicht (und vom Beitrag dieser Einheiten zum Fehler) ab. Es ist also möglich, in der Hierarchie der Einheiten rückwärts gehend die Verbindungsstärken so zu modifizieren, daß der Fehler verringert wird. Ein Programm für die Backpropagation ist überraschend einfach (weniger als 200 Befehlszeilen in einer höheren Programmiersprache); Tabelle 10.1 faßt die grundlegenden Prozeduren zusammen.

Um beispielsweise eine exklusive Disjunktion zu erlernen, wird ein Netzwerk eingerichtet und mit kleinen, willkürlich festgelegten Berechnungen werden Verbindungsstärken gestartet. In etlichen Durchläufen werden die drei Lernoperationen auf die verschiedenen Eingabe-Ausgabe-Muster angewandt, und in der Regel wird das System sich nach einigen hundert Durchläufen bei Verbindungsstärken einpendeln, die das Problem lösen. Die Lösung wird um so schneller gefunden, je größer die Anzahl der verborgenen Einheiten ist. Rumelhart und seine Kollegen haben die Prozedur in Computerprogrammen modelliert und gezeigt, daß diese fähig sind, eine Vielzahl unterschiedlicher Aufgaben zu erlernen, zum Beispiel zwischen den Buchstaben »T« und »C« zu unterscheiden, gleichgültig, in welcher Orientierung diese dargeboten werden. Bei den meisten Problemen entwickelt sich die interne Repräsentation des »Problemraums« verteilt auf die verborgenen Einheiten.

Ein potentieller Mangel des Verfahrens ist, daß es in einem lokalen Minimum hängenbleiben kann, auf das sich alle kleinen

Tabelle 10.1. Fehler-Backpropagation: eine Zusammenfassung für Programmierer.

Nachdem sie den Verbindungsstärken beliebige Anfangswerte (zwischen +1 und 1) zugewiesen hat, durchläuft [loops] die Hauptfunktion jedes Eingabe-Ausgabe-Paar und ruft drei Hauptfunktionen auf: Ausbreitung der Aktivierung im Netzwerk nach oben, Fehlerberechnung und Backpropagation von Veränderungen der Verbindungsstärke. Es sind im wesentlichen fünf Berechnungen durchzuführen.

1. Für die Ausbreitung der Aktivierung:
   Eingabe an eine Einheit = (Summe der Aktivierungen × Stärken von unteren Einheiten) − Schwellenwiderstand
   Der Schwellenwiderstand einer Einheit wird von einer anderen Einheit erzeugt, die mit ihr verbunden und immer aktiv ist.

2. Für die Fehlermeldung einer Ausgabeeinheit:
   Ausgabefehler = (Ziel − Aktivierung) Aktivierung (1 − Aktivierung)
   wobei »Ziel« die geforderte Aktivität der Ausgabeeinheit und »Aktivierung« ihre tatsächliche Aktivität bezeichnet.

3. Für die Fehlermeldung einer verborgenen Einheit:
   Verborgener Fehler = (Summe der Verbindungsstärken zu allen Ausgabeeinheiten × Fehler der Ausgabeeinheit) Aktivierung (1 − Aktivierung)
   wobei »Aktivierung« die Aktivierung der verborgenen Einheit bezeichnet.

4. Für die Änderung der Stärke der Verbindung von einer verborgenen Einheit zu einer Ausgabeeinheit:
   Änderung = (Lernrate × Ausgabefehler × Aktivierung der verborgenen Einheit) + (Momentproportion × vorige Änderung)
   wobei Lernrate eine globale Variable ist (gewöhnlich wird sie irgendwo zwischen 0,3 und 0,7 festgesetzt) und Momentproportion eine andere globale Variable (gewöhnlich bei rund 0,9 festgelegt), die Änderungen glättet.

5. Für die Änderung der Stärke der Verbindung von einer Eingabeeinheit (bzw. einer tieferen Ebene) zu einer verborgenen Einheit:
   Änderung = (Lernrate × verborgener Fehler × Aktivierung der unteren Einheit) + (Momentproportion × vorige Änderung)
   Die Stärke der Verbindung in einer als Schwellenwiderstand fungierenden Einheit wird entsprechend Berechnung 4 oder 5 bestimmt, außer die Aktivierung der Einheit ist = 1.

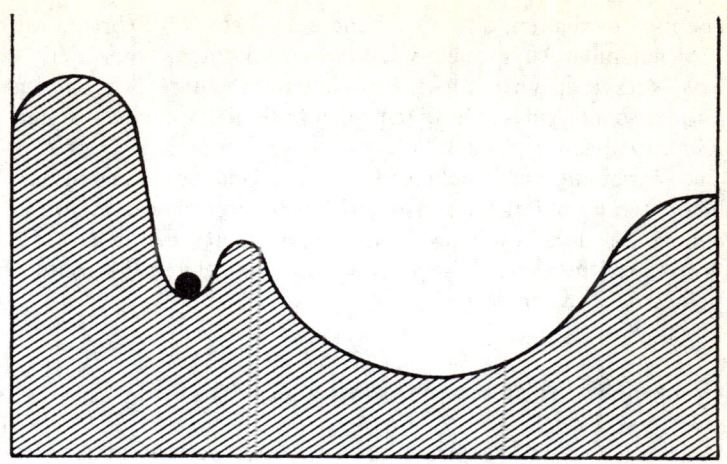

Abb. 10.5: Ein Querschnitt durch eine Oberfläche, auf der eine Kugellagerkugel in einem lokalen Minimum feststeckt.

Änderungen der Stärke negativ auswirken, obwohl deren Werte weit von jenen entfernt sind, die das wirkliche Fehlerminimum ergeben. Ein ähnliches Verfahren liegt vor, wenn man eine Kugellagerkugel über eine zweidimensionale Oberfläche rollen läßt, um den tiefsten Punkt zu finden: Die Kugel kann in einer lokalen Vertiefung hängenbleiben, die weit vom wirklichen Minimum entfernt ist, wie es der Querschnitt in Abbildung 10.5 zeigt. Es gibt verteilte Systeme, die dieses Problem lösen, obwohl sie keine Fehler-Backpropagation benutzen. Doch zumindest in den bisher entwickelten Programmen hat die Gefahr, in einem lokalen Minimum hängenzubleiben, sich als nicht allzu schwerwiegend erwiesen.

Eine beeindruckende Demonstration dessen, was die Fehler-Backpropagation zu leisten vermag, haben Terry Sejnowski und Charlie Rosenberg ersonnen. Ihr Netzwerk lernt die korrekte Aussprache englischer Wörter. Das Problem mit der englischen Schriftsprache ist das Vorkommen von Wörtern, die von der regulären Aussprache abweichen. Normalerweise würde man dieses Problem so lösen, daß man Regeln verwendet, die die reguläre Aussprache von Wörtern wie »gave«, »omen« und

»penny« festhalten, und ergänzend eine Liste von Wörtern mit abweichender Aussprache wie »have«, »women« und »deny«. Das Netzwerk wird jedoch lediglich an einem großen Korpus phonetischer Aufzeichnungen gewöhnlicher Sprache trainiert und baut nach und nach eine parallel verteilte Repräsentation auf, welche die schriftlichen Elemente auf die Spracheigentümlichkeiten abbildet. Diese Eigentümlichkeiten werden dann in ein handelsübliches Programm integriert, das den Klang des Wortes synthetisiert (für eine Beschreibung solcher Programme siehe das 17. Kapitel).

Grenzen der Fehler-Backpropagation

Da die Fehler-Backpropagation im Grunde deterministisch ist, muß sie Prinzipien verkörpern, die zu lebensfähigen Ergebnissen führen, und so ist sie eine Abart dessen, was ich im 7. Kapitel ein neolamarckistisches Programm genannt habe. Ein solches Lernprogramm verlangt, wie ich sagte, ein erhebliches Wissen oder entsprechende Unterrichtung. Da ein Netzwerk ohne jegliches Wissen beginnen kann, liegt das Geheimnis seines Lernverhaltens in der Natur seiner Unterrichtung, das heißt, der Informationsmenge, die es durch Rückkoppelung erhält. Diese Einsicht enthüllt etwas von den Grenzen der Fehler-Backpropagation.

Kann, wenn Sie Schlittschuhlaufen lernen, Fehler-Backpropagation Ihre Leistung beeinflussen? Ganz sicher nicht. Das Stürzen kann keinesfalls hinreichende Information darüber liefern, was an Ihrer Leistung falsch war. Die Prozedur erfordert einen empfindlicheren Leistungsmaßstab als ein bloßes »richtig« oder »falsch«.

Auch dann, wenn eine Aufgabe ein genaues quantitatives Maß des Fehlers bereitstellt, kann es noch Probleme geben. Die Prozedur ist durchführbar für jede endliche Abbildung von der Eingabe auf Ausgabe-Binärziffern und für jede unendliche Abbildung, für die eine endliche Stichprobe hinreichend repräsentativ ist, um eine sichere Verallgemeinerung zu gestatten. In der Realität sind induktive Verallgemeinerungen leider angewiesen auf ein Wissen darüber, welche Ähnlichkeiten wichtig und welche nebensächlich sind (siehe 13. Kapitel). Angenommen, wir wollten einem Netzwerk die Regeln der Arithmetik beibringen und stellen ihm Paare von Binärziffern zur Verfügung, wovon eine einen zufällig ausgewählten Ausdruck wie

(15 × 2) + 6

und die andere seinen Wert enthält. Es ist unwahrscheinlich, daß das System die Regeln der Arithmetik erlernt. Das ist deshalb fraglich, weil der Bereich eine potentiell unendliche Anzahl von Eingabe-Ausgabe-Paaren enthält und jede Stichprobe disparate Beispiele enthalten kann, die wenig gemeinsam haben, und weil das System kein Wissen von der Struktur der eingegebenen Ausdrücke hat und damit von der Priorität und Bedeutung der verschiedenen arithmetischen Operationen. Es kann die Arithmetik nur auf die Weise erlernen, daß man ihm jede arithmetische Operation gesondert beibringt in einem Bereich, der nur eine endliche Anzahl möglicher Eingabe-Ausgabe-Paare enthält.

Konnektionismus oder Produktionssysteme (oder beides)?

Es genügen einfache Prozessoren, die parallel nach oben verbunden sind, und kommunizierende Aktivitätsniveaus, um komplexe Berechnungen durchzuführen. Einige der emergenten Eigenschaften dieser Berechnungen sind überraschend und psychologisch plausibel. Sie können Aufgaben erfüllen, von denen man denken könnte, sie seien angewiesen auf Regeln mit einer expliziten Struktur hinsichtlich der Manipulation mentaler Symbole. Sie können außerdem Phänomene erzeugen, die mit expliziten Regeln schwer zu erklären sind.

Betrachten wir zum Beispiel, was geschieht, wenn eine verteilte Repräsentation eine Schädigung erleidet, die einer Hirnverletzung entspricht. Hinton schuf verteilte Assoziationen zwischen Wörtern und Elementen ihrer Bedeutung. Dann warf er einige der verborgenen Einheiten hinaus, mit deren Hilfe er die Assoziationen hergestellt hatte. Das Ergebnis war eine Häufung von Interpretationsfehlern bei mehreren Wörtern, nicht ein vollständiger Bedeutungsverlust bei einem bestimmten Wort. Oft bestand der Fehler darin, daß das produzierte Bedeutungselement zu einem anderen als dem dargebotenen Wort paßte. Dieses Phänomen erinnert an die bei bestimmten Hirnverletzungen auftretende »tiefe Dyslexie«. Neuropsychologen wie Max Coltheart, Karalyn Patterson und John Marshall haben beobachtet, daß Patienten auf die Bitte, ein Wort zu lesen, manchmal mit einem semantisch verwandten Wort antworten. Gibt man ihnen das Wort »Donner« zu lesen, sagen sie »Blitz«. Es ist nicht ersichtlich, wie der Effekt aus der Schädigung eines auf Strukturregeln basierenden Systems entstehen könnte.

Einige Konnektionisten deuten an, daß es im Geist möglicherweise nur verteilte Repräsentationen gibt und daß Strukturregeln wie die von Produktionssystemen im mentalen Geschehen keine kausale Rolle spielen und höchstens die zugrunde liegende Realität näherungsweise beschreiben. Sollten sie recht haben, wird die Kognitionswissenschaft vermutlich zu einer langweiligen Disziplin werden: Auf die Frage hin, wie der Geist eine Aufgabe ausführt, wird man bloß noch auf ein Netzwerk deuten, das die entsprechenden Verbindungsstärken erworben hat. Es gebe, hat John von Neumann einmal ahnungsvoll vermutet, kein einfacheres Modell des Gehirns als das Gehirn selbst. Da sich jedoch jeder berechenbare Prozeß nach Turings Vermutung von einer Turingmaschine berechnen läßt, die ein von Strukturregeln gesteuertes Gerät ist (siehe 3. Kapitel), müssen Produktionssysteme nicht zwangsläufig approximative Beschreibungen sein. Sie können im Prinzip immer eine zutreffende Darstellung für jeden Rechenvorgang liefern.

Die Krux ist das Problem der Explizitheit. Sie werden sich aus dem 2. Kapitel erinnern, daß dieser Begriff nicht absolut ist, sondern davon abhängt, ob Information für einen Prozeß mit einem Minimum an Arbeit verfügbar ist. Als ich Rugby spielte, war mein Wissen von den Regeln nicht explizit, sondern ein aus vielen Erfahrungen abgeleitetes Gemisch. Schiedsrichter dagegen müssen ein explizites Wissen von den Regeln besitzen. Auf der einen Seite können bestimmte Regeln, Prinzipien und Fakten also Strukturen haben, die für das Bewußtsein explizit sind. Diese Bewußtseinsinhalte können das Verhalten bestimmen. Wenn ich einen Schiedsrichter nach der Strafe für einen bestimmten Verstoß frage, kann er in einem bewußten Erinnerungsakt nach der betreffenden Regel forschen. Die Eingabe in den Retrievalmechanismus ist eine höhere symbolische Information, und sie wird weitere explizite Symbole hervorrufen. Auf der anderen Seite mögen die beim Retrieval außerhalb des Bewußtseins ablaufenden Prozesse parallel verteilte Aktivitätsmuster sein. Da sie auf vielen simultanen Vorgängen beruhen, können diese Muster nicht für das Bewußtsein explizit sein.

Eine Auflösung des Theorienstreits bestünde demnach darin, verschiedene Ebenen der Repräsentation zu postulieren: explizite Symbole auf der höheren und verteilte symbolische Muster auf der tieferen Ebene. Die strukturellen Prozesse auf der höheren Ebene werden übersetzt in verteilte Prozesse auf der tieferen Ebene, so wie ein Computerprogramm, das in einer höheren Programmiersprache wie LISP geschrieben ist, letztlich übersetzt wird in einen tiefen Maschinencode. David Touretzky und Geoff Hinton haben gezeigt, wie sich eine solche Übersetzung aus einem Produktionssystem in ein paralleles Netzwerk bewerkstelligen läßt. Natürlich gibt es gewisse tiefere Prozesse, die in Abwesenheit von symbolischer Aktivität im Bewußtsein ablaufen und wichtige emergente Eigenschaften erzeugen können. Die entscheidende Krux bleibt: Auf welcher Ebene ist der Geist durch Strukturregeln organisiert?

Schlußfolgerungen

Das schwierigste technische Problem besteht für den Konnektionismus in der Ermittlung der Leistungsfähigkeit der verschiedenen Systeme. Wir wissen relativ wenig über die Geschwindigkeit, mit der Lernen in Netzwerken erfolgen kann, über ihre Neigung, in lokale Minima zu fallen, und über die Klasse von Aufgaben, die sie erlernen können. Eines ist sicher. Keine verteilte Lernprozedur kann die Beschränkungen des Lernens umgehen, die ich im 7. Kapitel beschrieben habe: Nicht jede erdenkliche Aufgabe kann erlernt werden. Auch kann der Parallelismus ein unlösbares Problem nicht auf wunderbare Weise in eines verwandeln, das in zumutbarer Zeit gelöst werden kann. Es gibt keine Suchprozedur, die exponentiellen Anforderungen gewachsen wäre.

Einzelne Theorien im Rahmen von konnektionistischen Netzwerken oder Produktionssystemen können empirisch überprüft werden. Schwierig ist nur die Beurteilung der Architektur selbst, im Unterschied zu den in ihr formulierten Theorien. Konnektionisten behaupten manchmal, ihre Netzwerke hätten mehr Ähnlichkeit mit der »Hardware« des Gehirns. Dessen Zellen reagieren langsam, ermüden rasch und sterben vielfach ab. Dennoch geht die geistige Aktivität davon scheinbar unberührt weiter und beweist unter Druck eine Geschmeidigkeit, die von parallelen Netzwerken widergespiegelt wird. Leider werden die Berechnungen, die Hirnzellen durchführen, welcher Art sie auch sein mögen – und darüber wissen wir kaum etwas –, durch Netzwerk-Einheiten nicht befriedigend idealisiert. Das Gehirn ist nicht auf eine Weise verdrahtet, die irgendeinem der vorliegenden konnektionistischen Vorschläge auch nur entfernt ähnelt. Einen Mechanismus wie die Fehler-Backpropagation weist es allem Anschein nach nicht auf. Im Unterschied zu dieser Prozedur kann es auch aus richtigen Antworten lernen (siehe das im vorigen Kapitel beschriebene »Potenz«gesetz). Die Neurowissenschaft liefert kaum mehr Beweise für eine konnektionistische Architektur als für eine, die auf einem Produktionssystem basiert.

Nach Ansicht von Zenon Pylshyn sollte die Architektur des Geistes eine Eigenschaft haben, die er als »kognitive Unerschütterlichkeit« bezeichnet, das heißt, sie sollte immer auf dieselbe Weise operieren, und die von ihr hervorgebrachten Phänomene sollten nicht durch Überzeugungen, Ziele oder sonstige höhere Aspekte der Kognition beeinflußt werden. Wenn aus der Architektur des Geistes ein Phänomen erwächst, sollte es so robust sein, daß das bloße Denken daran sich auf dieses Phänomen ebensowenig auswirken sollte wie auf die Körpergröße des Denkenden. Es gibt zwar Beispiele von kognitiven Systemen, die unerschütterlich erscheinen, z. B. das Modul, das die Stereopsis durchführt (siehe 5. Kapitel), doch gibt es viele Komponenten des Geistes, die schwer zu beurteilen sind, z. B. das Arbeitsgedächtnis. Außerdem sind Überzeugungen, Ziele oder sonstige höhere Aspekte der Kognition zwangsläufig von der Architektur des Geistes abhängig und daher definitionsgemäß kognitiv erschütterbar.

Der Konnektionismus befindet sich in einer rasanten Entwicklung, und Theoretiker untersuchen »rekursive« Netzwerke, die interne Schleifen aufweisen und deshalb komplizierte Berechnungen ausführen können. Es könnte sich jedoch herausstellen, daß seine Bedeutung für die Kognitionswissenschaft nicht in seinen gegenwärtigen Erklärungen psychologischer Phänomene liegt, sondern darin, daß er uns zu verstehen hilft, daß Symbole nicht unbedingt als getrennte Entitäten repräsentiert sein müssen. Es mag sein, daß bewußte Prozesse auf der Manipulation solcher Symbole beruhen, doch müssen nichtbewußte Prozesse deshalb keine verdeckten Operationen an derselben Art von Symbolen sein. Sie könnten statt dessen in der parallelen Verarbeitung von verteilten Repräsentationen bestehen, die durch die Verschmelzung vieler getrennter Erfahrungen entstehen.

Weiterführende Literatur

Die beste Darstellung konnektionistischer Algorithmen ist von Hertz, Krogh und Palmer (1991), aber sie ist mathematisch anspruchsvoll. Es gibt Bücher mit Vorträgen, herausgegeben von Hinton und Anderson (1981), McClelland und Rumelhart (1986) und McClelland (1986) sowie eine Sonderausgabe der Zeitschrift *Cognitive Science*, erschienen 1985, Volume 9, part 1. Die bahnbrechenden Studien und neuere Programme werden in dem vorliegenden Kapitel beschrieben; ein wichtiger Aufsatz, der das Thema in der Zwischenzeit am Leben erhielt, wurde von Willshaw, Buneman und Longuet-Higgins (1969) veröffentlicht. Einen anderen Ansatz für den Konnektionismus, der mit lokalen Repräsentationen arbeitet, haben Feldman und Ballard (1982) vorgeschlagen. Die Fehler-Backpropagation wurde unabhängig voneinander von Bryson und Ho (1969), Werbos (1974), Rumelhart, Hinton und Williams (1986) und anderen erfunden. Bevor sie jetzt wieder aktuell wurde, gingen ihr probabilistische Netzwerke voraus, sogenannte Boltzmannmaschinen (Hinton, Sejnowski und Ackley, 1986), und andere ähnliche Systeme, die man in German und German (1984) sowie in Smolenskys (1986) »Harmonietheorie« findet. Pinker und Prince (1987) vertreten die These, daß Sprache auf Strukturregeln beruht, und zeigen die Mängel konnektionistischer Modelle auf. Trotz gegenteiliger Behauptungen hat bislang niemand einen konnektionistischen Lernalgorithmus entwickelt, der imstande ist, eine Grammatik von der Art zu erlernen, wie sie der eindimensionale Navigationsroboter im 3. Kapitel verwendet, also eine sogenannte »kontextfreie« oder »Phrasenstruktur«-Grammatik (siehe 17. Kapitel). Das entscheidende Erfolgskriterium ist ein zuverlässiges Arbeiten mit Symbolketten, die länger sind als jene, an denen das Netzwerk trainiert wurde. Versuche, die Lücke zwischen strukturierten Symbolen und verteilten Repräsentationen zu schließen, werden beschrieben in Dinsmore (1992). Die Zusammenhänge zwischen konnektionistischen Algorithmen und den Operationen des Gehirns werden diskutiert in Aufsätzen, die Hanson und Olson (1992) herausgegeben haben. Die Eigenschaften von Nervenzellen werden beschrieben von Kandel und Schwartz (1981) sowie von Crick und Asanuma (1986). Die Architektur von massiv-parallelen Computern wird besprochen in Gabriel (1986). Von einer experimentellen Untersuchung des Phänomens »es liegt mir auf der Zunge« berichten Brown und McNeill (1966). Das Resultat, daß Buchstaben in Wörtern leichter zu erkennen sind als in Nonsensketten, wurde von mehreren Autoren erzielt, darunter Wheeler (1970).

11. Kapitel

Handlung und Bewegungskontrolle

Ein Roboter, der wahrnehmen, lernen und sich erinnern kann, ist eine feine Sache, aber er ist nutzlos, solange er nichts *tun* kann. Wie der Philosoph C. I. Lewis bemerkt hat, dient Wissen dem Tun. Was der Roboter tut, wird von seinen Zielen und Plänen abhängen. Letztlich werden seine Handlungen aber von seiner Fähigkeit abhängen, sich zu bewegen. Auch die Handlungen der Menschen beruhen letztlich auf einer Fähigkeit, verschiedene Körperteile zu bewegen, seien es die Beine zum Gehen oder die Lippen zum Sprechen. Ein hierarchischer Handlungsplan kann nicht endlos bis in immer feinere Details verlängert werden, sonst müßte das Handeln für immer verschoben werden. Man kann den Schwarzen Peter nicht endlos weiterreichen: Der Plan muß in Bewegungen münden – in Befehle an Muskeln, sich zusammenzuziehen.

Es ist unwahrscheinlich, daß Sie die Kontraktionen einzelner Muskeln wahrnehmen (außer vielleicht, wenn Sie Yoga praktizieren). Sie können nicht den Zustand aller 792 Muskeln Ihres Körpers überwachen. Das meiste von dem, was Sie tun, wenn Sie eine eingeübte Handlung ausführen, ist der Introspektion nicht zugänglich; umgekehrt hat es nicht viel zu besagen, wenn man Ihnen sagt, was Sie tun sollen. Wenn man lernt, Fahrrad zu fahren, ist es nicht sonderlich hilfreich, wenn man die folgende Anweisung erhält:

> Drehe den Lenker so, daß die Krümmung deiner Bahnkurve dem Winkel deines Ungleichgewichts, geteilt durch das Quadrat deiner Geschwindigkeit, proportional ist.

Die geübte Fähigkeit ist stumm, wie Michael Polanyi gesagt hat.

Sie wird ausgeführt von nichtbewußten Prozessen, vermutlich deshalb, weil diese parallel ablaufen müssen, um die simultanen Muskelkontraktionen zu steuern, und deren Anzahl würde die Überwachungsfähigkeit der »zentralen Exekutive« des Bewußtseins überfordern. Kognitionswissenschaftler verstehen teilweise deren Natur und haben zur Entwicklung von Programmen beigetragen, die die Bewegung von Robotern steuern.

Die menschliche Bewegung zerfällt in verschiedene Kategorien. Da gibt es zum einen die Reflexe, zum Beispiel den Kniereflex oder das Schließen der Lider zum Schutz der Augen. Da gibt es ferner Abläufe, die auf einem angeborenen Programm beruhen, das durch willentliche Kontrolle moduliert werden kann, zum Beispiel die Bewegungen des Gehens oder die Bewegungen des Stimmapparats. Es gibt erworbene Fertigkeiten wie das Skifahren oder das Klavierspielen, die automatisch ausgeübt, notfalls aber auch bewußt moduliert werden können. Es gibt Willkürbewegungen, die in zwei Hauptkategorien zerfallen: schnelle »ballistische« Bewegungen wie die, wenn Sie Ihre Hand vorschnellen lassen, um eine Fliege zu erschlagen, Bewegungen, die auf einem Programm beruhen, das automatisch und unkorrigierbar abläuft; und andererseits langsamere, kontrollierte Bewegungen, wie wenn Sie eine Nadel einfädeln, die von visuellen und taktilen Informationen geleitet sein können. Es gibt natürlich auch Bewegungen, die phasenweise beide Modi erfordern, etwa wenn Sie so schnell wie möglich Ihren Finger an Ihre Nase heranbringen. Wenn Sie das ausprobieren, werden Sie die altbekannte Tatsache bestätigt finden, daß die Bewegung, wenn sie das Ziel nicht verfehlen soll, nach der ersten ballistischen Phase mit einer langsameren, kontrollierten Phase endet.

In diesem Kapitel möchte ich mit dem beginnen, was bei Bewegungen berechnet werden muß: mit Trajektorien; sie müssen berechnet werden, wenn wir von einem Ort zum anderen navigieren, aber auch, wenn wir einen Körperteil bewegen. Dieses Thema leitet über zu der Diskussion, wie Körperteile einer bestimmten Trajektorie entlang bewegt werden, und damit zu dem allgegenwärtigen Phänomen der Rückkoppelung, die nicht nur bei der Kontrolle von Muskeln eine Rolle spielt. Das Kapitel endet mit einer Analyse eingeübter Handlungen und der Fähigkeit, zwei Dinge gleichzeitig zu tun.

Berechnung einer Trajektorie

Bevor ein Organismus sich bewegt, berechnet er normalerweise, wohin er will – seine Bahn durch die Welt oder die Trajektorie eines oder mehrerer seiner Anhänge. Die Notwendigkeit einer solchen Berechnung liegt auf der Hand, wenn Sie vorhaben, die Eigernordwand zu ersteigen. Sie ist nicht so offensichtlich, wenn Sie vorhaben, eine Tasse zu heben. Es scheint, als täten Sie nichts anderes, als die Tasse zu heben. Aber schauen Sie sich das einmal in Zeitlupe an. Die Hand streckt sich mit einer schnellen ballistischen Bewegung der Tasse entgegen, und dabei passen sich die Finger von selbst der Form und Größe des Henkels an, und das Handgelenk wird gedreht, um sich auf die Orientierung des Henkels einzustellen. Die Bewegung der Hand auf die Tasse zu dauert nur kurz. Wenn sie fast angekommen ist, werden letzte Anpassungen vorgenommen, und sobald der Kontakt mit dem Henkel hergestellt ist, schmiegt die Hand sich ihm an, geleitet von taktilen Eindrücken. Sie umgreift den Henkel: Der Daumen übt oben eine abwärts gerichtete Kraft aus; die im Henkel steckenden Finger üben eine aufwärts gerichtete Kraft aus; die Finger darunter helfen, den Griff zu stabilisieren; und der Arm hebt die Tasse hoch. Das Manöver ist so fein eingefädelt wie das Andocken des Lunarmoduls an das Mutterschiff.

Die Berechnung einer Trajektorie muß mehrere Probleme lösen. Die Bewegung muß den Körperanhang zu dem intendierten Ziel bringen. Dabei kommt es manchmal entscheidend auf die Dynamik der Trajektorie an, etwa wenn Sie etwas Zerbrechliches aufheben. – Sie dürfen nicht zuviel Kraft einsetzen. Die Trajektorie muß etwaige Hindernisse meiden, darunter auch andere Teile des Körpers. Es gab Fälle, wo Roboter ein automatisiertes Harakiri begingen, weil dieses Problem bei ihrer Gestaltung nicht gelöst worden war. Es verschärft sich, wenn mehrere Teile sich gleichzeitig bewegen können: Wer hat sich nicht schon versehentlich auf die Zunge gebissen? Schließlich

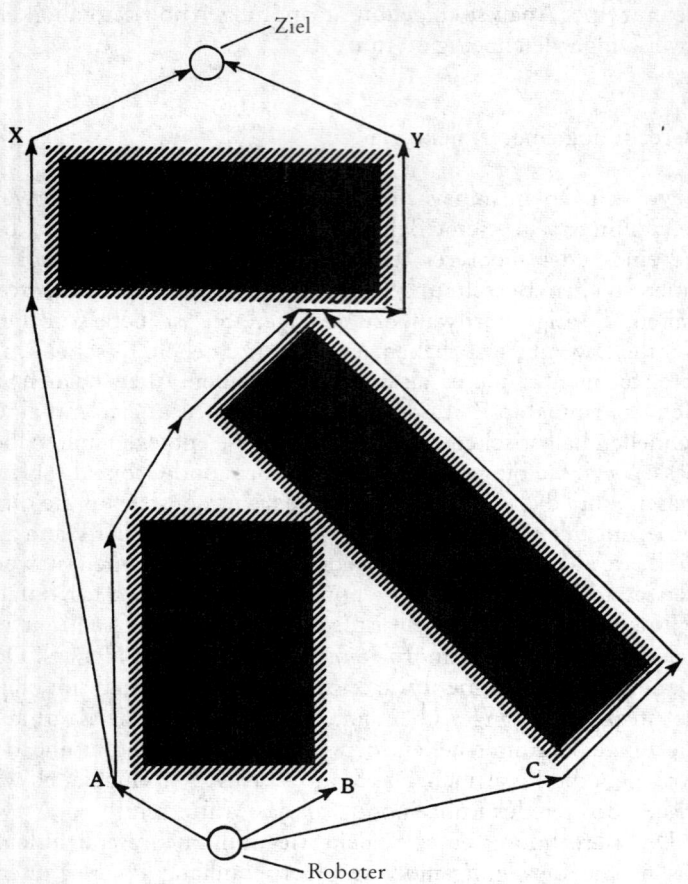

Abb. 11.1: Einige mögliche Routen, die der Roboter zu seinem Ziel einschlagen kann. Die Schraffur um die einzelnen Objekte steht für eine gedachte Grenze, die der Mittelpunkt des Roboters nicht überschreiten darf.

darf die Bewegung einer Extremität den Organismus nicht allzu lange in eine instabile Lage bringen, denn sonst kippt er um.

Damit Sie nicht gegen Hindernisse rennen, stellt das Sehen Ihnen ein dreidimensionales Modell der Welt zur Verfügung. Ihr

Navigationssystem muß ganz einfach Ihren Körper selbst repräsentieren, um herauszufinden, ob er zwischen Hindernissen hindurch kann. Die Form dieser Berechnungen mit dem »Körperbild« ist nicht bekannt, doch legen Prozeduren für die Navigation von Robotern mehrere Möglichkeiten nahe. Betrachten Sie den Roboter in Abbildung 11.1. Er möchte von seinem Ausgangspunkt an das Ziel gelangen und dabei alle Hindernisse umgehen, die in seinem Wahrnehmungsmodell der Welt repräsentiert sind. Er kann die erforderliche Trajektorie errechnen, indem er jedes Objekt in seinem Modell mit einer gedachten Barriere umgibt, deren Ausdehnung dem Radius seines Körpers entspricht. Ein solches Modell ist in der Abbildung dargestellt. Begehbar sind nur Trajektorien, auf denen der Mittelpunkt des Roboters keine Barriere überschreitet. Es gibt drei mögliche Anfänge für die Route: zu den Punkten A, B oder C, wie in der Abbildung gezeigt; von dort aus können die möglichen Fortsetzungen geprüft werden, bis schließlich jede der verschiedenen Routen konstruiert und bewertet wurde. Eine Vielzahl gängiger Suchprozeduren erlaubt es, einen optimalen Pfad zu finden (siehe 9. Kapitel).

Bei einem Roboter, der nicht kreisförmig ist, muß eine sichere Route seine Abmessungen und seine Manövrierfähigkeit berücksichtigen. Einerseits kann die Route durch Versuch und Irrtum erprobt werden, sei es in der Realität, wie wir es zu tun pflegen, wenn wir Möbel verrücken, sei es, umsichtiger, in einem internen Modell. Es gibt jedoch Verfahren, bei denen die Körperabmessungen des Roboters berücksichtigt werden können. Sie erfassen die Durchgänge zwischen Hindernissen und generieren einen Pfad, bei dem sichergestellt ist, daß es von den zulässigen Positionen am Ende eines Wegabschnittes mindestens einen akzeptablen Übergang zu einer zulässigen Position am Beginn des nächsten Abschnitts gibt.

Das Bewegen einer Extremität: Berechnung der Winkel der Gelenke

Der in Abbildung 11.2 gezeigte Roboterarm hat bei seinen Bewegungen drei Freiheitsgrade: Er kann sich wie eine schwenkbare Leuchte um seine Basis drehen, er kann seinen Arm auf der horizontalen Achse seiner Schulter auf und ab bewegen, und er kann seinen Vorderarm auf der horizontalen Achse seines Ellbogens auf und ab bewegen. Wenn die Winkel seiner Gelenke bekannt sind, läßt sich trigonometrisch die Position des Armendes errechnen. Das umgekehrte Problem besteht darin, die erforderlichen Winkel zu errechnen, um das Ende an eine bestimmte Stelle zu bewegen. Dies ist ein schwieriges Problem, wenn für ein und dieselbe Position des Endes unterschiedliche Konfigurationen der Extremität möglich sind. Wenn der Roboterarm jedoch nicht zwei Gelenke besitzt, entspricht jeder Posi-

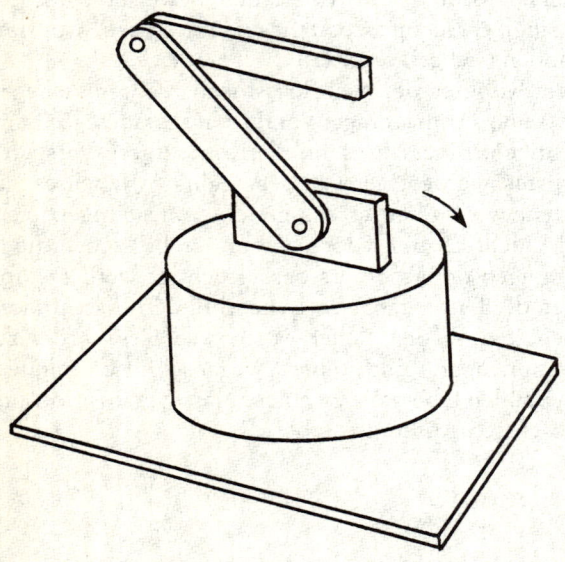

Abb. 11.2: Ein schematischer Roboterarm, der drei Freiheitsgrade der Bewegung hat.

tion des Endes nur eine Menge von Winkeln. Es besteht ein eindeutiges Abbildungsverhältnis zwischen dem »Raum« der möglichen Winkel der Gelenke und dem Raum, der in dem Modell der Welt repräsentiert ist. Wenn in dem Modell eine Ausgangsposition und ein Ziel gegeben sind, besteht eine mögliche Trajektorie darin, alle drei Winkel gleichzeitig aus ihren anfänglichen Positionen in die Zielpositionen zu transformieren.

Der Arm des Menschen hat mehr Freiheitsgrade als dieser Roboterarm. Das Schultergelenk läßt eine Auf- und Abwärtsbewegung, eine Vor- und Rückwärtsbewegung und eine Rotation des ganzen Arms um seine Achse zu; der Unterarm kann sich auf den Oberarm zu und von ihm fort bewegen, und er kann sich unabhängig vom Oberarm um seine Achse drehen; das Handgelenk kann sich auf und ab und ein wenig zur Seite bewegen. Er besitzt also sieben Freiheitsgrade, und damit haben wir die Qual der Wahl, weil es soviele Möglichkeiten gibt, die Hand an einer bestimmten Stelle zu halten. Halten Sie, um das nachzuprüfen, Ihre Hand in einer feststehenden Position – Sie sehen, daß der Ellbogen sich dennoch in verschiedene Positionen bewegen kann. Es ist nicht möglich, durch direkte Abbildung von dem Modell der Welt auf die Winkel der Gelenke eine Trajektorie zu berechnen.

Es kommen weitere Komplikationen hinzu. Ein komplexes Gelenk wie die Schulter wird von vielen Muskeln kontrolliert, und es ist nicht festgelegt, welche Muskelpaare antagonistisch arbeiten, sondern das ändert sich je nach Bewegungsrichtung. Zusätzlich müssen oftmals getrennte Bewegungen koordiniert werden, um mehrere Ziele gleichzeitig zu erreichen. Wenn Sie nach etwas greifen, kann es erforderlich sein, daß Sie auch Ihre Beine bewegen, damit Ihr Schwerpunkt weiterhin über den Füßen bleibt.

Ein Ausweg aus diesen Schwierigkeiten wurde von dem russischen Physiologen Nicolai Bernstein und neuerlich von Mike Turvey, Scott Kelso und einer Gruppe von Psychologen in Storrs, Connecticut, vorgeschlagen. Nach ihrer Hypothese nutzt der Körper nicht alle ihm theoretisch verfügbaren Freiheitsgrade aus. Es gibt »Synergien«, das sind Gruppen von Muskeln, die nicht unabhängig voneinander, sondern als Einheiten zusammenwirken. Die Hypothese unterscheidet deshalb zwischen Bewegungen, die vorkommen, und Bewegungen, die physisch möglich sind, aber nicht vorkommen.

Einen anderen Weg, mit einigen dieser Probleme fertig zu werden, hat Geoff Hinton in einem Computermodell gewiesen. Abbildung 11.3 zeigt ein Strichmännchen, das in einem zweidimensionalen »Flachland« wohnt. Es hat einen Arm, ein Bein und fünf Gelenke. Es hat mehr Freiheitsgrade, als es benötigt, weil jede Position des Endes seines Arms durch nur zwei Raumkoordinaten definiert ist. Es kann seinen Arm auf viele unterschiedliche Arten geradlinig bewegen; es kann zum Beispiel bloß Schulter und Ellbogen bewegen, es kann sich aber auch in der Hüfte bücken. Wie soll es sich also bewegen? Betrachten wir ein einfaches physisches Modell des Männchens aus Pappe; als Gelenke dienen Heftzwecken, und zwischen dem Ende des Arms und dem intendierten Ziel wird ein Gummiband gespannt. Wird der Arm von dem Ziel fortgezogen und dann losgelassen, zieht

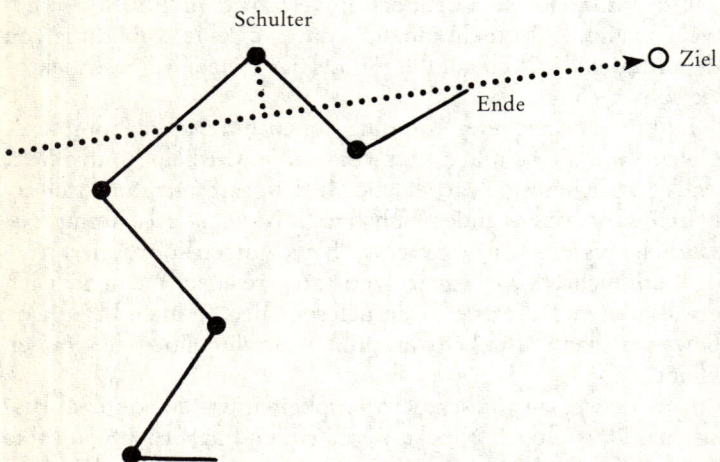

Abb. 11.3: Hintons Strichmännchen, das in einem zweidimensionalen »Flachland« wohnt. Der Winkel, um den ein Gelenk sich dreht, wenn das Ende sich auf das Ziel zu bewegt, hängt ab vom Abstand zwischen Ende und Ziel auf der Geraden und von dem lotrechten Abstand des Gelenks von dieser Geraden (wie für die Schulter gezeigt).

das Gummiband sein Ende geradlinig auf das Ziel zu. Verlängert man diese Gerade, so daß der lotrechte Abstand eines Gelenks von ihr gemessen werden kann (siehe Abbildung 11.3), dann ändert sich der Winkel des Gelenks während der Bewegung jeweils um einen kleinen Betrag, der dem Produkt aus diesem lotrechten Abstand und dem Abstand zwischen Ende und Ziel proportional ist.

Hintons Programm implementiert diese Regel. Es enthält noch eine weitere Regel für die Änderung des Winkels eines Gelenks, die dafür sorgt, daß der Schwerpunkt des Strichmännchens über seinem Fuß bleibt. Zusätzlich enthält es Regeln, die wie Synergien wirken. Sie beseitigen, anders als in Turveys Schema, keine Freiheitsgrade, sondern lassen vielmehr ein Zusammenspiel zwischen Gelenken zu, so daß eine passende Trajektorie schneller gefunden werden kann. Angenommen, Sie möchten Ihre Hand von der Schulter her auf ein Ziel zu bewegen. Das Öffnen des Ellbogens wird den gewünschten Effekt teilweise bewirken, doch kann dabei auch Ihre Hand von der Geraden zum Ziel nach unten abweichen. Dieser unerwünschte Effekt läßt sich dadurch ausgleichen, daß Sie den Oberarm im Schultergelenk anheben. Sofern die beiden Bewegungen richtig koordiniert sind – was bedeutet, daß der Schulterwinkel sich halb so stark ändert wie der Ellbogenwinkel –, bewegt Ihre Hand sich geradlinig auf das Ziel zu. Dieses Zusammenspiel ist repräsentiert durch eine eigene Regel, die nur ausgelöst wird, wenn die Gerade vom Armende zum Ziel in Schulterhöhe liegt.

Abbildung 11.4 zeigt die Simulation, in der das Strichmännchen nach einem Objekt greift und dabei sein Gleichgewicht bewahrt. Die Trajektorie wird Schritt für Schritt durch eine Reihe von simulierten parallelen Prozeduren generiert (vgl. die konnektionistische Architektur im vorigen Kapitel). Bei jedem Programmschritt werden die neuen Winkel für jedes Gelenk durch eine eigene Prozedur errechnet. Die einzelnen Regeln machen einen Vorschlag, wie der Winkel geändert werden sollte, und die Prozedur tut nichts anderes, als alle Vorschläge zu addieren. Dank dieser Methode kann das Programm verschiedene Ziele gleichzeitig erfüllen. In die Berechnungen gehen die aktuelle Entfernung des Armendes vom Ziel, die aktuelle Lage des

Schwerpunkts und andere globale Informationen ein. So entsteht ein Modell der aktuellen Konfiguration des Strichmännchens, das für alle Prozeduren wie eine Wandtafel einsehbar ist.

Abb. 11.4: Hintons Simulation des Strichmännchens, das nach einem Objekt (+) greift und dabei darauf achtet, daß sein Schwerpunkt (0) über seinem Fuß bleibt. Der Kopf war nicht Bestandteil der Simulation und ist nur hinzugefügt, damit der Leser den Ablauf der Bewegungen leichter erkennt. Dargestellt ist das Männchen bei jeder zweiten Iteration des Programms.

(Aus G. E. Hinton, Parallel computations for controlling an arm. *Journal of Motor Behavior*, 16, 1984, S. 182)

Das Bewegen einer Extremität: Berechnung der Kräfte

Ist eine Folge von Winkeln von Gelenken berechnet, besteht die nächste Aufgabe darin, die Kräfte zu berechnen, die erforderlich sind, um die Glieder längs dieser Trajektorie zu bewegen. Sind die Kräfte bekannt, die auf einen Körper von gegebener Masse einwirken, dann kann man mittels der drei Newtonschen Bewegungsgesetze seine Trajektorie vorhersagen. Hier liegt das umgekehrte Problem vor: die Kräfte zu berechnen, die einen Körper längs einer gewünschten Trajektorie bewegen.

Stellen Sie sich vor, Ihr Arm bestehe aus einem einzigen starren Glied, das Ihre Hand auf einer Kreisbahn um Ihre Schulter rotieren läßt. Nach dem ersten Newtonschen Gesetz bewegt sich ein Körper geradlinig fort (oder verharrt im Ruhestand), solange nicht eine äußere Kraft auf ihn einwirkt. Da Ihre Hand sich auf einer Kreisbahn bewegt, muß es eine Kraft geben, die sie von einer geraden Linie fortzieht. Diese Zentripetalkraft wird von Ihrem Arm ausgeübt, und sie wirkt sich so aus, daß Ihre Hand direkt auf Ihre Schulter zu beschleunigt wird. Nach dem zweiten Gesetz ist diese Kraft proportional der Masse multipliziert mit der Beschleunigung – je größer die Masse, desto stärker müssen Sie ziehen, um sie zu beschleunigen. Das dritte Gesetz besagt, daß, wenn ein Körper eine Kraft auf einen zweiten Körper ausübt, der zweite eine gleiche Kraft in entgegengesetzter Richtung auf den ersten ausübt. So übt das Kreisenlassen Ihrer Hand eine Zentrifugalkraft auf Ihren Arm aus und verrückt ihn aus seiner Position. Viele meinen, ein rotierendes Objekt fliege auf einer Tangente davon, wenn es losgemacht wird, weil eine Zentrifugalkraft auf es einwirkt. Doch die Zentrifugalkraft ist keine auf das Objekt einwirkende Kraft, sondern eine Kraft, die das Objekt auf das ausübt, was es zum Rotieren bringt. Das Objekt fliegt nach dem ersten Newtonschen Gesetz geradlinig davon, weil die Zentripetalkraft nicht länger auf es einwirkt.

Um Ihre Hand auf einer geraden Linie zu bewegen, müssen Sie Ihren Ellbogen strecken und Ihren Oberarm an der Schulter anheben. Die Rotationskraft (das »Drehmoment«), die für die Streckung Ihres Ellbogens erforderlich ist, wird beeinflußt von der Rotation Ihres Oberarms, da diese Bewegung eine Kraft auf den Unterarm ausübt. (Eine gleich große, entgegengesetzte Kraft wird auf den Oberarm ausgeübt.) Müssen Sie außerdem Ihr Handgelenk bewegen, wird die dazu erforderliche Kraft von der Bewegung Ihres Unterarms beeinflußt. Generell hängt die an einem Gelenk erforderliche Kraft von den Winkeln der übrigen Gelenke der Extremität und den Winkelgeschwindigkeiten ihrer anderen Teile ab. Die Berechnung der erforderlichen Kräfte und anschließend der Kräfte, die die Muskeln generieren müssen, um sie zu erzeugen, ist ein schwieriges Problem. Es ist sogar so schwierig, daß die Konstrukteure von Robotern sich manchmal auf eine gewaltige Tabelle von vorausberechneten Gleichungen für bestimmte Konfigurationen stützen. Eine andere Möglichkeit bietet jedoch die Einbeziehung der Rückkoppelung.

Rückkoppelung und Servomechanismen

Rückkoppelung liegt immer dann vor, wenn der Wert einer veränderlichen Größe teilweise von dem Wert abhängt, den sie einen Moment zuvor hatte. Ist ein Mikrophon etwa zu nah an einem Lautsprecher, dann nimmt es seinen eigenen Output auf, und die Rückkoppelung erzeugt einen Pfeifton. Rückkoppelung kann auch eine korrigierende Funktion haben, wenn ein System ein Ziel hat, da sein Verhalten bestimmt sein kann von einem Vergleich der Rückkoppelung von der aktuellen Situation mit dem Ziel. Das Ziel kann ein Wert einer physikalischen Größe sein, etwa die Körpertemperatur, oder eine *Repräsentation* von einem erwünschten Zustand. »Biologische Uhren«, die es Organismen gestatten, ihre Aktivität mit der Tageszeit und den Gezeiten zu synchronisieren, könnten sich nach Ansicht von Keith Oatley aus der Rückkoppelung in biochemischen Prozessen entwickelt haben, die ursprünglich nichts mit Repräsentationen zu tun hatten.

Die Rolle einer Repräsentation von einem Ziel läßt sich aufzeigen an den Servomechanismen, mit denen die motorbetriebenen Steuerungen moderner Flugzeuge arbeiten. Der Pilot übt auf die Seitensteuerung eine geringe Kraft aus, die von einem Hydrauliksystem verstärkt auf das Seitenruder übertragen wird. Würde das Ruder direkt gesteuert, dann würden zufällige Kräfte, die seine Stellung verändern, erst korrigiert, nachdem der Pilot ihre Auswirkungen bemerkt hätte. Es käme zu Korrekturen von Korrekturen, die das Flugzeug rasch in unbeherrschbare Schlingerbewegungen versetzen würden. Die Lösung besteht darin, Informationen über die Stellung des Ruders an den Servomechanismus zurückzumelden. Er vergleicht diese Informationen mit der Repräsentation der intendierten Stellung, die durch die Seitensteuerung vorgegeben ist, und stellt dann das Ruder nach, um

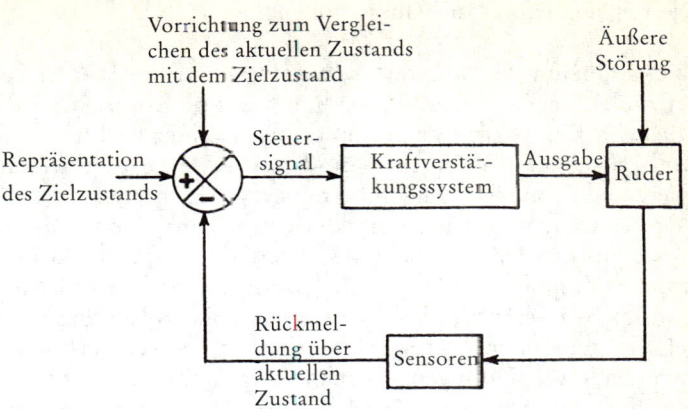

Abb. 11.5: Ein einfaches Blockdiagramm eines Rückkoppelungssystems.

die Abweichung zu minimieren. Eine verzögerte Rückkoppelung würde ebenfalls zu einem Schlingerflug führen. Deshalb wird das Ruder kontinuierlich und in kleinen Schritten nachgestellt; so werden Störungen in der Umgebung des Flugzeugs ausgeglichen, und es fliegt ruhig in die gewünschte Richtung. Abbildung 11.5 zeigt ein Blockdiagramm des Rückkoppelungssystems.

Die Idee, daß das Gehirn wie ein Servomechanismus funktioniert, hat im Zweiten Weltkrieg und in der Nachkriegszeit viele Forscher beflügelt. Sie lag Norbert Wieners Konzeption der »Kybernetik« zugrunde – der Wissenschaft von der Steuerung und Kommunikation in lebenden Organismen und Maschinen. Eine geregelte Bewegung wird geleitet von der Diskrepanz zwischen dem Ziel und der Rückmeldung über den erreichten Zustand. Beim Fahrradfahren machen Sie auf vollendete Weise von solchen Rückmeldungen Gebrauch. Sie führen allerdings keine kontinuierlichen Korrekturen aus, wie Sie sich vielleicht gedacht haben. Menschen agieren nämlich, wie Kenneth Craik experimentell gezeigt hat, als *intermittierende* Servomechanismen; sie passen ihr Handeln nicht kontinuierlich an, sondern warten ab, bis sie eine Diskrepanz bemerken, und erst dann tun sie etwas, um diese zu verringern.

Die Regelung von Muskelbewegungen

Rückkoppelung bestimmt die Bewegung auf vielen Ebenen, von der willentlichen Steuerung bis hinunter zur Kontraktion der Muskeln. Ein Muskel kann immer nur in einer Richtung eine Kraft ausüben, und Muskeln sind paarweise angeordnet und agieren antagonistisch in entgegengesetzter Richtung.

Nervenzellen im Rückenmark erhalten Signale von dem Teil der Hirnrinde, der die Bewegung steuert. Diese »Motoneurone« schicken Impulse zu den Muskelfasern, die dadurch zu einer Kontraktion veranlaßt werden. Die ein antagonistisches Muskelpaar steuernden Motoneurone sind im Rückenmark durch hemmende Verbindungen miteinander verknüpft, die dafür sorgen, daß, wenn der eine Muskel eines Paars kontrahiert, der andere erschlafft. Spezielle Muskelfasern enthalten Sensoren, sogenannte »Muskelspindeln«, die auf Veränderungen in der Länge und der Spannung dieser Fasern reagieren. Die Schaltung ist in groben Zügen in Abbildung 11.6 dargestellt. Wenn Ihr Arm sich in einer Stellung befindet, in der die Spindeln schlaff sind, und lege ich dann ein Gewicht in Ihre Hand, so wird der ganze Muskel angespannt einschließlich der Fasern, die Spindeln enthalten. Deren Signale laufen zurück zu den Motoneuronen im Rückenmark, die daraufhin die Muskelfasern zu einer Kontraktion anregen. Die Diskrepanz zwischen der tatsächlichen und der intendierten Stellung Ihres Arms wird schlagartig beseitigt. Rückkoppelung hält den Arm also in einer Stellung, die die Spindeln nicht dazu veranlaßt, über ein niedriges Ruheniveau hinaus zu reagieren.

Wie kann ein Arm in eine andere Stellung bewegt werden? Ganz einfach: Kontrahieren Sie die Fasern, die Spindeln enthalten, und die Ruheniveau-Reaktion geht gleichfalls zu dieser neuen Einstellung über. Weitere Motoneurone (siehe die rechte Seite von Abbildung 11.6) erregen diese Fasern und veranlassen sie zu einer Kontraktion. Diese Schaltung erlaubt dem Arm, sich in eine neue Stellung zu bewegen. Die Hirnrinde regt die Hauptmotoneurone an, den Muskel um den annähernd richtigen Betrag zu kontrahieren, und gleichzeitig bringt sie die spezialisierten Motoneurone dazu, die Fasern, die Spindeln enthalten, auf

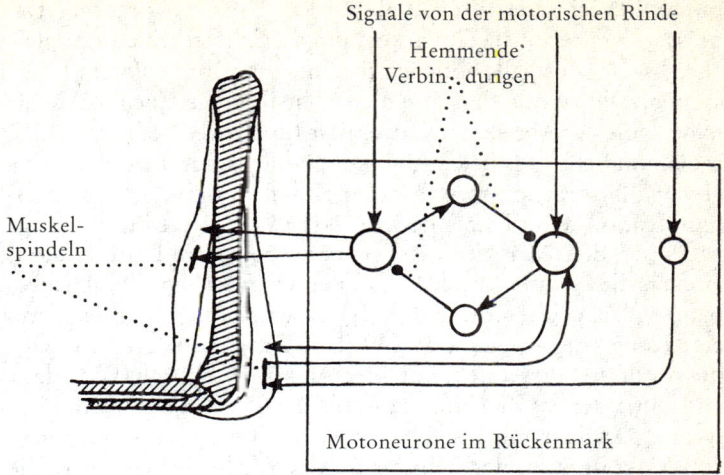

Abb. 11.6: Diagramm des Regelkreises für Bewegungen des Arms: Dargestellt sind nur einige Neurone

denselben Betrag zu setzen. Rückkoppelung von den Spindeln sorgt dann für die Feinabstimmung der groben Kontraktion des Muskels.

Der Reflex, der Ihre Hand von einem heißen Feuerhaken zurückfahren läßt, bevor Sie noch einen Gedanken daran wenden können, beruht darauf, daß die Temperaturrezeptoren in Ihrer Haut mit den Hauptmotoneuronen verdrahtet sind. Wenn die Rezeptoren Hitze verspüren, regen sie die Motoneurone an, die dann den Muskel zu einer unwillkürlichen Kontraktion veranlassen.

Rückkoppelung und Bewegung

Wie wir oben sahen, ist es für einen Roboter schwierig, die Kräfte zu berechnen, die erforderlich sind, um eine Extremität längs einer bestimmten Trajektorie zu bewegen. Eine Möglichkeit, solche Berechnungen zu umgehen, besteht darin, die Rückmeldung auszunützen, die nötig ist, um eine bestimmte Position des Roboters aufrechtzuerhalten. Reibungslose Gelenke vorausgesetzt, müssen Kräfte auf sie einwirken, um die Schwerkraft auszugleichen, weil sonst alle Glieder in eine entspannte Position absacken. Die Größe der an einem Gelenk anzusetzenden Kraft hängt von der Masse der Extremität (und ihrer Teile) ab, doch muß zum Fehlerausgleich Rückkoppelung genutzt werden. Eine etwaige Diskrepanz zwischen der aktuellen und der angestrebten Position wird dann eine Korrektur auslösen. Eine primitive Methode, den Arm eines Roboters zu bewegen, besteht darin, einfach die gewünschte Position neu einzustellen. Die Diskrepanz zwischen dieser und der gegenwärtigen Position löst dann eine Korrekturbewegung aus. Weil die Diskrepanz groß ist, wird die resultierende Kraft ebenfalls groß sein, wodurch die Gefahr entsteht, über das Ziel hinauszuschießen. Die Trajektorie der Bewegung ist dann außerdem unvorhersehbar und unkontrollierbar. Es kommt zu den typischen ruckartigen Bewegungen, die Breaktänzer so lieben.

Eine bessere Methode ist, wie zuvor eine Trajektorie zu berechnen, diese in eine Reihe kleiner Segmente aufzuteilen und den Arm mit Hilfe des Rückkoppelungssystems durch die Anfangspunkte dieser Segmente zu führen. Bei langsamen Bewegungen funktioniert diese Methode zufriedenstellend. Wird jedoch Schnelligkeit verlangt, so können die erforderlichen großen Kräfte nur durch große Diskrepanzen generiert werden, und zielgenaue Bewegungen werden unmöglich. Tatsächlich ist es bei vielen Aufgaben nicht sinnvoll, eine Bewegung allein mittels einer Folge von Positionen zu bestimmen. Wenn aber die Dynamik der Bewegung kontrolliert werden soll, muß eine Reihe von Problemen gelöst werden. Soll ein Roboter zum Beispiel eine Tür öffnen und die Scharniere klemmen, dann wird er es lediglich schaffen, die Klinke von der Tür zu reißen. Es muß sowohl die Position des Arms als auch die Richtung der von ihm ausgeübten Kraft gesteuert werden.

Die für eine ballistische Trajektorie benötigte Kraft ließe sich mit Hintons Wandtafel-Methode berechnen. Für die Berechnungen ist ein internes Modell der Dynamik der Situation erforderlich, ein Modell, dessen Grundlage äußere Objekte sind und nicht eine egozentrische Repräsentation der Winkel der Gelenke. Der

Bezugsrahmen des Modells ist veränderlich, und die Wahl der Achsen sollte sich nach der Natur der Aufgabe richten, so daß etwa die auf die Türklinke einwirkenden Kräfte in allen Richtungen minimiert werden können mit Ausnahme der zum Öffnen erforderlichen Drehung. Idealerweise sollte eine Trajektorie glatt sein, sowenig Kraft wie nötig verwenden und die Gelenke minimal belasten. Die Berechnung einer solchen Trajektorie ist schwierig, weil ihr gesamter Verlauf berücksichtigt werden muß. Doch könnte, falls es nicht möglich ist, alle Berechnungen im voraus durchzuführen, die zur Glättung einer Trajektorie eingesetzte Rückkoppelung als Korrektiv verwendet werden.

Es gibt, wie Hinton darlegt, eine letzte Form von Rückkoppelung, die nicht auf einer Repräsentation beruht, sondern auf der Tatsache, daß die Kraft, die von einer gegebenen Stellung antagonistischer Muskeln erzeugt wird, von dem aktuellen Winkel des Gelenks abhängt. Eine gegebene Rotationskraft beugt den Arm mit einer bestimmten Beschleunigung. Wenn seine Trajektorie hinter dem im Modell intendierten Pfad zurückbleibt, wird ein und dieselbe Muskelkontraktion eine geringfügig andere Kraft erzeugen, weil der Winkel des Gelenks hinter seiner richtigen Position herhinkt. Wegen des anderen Winkels ist die resultierende Kraft größer und bringt den Arm wieder auf seine korrekte Trajektorie. Diese Rückkoppelung ist in der Physik der Situation begründet.

Hierarchie in der Steuerung von Willkürbewegungen

Im 19. Jahrhundert war man der vor allem auf den Neurologen Hughlings Jackson zurückgehenden Ansicht, daß Willkürbewegungen einer hierarchischen Steuerung unterliegen. Wenn Sie beispielsweise beschließen, Fahrrad zu fahren, wird diese bewußte Entscheidung an die Hirnzentren weitergegeben, die für die einzelnen Module dieser Fertigkeit, etwa das Lenken und das Treten der Pedale, verantwortlich sind, und die geben ihrerseits Befehle an die unteren Hirnzentren, die für die Steuerung der Extremitäten verantwortlich sind, und so weiter bis hin zu Befehlen an die motorischen Nerven. Der Aufbau einer solchen

Hierarchie wurden in einer klassischen psychologischen Untersuchung des 19. Jahrhunderts von W. Bryan und N. Harter demonstriert, in der es darum ging, wie Telegraphisten das Morsealphabet erlernen. Man beobachtete nicht eine allmähliche Steigerung ihrer Fähigkeit, sondern nach langem Üben einen ziemlich abrupten Übergang zu einem neuen Grad der Meisterschaft. Zunächst lernen sie, einzelne Buchstaben zu verschlüsseln, dann entwickeln sie eine Fähigkeit, ganze Wörter als Einheiten zu behandeln, und schließlich sind sie in der Lage, ganze Sätze schnell als Einheiten einzutasten. Ein ähnliches Bild ergibt sich beim Erlernen des Maschinenschreibens. Es wird eine Steuerungshierarchie aufgebaut, die von elementaren Einheiten bis zu Bausteinen höherer Ebenen reicht. Der oben von mir beschriebene Prozeß der Blockbildung ergibt genau eine solche Hierarchie.

Abb. 11.7: Ein Robotermechanismus zur Gewinnung statischer Stabilität mit zwei Beinen.

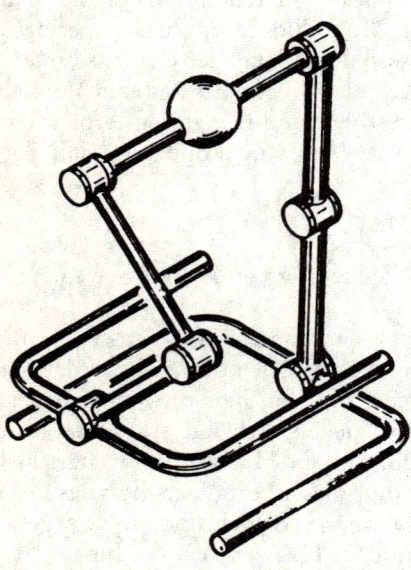

(Aus D. McCloy und M. Harris, *Robotics: an Introduction.* Milton Keynes: Open University Press, 1986, S. 72)

Ein anderes Beispiel der hierarchischen Steuerung bieten das Gehen und andere Formen der Lokomotion. Menschen haben den Dreh heraus, sich fast immer so zu bewegen, daß ihr Schwerpunkt nicht allzu lange von der Senkrechten über ihren Füßen abweicht. Schon Säuglinge haben einen Schreitreflex: Wenn Sie einen Säugling zu sich heranziehen, so daß sein Schwerpunkt vor seine Füße zu liegen kommt, wird er automatisch einen Schritt nach vorn machen, um sein Gleichgewicht wiederzuerlangen. Gehen ist eine Abfolge solcher instabilen Zustände. Auf einfache Weise ist statische Stabilität auf zwei Beinen nur durch große Füße zu gewinnen, wie es der bekannte Mechanismus in Abbildung 11.7 zeigt, der in Spielsachen verwendet wird. Dynamische Stabilität läßt sich dagegen selbst mit einem Bein gewinnen, was einige unternehmungslustige Roboterkonstrukteure bewiesen haben, indem sie einen angetriebenen Springstock bauten, der sein Gleichgewicht dadurch aufrechterhält, daß er immer in die Richtung springt, in die er fällt.

Man sagt, daß Kinder gehen lernen, doch in Wirklichkeit entfaltet sich das motorische Programm nach einem angeborenen Rezept und muß nur zur Feinabstimmung der Bewegungen geübt werden. Das Programm ist hierarchisch organisiert, mit gesonderten Modulen für jedes Bein. Beim Gehen durchläuft das einzelne Bein vier Hauptpositionen: Erst trägt es direkt das Körpergewicht, dann bewegt sich der Körper nach vorn, bis das Bein nach hinten gestreckt ist, daraufhin wird das Bein hochgezogen und dabei im Knie gebeugt, und schließlich wird das Bein vorgestreckt und vor dem Körper aufgesetzt. Beim Rennen ändert sich an dieser Routine erstaunlich wenig. Die Geschwindigkeit, mit der das Knie gebeugt wird, bleibt fast konstant, und nur die Phase, in der sich der Körper über das vordere Bein hinausschwingt, ist erheblich kürzer. Die zeitliche Abstimmung der beiden Beine (und das Schwenken der Arme) muß auf einer höheren Ebene koordiniert werden.

Der Tausendfüßler tut recht daran, sich keine Gedanken darüber zu machen, wie er geht, denn wenn die Zahl der Beine zunimmt, wächst die Anzahl der theoretisch möglichen Gangarten exponentiell. Die verschiedenen Gangarten vierbeiniger Tiere, etwa der Pferde, sind nichts als unterschiedliche Arten, die gesonderten Programme für jedes einzelne Bein auf einer höheren Ebene zu koordinieren. Beim Galopp werden die Vorder- und die Hinterbeine jeweils geschlossen bewegt; beim Trab werden sie abwechselnd bewegt, und das Vorderbein ist jeweils mit dem Hinterbein der anderen Seite synchronisiert; beim Paßgang werden sie abwechselnd bewegt, und das Vorderbein ist jeweils mit dem Hinterbein derselben Seite synchronisiert.

Hierarchie ist besser als Anarchie. Die weiseste Regierung sowohl des Staatskörpers wie des leiblichen Körpers erhält man jedoch durch Rückkoppelung mit den unteren Ebenen. Wie wir bei der Wandtafel-Methode gesehen haben, kann sogar eine *Heterarchie* vorteilhaft sein, in der alle Ebenen gleichermaßen an der Steuerung beteiligt sind. Doch nicht alles kann mit einer solchen Demokratie erreicht werden. Wenn Konflikte entstehen, können die Ansprüche der Beteiligten nicht auf einen Nenner gebracht werden. Eine Aufgabe kann eine andere beeinträchtigen.

Zwei Dinge gleichzeitig tun

Das Ausmaß, in dem Sie zwei verschiedene Dinge gleichzeitig tun können, liefert einen ausgezeichneten Hinweis auf die mentale Organisation. Viele psychologische Untersuchungen haben sich mit diesem faszinierenden Problem befaßt. Gertrude Stein, Urheberin der unvergänglichen Bemerkung »a rose is a rose is a rose«, studierte in Harvard Psychologie und veröffentlichte 1896 einen Aufsatz über das Thema. Sie und ihr Koautor L. Solomons entdeckten, daß man mit einiger Übung aufmerksam einer Geschichte lauschen und gleichzeitig schreiben kann, ohne auf das, was man schreibt, zu achten. Dieses »automatische Schreiben« führte zu fragmentarischen und seltsam repetitiven Sätzen wie »a rose is a rose is a rose«. Die moderne Forschung hat das Phänomen bestätigt: Man kann gleichzeitig zuhören und schreiben, aber nur einem von beiden bewußte Aufmerksamkeit schenken.

Sie denken jetzt vielleicht, wie es einige Psychologen tun, daß die zentrale Exekutive nur eine begrenzte Informationsmenge zu verarbeiten vermag; die Aufgaben stellen unterschiedliche Ansprüche und werden sich daher gegenseitig beeinträchtigen, wenn ihre zusammengenommenen Ansprüche die begrenzte Kapazität der Exekutive übersteigen. Das ist eine unzulässige Vereinfachung. Herbert Heuer und Alan Wing haben ein klares Argument dagegen ins Feld geführt. Nehmen wir drei Aufgaben: mit dem Fuß klopfen, schreiben und zuhören. Mit dem Fuß klopfen und Schreiben beeinträchtigen sich gegenseitig stärker als mit dem Fuß klopfen und Zuhören. Wenn das Argument der begrenzten Kapazität zutrifft, folgt daraus, daß, wenn man mit dem Fuß klopfen durch eine andere Aufgabe wie Sprechen ersetzt, Sprechen und Schreiben einander stärker beeinträchtigen müßten als Sprechen und Zuhören. Diese Vorhersage ist ganz sicher falsch; worauf es ankommt, sind die Wechselbeziehungen zwischen den Aufgaben.

Konflikte können auf jeder Ebene auftreten. Die Konflikte zwischen bewußten Zielen werden auf eine Weise gelöst, die von den eigenen Gefühlen und von einer Willensanstrengung abhängt. Die Frage, wie solche Entscheidungen getroffen werden, möchte ich bis zu den abschließenden Kapiteln dieses Buches zurückstellen. Sobald jedoch verschiedene Ziele miteinander in Einklang gebracht wurden, können Pläne zu ihrer Verwirklichung auf einer hohen Ebene in Gang gebracht werden. Wenn zwei simultane Handlungen in ein und denselben Plan integriert sind, werden sie sich, nachdem dessen Ausführung zu einer automatischen Gewohnheit geworden ist, kaum noch gegenseitig beeinträchtigen. Sie können sehr gut mittels der Wandtafel-Methode der parallelen Berechnung implementiert werden. Probleme kann es geben, wenn zwei voneinander unabhängige Pläne gleichzeitig durchgeführt werden sollen. Neuartige Handlungen erfordern oft eine aufmerksame Überwachung und den bewußten Einsatz von Rückkoppelung. Man kann aber nicht zwei Aufgaben zugleich stetige Aufmerksamkeit schenken. Meist stellt sich daher ein Schaukelverhältnis zwischen ihnen ein: Die gute Erfüllung der einen drückt die Erfüllung der anderen herab. Selbst bei Fertigkeiten, die einem in Fleisch und Blut übergegangen sind, kann es auf einer tieferen Ebene der Hierarchie zum Konflikt kommen, wenn sie Elemente enthalten, die sich auf eine gemeinsame mentale Komponente stützen. Es ist, wie Peter

McLeod gezeigt hat, irritierend, wenn man mit beiden Händen verschiedene Aufgaben auszuführen hat, doch bleibt eine Beeinträchtigung bisweilen aus, wenn eine der Aufgaben verbal statt manuell ausgeführt wird.

Schlußfolgerungen

Das Sehen liefert uns eine dreidimensionale Repräsentation der Welt. Beim Handeln kann uns, wie wir in diesem Kapitel gesehen haben, ein ähnliches Modell, bereichert um dynamische Informationen, helfen, uns durch die Welt zu bewegen und unsere Gliedmaßen zu bestimmten Stellen zu bewegen. Einfache Reflexe beruhen auf den Eigenschaften neuraler Schaltkreise, die Sensoren und Motoneurone im Rückenmark miteinander verbinden. Andere Bewegungen wie das Gehen werden von naturgegebenen Programmen bestimmt. Wieder andere können entweder vorausberechnet und ballistisch ausgeführt oder langsam und mit bewußten Korrekturen an ihren Trajektorien durchgeführt werden. Die Organisation der Bewegung beruht letztlich auf einer Steuerungshierarchie, die aber mit zahlreichen Formen von Rückkoppelung durchsetzt ist. Die Berechnungen auf verschiedenen Ebenen werden parallel ausgeführt, und gelegentlich mögen Informationen von unterschiedlichen Ebenen in ein gemeinsames Repräsentationsschema integriert werden.

Woher kommen die Vorschriften fürs Handeln? Ich sprach von Befehlen, die von der motorischen Rinde herrühren, aber woher kommen *die*? Besteht nicht die Gefahr, daß die Theorie sich auf ein kleines Männchen im Kopf verläßt, das entscheidet, was getan werden soll? Ist es dieser Homunkulus, der das Modell der Welt prüft und eine vernünftige Handlungsweise zu bestimmen sucht? Im nächsten Teil des Buches beginne ich zu zeigen, daß es nicht nötig ist, diesen sonderbaren Geist in der Maschine zu postulieren.

Weiterführende Literatur

Smyth und Wing (1984) haben eine ausgezeichnete Einführung in das Studium der menschlichen Bewegung herausgegeben, die einen Überblick über experimentelle Ergebnisse aus Psychologie, Leibeserziehung und Neurophysiologie gibt. Eine andere Perspektive vermitteln die von Kelso (1982) herausgegebenen Vorträge, darunter drei Kapitel von Turvey und Mitarbeitern über Dinge wie Synergien, das Gehen und die Gangarten von Pferden. Osherson et al. (1990), Band 2, enthält anspruchsvolle Kapitel über die Planung und Steuerung von Arm- und Augenbewegungen. Aleksander und Burnett (1983) ist eine allgemeinverständliche Darstellung der Robotik; McCloy und Harris (1986) ist eine technische Einführung. Die Probleme der Roboterbewegung werden auf einem fortgeschrittenen Niveau diskutiert in Brady, Hollerbach, Johnson, Lozano-Pérez und Mason (1982). Wiener (1947) gibt die erste Darstellung von Rückkoppelung und Kybernetik; Porter (1969) gibt eine Einführung. Handelman, Lane und Gelfand (1989) haben ein Programm entworfen, das einen simulierten Robotermanipulator steuert, der lernt, einen Tennisball zu treffen: Das Programm benutzt explizit strukturierte Regeln, um das Training eines perceptronähnlichen Netzwerks zu überwachen (siehe das vorige Kapitel), und es simuliert den Schritt von der bewußten Steuerung einer Handlung zu deren automatischer Ausführung. Gehende Maschinen, darunter angetriebene Springstöcke, werden beschrieben in Raibert und Sutherland (1983). Eine moderne Nachahmung von Gertrude Steins automatischem Schreiben wurde realisiert von Spelke, Hirst und Neisser (1976).

TEIL IV

Denken

Meine Hypothese ist also, daß das Denken die Realität modelliert oder ihr entspricht – daß sein wesentliches Merkmal nicht »der Geist«, »das Selbst«, »Sinnesdaten« und auch nicht Propositionen sind, sondern Symbole, und daß diese Symbole weitgehend von derselben Art sind wie jene, die wir von mechanischen Maschinen kennen, die beim Denken und Rechnen helfen ...

... Wenn der Organismus ein »verkleinertes Modell« von der äußeren Realität und von seinen eigenen möglichen Handlungen in seinem Kopf hat, dann ist er in der Lage, verschiedene Alternativen auszuprobieren, festzustellen, welche die beste davon ist, auf künftige Situationen zu reagieren, bevor sie eintreten, in der Auseinandersetzung mit Gegenwart und Zukunft das Wissen von früheren Ereignissen zu nutzen und auf die unvorhergesehenen Ereignisse, die auf ihn zukommen, in jeder Beziehung umfassender, sicherer und kompetenter zu reagieren.

Kenneth Craik

12. Kapitel

Deduktion

Denken tritt in einer derart verwirrenden Vielfalt von Formen auf, daß einige Kognitionswissenschaftler jede Hoffnung aufgegeben haben, es zu verstehen. Da ist am einen Ende der freie Fluß der Ideen in Tagträumen. James Joyce schuf auf den letzten Seiten seines großen Romans *Ulysses* den folgenden Bewußtseinsstrom:

> Ja weil er sowas doch noch nie gemacht hat bis jetzt daß er sein Frühstück ans Bett haben will mit zwei Eiern seit dem City Arms Hotel wo er immer so tat wie wenn er wegen seiner kranken Stimme das Bett hüten müßte und den feinen Lackaffen spielte alles bloß um sich bei der alten Ziege interessant zu machen Mrs Riordan von der er dachte er hätte einen dicken Stein im Brett bei ihr und dabei hat sie uns keinen roten Heller hinterlassen alles für Messen weg für sie selber und ihre blöde Seele also sowas von Geizkragen das gibts nicht nochmal wieder wie die sich gesträubt hat die lumpigen 4d für ihren Brennspiritus rauszurücken und dann all ihre Wehwehchen die sie hatte und das ganze Gequatsche über Politik und Erdbeben und das Ende der Welt also erstmal wolln wir uns doch ein bißchen amüsieren ...

Joyce entschied sich dafür, den Monolog von Molly Bloom nicht zu interpunktieren, vielleicht, um dessen flüchtigen und fragmentarischen Charakter einzufangen. Der Prozeß, der Tagträume erzeugt, verläuft rasch, unabhängig vom Willen und – abgesehen von seinen Resultaten – außerhalb der bewußten Wahrnehmung. Sie erinnern sich an eine Episode:

> sie hat uns keinen roten Heller hinterlassen

und die Erinnerung löst ein Urteil aus:

> sowas von Geizkragen

das Sie wiederum an etwas anderes erinnert:

> wie die sich gesträubt hat die lumpigen 4d für ihren Brennspiritus rauszurücken

und so geht es immer weiter. William James hat den Bewußtseinsstrom mit der Flugbahn eines Vogels verglichen, der sich abwechselnd aufschwingt und dann wieder irgendwo niederläßt. Der Gedankenflug in Tagträumen hat jedoch kein Ziel.

Da ist am anderen Ende das Kopfrechnen. Sie steuern Ihre Gedanken willentlich und bewußt. Es ist Ihnen nicht bewußt, wie Sie eine bestimmte arithmetische Tatsache aus dem Gedächtnis abrufen oder wie die Zahlen und Prozesse repräsentiert sind, aber es ist Ihnen bewußt, was vorgeht. Darüber, wie Sie die Berechnung durchführen (oder ob Sie sie überhaupt durchführen), können Sie noch entscheiden, aber wenn Sie sich einmal für eine bestimmte Prozedur entschieden haben, können Sie nicht mehr wählen, was zu tun ist, um die richtige Antwort zu erhalten. Ihr Denken ist deterministisch, und es hat ein präzises Ziel; der nächste Schritt der Berechnung ist jederzeit durch deren aktuellen Stand determiniert.

Das Denken spielt sich wohl überwiegend zwischen diesen beiden Extremen ab. Es hat ein Ziel, aber es wird nicht wie eine Berechnung durchgeführt. Wenn Sie versuchen, eine neue Idee – ein Kunstwerk, eine wissenschaftliche Hypothese oder auch nur etwas so Prosaisches wie eine neue Formulierung – zu kreieren, haben Sie zwar ein Ziel, aber es ist nicht genau definiert: Es gibt nicht nur eine korrekte Antwort, und Sie befolgen nicht eine streng deterministische Prozedur. Verschiedene Menschen packen dasselbe Problem auf unterschiedliche Weise an. Sie selbst könnten, wenn es Ihnen möglich wäre, sich zeitlich zurückzuversetzen und in Unkenntnis Ihres ersten Versuchs einen zweiten zu machen, beim zweiten Mal einen anderen Weg einschlagen. Bei jedem Schritt des Prozesses sind Sie durch nichts auf nur eine Option festgelegt. Er ist kreativ, nicht deterministisch.

Das logische Folgern ist wieder etwas anderes. Wenn Sie vor einem sozialen oder intellektuellen Problem stehen, mögen Sie ein präzises Ziel haben, aber nur selten gibt es ein Routineverfahren, um dorthin zu gelangen. Dennoch können Sie aus gegebenen Prämissen eine Schlußfolgerung ziehen. Angenommen, Ihnen ist die folgende Tatsache bekannt: Wenn Fred bei der Arbeit ist, dann ist er wahrscheinlich in seinem Labor; nun sagt jemand zu Ihnen: »Fred ist bei der Arbeit«. Sie können jetzt Ihr Wissen mit dieser Behauptung verknüpfen und daraus folgern: Er ist wahrscheinlich in seinem Labor. Sie haben eine *Deduktion* vollzogen, und Sie können die Schlußfolgerung in Worte fassen oder auch bloß ihr entsprechend handeln. Folgern verknüpft Prämissen mit einer Schlußfolgerung. Im Falle einer Deduktion wird die Verknüpfung als gültig angesehen, das heißt, wenn die Prämissen wahr sind, muß auch die Schlußfolgerung wahr sein. Gültigkeit bedeutet nicht, daß die Prämissen wahr sind, sondern lediglich, daß, wenn sie wahr sind, auch die Schlußfolgerung wahr ist.

Es gibt andere Formen des logischen Denkens, und hier hilft der Begriff des *semantischen Gehalts,* eine wichtige Unterscheidung zu treffen. Je mehr mögliche Sachverhalte eine Proposition von der Betrachtung ausschließt, desto mehr semantischen Gehalt besitzt sie. So schließt die Behauptung: »Es friert, aber es ist kein Nebel« mehr Sachverhalte aus als die Behauptung: »Es friert«, weil die erstere die Anwesenheit von Nebel ausschließt und die letztere nicht. Bei jeder Art von logischem Denken kann man fragen: Besitzt die Schlußfolgerung mehr semantischen Gehalt als die Prämissen? Genauer: Schließt sie einen zusätzlichen Sachverhalt aus, der über die Sachverhalte hinausgeht, die von den Prämissen ausgeschlossen werden? Wenn nicht, ist die Folgerung eine gültige Deduktion: Ihre Schlußfolgerung ist wahr in jeder Situation, in der die Prämissen wahr sind. Schließt die Schlußfolgerung dagegen mehr Sachverhalte aus, dann ist sie nicht gültig. Die *Induktion* kann definiert werden als eine systematische Art des logischen Denkens, die die gegebene Information vermehrt.

Ich habe nun zwischen fünf wichtigen Spielarten von Denken unterschieden. Tagträume sind mentale Prozesse ohne Ziel. Berechnungen haben ein Ziel und sind deterministisch. Andere Prozesse sind nicht deterministisch. Wenn sie ein präzises Ziel haben, sind es Spielarten des logischen Denkens, die in Deduktion oder Induktion zerfallen, je nachdem, ob sie den semantischen Gehalt vermehren oder nicht. Wenn sie kein präzises Ziel haben, sind es Spielarten der Kreation. Da Sie mitten in einem Tagtraum eine Berechnung durchführen oder mitten in einer Berechnung tagträumen können, sind diese Namen nichts anderes als praktische Bezeichnungen, die die zugrunde liegenden Unterscheidungen ausdrücken. Abbildung 12.1 faßt die Taxonomie zusammen.

Gibt es andere Formen des Denkens? Ich vermute nicht, auch wenn die Taxonomie sich in viele Unterspielarten verfeinern läßt. Über seine beiden Extreme – die Uhren und Wolken des Geistes – werde ich mich nicht mehr äußern, doch werde ich in diesem und den beiden folgenden Kapiteln die Deduktion, die Induktion und die Kreation untersuchen.

Deduktion im Alltag

Wenn Sie in der Zeitung läsen:

> Das Opfer wurde in einem Kino erstochen. Der Verdächtige befand sich zur Tatzeit in einem Schnellzug nach Edinburgh.

würden Sie vermutlich zu dem Schluß gelangen, der Verdächtige sei unschuldig. Dies ist ein typisches Beispiel von Alltagslogik, und es illustriert drei wichtige Phänomene. Erstens stützt es sich nicht nur auf die Prämissen, sondern auch auf Allgemeinwissen, wie zum Beispiel, daß eine Person nicht gleichzeitig an zwei Orten sein kann und daß es in Schnellzügen nach Edinburgh keine Kinos gibt. Sie fügen diese Glieder so schnell und so automatisch in die Schlußkette ein, daß Sie sie kaum bemerken. Daß sie benötigt werden, wurde den Kognitionswissenschaftlern erst klar, als sie Computerprogramme zu entwerfen versuchten, die Diskurs verstehen können. Zweitens haben

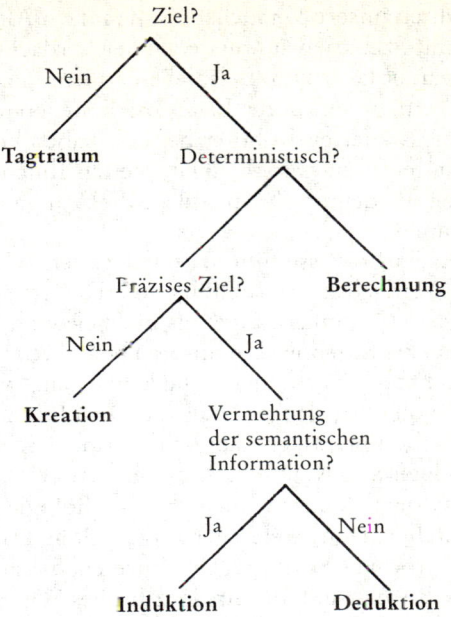

Abb. 12.1: Eine Taxonomie des Denkens.

Sie eine informative Schlußfolgerung gezogen, das heißt eine, die nicht explizit in den Prämissen formuliert ist und die keinen semantischen Gehalt verschenkt. Es gibt unendlich viele gültige Schlußfolgerungen, die aus allen möglichen Prämissen folgen, doch die meisten davon sind völlig trivial, zum Beispiel:

Das Opfer wurde in einem Kino erstochen *und* der Verdächtige befand sich zur Tatzeit in einem Schnellzug nach Edinburgh.

Da die Menschen solche banalen, wenngleich gültigen Schlußfolgerungen nicht ziehen, müssen sie sich von irgendwelchen Prinzipien außerhalb der Logik leiten lassen. Drittens können Sie die Gültigkeit Ihrer Schlußfolgerung überprüfen, wenn sie in Zweifel gezogen wird und als ungültig erscheint. Als Tony Anderson und ich in einem Experiment solche Schlußfolgerungen anfochten, suchten unsere Versuchspersonen nach Alternativen und warteten mit Szenarien auf, in denen der Verdächtige wirklich schuldig war; er hätte zum Beispiel einen Komplizen haben können, oder er hätte ein unter Federdruck stehendes Messer oder einen ferngesteuerten Roboter benutzt haben können. Es gibt eine dritte, teuflische Möglichkeit, die ich Ihnen aber erst später enthüllen werde, um Ihnen Gelegenheit zu geben, selber darauf zu kommen.

Welche mentalen Prozesse führen zu der ersten Schlußfolgerung, daß der Verdächtige unschuldig sei? Das ist schwer zu sagen, weil unsere Gedankengänge uns nicht bewußt sind. Wir können lediglich die Ergebnisse in unseren bewußten Gedanken zur Kenntnis nehmen. Psychologen sind jedoch lange wie selbstverständlich davon ausgegangen, daß die Deduktion auf einer mentalen Logik beruht, welche ähnliche formale Schlußregeln enthält wie ein logisches Kalkül. Letzthin haben sich die Kognitionswissenschaftler jedoch sowohl in der Psychologie wie in der Künstlichen Intelligenz in zwei Lager aufgespalten. Das eine bilden jene, die für formale Schlußregeln eintreten, das andere diejenigen, die für Regeln sind, die ein spezifisches Wissen enthalten. Ich werde diese beiden Denkrichtungen kurz darstellen und dann – ganz in der Tradition des britischen Kompromisses – zeigen, daß beide irren.

Der Formalismus: Nutzung der formalen Logik beim Schließen

Gültigkeit ist ein semantischer Begriff; die moderne Logik enthält Regeln, nach denen nur solche Folgerungen abgeleitet werden können, die gültig sind. Doch die Regeln sind formal und funktionieren auf eine ausschließlich syntaktische Weise, die nicht von den Bedeutungen von Ausdrücken abhängt. Leibniz träumte von einem solchen System, einer *ars combinatoria*, aber realisiert wurde es erst 1879, als Gottlob Frege eine Logik veröffentlichte, die so mächtig ist, daß sich alles über die Mathematik in ihr ausdrücken läßt, eine Logik, die man als Prädikatenlogik oder quantifizierende Logik bezeichnet. Diese Logik umfaßt sowohl die Logik von Sätzen, die durch solche Ausdrücke wie »und«, »oder« und »nicht« verknüpft sind, als auch die innere Logik von Sätzen, die Quantoren wie »alle« und »einige« enthalten.

Nach der in der Psychologie herkömmlichen Ansicht können Menschen gültige Deduktionen aufstellen, weil sie eine formale Logik im Kopf haben. Die Genfer Psychologen Bärbel Inhelder und Jean Piaget behaupteten, das deduktive Denken, das Kinder ihrer Auffassung nach mit etwa dreizehn Jahren beherrschen, sei nichts anderes als ein logisches Kalkül. Es muß jedoch geklärt werden, was hier unter Formalismus verstanden wird.

Betrachten wir das erste Beispiel einer Deduktion, die Sie aufstellen können:

Wenn Fred bei der Arbeit ist, dann ist er wahrscheinlich in seinem Labor.
Fred ist bei der Arbeit.
Folglich ist Fred wahrscheinlich in seinem Labor.

Eine formale Erklärung dessen, was Sie gemacht haben, lautet, daß Sie die Prämissen mit denen einer bekannten formalen Schlußregel verglichen haben:

Wenn p dann q
p
Folglich q

und die entsprechende Schlußfolgerung gezogen haben. Die Lehre der mentalen Logik nimmt also an, daß der deduktive Mechanismus nicht bei den Bedeutungen von Aussagen, sondern bei ihrer abstrakten Form ansetzt. Da ein logisches Kalkül auf viele unterschiedliche Weisen formalisiert werden kann, sind für diese Lehre die entscheidenden Probleme: Welche Logik enthält der Geist, und wie ist sie formalisiert? Da Menschen mit Quantoren arbeiten können, nehmen die meisten Theoretiker an, daß die mentale Logik irgendeine Version der Prädikatenlogik sein müsse. Die Frage ihrer mentalen Formalisierung ist sehr viel schwerer zu beantworten. Ich beginne mit dem Formalismus in Computerprogrammen, die die Prädikatenlogik enthalten.

1936 machte der Logiker Alonzo Church eine wichtige intellektuelle Entdeckung. Er bewies, daß es kein formales Verfahren geben kann, mit dem sich der Status einer Folgerung in der Prädikatenlogik sicher entscheiden läßt. Wenn die Folgerung gültig ist, gibt es mit Sicherheit Verfahren, nach denen sich ein Beweis finden läßt. Wenn sie jedoch nicht gültig ist, kann es geschehen, daß es mit keinem Verfahren gelingt, diese Tatsache aufzudecken – das Verfahren kann sich im »Raum« der Möglichkeiten verirren und ewig darin umherwandern. Ein Computerprogramm muß daher der Feststellung der Gültigkeit einer Folgerung eine zeitliche Grenze setzen, weil man sonst nicht wissen kann, ob es, wenn es loslegt, irgendwann eine Entscheidung auswirft oder ewig weiterrechnen wird. Eine Einsparungsmöglichkeit besteht darin, nur eine einzige formale Schlußregel zu verwenden. Diese Regel mag zunächst unklar erscheinen, doch vereinigt sie in sich vertraute Prinzipien.

Stellen Sie sich vor, es gebe zwei Alternativen, A und B, die beispielsweise bedeuten, daß ich fernsehe beziehungsweise Radio höre, und unterstellen Sie folgendes für den gestrigen Abend als wahr:

Ich sah fern oder ich hörte Radio (oder beides).

(Diese Behauptung und andere dieser Art sind nicht ausschließende Disjunktionen, in denen beide Propositionen wahr sein könnten.) Nun führe ich eine dritte Möglichkeit C, die Zeitung lesen bedeutet, in eine weitere wahre Aussage über mein Verhalten ein:

Ich sah nicht fern oder ich las die Zeitung.

Nun habe ich entweder ferngesehen oder nicht. Wenn ich tatsächlich ferngesehen habe, dann ist der erste Teil dieser neuen Behauptung falsch, und folglich muß der zweite Teil wahr sein:

Ich las die Zeitung.

Und wenn ich nicht ferngesehen habe, ist der erste Teil meiner ersten Behauptung falsch, und daraus können Sie folgern:

Ich hörte Radio.

Da Sie nicht wissen, ob ich ferngesehen habe oder nicht, können Sie gültig nur folgern, daß zumindest eine der beiden folgenden Möglichkeiten zutrifft:

Ich hörte Radio oder ich las die Zeitung.

Die Deduktion besteht, zusammengefaßt, aus den Prämissen:

Ich sah fern oder ich hörte Radio. [A oder B]

Ich sah nicht fern oder ich las die Zeitung [nicht-A oder C]

und der Schlußfolgerung:

Ich hörte Radio oder ich las die Zeitung. [B oder C]

Wenn Sie ihre abstrakte Form betrachten, werden Sie bemerken, daß sie einem einfachen Prinzip gehorcht. Wann immer eine Proposition und eine andere, mit ihr nicht zu vereinbarende in verschiedenen nicht ausschließenden Disjunktionen vorkommen, heben sie sich gegenseitig auf, und die Schlußfolgerung ist eine Disjunktion dessen, was übrigbleibt. Man bezeichnet dieses Prinzip als »Auflösungs«-Schlußregel [resolution rule of inference]. Es reicht aus, um jede Folgerung in der Prädikatenlogik abzuleiten, mag es auch manchmal nötig sein, es in einer und derselben Ableitung viele Male anzuwenden.

Bevor die Auflösungsregel [resolution rule] angewandt werden kann, müssen alle Prämissen in Disjunktionen umgewandelt werden, und es muß etwas mit den Quantoren geschehen, die darin eventuell vorkommen. Diese technischen Probleme sind leicht zu lösen. Die Programmiersprache PROLOG, für die sich die Japaner in ihrem Bemühen um eine »fünfte Generation« intelligenter Computer entschieden haben, beruht denn auch auf einer Kombination der Auflösungsmethode [resolution method] und des *backtracking* (siehe 9. Kapitel).

Die Auflösung [resolution] ist intelligent, aber künstlich. Sie liefert den Kognitionswissenschaftlern lediglich einen Vergleichsmaßstab, denn es ist schwerlich zu erwarten, daß die Menschen alle Prämissen in eine normgerechte disjunktive Form übersetzen und nur eine einzige Schlußregel verwenden. Plausibler ist die Vermutung, daß der Geist eine Logik enthält, in der jeder logische Ausdruck seine eigenen formalen Schlußregeln hat. So dürfte das Bindewort »wenn« die zuvor beschriebene Regel I haben, und es wird andere Regeln für »und«, »oder« und die Quantoren »alle« und »einige« geben. Martin Braine, Daniel Osherson, Lance Rips und andere (darunter einmal auch ich) haben unterschiedliche Ansichten darüber vertreten, welche Regeln der Geist enthält. Wenn Menschen versuchen, formal zu folgern, dann kann, wie Rips gezeigt hat, ihr Verhalten bis zu einem gewissen Grad von einem Programm, das Regeln verwendet, nachgeahmt werden.

Es gibt jedoch mit rein formalen Theorien des menschlichen Denkens einige schwerwiegende Probleme. Erstens erlaubt, wie ich schon erwähnte, die formale Logik, aus beliebigen Prämissen unendlich viele verschiedene gültige Schlußfolgerungen zu ziehen. Doch die Menschen sind kleinlich, wenn es darum geht, Schlußfolgerungen zu ziehen, und oft ziehen sie es vor, gar keine Schlußfolgerung zu ziehen, wenn aus den Prämissen nichts Neues folgt. Man wird formale Theorien zumindest um einige semantische Prinzipien ergänzen müssen, um die Schlußfolgerungen zu erklären, die von Menschen tatsächlich gezogen werden. Zweitens werden menschliche Denker [im Gegensatz zu Maschinen – d. Ü.] vom semantischen Gehalt von Problemen beeinflußt. Eine derartige Wirkung, die Peter Wason und seine Kollegen beobachtet haben, besteht darin, daß der Inhalt die folgende Aufgabe beeinflussen kann. Man legt Ihnen vier Karten vor, auf denen »A«, »B«, »2« und »3« steht. Sie wissen aus früherer Erfahrung, daß jede Karte in dem Pack, aus dem sie gezogen wurden, auf der einen Seite einen Buchstaben und auf der anderen eine Zahl trägt. Sie sollen entscheiden, welche Karten Sie umdrehen müssen, um festzustellen, ob die folgende Regel wahr oder falsch ist:

Wenn auf der einen Seite einer Karte ein Vokal steht, dann steht auf der anderen eine gerade Zahl.

Die meisten Menschen entscheiden sich dafür, die Karte mit dem »A« umzudrehen, und einige wählen zusätzlich die Karte mit der »2« aus. Kaum einer wählt jedoch die Karte mit der »3«, obwohl sie doch, wenn sie auf der anderen Seite einen Vokal trüge, die

Regel falsifizieren würde. Für diesen Unterlassungsfehler sind die Menschen sehr viel weniger anfällig, wenn die Regeln und Materialien einen sinnvollen Inhalt haben, wenn sie zum Beispiel postalische Vorschriften betreffen (siehe unten). Der Inhalt eines Problems kann also das logische Denken beeinflussen, was im Widerspruch zu der Vorstellung steht, die man sich von formalen Schlußregeln macht.

»Expertensysteme« und Schlußregeln mit einem spezifischen Inhalt

Die Auswirkungen des Inhalts wären auf Anhieb klar, wenn mentale Schlußregeln einen spezifischen Inhalt hätten. Eine Person, die das folgende Wissen besäße:

> Wenn ein Brief mit einer Briefmarke von weniger als 50 Lire versehen ist, darf er nicht versiegelt werden.

könnte die postalische Version von Wasons Auswahlaufgabe ohne Schwierigkeiten erfüllen. Da bei der abstrakten Version mit Buchstaben und Zahlen ein solches Wissen nicht verfügbar ist, wird die Leistung dürftig bleiben. Solche Regeln stellen Bedingungen dar, die im Rahmen eines Produktionssystems repräsentiert sein können (siehe 9. Kapitel), und man hat entsprechende Computerprogramme entwickelt, die Aspekte menschlichen Fachwissens einfangen. Ihre Schlußregeln haben einen spezifischen Inhalt, der von menschlichen Experten bereitgestellt wurde. Die so geschaffenen »Expertensysteme« helfen bei der ärztlichen Diagnose, beim molekularen Aufbau von chemischen Verbindungen, bei der Frage, wo man nach Öl bohren soll, und in einigen anderen Bereichen. Ein solches Programm sucht sich seinen Weg durch die Regeln und wirft eine Lösung für spezielle Probleme aus, die der Benutzer des Programms eingibt.

Expertensysteme verwenden ganz unterschiedliche Programme des logischen Folgerns. Einige benutzen die bedingten Regeln und schließen aus den Ausgangsdaten aufsteigend auf deren Konsequenzen, die dann weitere Regeln auslösen können, die es erlauben, weitergehende Schlußfolgerungen zu ziehen, und in diesem Sinne geht es weiter, bis das Programm eine abschließende Diagnose ausgibt. Andere Programme schließen absteigend aus Hypothesen bezüglich der Diagnose auf spezifische Vorhersagen bezüglich der Daten. Manche Programme arbeiten mit der Wahrscheinlichkeit von Hypothesen und der bei einer angenommenen Hypothese bestehenden Wahrscheinlichkeit von speziellen Beobachtungen. Bei gegebenen Daten kann das Programm auf der Grundlage eines bekannten Prinzips der Wahrscheinlichkeitsrechnung, des Satzes von Bayes, die wahrscheinlichste Hypothese ermitteln. In vielen Expertensystemen kann der Benutzer fragen, warum ein bestimmtes Datum verlangt wird oder wie es zu einer bestimmten Diagnose gelangt ist. In manchen kann der Benutzer sogar die bedingten Regeln verändern. Doch unabhängig von der Methode ist ein System immer nur so gut wie das in ihm steckende Wissen, und dieses Wissen explizit zu formulieren, ist eine schwierige Aufgabe, weil ein Großteil davon nicht unmittelbar der Introspektion zugänglich ist.

Es gibt zwar unübersehbare Unterschiede zwischen den heutigen Expertensystemen und menschlichen Experten – und sei es nur, daß die letzteren bessere Entschuldigungen erfinden, wenn sie sich geirrt haben –, aber dennoch sind Patricia Cheng und Keith Holyoak der Ansicht, daß der Geist inhaltsspezifische Schlußregeln enthält. Als umfassende Theorie des logischen Denkens hat die Hypothese jedoch einen entscheidenden Mangel. Sie stellt keinen Mechanismus bereit für die allgemeine Fähigkeit, Schlußfolgerungen zu ziehen – und Menschen können ja auch in Bereichen, in denen sie nicht bewandert sind, zu gültigen Deduktionen gelangen. Inhaltsspezifische Regeln entfernen sich zu weit von formalen Regeln. Was wir brauchen, ist das Beste aus beiden Welten: allgemeine Fähigkeit, verbunden mit Empfindlichkeit für den Inhalt.

Mentale Modelle beim logischen Denken

Menschen verstehen die Bedeutung von Aussagen, und daher ist es eine merkwürdige Annahme, daß sie beim logischen Denken auf ihre Intelligenz verzichten und mit formalen Regeln arbeiten, die rein syntaktisch sind. Es gibt in der Tat ein semantisches Verfahren, daß sie für deduktive Überlegungen nutzen können. Eine Folgerung ist gültig, wenn, vorausgesetzt, ihre Prämissen sind wahr, ihr Schluß nicht falsch sein kann. Man kann daher eine gültige Folgerung auch in der Weise vollziehen, daß man sich die von den Prämissen beschriebene Situation vorstellt, daraufhin eine informative Schlußfolgerung formuliert, die in dieser Situation wahr ist, und schließlich prüft, ob die Schlußfolgerung in irgendeiner Beziehung falsch sein könnte. Sich eine Situation vorzustellen heißt, wie ich ausgeführt habe, ein »mentales Modell« in dem Sinne zu konstruieren, wie es Kenneth Craik in dem Zitat am Beginn dieses Teils vorschwebt. Also bilden Sie ein Modell, das sich auf die Bedeutung, nicht auf die syntaktische Form der Prämissen sowie auf allgemeines Wissen stützt, das durch ihre Interpretation aufgerufen wird. Dann ziehen Sie, sofern das möglich ist, aus dem Modell eine Schlußfolgerung, die nicht explizit in den Prämissen formuliert ist und die nicht den semantischen Gehalt des Modells verwirft. Schließlich suchen Sie nach alternativen Modellen der Prämissen, die die Schlußfolgerung widerlegen. Wenn es keine gibt, ist die Schlußfolgerung gültig.

Logiker sind mit solchen »modelltheoretischen« Vorgehensweisen vertraut. Psychologisch wird die Sache dadurch kompliziert, daß es gewöhnlich viele alternative Situationen gibt, die sich mit den Prämissen vereinbaren lassen. Wie können Sie, wenn ich Ihnen sage, daß sich in einem Raum einige Wissenschaftler und einige Skeptiker befinden und daß außerdem

> alle Wissenschaftler Skeptiker sind,

ein einziges Modell bilden, das all die verschiedenen Hinsichten, in denen meine Aussage wahr sein könnte, einfängt? Philosophen haben sich jahrhundertelang mit diesem Problem herumgequält, in Gestalt der Frage, wie es möglich sein könne, daß ein geometrischer Beweis sich auf nichts anderes stützt als auf eine einzige Zeichnung. Die Antwort lautet in beiden Fällen, kühne Annahmen zu machen, die später notfalls revidiert werden können. Sie können sich also vorstellen, daß die betreffende Menge von Wissenschaftlern sich aus, sagen wir mal, nur zwei Individuen zusammensetzt:

    Wissenschaftler
    Wissenschaftler

Vielleicht gehören Sie zu jener Sorte Menschen, die sich zwei Personen im weißen Kittel und mit Reagenzgläsern in der Hand lebhaft vorstellen können; die Theorie geht freilich davon aus, daß es nicht auf Ihr subjektives Erleben ankommt, sondern auf die Struktur des Modells, die Ihrer bewußten Inspektion unter Umständen nicht zugänglich ist: Eine endliche Menge mentaler Symbole repräsentiert eine endliche Menge von Individuen. Da die Prämisse behauptet, daß alle anwesenden Wissenschaftler Skeptiker seien, müssen Sie diese Information in Ihr Modell einbeziehen. Das kann auf verschiedene Weise geschehen, etwa so, daß man sich zwei Wissenschaftler vorstellt:

    [Wissenschaftler] Skeptiker
    [Wissenschaftler] Skeptiker

wobei die Klammern andeuten, daß die Wissenschaftler vollständig und erschöpfend dargestellt wurden: Es gibt keinen Wissenschaftler, der nicht ein Skeptiker wäre; da aber die Skeptiker nicht erschöpfend dargestellt wurden, könnte man einen Skeptiker, der nicht Wissenschaftler ist, in das Modell aufnehmen. Wenn ferner die Prämisse gegeben ist »Adam ist einer der Wissenschaftler«, können Sie diese Information in das Modell einbeziehen:

    Adam [Wissenschaftler]   Skeptiker
    [Wissenschaftler]   Skeptiker

Ihre nächste Aufgabe ist, in dem Modell eine Relation zu finden, die nicht explizit in den Prämissen ausgedrückt war, und eine Schlußfolgerung zu formulieren, um sie auszudrücken:

    Adam ist ein Skeptiker.

Schließlich müssen Sie nach einem alternativen Modell der Prämissen suchen, das diese Schlußfolgerung falsifiziert. Wenn es ein solches Modell nicht gibt, ist Ihre Schlußfolgerung gültig;

wenn Sie ein solches Modell nicht finden können, Ihre Suche aber nicht erschöpfend ist, dann *könnte* die Schlußfolgerung gültig sein; wenn Sie ein solches Modell finden, ist Ihre Schlußfolgerung nicht gültig, und Sie müssen das neue Modell zusammen mit etwaigen früheren daraufhin prüfen, ob sie eine neue Schlußfolgerung stützen, diese Schlußfolgerung müssen Sie dann wiederum prüfen, usw. usf.

Das Beispiel stützt sich nicht auf allgemeines Wissen, das Modell ist endlich, und Sie können leicht feststellen, daß die Prämissen nicht eine Variante des Modells stützen, die die Schlußfolgerung falsifiziert. Die Schlußfolgerung ist also gültig.

Die zentrale Vorhersage dieser Theorie liegt auf der Hand: Je größer die Anzahl der unterschiedlichen Modelle, die konstruiert werden müssen, um eine gültige Folgerung zu ziehen, desto schwerer wird die Aufgabe. Hier ein Beispiel für eine schwierige Folgerung.

Stellen Sie sich vor, in einem Raum seien einige Archäologen, Biologen und Schachspieler, und die folgenden Behauptungen seien wahr:

Keiner der Archäologen ist ein Biologe.
Alle Biologen sind Schachspieler.

Was für gültige Folgerungen sind daraus zu ziehen, sofern überhaupt etwas daraus folgt? Wenn Sie Ihre deduktiven Fähigkeiten testen wollen, sollten Sie Ihre Antwort zu Papier bringen. Kaum jemand beantwortet die Frage richtig; die richtige Antwort erfordert, richtig begründet, die Konstruktion von mehr als einem Modell. Hier das erste Modell:

[Archäologe] — Biologe
[Archäologe] — Biologe
          [Biologe]   Schachspieler
          [Biologe]   Schachspieler

Der Versuchsteilnehmer denkt sich irgendeine Anzahl von Archäologen und stellt sie als Nicht-Biologen dar (angedeutet durch »—«). Die zweite Prämisse verlangt, daß jeder Biologe als Schachspieler identifiziert wird. Natürlich können auch Schachspieler da sein, die keine Biologen sind. Sie sind zugelassen aufgrund der Tatsache, daß die Schachspieler nicht erschöpfend dargestellt sind. Den Versuchsteilnehmern fällt jedoch zunächst nicht auf, daß ein Schachspieler Archäologe sein könnte. Dieses erste Modell ergibt eine informative Schlußfolgerung:

> Keiner der Archäologen ist Schachspieler. (60%)

In Klammern ist der Anteil der Studenten angegeben, die als Teilnehmer an einem unserer ersten Experimente diese Schlußfolgerung zogen. Wird das Modell entgegen der Richtung, in der es konstruiert wurde, geprüft – eine relativ schwierige Prozedur –, ergibt es die umgekehrte Schlußfolgerung:

> Keiner der Schachspieler ist Archäologe. (10%)

Diese Schlußfolgerungen sind beide ungültig, da sie durch ein zweites Modell widerlegt werden können:

> [Archäologe] — Biologe
> [Archäologe] — Biologe   Schachspieler
> [Biologe]   Schachspieler
> [Biologe]   Schachspieler

Die beiden Modelle zusammen stützen die Schlußfolgerung:

> Einige der Archäologen sind keine Schachspieler. (10%)

Schließlich wird diese Schlußfolgerung durch ein drittes Modell widerlegt:

> [Archäologe] — Biologe   Schachspieler
> [Archäologe] — Biologe   Schachspieler
> [Biologe]   Schachspieler
> [Biologe]   Schachspieler

und so können Versuchsteilnehmer durchaus zu der Ansicht gelangen:

> Es existiert keine gültige Schlußfolgerung. (20%)

Tatsächlich existiert, wenn man die Modelle in der Gegenrichtung prüft, eine Schlußfolgerung, die in allen drei gilt:

> Einige der Schachspieler sind keine Archäologen. (0%)

Dies ist die einzige gültige Schlußfolgerung, die die beiden Ausdrücke miteinander verknüpft, und die Schwierigkeit, sie zu ziehen, wird von der Theorie klar vorhergesagt.

Ruth Byrne, Walter Schaeken und ich haben gezeigt, daß die Modell-Theorie auch Gedanken erklären, die von solchen Bindewörtern wie *nicht*, *wenn*, *und* und *oder* abhängen. Eine disjunktive Behauptung wie:

> An der Tafel gibt es ein Dreieck oder einen Kreis oder beides

kann durch drei mentale Modelle der verschiedenen alternativen Möglichkeiten dargestellt werden:

```
  △         ○
  △        —○
 —△         ○
```

wobei jede Zeile für ein eigenes Modell und »—« für die Negation steht. Die weitergehende kategorische Behauptung:

> An der Tafel gibt es kein Dreieck

schließt die beiden ersten Modelle aus, und es bleibt nur das dritte:

```
 —△         ○
```

woraus folgt:

> Es *gibt* einen Kreis.

Man kann diese Deduktion herleiten, wenn man die Bedeutung der disjunktiven Prämisse begriffen hat, und braucht dafür keine formale Regel des disjunktiven Folgerns. Die Theorie sagt vorher, daß ausschließende Disjunktionen (»Es gibt ein Dreieck oder einen Kreis, aber nicht beides«), die nur zwei Modelle benötigen, einfacher sein werden als nicht ausschließende Disjunktionen, die drei Modelle benötigen. Wir haben dies und andere starke Vorhersagen der Theorie bestätigt.

Die Theorie wurde in mehreren Computerprogrammen implementiert, die keinen Gebrauch von formalen oder inhaltsspezifischen Schlußregeln machen. Sie beruhen vielmehr auf Prozeduren, die aus den Bedeutungen der Prämissen Modelle konstruieren und die Modelle abtasten, um informative Beschreibungen von ihnen zu erstellen. Diese Aufgaben sind einfach zu programmieren für bestimmte Bereiche, zum Beispiel räumliche Beziehungen und Folgerungen, die nur auf den Bedeutungen von Bindewörtern und Quantoren beruhen. Wo immer es möglich ist, die Bedeutung von Ausdrücken zu erklären, also zu erklären, wie Modelle von ihnen konstruiert werden können, kann die Theorie unmittelbar auf logische Prozesse in dem Bereich angewandt werden.

Schlußfolgerungen

Es ist möglich, daß Menschen sich beim Denken aller drei von mir beschriebenen Methoden bedienen – formaler Schlußregeln, inhaltsspezifischer Regeln und mentaler Modelle. Das ist freilich eine Hypothese, die weder ökonomisch noch leicht zu überprüfen ist. Der sparsamste von den drei Ansätzen ist derjenige, der sich auf mentale Modelle stützt. Das Sehen liefert mentale Modelle, und die Steuerung der Bewegungen beruht auf mentalen Modellen. Im folgenden werde ich außerdem begründen, daß das Verstehen von Diskursen zu Modellen der beschriebenen Sachverhalte führt. Dank der Sprache können Menschen die Welt aus zweiter Hand erfahren, da sie sich aufgrund einer Beschreibung eine Vorstellung von ihr machen können. Diese Beschreibung wiederum wird von dem Weltmodell des Sprechers hervorgebracht. Abgesehen von den Prozeduren, die Modelle in Wörter und Wörter in Modelle übersetzen, benötigt man für eine Erklärung der Deduktion lediglich die Maschinerie, die nach Modellen sucht, welche Gegenbeispiele zu vermeintlichen Schlußfolgerungen sind. Zwar könnte der Geist außerdem mit formalen oder inhaltsspezifischen Schlußregeln ausgestattet sein, doch besteht kein hinreichender Grund, diese zu postulieren.

Die Theorie hat weitere Vorzüge. Sie erklärt sowohl die logische Kompetenz – die menschliche Begabung zu rationalem Denken – als auch Fehler in der praktischen Anwendung. Fehler können durch den Engpaß entstehen, den das Arbeitsgedächtnis darstellt. Es kann an seiner begrenzten Kapazität liegen, wenn ein Denkender nicht alle Modelle, die Gegenbeispiele zu einer Schlußfolgerung sein könnten, generiert oder im Gedächtnis behält. Die falschen Schlußfolgerungen, die Versuchspersonen in experimentellen Untersuchungen ziehen, sind im Einklang mit dieser These. Immer wieder tragen sie Schlußfolgerungen vor, die sich nur mit einigen der möglichen Modelle der Prämissen vereinbaren lassen. Die Theorie liefert außerdem einen einheitlichen Mechanismus für verschiedene Arten von Folgerungen und für die Effekte des Inhalts. Besonders die Information, die Ihnen im Alltag zur Verfügung steht, reicht oft für eine gültige Schlußfolgerung nicht aus. Dennoch können Sie sich, wie im Falle des Mords im Kino, einen Sachverhalt vorstellen, der den verfügbaren Fakten entspricht. Sie können aus diesem Modell eine Schlußfolgerung ziehen und dann im Lichte alternativer Modelle deren Wahrscheinlichkeit abschätzen. Falls Sie eine teuflische Phantasie haben, sind Sie vielleicht sogar auf das folgende Szenario gekommen, das ich zu enthüllen versprach: Der Mörder gab dem Opfer die posthypnotische Suggestion ein, sich während einer besonders spannenden Szene des Films selbst zu erdolchen.

Theorien, die auf formalen Schlußregeln basieren, sind noch nicht in der Lage, einerseits die eigentümlichen Fehler, die beim logischen Denken gemacht werden, und andererseits die vielen täglichen Folgerungen, die nicht deduktiv begründet sind, zu erklären. Sie stoßen außerdem auf eine weitere Schwierigkeit. Möglicherweise gibt es keine formalen Regeln, welche die Menschen ohne Rücksicht auf den Inhalt der Prämissen zu befolgen bereit sind. Die zuvor angeführte Regel:

>   Wenn p dann q
>   p
>   Folglich q

halten die meisten Formalisten für unverzichtbar. Doch wie meine frühere Kollegin Ruth Byrne gezeigt hat, halten Menschen, denen man die Prämissen

>   Wenn Philip interessiert ist, hat die Queen abgedankt
>   Philip ist interessiert

vorgibt, eine Folgerung kaum für berechtigt. Daß die Queen abgedankt hat, braucht nicht gefolgert zu werden – es wird im zweiten Teil der Bedingung behauptet. Andererseits ist, wie meine Kollegin Ruth Byrne gezeigt hat, von Menschen, denen man die Prämissen

> Wenn es regnet, wird sie naß werden
> Es regnet

vorgibt, nicht zu erwarten, daß sie die Schlußfolgerung

> Sie wird naß werden

ziehen, wenn man ihnen außerdem gesagt hat:

> Wenn sie einen Spaziergang macht, wird sie naß werden.

Diese zusätzliche Prämisse bringt die Leute vermutlich auf die Idee, daß es durchaus regnen kann, ohne daß sie naß wird, sofern sie keinen Spaziergang macht. Dieses Phänomen ist leicht zu erklären, wenn man annimmt, daß die Menschen sich Sachverhalte vorstellen, weil die zusätzliche Prämisse sie für Möglichkeiten sensibilisiert, die in den ursprünglichen Prämissen nicht explizit behauptet wurden.

Weiterführende Literatur

Hunter (1977) beschreibt die mentale Arithmetik eines mathematischen Wunderkindes. Der Begriff des semantischen Gehalts wurde entwickelt von Bar-Hillel und Carnap (1952); für seine Anwendung in einer Analyse des logischen Denkens siehe Johnson-Laird (1983, 2. Kap.). Die Folgerungen, die nötig sind, um Diskurs zu verstehen, werden in Teil V von Johnson-Laird und Wason (1977) diskutiert. Jeffrey (1981) ist die beste Einführung in die Logik. Kneale und Kneale (1962) beschreiben Leibniz' Bemühen um eine *ars combinatoria* und Freges Werk. Robinson (1970) beschreibt das Verfahren, Theoreme durch Auflösung zu beweisen [resolution theorem-proving], in technischen Einzelheiten. Es gibt eine rapide wachsende Literatur über Expertensysteme: Feigenbaum und McCorduck (1984) bieten eine Einführung voller Bekehrungseifer, Michie (1979) ein Buch mit Vorträgen. Engel (1991) ist eine ausgezeichnete Einführung in die Philosophie der Logik. Manktelow und Over (1990) diskutieren die Schlußfolgerung aus philosophischer und psychologischer Sicht. Evans (1989) beschreibt die Rolle der Heuristik im logischen Denken, und Stich (1990) verficht eine pragmatische Analyse der menschlichen Rationalität. Wason (1983) und Griggs (1983) schildern die Untersuchung der Auswahlaufgabe. Für eine Verteidigung von Theorien formaler Regeln siehe Smith, Langston und Nisbett (1992). Für eine Darstellung der Theorie der mentalen Modelle siehe Johnson–Laird und Byrne (1991). Bara, Carassa und Germiani (1984) modellieren die Anwendung der Theorie auf die Alltagslogik.

13. Kapitel

Induktion, Begriffe und Wahrscheinlichkeit

Die Entdeckung des Penicillins begann mit einer einzelnen Beobachtung. Sir Alexander Fleming bemerkte, daß die Bakterien in einer Kulturschule, die einige Wochen herumgelegen hatte, vernichtet waren. Eigentlich war es eine Verkettung von Zufällen, die zu ihrer Vernichtung geführt hatte. »Der Zufall«, hat Pasteur gesagt, »begünstigt den vorbereiteten Geist.« Fleming war vorbereitet. Er wußte, daß die Bakterien widerstandsfähig waren, und so folgerte er, daß etwas sie getötet haben mußte:

Ereignisse dieser Art kommen normalerweise nicht vor.
Ein Ereignis dieser Art ist vorgekommen.
Folglich gibt es eine Kraft, die das Ereignis verursacht hat.

Die Folgerung vermehrt den semantischen Gehalt, da sie mehr Sachverhalte ausschließt als ihre Prämissen (siehe das vorige Kapitel). Es ist eine *Induktion*. Die Berufung auf eine kausale Kraft ist eine erklärende Vermutung, doch man bekommt nichts umsonst, und der Preis für die Vermehrung des semantischen Gehalts besteht darin, daß der Schritt möglicherweise nicht gerechtfertigt ist. Der Staat sollte uns vor Induktionen warnen.

Ein Mädchen von sechzehn Monaten schnappt in einer Situation, in der Schnee bezeichnet wird, das Wort »Schnee« auf. In den Folgemonaten verwendet die Kleine, wie Melissa Bowerman beobachtet hat, das Wort für: Schnee, den weißen Schwanz eines Pferdes, den weißen Teil eines Spielzeugschiffchens, ein weißes Flanellbettuch und eine Milchpfütze auf dem Fußboden. Sie bildet sich die Meinung, daß »Schnee« sich auf Dinge bezieht, die weiß sind, oder auf horizontale weiße Flächen, und sie wird nach und nach ihren Begriff verfeinern, so daß er mit dem der Erwachsenen übereinstimmt. Das zugrunde liegende Verfahren ist ebenfalls induktiv. Wir alle fahren unser Leben lang fort, Induktionen aufzustellen, wenn wir uns eine Meinung über Klassen von Menschen und Ereignissen und über die Bedeutung von Ausdrücken bilden.

Unter der Anleitung eines hilfsbereiten Doktors untersuchen Sie einige Pockenfälle. Ihnen fällt auf, daß jeder Patient vorher Kontakt mit jemandem hatte, der an dieser Krankheit litt. Sie überlegen daher:

> Patient A hatte Kontakt mit einem Pockenfall, und A hat Pocken.
> Patient B hatte Kontakt mit einem Pockenfall, und B hat Pocken.
> Und so weiter ...
> Folglich werden wahrscheinlich alle, die Kontakt mit einem Pockenfall haben, die Krankheit bekommen.

Die Folgerung ist eine Induktion: Sie geht von einer endlichen Anzahl von Beispielen zu einer Schlußfolgerung über jedes Mitglied einer Klasse über.

Nach Ansicht des Physiologen Horace Barlow ist der menschliche Cortex in der Lage, Modelle von der Umwelt zu bilden, weil seine Zellen imstande sind, unter den Nachrichten, die sie empfangen, »verdächtige Zufälle« aufzuspüren: Sie können induktive Schlüsse ziehen. Die Induktion ist wichtig, und dieses Kapitel handelt von ihren grundlegenden Operationen, ihrer Erforschung im psychologischen Labor und ihrer Implementierung in Computerprogrammen. Der Begriff des semantischen Gehalts liefert dazu einen Bezugsrahmen, der die grundlegenden induktiven Operationen klarstellt. Er liefert ferner eine generelle Beschränkung, von der Menschen vermutlich beim induktiven Denken Gebrauch machen. Eine andere Quelle von Beschränkungen ist die Kenntnis eines spezifischen Bereichs. Das Kapitel schließt mit der Frage, was geschieht, wenn es uns an Wissen fehlt, insbesondere an der Kenntnis der Wahrscheinlichkeitstheorie.

Generalisierung und Spezialisierung in der Induktion

Philosophen sind in der Rechtfertigung der Induktion sehr bewandert. Ihre Induktion hinsichtlich der Pocken erscheint begründbar, doch stützt ihr Tatsachenmaterial, wenn ich hier ein Argument von Nelson Goodman verwenden darf, auch die folgende Schlußfolgerung:

> Wahrscheinlich wird jeder, der Kontakt mit einem Pockenfall hat, bis zum Jahr 2000 die Krankheit bekommen, und danach wird er wahrscheinlich Masern bekommen.

Diese Folgerung ist natürlich albern, aber warum? Weil – so werden Sie vielleicht sagen – wir wissen, daß Krankheiten ihre Flecken ebensowenig wechseln wie Leoparden. Aber woher wissen wir das? Wenn Sie nicht aufpassen, entschlüpft Ihnen vielleicht die Erwiderung: »Weil alle unsere Beobachtungen diese Behauptung stützen.« Leider lassen sich alle unsere Beobachtungen genauso mit der Behauptung vereinbaren, daß Pocken bis zum Jahr 2000 Pocken bleiben und sich danach in Masern verwandeln werden.

Man kann auf das Problem der Rechtfertigung in der Weise reagieren, daß man die Induktion rundheraus verwirft. Sir Karl Popper ist der Ansicht, die Wissenschaft beruhe nicht auf Induktion, sondern auf erklärenden Vermutungen, die empirisch widerlegbar sind. Und woher kommen die Vermutungen? Popper sagt, das sei gleichgültig – sie könnten von überall her kommen. Da nicht alle Vermutungen gleichermaßen vernünftig sind und viele von ihnen offenbar auf Induktion beruhen, ist das Problem nicht auf diese Weise zu erledigen. Welches sind also die psychologischen Mechanismen der Induktion?

Es gibt viele mögliche Vorgehensweisen, die sich aber im wesentlichen auf John Stuart Mills Regeln der Induktion reduzieren lassen, die ihrerseits auf die Formulierung von Sir Francis Bacon zurückgehen. Sie laufen letztlich auf zwei zentrale Ideen hinaus. Erstens: Wenn positive Beispiele für ein Phänomen in nur einem Merkmal übereinstimmen, dann ist dieses vermutlich von großer Bedeutung. Zweitens: Wenn positive und negative

Beispiele sich in nur einem Merkmal unterscheiden, dann ist dies entscheidend.

Eine induktive Vermutung kann weit von der Wahrheit entfernt sein, weil sie sich noch nicht einmal auf sachlich angemessene Ideen stützt, wie zum Beispiel: »Pocken sind eine Strafe für Gotteslästerung«. Wenn aber das schwerste Problem gelöst ist, wenn also unter den vorgeschlagenen Ideen tatsächlich angemessene Vorstellungen sind, kann es in zweierlei Hinsicht erforderlich sein, eine Induktion zu revidieren. Das läßt sich an Ihrer Hypothese, Kontakt mit Pocken führe zu der Krankheit, illustrieren. Zum einen kann die Hypothese zu allgemein sein. Impfung bietet ja einen Schutz, und daher muß Ihre Hypothese näher spezifiziert werden:

> Wahrscheinlich wird jeder, der Kontakt mit einem Pockenfall hat und nicht geimpft ist, die Krankheit bekommen.

Zum anderen war Ihre erste Vermutung außerdem zu spezifisch: Auch Kontakt mit infizierter Kleidung kann zu der Krankheit führen. Ihre Vermutung muß generalisiert werden:

> Wahrscheinlich wird jeder, der Kontakt mit einem Pockenfall oder mit infizierter Kleidung hat, die Krankheit bekommen.

Bei dieser Form von Generalisierung ist eine disjunktive Klausel eingefügt. Eine andere Form, die in vielen Programmen verwendet wird, auch in jenen, die Patrick Winston und Ryszard Michalski entwickelt haben (siehe unten), läßt Konjunktionen und damit verbundene Satzteile fort. Aus der Vermutung

> Wahrscheinlich wird jeder, der Kontakt mit einem Pockenfall hat und ältlich ist, die Krankheit bekommen

wird dadurch

> Wahrscheinlich wird jeder, der Kontakt mit einem Pockenfall hat, die Krankheit bekommen.

Die Induktion erfordert also sowohl die Generalisierung als auch ihr Gegenteil, die Spezialisierung. Ein Begriff sollte hinreichend generell sein, um alle positiven Beispiele einzuschließen, aber auch hinreichend spezifisch, um alle negativen Beispiele auszuschließen.

Zwei Fragen sind zu klären. Erstens, was ist eigentlich das Wesen der Generalisierung (und der Spezialisierung), und zweitens, wieviele verschiedene Operationen der Generalisierung (und der Spezialisierung) gibt es? Die Antworten auf beide Fragen lassen sich aus dem Begriff des semantischen Gehalts ableiten.

Semantische Information als Bezugsrahmen für die Induktion

Je mehr mögliche Sachverhalte eine Hypothese von der Betrachtung ausschließt, desto größer ist ihr semantischer Gehalt. Eine Generalisierung ist also alles, was den semantischen Gehalt einer Hypothese vermehrt, indem es zumindest einen zusätzlichen Sachverhalt ausschließt. Die Spezialisierung hat den gegenteiligen Effekt: Sie läßt einen zusätzlichen Sachverhalt zu und ist daher eine gültige Deduktion aus einer Hypothese, die deren semantischen Gehalt vermindert. (Der Effekt der Generalisierung auf einen Begriff ist, mehr Mitglieder der Menge zuzulassen.)

Es gibt viele mögliche Formen der Generalisierung. Betrachten Sie zum Beispiel eine Regel, die Ryszard Michalski in einem Programm verwendet. Sie verwandelt eine Konjunktion:

> Wahrscheinlich wird jeder, der Kontakt mit einem Pockenfall *und* mit der Kleidung einer infizierten Person hat, die Krankheit bekommen

in eine Disjunktion:

> Wahrscheinlich wird jeder, der Kontakt mit einem Pockenfall *oder* mit der Kleidung einer infizierten Person hat, die Krankheit bekommen.

Diese Wirkung läßt sich jedoch erreichen, wenn man die beiden oben erwähnten Regeln der Induktion kombiniert. Die erste Regel läßt Konjunktionen und damit verbundene Satzteile fort und ergibt:

> Wahrscheinlich wird jeder, der Kontakt mit einem Pockenfall hat, die Krankheit bekommen.

Die zweite fügt eine Disjunktion ein:

> Wahrscheinlich wird jeder, der Kontakt mit einem Pockenfall *oder* mit der Kleidung einer infizierten Person hat, die Krankheit bekommen.

Tatsächlich sind nur drei elementare Operationen erforderlich, um in der Prädikatenlogik jede Form von Generalisierung zu konstruieren. Die erste Operation besteht darin, der jeweiligen Hypothese die Negation einer Beschreibung anzufügen, um einen zusätzlichen Sachverhalt auszuschließen. Die zweite Operation geht von einer endlichen Anzahl von Beobachtungen zu einer allgemeinen Behauptung über, wie etwa dort, wo aus einer kleinen Anzahl von Patienten der Schluß gezogen wird, daß der Kontakt mit Pocken genügt, um die Krankheit zu bekommen. Als Beispiel für die dritte Operation, die bisher in keinem Computerprogramm genutzt wird, diene der Schritt von

> Jede einzelne dieser Krankheiten wird durch eine Arznei geheilt

zu

> Es gibt eine bestimmte Arznei, die jede einzelne dieser Krankheiten heilt.

Diese drei elementaren Operationen reichen für jede Generalisierung in der gewöhnlichen Prädikatenlogik aus, sofern die relevanten Begriffe unter denen sind, an denen die Operationen möglich sind.

Sofern eine Hypothese nicht einen sehr hohen Informationsgehalt hat, wächst die Anzahl ihrer möglichen Generalisierungen exponentiell mit der Anzahl der Begriffe, die für die Formulierung der Generalisierung in Frage kommen. Ein Verfahren, das mutmaßliche Hypothesen eliminieren soll, ist daher außerstande, sie alle innerhalb einer vertretbaren Zeitspanne zu prüfen. Wie soll man dann die richtige Generalisierung finden?

Eine semantische Beschränkung der Induktion

Die Lösung des exponentiellen Problems besteht wieder einmal darin, Beschränkungen einzuführen, und es existiert eine plausible allgemeine Beschränkung, die sich auf den semantischen Gehalt stützt. Wer einen neuen Begriff oder eine neue Hypothese aufstellen möchte, konzentriert sich auf die positiven Beispiele. Die Beschränkung besteht in diesem Fall darin, eine Hypothese zu formulieren, die möglichst wenige Beispiele für den Begriff zuläßt, den Begriff also so zu fassen, daß er möglichst *spezifisch* ist. Wenn Sie einen Patienten untersuchen, der an Ebstein-Fieber leidet, und der Betroffene hat zyklisches Fieber, Ausschlag und Halsweh, dann lautet ihre maximal informative Hypothese über die Symptome dieser Krankheit:

zyklisches Fieber und Ausschlag und Halsweh.

Wenn Sie einen anderen Patienten mit dieser Krankheit untersuchen, der zyklisches Fieber und Halsweh, aber keinen Ausschlag hat, werden Sie sofort begreifen, daß Ihre erste Hypothese zu spezifisch war. Sie werden Ihre Vermutung generalisieren zu derjenigen, die auf der Grundlage der neuen Tatsachen maximal spezifisch ist:

zyklisches Fieber und Halsweh.

Doch angenommen, Sie hätten Ihre erste Hypothese so formuliert:

zyklisches Fieber oder Ausschlag oder Halsweh.

Sie bliebe von dem zweiten Patienten unberührt. Wenn das wirkliche Symptom dieser Krankheit allein in zyklischem Fieber besteht, werden Sie sie allein anhand positiver Beispiele niemals diagnostizieren, denn die lassen sich alle mit Ihrer ersten Hypothese vereinbaren. Wenn Sie einen Begriff aus positiven Beispielen ableiten möchten, müssen Sie jene Hypothese aufstellen, die auf der Grundlage der vorhandenen Daten maximal spezifisch ist. Sie läßt dann vielleicht allzu wenige Beispiele zu, aber Sie werden früher oder später auf ein positives Beispiel stoßen, das es Ihnen erlaubt, die Hypothese zu korrigieren.

Kinder scheinen sich von diesem Prinzip leiten zu lassen, wenn sie ihre Taxonomien von der Welt entwickeln. Sie organisieren, wie Frank Keil gezeigt hat, ihre Begriffe in Hierarchien wie derjenigen in Abbildung 13.1. Überlappende Anordnungen wie in Abbildung 13.2 sind selten und beruhen vermutlich auf mehrdeutigen Sachverhalten. Keil leitet die Klassifikationen der Kinder aus ihren Antworten auf solche Fragen ab wie: Kann man sinnvoll sagen, daß ein Baum vier Stunden lang ist? Ein Kind hat vielleicht die taxonomische Regel:

> Wenn etwas lebendig ist, dann ist es eine Person.

Ein älteres Kind unterscheidet jedoch zwei Klassen:

> Wenn etwas lebendig ist, dann ist es entweder eine Person oder eine Pflanze (aber nicht beides).

Daß Kinder ihre Taxonomie auf diese Weise verfeinern, läßt die Vermutung zu, daß sie auf den semantischen Gehalt achten. Wenn ein Begriff aufgeteilt werden soll, ist semantisch eine Aufteilung geboten, die zwei sich ausschließende Unterbegriffe ergibt, denen eine Entität nicht gleichzeitig angehören kann. Es liegt vielleicht an diesem semantischen Prinzip, daß Kinder überlappende Taxonomien vermeiden.

Betrachten wir nun einen Bereich, den Peter Wason experimentell untersucht hat. Als erstes Beispiel für einen Begriff nenne ich Ihnen die Ziffernfolge

> 2 4 6

Viele vermuten dahinter den Begriff

> eine um zwei zunehmende Folge von Zahlen

wobei plausiblerweise unterstellt wird, daß der Begriff eine allgemeine Eigenschaft betrifft. Wenn mehr als eine solcher Vermutungen vorliegt, könnte man sie nach dem Maß ihres semantischen Gehalts ordnen. So läßt die Hypothese

> eine um zwei zunehmende Folge von *geraden* Zahlen

weniger Möglichkeiten zu als die vorige, weil sie zum Beispiel die Folge 3 5 7 ausschließt. Leider läßt sich die Anzahl der ent-

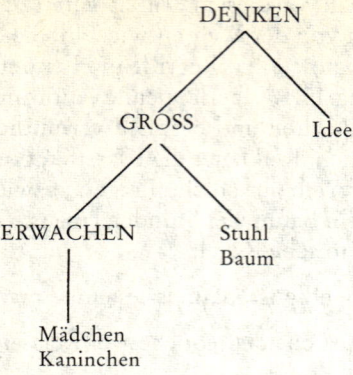

Abb. 13.1: Ein Baum, der die typischen Urteile eines Fünfjährigen in Keils Untersuchung wiedergibt.

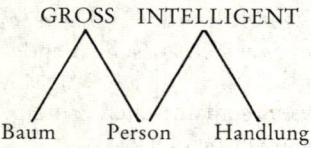

Abb. 13.2: Ein hypothetischer Baum, der die Art von Überlappung zeigt, die in den Urteilen von Kindern nicht vorkommt. Die Überlappung beruht auf einer Mehrdeutigkeit: Während eine Person Intelligenz besitzen kann, ist dies bei einer intelligenten Handlung nicht möglich.

sprechenden Möglichkeiten nicht ermitteln, da es unendlich viele davon gibt. Und was noch schlimmer ist: Es ist kein Verfahren erkennbar, nach dem sich Vermutungen in der Reihenfolge ihrer relativen semantischen Spezifizität generieren ließen. Es gibt unendlich viele Begriffe, nach denen sich eine Folge bilden ließe, und man kann leicht eine übersehen, zum Beispiel die sukzessiven Vielfachen einer Zahl.

Die Versuchspersonen in Wasons Experiment generierten selbst ihre Testbeispiele, und dabei beobachtete er eine auffällige Tendenz. Sie generierten hartnäckig positive Beispiele für ihre

Hypothesen. So probierten sie etwa viele Beispiele wie das folgende aus:

  4 6 8
  20 22 24
  100 102 104

um die Vermutung zu bestätigen, daß es um drei benachbarte gerade Zahlen in aufsteigender Folge geht. Natürlich wäre es sehr viel informativer gewesen, hätten sie *negative* Beispiele vorgetragen, zum Beispiel

  1 2 3

Sie hätten dann gelernt, daß auch diese Items positive Beispiele des Begriffs waren, um den es in Wirklichkeit ging:

  drei beliebige Zahlen in aufsteigender Folge.

Warum tendieren wir dazu, unsere Hypothesen zu bestätigen? Wir haben ein Bedürfnis, eine Hypothese direkt bestätigt zu sehen, und das ist leichter als der Versuch einer Widerlegung. Vielleicht wirkt in dieser Tendenz eine Gewohnheit nach, die wir in Bereichen wie der natürlichen Sprache erwerben, wo wir überwiegend anhand positiver Beispiele lernen.
  Von Dana Angluin stammt ein Theorem der formalen Lerntheorie, das ich hier im Sinne des semantischen Gehalts umformulieren darf: Bestimmte Begriffe (oder Sprachen) können allein aufgrund positiver Beispiele erlernt werden, nämlich jene, wo man mit der maximal spezifischen Hypothese beginnen und zu einer allgemeineren übergehen kann, sobald man außerhalb des Bereichs der aktuellen Hypothese auf ein positives Beispiel stößt. So gelangt man schließlich zu einer Hypothese, die nicht allzuviele Fälle ausschließt und daher nie aufgegeben werden muß. Dieses Verfahren mag in bestimmten Bereichen anwendbar sein, in anderen aber nicht. Bei einem unendlichen Bereich wie in Wasons Experiment ist der semantische Gehalt schwer abzuschätzen, und man kann nicht sicher sein, daß man Hypothesen von maximaler Spezifizität vorträgt. Robert Berwick, der auf Angluins Verfahren aufmerksam machte, meint, daß Kinder es beim Erlernen der Sprache anwenden, da sie es selten mit bewußt

ungrammatikalischen Sätzen zu tun haben. Es gilt noch festzustellen, ob es möglich ist, Vermutungen über Grammatik nach ihrem semantischen Gehalt zu ordnen, besonders dann, wenn die Menge der möglichen Vermutungen keinen angeborenen Beschränkungen unterliegt.

Das Wesen der Begriffe

Im Anschluß an Mill und andere empiristische Philosophen nahmen Psychologen bis vor kurzem an, daß Begriffe auf dem Weg der Abstraktion gewonnen werden, der alle idiosynkratischen Details, in denen die Beispielfälle differieren, fortläßt und nur das übrigläßt, was allen gemein ist. Deshalb wurde bei den meisten Experimenten ein Verfahren angewendet, bei dem die Versuchspersonen das gemeinsame Element entdecken müssen, das einem Begriff zugrunde liegt. In den dreißiger Jahren entwickelte der russische Psychologe Lew Semjonowitsch Wygotskij eine Sortieraufgabe, bei der Holzklötze von unterschiedlicher Form, Farbe, Größe und Dicke auf einem Tisch ausgebreitet sind; einer davon ist umgedreht und zeigt eine auf der Unterseite angebrachte Nonsensaufschrift wie zum Beispiel »MUR«. Die Versuchsperson soll nun alle Klötze zusammenstellen, bei denen sie dieselbe Aufschrift vermutet. Kleine Kinder werfen die Klötze zu einem unorganisierten Haufen zusammen, vielleicht, weil sie ein hübsches Muster ergeben. Kinder, die etwas älter sind, wählen einen Klotz aus, lassen sich von diesem zur Auswahl des nächsten anregen, der sie wiederum bei der Auswahl des folgenden anleitet, in einem Verfahren, wo eine Auswahl die andere bedingt, wie es ähnlich Bowerman bei der Verwendung des Wortes »Schnee« beobachtet hat. Kinder der nächsten Altersstufe sortieren zusammenpassende Klötze zueinander; wenn der Experimentator dann einen Klotz umdreht und aufdeckt, daß ihm die Aufschrift »MUR« fehlt, entfernen sie ihn aus dem Haufen, lassen aber andere, genauso unpassende Auswahlen liegen. Nach Auffassung Wygotskijs sind sie nicht zu dem abstrakten Denken fähig, dank dessen sie den vollständigen Begriff erschließen könnten, und erlangen diese Fähigkeit erst durch den Umgang mit Erwachsenen.

In den fünfziger Jahren verbesserten Jerome Bruner, Jacqueline Goodnow und George Austin Wygotskijs Verfahren; sie ließen die Versuchsperson aus einem großen Angebot von Diagrammen eine Reihe auswählen und teilten nach jeder Auswahl mit, ob es sich um ein Beispiel für den Begriff handelte oder nicht. Bei der Auswahl wurden von den einzelnen Versuchspersonen offenbar unterschiedliche Strategien benutzt. Einige hielten sich eng an das erste Beispiel, das der Experimentator selbst ausgewählt hatte, und wichen davon bei jeder Auswahl in nur einem Merkmal ab; andere wagten etwas und wählten Diagramme aus, die in mehreren Merkmalen vom ersten abwichen. Bruner und Mitarbeiter beobachteten außerdem, daß disjunktive Begriffe schwer zu entdecken sind, was die These vom »gemeinsamen Element« zu bestätigen schien; ein Begriff wie *groß oder grün* umfaßt nämlich sowohl große rote als auch kleine grüne Elemente, die weder Farbe noch Form miteinander gemein haben.

Alltägliche Begriffe beruhen indes nicht auf der Konjunktion oder Disjunktion von Merkmalen, sondern auf *Relationen* zwischen ihnen. So ist ein Tisch nicht bloß eine Konjunktion von Beinen und Platte, sondern die Beine *tragen* die Platte. Es kommt im übrigen zu signifikant besseren Ergebnissen, wenn relationale Begriffe im Experiment verwendet werden. Ellen Markman und ihr Kollege Jeffrey Seibert zeigten Kindergartenkindern Spielzeugfrösche, zwei große und vier Babyfrösche, und fragten, an ein berühmtes Experiment von Jean Piaget anknüpfend: »Sind mehr Frösche oder mehr Babyfrösche da?« Die Kinder antworteten wie bei Piaget »Mehr Babyfrösche« – eine falsche Antwort auf eine allerdings irreführende Frage. Richtig beantworteten die Kinder die nochmals gestellte Frage, nachdem ihnen erklärt worden war, es handele sich um eine *Familie* von Fröschen.

Bei alltäglichen Begriffen kann es auch vorkommen, daß ihre Beispielsfälle kein gemeinsames Element aufweisen. Kenneth Smoke gab in den dreißiger Jahren zu bedenken: »Der Begriff, den man vom ›Hund‹ hat, wird immer reicher, je mehr Hunde man kennenlernt, und führt nicht zu einer immer besseren

Näherung an ein abstraktes ›Element‹ ... Keiner, der den Begriff ›Hund‹ erlernt hat, hat jemals ein ›gemeinsames Element‹ gefunden, das sich durch alle Reizmuster zieht, durch die er ihn erlernt hat.« Dasselbe Bedenken wurde durch Wittgensteins *Philosophische Untersuchungen* berühmt:

> Betrachte z.B. einmal die Vorgänge, die wir »Spiele« nennen. Ich meine Brettspiele, Kartenspiele, Ballspiele, Kampfspiele, usw. Was ist allen diesen gemeinsam? – Sag nicht: »Es *muß* ihnen etwas gemeinsam sein, sonst hießen sie nicht ›Spiele‹« – sondern schau, ob ihnen allen etwas gemeinsam ist. – Denn, wenn du sie anschaust, wirst du zwar nicht etwas sehen, was *allen* gemeinsam wäre, aber du wirst Ähnlichkeiten, Verwandtschaften, sehen, und zwar eine ganze Reihe.

Wittgenstein behauptete, Begriffe beruhten nicht auf gemeinsamen Elementen, sondern auf Netzen von Ähnlichkeiten, die den Ähnlichkeiten zwischen Angehörigen einer Familie gleichen. Diese Idee fand in den siebziger Jahren bei Theoretikern Anklang; sie sahen die Welt begrifflich gefaßt in Stereotype (Hilary Putnam in der Philosophie), Prototypen (Brant Berlin und Paul Kay in der Anthropologie), Bezugsrahmen (Marvin Minsky in der Künstlichen Intelligenz) oder Skripte (Roger Schank und Robert Abelson in der Künstlichen Intelligenz und in der Psychologie). Die Terminologie schwankt, doch die zugrunde liegenden Theorien sind einander bemerkenswert ähnlich: Ein Begriff bezeichnet die typischen Merkmale der Mitglieder einer Klasse; er hat keine notwendigen und hinreichenden Bedingungen; und er hat keine eindeutigen Grenzen. Daher beginnen Sie, wenn Sie jemandem einen neuen Begriff beibringen, mit typischen Fällen. Sie sagen zum Beispiel, ein Vogel sei ein kleines Tier, das Flügel und einen Schwanz hat, das fliegt, das seine Eier in ein Nest legt und singt. Danach benennen Sie die Ausnahmen. Eleanor Rosch und Mitarbeiter haben experimentell gezeigt, daß nicht alle Beispiele von alltäglichen Begriffen als gleichermaßen repräsentativ angesehen werden. Das Rotkehlchen ist ein prototypischer Vogel, das Huhn dagegen nicht. Entsprechend unterschiedlich fallen die Reaktionszeiten aus: Das Rotkehlchen wird schneller als ein Vogel eingestuft als das Huhn.

Welcher Logik gehorcht der Prototyp? Wittgenstein sprach von *Kriterien* statt von notwendigen und hinreichenden Bedingungen. Minsky dachte an etwas Ähnliches und sprach von einem *Standardwert*; er versteht darunter ein Merkmal, das man als gegeben voraussetzen kann, es sei denn, die Tatsachen sprechen dagegen. Zu den Standardwerten der Vogelwelt gehört zum Beispiel, daß sie zwei Flügel, Federn, einen Schwanz und die Fähigkeit zu singen hat. Sie können daher, wenn ich von einem Vogel spreche, normalerweise daraus schließen, daß er diese Merkmale hat – es sei denn, die Tatsachen sprechen dagegen. Die Merkmale sind keine notwendigen Bedingungen – ein Vogel kann einflügelig, ungefiedert, schwanzlos und stumm sein –, aber den Prototyp kann man sich mental repräsentieren durch ein Modell, das alle Standardwerte einschließt.

Die Prototypen sind vielleicht allzusehr überschätzt worden. Dieser Tendenz wirkt die neuere Beobachtung entgegen, daß viele scheinbar prototypische Phänomene auch bei Begriffen vorkommen, die tatsächlich notwendige und hinreichende Bedingungen haben. So gilt die Zahl 3 als repräsentativer für die ungeraden Zahlen als die Zahl 23. Unterschiede in der Beurteilung des Typischen und der Schnelligkeit der Einordnung reichen nicht aus als Beweis dafür, daß ein Begriff auf einem Prototypen beruht. Der einzige sichere Beweis ist, daß er standardmäßige, aber nicht zwingende Schlußfolgerungen unterstützt.

Alltägliche Begriffe sind keine isolierten, unabhängigen Entitäten; sie sind untereinander verknüpft. Ihre Grenzen werden teilweise durch die Taxonomie bestimmt, in der sie auftreten. Ob etwas als ein Hund eingestuft wird oder nicht, hängt von seiner Ähnlichkeit mit typischen Hunden, typischen Katzen, typischen Wölfen usw. ab. Diese Idee geht auf Saussures *Strukturalismus* zurück (siehe 1. Kapitel); die Mannigfaltigkeit der taxonomischen Relationen wurde von George Miller und mir untersucht. Die eindeutigsten Relationen sind Hierarchien, die durch die Einbeziehung eines Begriffs in einen anderen entstehen, zum Beispiel: ein Kanarienvogel ist ein Vogel, ein Vogel ist ein Tier, ein Tier ist ein Lebewesen. Es gibt aber, wie Miller und ich gefunden haben, kompliziertere Relationen. Ein treffendes Beispiel sind die Unterschiede zwischen den englischen räumlichen Präpositionen *at* und *with*, über die wir feststellten:

> Wenn man sagt, »x is at y«, dann heißt das, daß x sich im Bereich von y befindet, das heißt, x ist dort, wo es mit y interagieren kann – gesellschaftlich, physikalisch oder in welcher Weise auch immer x'e gewöhnlich mit y's interagieren.

Oft hängen solche Bereiche davon ab, was eine Person zu tun vermag. So ist der Satz »*The chair is at the table*« eine nicht ganz passende Beschreibung in dem Fall, daß der Sessel mit der Lehne zum Tisch steht. Der umgekehrte Satz »*The table is at the chair*« ist ungewöhnlich, außer man denkt an einen kleinen Tisch neben einem Sessel, so daß der Tisch in den Interaktionsbereich einer Person einbezogen werden kann, die in dem Sessel sitzt. Es gibt Sätze, die ganz und gar nicht dem englischen Sprachgebrauch entsprechen, zum Beispiel »*Mary is at Anne*«, obwohl eine Person sich durchaus im Interaktionsbereich einer anderen befinden kann. Das liegt daran, daß zwischen den beiden Individuen eine symmetrische Relation besteht, und das Englische hat eine andere Präposition, »*with*«, die in diesem Fall passender ist. Auf die Organisation des mentalen Lexikons werde ich noch näher eingehen.

Programme für die Induktion

Eines der ersten Computerprogramme für das induktive Erlernen von Begriffen wurde in den sechziger Jahren von Earl Hunt und seinen Mitarbeitern entwickelt. Es beruhte auf der Annahme, daß Begriffe aus Konjunktionen oder Disjunktionen von Merkmalen bestehen. Seine Strategie war, positive Beispiele für einen Begriff zu suchen und einen Entscheidungsbaum zu bilden, mit dem jeder Gegenstand als Mitglied oder Nichtmitglied der Begriffsklasse eingestuft werden konnte. Wenn man dem Programm die in Abbildung 13.3 gezeigten Formen vorgibt, prüft es zunächst, ob es irgendwelche Merkmale gibt, die allen positiven und negativen Beispielen für den Begriff gemeinsam sind, und scheidet diese als irrelevant aus. Solche Merkmale exi-

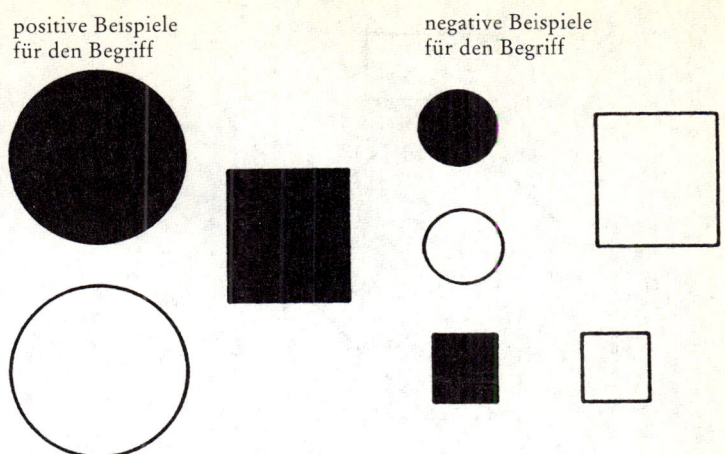

Abb. 13.3: Materialien für eine Studie zur Begriffsbildung.

stieren in der Abbildung nicht. Anschließend prüft es, ob irgendein Merkmal vorliegt, das allen positiven Beispielen gemeinsam ist, aber bei keinem der negativen Beispiele vorhanden ist. Falls ja, wird ein Gegenstand durch eine Entscheidung bezüglich dieses Merkmals eingeordnet. Die Formen in der Abbildung haben kein derartiges Merkmal, und so geht das Programm zum nächsten Schritt über. Es sucht nach einem Merkmal, das bei den positiven Beispielen häufig vorkommt. Wenn mehrere Merkmale gleich häufig vorkommen, wählt es aufs Geratewohl eines aus. Im vorliegenden Fall wählt es das Merkmal »groß« und setzt es als erste Entscheidung in den Baum ein (siehe Abbildung 13.4). Die Entscheidung teilt die Formen in zwei Klassen ein, die anschließend als Zuordnungsprobleme für sich behandelt werden. Jedes Problem wird dann der Reihe nach vom vollständigen Programm gelöst. Diese rekursive Anwendung der Prozedur ähnelt in ihrem Aufbau dem allgemeinen Problemlöse-Programm von Newell und Simon, das ich im 9. Kapitel besprochen habe. Das Endergebnis ist der Entscheidungsbaum in Abbildung 13.4.

Kenneth Smoke hat beobachtet, daß negative Beispiele vorschnelle Urteile über einen Begriff verhindern. Seine Versuchs-

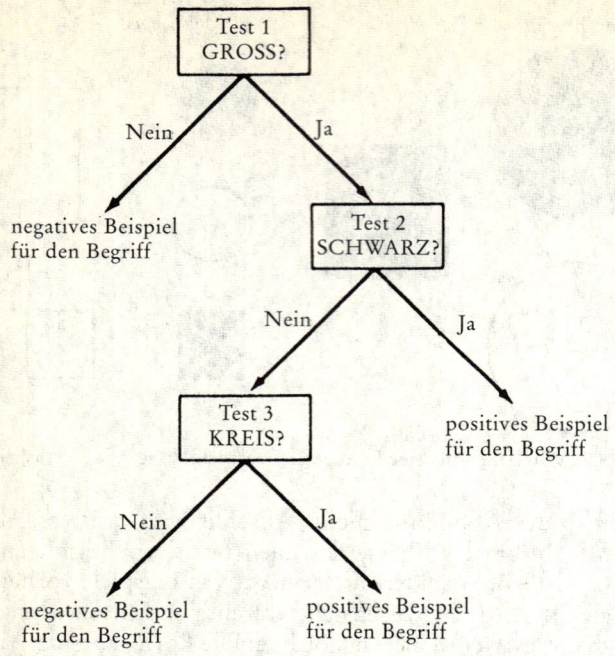

Abb. 13.4: Ein Entscheidungsbaum, den Hunts Programm für den Begriff konstruierte, der für die Materialien in Abbildung 13.3 maßgebend ist.

personen kamen weniger leicht und weniger häufig zu falschen Schlüssen, wie wenn sie allein aus positiven Beispielen lernten. Von derselben Intuition ausgehend, hat Patrick Winston ein Programm für das Erlernen von Begriffen entworfen. Anfangs wird (in einer geeigneten deskriptiven Sprache) eine Repräsentation von einem ersten positiven Beispiel eines Begriffs gebildet. Wenn der erste Gegenstand in Abbildung 13.5 als Beispiel eines Bogens präsentiert wird, konstruiert es die Hypothese:

> Ein Bogen besteht aus einer rechten Säule und einer linken Säule, die eine Oberschwelle tragen.

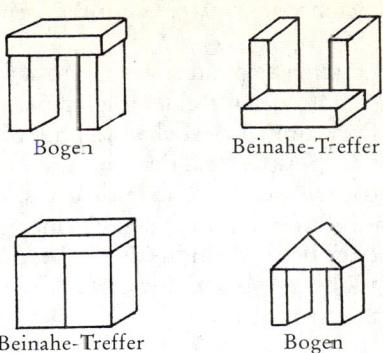

Abb. 13.5: Eine Bogen-Trainingssequenz für Winstons Programm.

Auf die Syntax des Programms gehe ich wie üblich nicht ein. Nun wird in einer Sequenz, die das Lernen leicht machen soll, von einem hilfreichen Lehrer eine Reihe von positiven und negativen Beispielen für den Begriff präsentiert. Deshalb ist der zweite Gegenstand in der Abbildung ein »Beinahe-Treffer«, d. h. ein negatives Beispiel, das dem Begriff hinreichend nahekommt, um informativ zu sein. Das Programm benutzt den Beinahe-Treffer, um seine aktuelle Hypothese zu modifizieren. Enthält die Hypothese eine Relation, die bei einem Beinahe-Treffer nicht vorkommt, so wird diese Relation als ein notwendiger Bestandteil des Begriffs markiert. Die Säulen *müssen* folglich die Oberschwelle tragen. Enthält umgekehrt das negative Beispiel eine Relation, die nicht in der Hypothese vorkommt, so wird diese Relation als in dem Begriff nicht zulässig markiert: Die beiden Säulen dürfen sich nicht berühren. Ein positives Beispiel kann etwas enthalten, das nicht mit der aktuellen Hypothese übereinstimmt; der vierte Gegenstand in der Abbildung hat beispielsweise keinen rechteckigen Baustein als Oberschwelle. Haben die beiden Gegenstände einen gemeinsamen Oberbegriff, so wird dieser für den Ausdruck in der Hypothese eingesetzt; sonst ist eine Disjunktion von ihnen zu verwenden. Kommen im Universum des Diskurses aber ohnehin nur rechteckige Bausteine und Keile vor, so braucht nicht ausdrücklich angegeben zu werden, daß die Oberschwelle entweder ein Baustein oder ein Keil sein muß.

Winstons Programm ist darauf angewiesen, daß der Lehrer die Beispiele in einer hilfreichen Reihenfolge präsentiert. Eine leistungsfähigere Prozedur, die Michalski und Mitarbeiter entwickelten, wählt die Beispiele aus der vollständigen Menge in einer von ihr selbst festgelegten Reihenfolge aus. Ein auf diesem Ansatz beruhendes Programm leitete aus einer großen Anzahl zuvor identifizierter Beispiele induktiv die Beschreibungen von Sojabohnen-Krankheiten ab und übertraf in der Diagnose einen menschlichen Experten.

Wissen und probabilistisches Urteil

Einige Theoretiker, darunter namentlich Noam Chomsky, haben angedeutet, daß es möglicherweise keine generellen induktiven Prozeduren gibt, sondern nur spezifische Prozeduren, die auf angeborenem Wissen von bestimmten Bereichen basieren. Eine wichtige Quelle von Beschränkungen der Induktion ist sicherlich das Wissen auf dem speziellen Gebiet, das man erforscht. Die meisten Schlüsse, die Sie ziehen, gehen über die Informationen, die man Ihnen gibt, hinaus, und das liegt daran, daß Sie – wie Flemings Schluß bezüglich der Zerstörung der Bakterien – Ihr Hintergrundwissen nutzen. Das ist leicht zu beweisen; man braucht nur Leute zu bitten, über Dinge zu urteilen, von denen sie wenig verstehen. Angenommen, ich befestige eine Kugel an einer Schnur und lasse sie auf einer horizontalen Kreisbahn kreisen. Die Schnur reißt. Wie fliegt die Kugel jetzt weiter? Viele, die die Newtonschen Gesetze nicht kennen, sagen: »Sie entfernt sich auf einer Spirale, die sich allmählich öffnet«, und appellieren damit an eine geradezu mittelalterliche Vorstellung von Schwung, den ein sich bewegendes Objekt angeblich besitzt. Die richtige Antwort lautet, daß die Kugel, von der Schwerkraft einmal abgesehen, sich auf einer geraden Linie entfernt (siehe 11. Kapitel).

Entscheidend für die Induktion ist, was wir über die Variabilität von Eigenschaften wissen. Wie Richard Nisbett und seine

Mitarbeiter gezeigt haben, sind wir geneigt, aus einem einzigen Experiment, bei dem eine Probe eines seltenen Elements Strom leitet, zu schließen, daß dies bei jeder Probe der Fall sein wird. Dagegen neigen wir in dem Fall, daß ein einziges Mitglied eines exotischen Stammes fettleibig ist, sehr viel weniger zur Generalisierung. Wir wissen, daß die Eigenschaften chemischer Elemente sehr viel weniger variieren als eine Eigenschaft wie Fettleibigkeit.

Um den Begriff der Variation richtig begreifen zu können, muß man die Wahrscheinlichkeitstheorie kennen. Sie weicht von ihren intuitiven Vorläufern so stark ab, daß zumindest ein Kommentator, Ian Hacking, sich zu der Bemerkung veranlaßt sah, daß jeder, der sie im Altertum gekannt hätte, im Handumdrehen ganz Gallien beim Würfelspiel hätte gewinnen können. Amos Tversky und Daniel Kahneman haben in meisterhaften Experimenten gezeigt, daß wir ungeheure Einschätzungsfehler machen, weil wir vom Wirken der Wahrscheinlichkeit keine Ahnung haben. Das Belastende an den Feststellungen von Tversky und Kahneman ist, daß die Fehler der Ahnungslosen von Experten auf einem höheren Niveau wiederholt werden. Hier einige Beispiele dafür:

Problem 1. Was ist häufiger: Wörter, die mit »R« beginnen, oder Wörter, in denen »R« der dritte Buchstabe ist? Die meisten antworten: Wörter, die mit »R« beginnen. Sie irren.

Problem 2. Eine Gruppe von Versuchspersonen soll abschätzen, was bei der Berechnung $1 \times 2 \times 3 \times 4 \times 5 \times 6 \times 7 \times 8$ herauskommt. Ihre Schätzungen liegen im Durchschnitt bei 512. Eine andere Gruppe soll abschätzen, was bei der Berechnung $8 \times 7 \times 6 \times 5 \times 4 \times 3 \times 2 \times 1$ herauskommt. Ihre Schätzungen liegen im Durchschnitt bei 2250. Beide Schätzungen bleiben jämmerlich hinter dem richtigen Ergebnis zurück; es lautet 40320.

Tversky und Kahneman sind der Ansicht, daß wir uns von der *Verfügbarkeit* von Informationen beeinflussen lassen. Wörter, die mit »R« beginnen, sind leichter vorstellbar als Wörter, in denen »R« der dritte Buchstabe ist – vermutlich deshalb, weil das mentale Lexikon hauptsächlich nach Anfangsbuchstaben aufgebaut ist. Diese Tatsache beeinflußt die Schätzung der Häufigkeit.

Auch beim Rechnen wirkt sich die Verfügbarkeit der Antwort aus: Wer mit 1 × 2 × 3 × ... beginnt, kommt zu dem Schluß, daß das Gesamtergebnis nicht groß sein wird; wer dagegen mit 8 × 7 × 6 × ... beginnt, gelangt rasch zu einer großen Zahl. Beide Gruppen erkennen aber nicht, wie explosiv das Produkt wächst.

Problem 3. Sie beobachten beim Roulette die folgende Sequenz: rot rot rot rot rot rot. Auf welche Farbe sollen Sie jetzt setzen? Der »Trugschluß des Spielers« verleitet Sie dazu, auf schwarz zu setzen, denn schwarz muß nun bald erscheinen, um gleiche Wahrscheinlichkeiten herzustellen: Gleiche Anteile von rot und schwarz sind *repräsentativer* für einen Zufallsprozeß. In Wirklichkeit sind die Ergebnisse eines echt zufälligen Prozesses unabhängig voneinander: An der Wahrscheinlichkeit von 0,5 für rot ändert sich nichts, gleichgültig, wie oft das Rad gedreht wird. Gewinnen können Sie nur, wenn Sie (durch eine statistische Überprüfung der Häufigkeit der Zahlen) eine Unebenheit am Rad entdecken, die bestimmte Zahlen zu Lasten der anderen begünstigt. Leider kann es sehr lange dauern, ehe Sie auf eine vorhandene Unebenheit stoßen, und die Eigentümer der Spielkasinos wechseln vorsichtshalber nach jedem Spieltag die Räder aus.

Problem 4. Eine Stadt hat zwei Krankenhäuser, ein großes mit etwa fünfundvierzig Geburten täglich und ein kleines mit etwa fünfzehn Geburten täglich. Wir nehmen an, daß die Wahrscheinlichkeit von Knaben- und Mädchengeburten gleich ist. Unterscheiden sich die beiden Krankenhäuser hinsichtlich der Anzahl der Tage, an denen 60 Prozent oder mehr der Neugeborenen Knaben sind?

Die meisten sagen: Nein. Tatsächlich ist damit zu rechnen, daß dies in dem kleinen Krankenhaus doppelt so häufig vorkommt wie in dem großen. Beide Krankenhäuser sind Stichproben aus der Gesamtzahl der Geburten, aber in einer kleinen Stichprobe wirken sich Zufallsschwankungen stärker aus, und so weicht sie häufiger von dem wahren Anteil von 50 Prozent Knabengeburten ab. Das wußte man schon immer, wie Sokrates vielleicht gesagt hätte. Es hatte nur den Anschein, als seien beide Krankenhäuser gleichermaßen *repräsentativ* für die Gesamtbevölkerung.

Repräsentativität ist so etwas wie die Typizität eines Beispiels oder seine Ähnlichkeit mit dem Prototyp. Sie kann zu einem noch verblüffenderen Effekt führen:

Problem 5. Bill ist dreiundvierzig Jahre alt. Er ist intelligent, aber phantasielos, zwanghaft und allgemein lustlos. In der Schule war er gut in Mathematik, aber schlecht in Sozialkunde und klassischen Sprachen. Welche Wahrscheinlichkeit würden Sie (auf einer Skala von 1 bis 7) den folgenden Behauptungen zuordnen?

>Bill ist ein Buchhalter.
>Bill ist ein Buchhalter, der in der Freizeit Jazz spielt.
>Bill ist ein Arzt, der in der Freizeit pokert.
>Bill ist ein Architekt.
>Bill ist ein Reporter.
>Bill betreibt in der Freizeit Bergsteigen.
>Bill betreibt in der Freizeit Surfen.
>Bill spielt in der Freizeit Jazz.

Die Versuchspersonen von Tversky und Kahneman hielten die zweite dieser Behauptungen für wahrscheinlicher als die letzte, womit sie direkt das Prinzip verletzten, daß die Konjunktion von zwei Zuständen (Buchhalter sein und Jazz spielen) keine *größere* Wahrscheinlichkeit besitzen kann als einer von beiden (z. B. Jazz spielen). Natürlich ist die Beschreibung von Bill repräsentativer für einen Buchhalter als für einen Jazzmusiker. Die Konjunktion der beiden Eigenschaften liegt daher zwischen diesen beiden Extremen und wurde von fast 90 Prozent der Befragten entsprechend eingestuft: Repräsentativität ist stärker als die Gesetze der Wahrscheinlichkeit. Käufer seien gewarnt: Die Detailliertheit einer Ankündigung mag ihr einen größeren Anschein von Realität verleihen, doch verringert sie zwangsläufig die Wahrscheinlichkeit ihres Eintretens.

Tversky und Kahneman schlagen für den Umgang mit Wahrscheinlichkeiten eine Erklärung vor, die mit der von mir im vorigen Kapitel angebotenen Erklärung logischer Denkprozesse durch mentale Modelle haargenau zusammenpaßt. Sie schreiben:

>Gewisse Ereignisse werden also einmalig wahrgenommen, daß es den Anschein hat, als sei die bisherige Geschichte für die

Einschätzung ihrer Wahrscheinlichkeit nicht von Belang. Wenn wir an solche Ereignisse denken, konstruieren wir gern *Szenarien*, das heißt, wir denken uns eine Story aus, die von der gegenwärtigen Situation zu dem gedachten Ereignis führt. Die Plausibilität der Szenarien, die uns einfallen, und die Schwierigkeit, die es uns bereitet, sie aufzustellen, liefert uns dann einen Anhaltspunkt für die Wahrscheinlichkeit des Ereignisses. Wenn uns kein vernünftiges Szenario einfällt, halten wir das Ereignis für unmöglich oder höchst unwahrscheinlich. Wenn uns viele Szenarien einfallen oder das eine Szenario, das uns einfällt, ausgesprochen überzeugend ist, kommt uns das betreffende Ereignis wahrscheinlich vor.

Weiterführende Literatur

Die Entdeckung des Penicillins durch Fleming wird nacherzählt in McFarlane (1984). Black (1967) diskutiert die Philosophie der Induktion; Nisbett und Ross (1980) sowie Holyoak und Nisbett (1987) beschreiben ihre Psychologie; Programme für die Induktion werden vorgestellt in Hayes-Roth und McDermott (1978), Michalski, Carbonell und Mitchell (1983), (1983), sowie in Holland, Holyoak, Nisbett und Thagard (1986). Die wissenschaftliche Induktion quantitativer Gesetze wird modelliert von den BACON-Programmen (Langley, Simon, Bradshaw und Zytkow, 1987); die Planung von Experimenten wird modelliert von dem KEKADA-Programm (Kulkarni und Simon, 1988); andere Programme modellieren die Entscheidung zwischen konkurrierenden Erklärungen (Thagard, 1989; Shrager und Langley, 1990). Smith und Medin (1981) besprechen psychologische Studien über Begriffe; Armstrong, Gleitman und Gleitman (1983) berichten von dem Resultat, daß ungerade Zahlen zu »prototypischen« Urteilen führen. Keil leitet seine Beschränkung der Taxonomien von Kindern aus Sommers (1959) ab. Ein Quellenbuch für Studien zur naiven Physik ist *Mental Models*, herausgegeben von Gentner und Stevens (1983); darin auch McCloskeys Studie über Vorhersagen der Trajektorien von rotierenden Objekten. Die wichtigsten Arbeiten von Tversky und Kahneman sind enthalten in Kahneman, Slovic und Tversky (1982).

14. Kapitel

Kreatives Denken

Bei der Induktion besteht das haarige Problem darin, überhaupt erst Zugang zu den richtigen Ideen zu bekommen. Wenn sie nicht in dem Ihnen zugänglichen Repertoire sind, müssen Sie sie *kreieren,* aus allem, was Ihnen gerade an Bausteinen zur Verfügung steht. Viele sehen im kreativen Denken etwas Mysteriöses, Magisches, das man nicht analysieren kann und soll. Ich werde jedoch in diesem Kapitel eine rechnerische Theorie des kreativen Denkens vortragen. Ich werde zeigen, daß jeder kreative Prozeß zwangsläufig einer von drei Klassen von Berechnungen angehört. Schließlich werde ich diese Theorie anhand mehrerer typischer Beispiele überprüfen, anhand von Prozeduren zur Erzeugung von Ideen in der Mathematik, der Musik und der Wissenschaft.

Psychologen haben die Kreativität in mannigfacher Weise erforscht: Sie ersannen Tests, um sie zu messen, Experimente, um sie zu erkunden, Übungen, um sie zu fördern, und Ermittlungen, um sie im Leben begabter Menschen aufzudecken. Sie haben jedoch kaum Theorien der ihr zugrunde liegenden Prozesse formuliert. Die vorhandenen Theorien sind weit davon entfernt, umfassend zu erklären, wie der Geist auf neue Ideen kommt, und oft scheinen sie ein Ergebnis zu liefern, das man normalerweise nicht als kreativ bezeichnen würde. Eine von Graham Wallas vertretene klassische Theorie besagt zum Beispiel, daß, während Sie mit etwas beschäftigt sind, unbewußte Prozesse an der Lösung eines ganz anderen Problems arbeiten können. Es gibt keine stichhaltigen Beweise für diese Hypothese, und man kann sie nicht zur Grundlage eines Computermodells machen, ohne weit über das hinauszugehen, was in ihrer ursprünglichen Formulierung enthalten ist. Andere Theorien wie etwa die, daß Kreativität auf ungewöhnlichen Assoziationen beruhe, sind allzu schlicht, um echte Schöpfungen der Imagination zu erklären. Beim Schreiben eines Gedichts, beim Malen eines Bildes oder beim Komponieren einer Sonate geht es um weit mehr, als bloß eine Kette von entlegenen Assoziationen zu erzeugen. In diesen Kunstgattungen gilt es, einschränkende Bedingungen zu erfüllen, und ein Werk, das aus nichts anderem als aus entlegenen Assoziationen bestünde, würde wohl eher als verrückt denn als kreativ eingestuft werden. Allerdings sind die Meister des Dada und ihre heutigen Nachahmer bestrebt, genau diese Reaktion zu provozieren.

Manche Theorien geraten in beide Fallen: Sie sind unvollständig, und sie sagen nichts über die Art von Berechnung, auf die es ankommt. So vertrat der verstorbene Arthur Koestler die Ansicht, Kreativität beruhe auf »Bisoziation«, einer assoziativen Verbindung zwischen verschiedenen Bezugsrahmen. Zum einen läßt diese Hypothese sich nicht ohne weiteres modellieren, weil nicht klar ist, wie ein Bezugsrahmen repräsentiert werden kann; zum anderen kann eine Komposition ganz und gar innerhalb eines Bezugsrahmens entstehen, nämlich desjenigen, den die Beschränkungen des Stils des Komponisten liefern.

Eine Arbeitsdefinition der Kreativität

Was gilt als kreativ? Die psychologischen Probleme werden zwar durch eine Definition nicht gelöst, doch ist es sinnvoll, den Untersuchungsbereich abzugrenzen. Ich mache die Annahme, daß ein kreativer Prozeß drei charakteristische Eigenschaften hat.

Erstens geht er, wie alle mentalen Prozesse, von gegebenen Bausteinen aus. Aus nichts läßt sich nichts kreieren.

Zweitens hat der Prozeß kein präzises Ziel, sondern lediglich vorgegebene Beschränkungen oder Kriterien, die er erfüllen muß. Man kreiert Bilder, Gedichte, Erzählungen, Sonaten, Theoreme, Theorien, Prinzipien, Prozeduren, Erfindungen, Spiele, Witze, Probleme, Rätsel usw. Man kreiert innerhalb gegebener Gattungen oder Paradigmen, und auch die Kreation einer neuen Gattung muß gewissen Kriterien genügen.

Drittens liefert ein kreativer Prozeß ein Ergebnis, das für das Individuum neuartig ist, nicht bloß erinnert oder wahrgenommen wurde und nicht routinemäßig oder durch ein einfaches deterministisches Verfahren konstruiert wurde. So kann, wenn Sie zwei Zahlen miteinander multiplizieren, eine Zahl herauskommen, an die Sie noch nie gedacht haben. Das Ergebnis kann trotzdem nicht gerade als kreativ gelten, zumal dann nicht, wenn Sie das richtige Resultat erzielt haben. Im Unterschied zum Rechnen und anderen, ähnlichen Prozeduren ist der Prozeß der Kreation nicht deterministisch.

Das Resultat muß natürlich nicht wirklich originell sein; ein mentaler Prozeß kann auch dann kreativ sein, wenn andere schon dieselbe Idee hatten. Originalität ist für die Gesellschaft von Bedeutung, aber kein psychologischer Begriff. Worauf es bei einem kreativen Prozeß ankommt, ist, das seine Ergebnisse als überraschend, brillant und nicht banal beurteilt werden. Diese Urteile beruhen auf den mentalen Prozessen vieler Menschen, und sie können vielleicht in ihren allgemeinen Zügen von der Kognitionswissenschaft erklärt werden. Ihre Grundlage sind jedoch historische, kulturelle und wissenschaftliche Ereignisse. Sie sind auch nicht vorhersehbar – und sei es nur, weil, wie ich zeigen werde, die Produkte des kreativen mentalen Prozesses selbst nicht vorhersehbar sind. Somit besteht das unmittelbare Ziel für die Kognitionswissenschaft darin, zu erklären, wie mentale Prozesse Ideen hervorbringen, die für den, der sie erzeugt, neu sind; ein ferneres Ziel ist, zu erklären, wie die Gesellschaft einen kritischen Konsens erreichen kann; ein Ziel, das man nie erreichen wird, ist ein Modell, das nur wirklich originelle und exzellente Ergebnisse generiert. Das schaffen nicht einmal Menschen.

Kreation als ein nicht-deterministischer Prozeß

Ist der Geist wirklich nicht deterministisch? Betrachten wir zum Beispiel Picasso, während er ein bestimmtes Bild malt. Wahrscheinlich gibt es jederzeit mehrere alternative Pinselstriche, die er anbringen könnte, und sie alle würden ein Bild ergeben, das wir hundertprozentig als einen Picasso erkennen. Welches auch immer die abstrakten Prinzipien sein mögen, die die platonische Vorstellung von einem Picasso bestimmen – sie schreiben nicht im jeweiligen Stadium des Malvorgangs nur einen einzigen möglichen Pinselstrich vor. Anderenfalls gäbe es nur soviele Werke, wie es Anfänge gibt, denn danach wäre alles determiniert. Man könnte argumentieren, daß die Wahl eines speziellen Pinselstrichs von einem unbedeutenden Aspekt Picassos oder seiner Umwelt abhängig sei, etwa dem Zustand seiner Verdauung oder der herrschenden Windrichtung. Ließe sich der Einfluß solcher Faktoren kausal erklären, dann wären seine mentalen Prozesse deterministisch, und nur unsere Unwissenheit würde uns nötigen, den Determinismus zu leugnen. Dagegen könnte man argumentieren, daß selbst dann, wenn solche Faktoren erklärt wären, der Geist noch immer frei sei, sich beliebig zu entscheiden, vielleicht durch das mentale Gegenstück eines Münzwurfs. Ließen sich bestimmte Situationen exakt wiederherstellen, würde manche Entscheidung beim zweiten Mal anders ausfallen.

Ich werde mich im folgenden auf keine dieser Interpretationen festlegen. Die Krux ist, daß eine Theorie des kreativen Prozesses mehr als eine mögliche Fortsetzung zulassen muß und nicht feststellen kann, wie die Entscheidung zwischen ihnen getroffen wird. Die Theorie wird daher per definitionem nicht deterministisch sein (siehe 3. Kapitel). Reale Computer sind deterministisch, aber sie können willkürliche Entscheidungen simulieren.

Drei minimale Computerarchitekturen

Es besteht eine enge Verwandtschaft zwischen Kreieren und Lernen. Wenn Sie eine neue Aufgabe erlernen, fügen Sie vorhandene Fähigkeiten zu einer neuen Anordnung zusammen, die den Bedingungen der Aufgabe genügt. Wenn Sie eine neue Idee kreieren, fügen Sie vorhandene Elemente zu einer neuen Anordnung zusammen, die den Bedingungen der Aufgabe genügt.

Allerdings besteht zwischen beidem ein Unterschied: Wenn Sie lernen, nehmen Sie Informationen von einem Lehrer oder aus der Umwelt auf; wenn Sie kreieren, stellen Sie selbst die entscheidenden Bedingungen auf. Es gibt nur drei Klassen von Programmen für das Lernen (siehe 7. Kapitel), und sie haben, was die Kreation angeht, exakte Entsprechungen: Es gibt nur drei Klassen von Programmen, die kreieren können.

Die erste Klasse hat eine Architektur, die ich in Analogie zur Evolutionstheorie als »neodarwinistisch« bezeichne. Neue Arten entstehen infolge der Neukombination der Gene, gefolgt von den einschränkenden Bedingungen der natürlichen Auslese, die nicht lebensfähige Organismen eliminiert. Diese Architektur für Kreativität ist genauso aufgebaut: In der ersten Phase werden Elemente beliebig zu mutmaßlichen Produkten kombiniert; in der zweiten Phase werden durch einschränkende Bedingungen die nicht lebensfähigen Produkte herausgefiltert. Das ist der einzige mögliche Mechanismus, wenn das anfängliche Generieren von Ideen durch keinerlei Bedingungen beschränkt ist, aber er ist sehr ineffizient, weil die Mehrzahl seiner Produkte nicht lebensfähig sein wird. Ein kreatives Produkt kann ein neodarwinistisches Programm nur dadurch hervorbringen, indem es die Evolution der Arten nachahmt. Es muß sich aus mehreren Stufen zusammensetzen, auf denen nach jeder willkürlichen Neukombination geeignete Beschränkungen so angewandt werden, daß zumindest ein mutmaßliches Produkt mit einer gewissen Wahrscheinlichkeit bis zur nächsten Generation überlebt. Dieser Architektur entspricht John Hollands genetischer Algorithmus, der zum Lernen benutzt wird; es ist jedoch unwahrscheinlich, daß der kreative Prozeß beim Menschen auf der völlig willkürlichen Kombination von Ideen beruht, die keinerlei Beschränkungen unterliegt.

Eine zweite denkbare Architektur für die Kreativität bezeichne ich als »neolamarckistisch«, in Analogie zu Lamarcks Evolutionstheorie. Nach dieser Theorie paßt ein Organismus sich an seine Umgebung an, und er kann diese adaptiven Beschränkungen an seine Nachkommen weitergeben, die unter den entsprechenden Bedingungen generiert werden. Die kreative Architektur funktioniert analog: Unter einschränkenden Bedingungen werden *lebensfähige* Möglichkeiten generiert, und wenn auf einer Stufe mehr als eine Möglichkeit da ist, wird zwischen ihnen eine willkürliche Auswahl getroffen. Da schon in der generativen Phase alle Bedingungen wirksam sind, entsteht nur eine relativ kleine Anzahl von Produkten, die allesamt die Kriterien der Gattung oder das Paradigma erfüllen. Die Architektur ist somit äußerst effizient, obwohl sie nur dann funktionieren kann, wenn sich in der generativen Phase auf irgendeine Weise die bisherige Erfahrung auswirken kann.

Die dritte Architektur ist, wie ich sage, »mehrphasig« aufgebaut. Sowohl das Generieren von Ideen als auch die Auswahl der lebensfähigen unter ihnen unterliegt gewissen Bedingungen. Da Kreativität nicht deterministisch ist, kann es – trotz der Anlegung der Bedingungen – irgendwann passieren, daß mehr als eine Möglichkeit da ist; in diesem Fall wird zwischen ihnen eine willkürliche Auswahl getroffen. Die Bedingungen können sich über viele Phasen erstrecken, und Produkte können zwecks Modifikation wieder in die generative Phase eingespeist werden.

Das Paradoxon der Kreativität

Die mehrphasige Kreativität wendet sowohl generativ als auch selektiv Bedingungen an. Sie werden sich vielleicht fragen, wozu diese Arbeitsteilung, wenn es doch effizienter wäre, alle Bedingungen in der generativen Phase wirksam werden zu lassen (wie in der neolamarckistischen Architektur). David Perkins hat darauf hingewiesen, daß das Paradoxon der Kreativität darin besteht, daß die Menschen bessere Kritiker als Schöpfer sind: Für das Urteilen steht ihnen ihr Wissen leichter zur Verfügung als für das Generieren. Deshalb beruhen viele kreative Leistungen auf einem mehrphasigen Prozeß, in dem zunächst eine Idee generiert wird, die dann eine von Bedingungen beschränkte Reihe fortschreitender Revisionen durchläuft.

Dieses Paradoxon erklärt sich vielleicht aus der Architektur des Geistes, der anscheinend aus separaten Prozessoren besteht, die zwar Daten untereinander austauschen, aber in die internen Operationen des anderen nicht eingeweiht sind. Betrachten wir zum Beispiel die Fähigkeit, ein Lied zu singen. Sie ist abhängig von einer mentalen Repräsentation der in dem Lied vorkommenden Folge von Tonintervallen, die für den Prozessor, der den Vorgang steuert, verfügbar sein muß. Genauso verhält es sich mit der Fähigkeit, die Melodie in Notenschrift aufzuzeichnen: Der Prozessor, der die Bewegungen der Hand steuert, muß Zugang zu einer Repräsentation der Folge von Intervallen haben. Dennoch gibt es viele musikalisch gebildete Menschen, die nicht in der Lage sind, eine Melodie, die sie singen können, aufzuzeichnen. Von denen, die Noten lesen können, beherrschen nur wenige diese Fähigkeit. Die Schwierigkeit beruht darauf, daß die Repräsentation der Melodie für das Singen nicht automatisch anderen Prozessen wie dem Notenschreiben zugänglich ist. Auch die Kriterien für die Bewertung von schöpferischen Akten stehen nicht automatisch für den generativen Prozeß zur Verfügung. Da es leichtfällt, anderen diese Kriterien mitzuteilen, während es in der Regel unmöglich ist, die generativen Fähigkeiten zu beschreiben, hat das kritische Urteil einen Vorsprung vor der Fähigkeit, Ideen zu erzeugen.

Ein Beispiel aus der Mathematik

Die meisten Theorien der Kreativität sind, wie gesagt, zu vage, um modelliert werden zu können. Douglas Lenat hat jedoch ein »AM« genanntes Programm entwickelt, das mathematische Vermutungen generiert (siehe Davis und Lenat, 1982). Ausgehend von einer Reihe von Konzepten, sucht es, geleitet von einer großen Zahl von Kriterien, nach neuen Ideen. Es findet Theoreme, die zu beweisen sich vielleicht lohnen würde, ist aber selbst nicht imstande, irgend etwas zu beweisen. Ein wichtiges Merkmal von AM ist, daß der menschliche Benutzer mit ihm interagiert, um es in die richtige Richtung zu lenken. Das Programm schlägt ein Konzept vor, das Lenat bearbeitet, um seine Resultate wieder in das Programm einzugeben. »Im allgemeinen«, schreibt er, »waren die Konzepte, die AM ansonsten entwickelte, entweder schon bekannt oder echte Verlierer.« Wirklich erfolgreich ist das Programm nur dann, wenn es vom menschlichen Benutzer geleitet wird. Außerdem neigt es, je länger es läuft, um so mehr dazu, einen, wie Lenat sagt, »Dreck« von uninteressanten Ideen zu erzeugen.

Welcher der drei Architekturen ist AM zuzuordnen? Das Programm ist umfangreich und komplex, generiert aber Ideen im wesentlichen dadurch, daß es gegebene Elemente nach Maßgabe einer Reihe von deterministischen Bedingungen verknüpft. Der menschliche Benutzer findet die Perlen im Dreck und poliert sie für weitere Verwendung auf. Programm und Benutzer sind zusammen ein Beispiel einer mehrphasigen Architektur; am Ergebnis ist nicht mehr abzulesen, wer was beigesteuert hat.

Ein Beispiel aus der Musik: die Improvisation

Die musikalische Improvisation ist eine Form der Kreation, bei der die Kriterien im Geist des Musikers repräsentiert sein und für die Erzeugung einer befriedigenden Musik hinreichen müssen. Viele große Komponisten – zum Beispiel Bach, Mozart und Liszt – waren vollendete Improvisatoren. Beethoven improvisierte so brillant, daß seine Stegreifschöpfungen teilweise höher eingeschätzt wurden als seine Kompositionen. Beim Komponieren hatte er dagegen mitunter große Schwierigkeiten. Offenbar liegen den beiden Fähigkeiten teilweise unterschiedliche Prozesse zugrunde; das zeigt sich an Komponisten, die nicht improvisieren, und an Improvisatoren, die nicht komponieren können.

Den größten Improvisatoren begegnet man heute im Modern Jazz, der indischen klassischen Musik und der Musik anderer Kulturen. Den meisten Formen der Improvisation ist gemeinsam, das sie sich auf zwei ganz verschiedene Komponenten stützen: erstens ein Langzeitgedächtnis für eine Reihe von Grundstrukturen, wie es die Akkordfolgen des Modern Jazz oder die Ragas der indischen klassischen Musik sind, und zweitens eine Reihe von Prinzipien, die dem Improvisationsgeschick zugrunde liegen. Die Grundstrukturen sind dem Bewußtsein zugänglich: Man kann sie aufschreiben, explizit lehren und detailliert beschreiben. Dagegen sind die Improvisationsprinzipien dem

Bewußtsein nicht zugänglich. Manchen Musikern sind einige Aspekte davon bewußt, doch keiner hat introspektiven Zugang zu allen. Musiker lernen zu improvisieren, indem sie Virtuosen nachahmen und experimentieren. Sie lernen das Improvisieren durch Improvisieren, und es dauert Jahre, bis sie es beherrschen.

Jazzmusiker improvisieren Melodien, die zu einer Vielzahl unterschiedlicher Akkordfolgen passen. Sie kennen diese Akkordfolgen auswendig, und in einem Stück wird immer wieder dieselbe Akkordfolge benutzt. Das rechnerische Problem besteht daher darin, in Echtzeit eine akzeptable Melodie zu erzeugen, die zu der Akkordfolge paßt, und hinzu kommt, daß bei den schnellen Tempi des Modern Jazz bisweilen Melodien in dem extrem hohen Tempo von zehn bis zwölf Tönen pro Sekunde improvisiert werden müssen. Eine plausible Vermutung, wie dieses Problem zu lösen ist, kann sich auf die Unterscheidung zwischen den Grundstrukturen und den Improvisationsprinzipien stützen. Die Akkordfolgen werden nicht während der Aufführung erfunden; manchmal haben mehrere Musiker lange daran getüftelt. Dagegen müssen die Improvisationsprinzipien sehr kurzfristig greifen. Eine vernünftige Lösung besteht somit darin, soviel Arbeit wie möglich in die Konstruktion der Akkordfolgen zu stecken. Sie tragen das Stück, und ihre Bereitstellung darf eine erhebliche Portion Rechnerleistung kosten. Die effiziente Anwendung der Improvisationsprinzipien sollte dagegen sowenig Rechnerleistung wie möglich in Anspruch nehmen, sie sollten also bei der Erzeugung von Tönen mit möglichst geringem Speicherbedarf für Zwischenergebnisse auskommen (siehe 3. Kapitel).

Da man einem Musiker nicht in den Kopf schauen kann, habe ich, um diese Vermutung nachzuprüfen, ein Programm entwickelt, das tonale Akkordfolgen generiert, wie sie im Modern Jazz üblich sind, und ferner Programme für das Improvisieren von Melodien über solche Akkordfolgen.

Die abendländische Musik beruht größtenteils auf tonalen Akkordfolgen. Die Theorien der Tonalität implizierten von Rameau bis Forte, daß Akkordfolgen sich mit einem Minimum an Rechnerleistung erzeugen lassen. Bei dem Versuch, solche Theorien explizit zu machen, landet man bei Finite-state-Geräten (ohne Speicher für die Resultate von Zwischenberechnungen). Ein einfaches Beispiel zeigt Abbildung 14.1. Die römischen Ziffern bezeichnen den Grundton des Akkords: I = die Tonika, V = die Dominante usw. (Nichtmusiker brauchen sich über die Interpretation dieser Symbole keine Gedanken zu machen; sie sollten sie einfach als Ketten in einer abstrakten Symbolsprache betrachten.) Eine Akkordfolge wird generiert, indem man im Ausgangszustand S_0 beginnt und dann Übergänge von einem Zustand zum anderen macht. Während der Übergang längs eines Pfeils erfolgt, wird das Symbol über dem Pfeil generiert. So generiert das Finite-state-Gerät zum Beispiel die folgende Folge von Symbolen: I II V I, die der üblichen tonalen Folge von Tonika, Subdominantparallele (Supertonika), Dominante und Tonika entspricht. Ein realitätsnäheres Gerät würde die Art des Akkords über jedem dieser Grundtöne angeben. Das in der Abbildung gezeigte Gerät ist nicht deterministisch; so sind z. B. im Zustand S_1 drei unterschiedliche Entscheidungen möglich.

Tatsächlich reicht die Leistung von Finite-state-Geräten nicht aus, um die im Modern Jazz (und der übrigen abendländischen Musik) verwendeten Akkordfolgen zu generieren. Das von mir entwickelte Programm hat eine mehrphasige Architektur. Phase 1 benutzt eine Grammatik, die Regeln enthält wie

ZWEI-TAKTE → | I | V_D |

um eine grundlegende Akkordfolge zu generieren. Viele der Regeln enthalten mehr als eine Option, und in solchen Fällen trifft das Programm eine willkürliche Auswahl. Es gibt viele mögliche

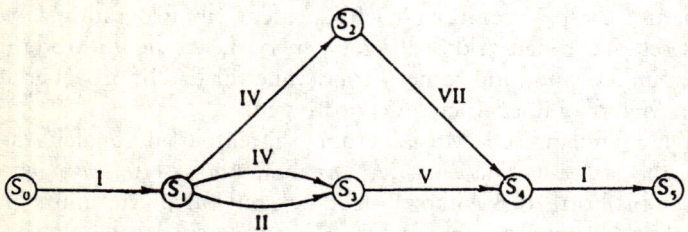

Abb. 14.1: Ein Finite-state-Gerät zum Generieren von Akkordfolgen.

Variationen über die grundlegende Folge I V, darunter die drei folgenden:

Imj7 VIm7	IIm7 V7
Imj7 bIII7	bVImj7 bII7
Imj7 IVm7 bVII7	bIIIm7 bVI7 IIm7 V7

die auch in Abbildung 14.2 dargestellt sind. Mark Steedman hat Regeln entworfen, die eine grundlegende Folge in oberflächliche Variationen übersetzen, und Phase 2 des Programms verwendet ähnliche Regeln, die kontextempfindlich sind und dem »Quintenzyklus« entsprechend Akkorde in die grundlegende Folge interpolieren. Wenn also die Folge:

| I | V_D |

als Eingabe gegeben ist, kann das Programm, sobald es einen Akkord entdeckt, der das Symbol D enthält, den Akkord in einen Septakkord (symbolisiert als »7«) verwandeln und einen vorhergehenden, durch den Quintenzyklus mit ihm zusammenhängenden Akkord einfügen:

| I | II7   V7 |

Mit einem weiteren Schritt dieser Art kann man vor II7 einen Akkord einfügen.

| I | VIm7 II7   V7 |

Geht man in diesem Sinne weiter zurück, könnte das Endergebnis der Phase 2 in Abhängigkeit von der gewählten Entwicklung so aussehen:

| Imj VIIm7 III7 | VIm7 II7   V7 |

Phase 3 verwendet nun kontextsensitive Regeln, um eine Art von Akkord gegen eine andere zu substituieren und eine andere Art von Interpolation zu machen. So kann, je nach den getroffenen Entscheidungen, aus der vorigen Kette folgendes entstehen:

| Imj7 IVm7 bVII7 | bIIIm7 bVI7 IIm7 V7 |

Das Programm nimmt also erhebliche Rechnerleistung in Anspruch, weil jede Phase auf einer Erinnerung an die Ergebnisse

14.2: Drei Varianten für Piano der grundlegenden Akkordfolge Tonika Dominante.

der vorangegangenen beruht und weil die Interpolationen in bestimmten Kontexten vorgenommen werden müssen und daher eine Erinnerung an den vorigen Zustand der Akkordfolge voraussetzen. Die Ergebnisse ließen sich mit den in der musikalischen Theorie implizierten Finite-state-Geräten nicht erzeugen. Nun können Musiker, die sich neue Akkordfolgen ausdenken, diese aufschreiben, sie brauchen also ihr Arbeitsgedächtnis nicht in derselben Weise zu benutzen wie das Programm. Da die Notation den Speicher ersetzt, fordert die Rechnerleistung keinen psychologischen Preis.

Der Kontrabaßspieler improvisiert im Modern Jazz eine Baßlinie zu einer gegebenen Akkordfolge (wie sie durch das vorige Programm generiert wurde). Abbildung 14.3 zeigt einen Aus-

Abb. 14.3: Ein Ausschnitt aus einer typischen Baßlinie.

schnitt aus einer typischen Baßlinie und die Akkorde, auf denen sie beruht. Sie ist rhythmisch einfach – stets vier Viertel pro Takt –, doch gibt es auch kompliziertere Stile. Wann die Töne jeweils gesetzt werden, richtet sich nach einem empfindlichen Gespür für die dynamische Metrik des Jazz. Wie dem auch sei – mit Hilfe der Baßlinie kommen wir ohne die Komplikationen des Rhythmus zu einer Melodie.

Wie entscheiden Baßspieler, was sie als nächstes spielen? Eine Möglichkeit wäre, bestehende Melodien miteinander zu verknüpfen und dabei so abzuwandeln, daß sie zu der Akkordfolge passen. Zwar haben J. Ulrich und David Levitt unabhängig voneinander Programme entwickelt, die auf dieser Idee basieren, doch ist es – wie Ihnen jeder fähige Musiker bestätigen wird – auf lange Sicht einfacher, neue Melodien zu erfinden, als sich eine Vielzahl von Motiven zu merken und sie zur Akkordfolge passend abzuwandeln (siehe zum Beispiel die Erinnerungen des bekannten Soziolinguisten David Sudnow, der Jazzpiano spielte). Mit Hilfe einer Grammatik kann man Melodien generieren, und sie wird viele generieren, die der Musiker noch nie gespielt hat. Auch bei Ulrich oder Levitt ist irgendein System dieser Art nötig, denn die zu lernenden Motive müssen ja erst einmal erfunden worden sein.

Ich habe ein neolamarckistisches Programm entwickelt, das mit Hilfe einer Grammatik die »Konturen« akzeptabler Baßlinien generiert. Sein allgemeines Prinzip ist, auf eine Reihe kleiner Tonschritte ein größeres Intervall folgen zu lassen und umgekehrt – so entsteht eine ansprechende Melodie. (Ein eigenes Programm für Melodien verwendet zusätzlich eine Grammatik zur Erzeugung von Rhythmen.) Baßspieler müssen bei der Auswahl der Töne die Bedingungen der Harmonie beachten, die Töne zulassen, die mit dem aktuellen Akkord übereinstimmen, und solche, die zwischen diesen Tönen als »Durchgänge« gespielt werden. Unter Einhaltung all dieser Bedingungen wird eine Baßlinie generiert, und wenn mehr als ein möglicher Ton vorliegt, der ihnen genügt, trifft das Programm eine willkürliche Auswahl. Abbildung 14.4 zeigt einen typischen Ausschnitt aus einem Output des Programms. Der Output, der zusätzlich eine rudimentäre, auf der Akkordfolge beruhende Begleitung enthält, wird von einem weiteren, von Roy Patterson und Rob Milroy entworfenen Programm gespielt, das den Klang des Basses und der Begleitung synthetisiert.

Das Programm funktioniert wie ein Finite-state-Gerät, was psychologisch plausibel ist, weil es einen Musiker in die Lage versetzen würde, so schnell wie möglich eine Melodie zu improvisieren, ohne daß er in nennenswertem Umfang intermediäre Repräsentationen berechnen muß. Ihm fehlen jedoch zwei Fähigkeiten, die der Jazzmusiker besitzt. Es benutzt keine chromatischen Läufe aus mehreren Durchgangsnoten (siehe den zweiten Takt in Abbildung 14.3), und es benutzt keine Motive, die in Baßpartien gelegentlich vorkommen. Es macht außerdem einen Fehler, der die Existenz einer speziellen Kategorie von Durchgangsnoten enthüllte, die mir bis dahin entgangen war. Die zur Behebung dieser Mängel erforderlichen Modifikationen beanspruchen keinen größeren Speicherplatz für Zwischenberechnungen, aber einen etwas größeren Speicher für das, was gerade gespielt worden ist. Das Programm ist zwar wohl durchdacht, doch läßt sich nicht vorhersagen, was bei einer bestimmten Gelegenheit herauskommen wird. Es simuliert Prozesse, die die Kriterien einer Gattung auf nicht-deterministische Weise anwenden.

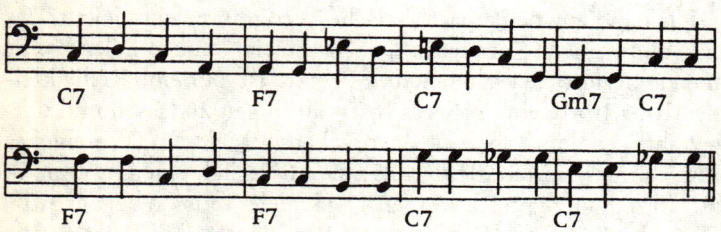

Abb. 14.4: Ein Ausschnitt aus einem typischen Output des Baß-Programms.

Die Analogie und das Lösen wissenschaftlicher Probleme

Wissenschaftliche und alltägliche Probleme werden bisweilen durch die Entdeckung einer tragfähigen Analogie geklärt. M. L. Gick und Keith Holyoak haben dieses Phänomen in mehreren

Studien anhand eines von Karl Duncker erdachten Problems demonstriert. Die Aufgabe besteht darin, einen Weg zu finden, wie man einen inneren Tumor mit Röntgenstrahlen zerstören kann, ohne das angrenzende gesunde Gewebe zu zerstören. In der Regel wird die Lösung nicht spontan entdeckt, sondern erst, nachdem die Versuchspersonen den expliziten Tip erhalten haben, eine Geschichte zu bedenken, die eine hilfreiche Analogie enthält. In der Geschichte geht es um ein Heer, das eine Festung nicht mit einem einzigen Frontalangriff erobern konnte, aber Erfolg hatte, nachdem der General es in mehrere Gruppen aufteilte, die die Festung von allen Seiten her angriffen. Dementsprechend werden rings um den Patienten viele Quellen schwacher Röntgenstrahlen aufgestellt, deren Strahlen auf den Tumor gerichtet werden und ihn zerstören, ohne das normale Gewebe zu schädigen.

Paul Thagard und Keith Holyoak haben eine Theorie der Analogie vorgeschlagen, die sie auch als Teil eines allgemeineren Computerprogramms für das Lösen von Problemen modelliert haben. Der menschliche Benutzer definiert zunächst die einzelnen Begriffe und Regeln eines bestimmten Bereichs (wie z. B. das Festungsproblem) und formuliert das Zielproblem (wie z. B. das Röntgenproblem). Wenn das Programm das Festungsproblem gelöst hat, wird die Lösung mit den einzelnen Begriffen verknüpft, die das Problem darstellen. Kann das Programm das Röntgenproblem nicht lösen, tritt ein Analogie-Mechanismus in Aktion. In der Computerimplementierung fordert der Mechanismus den Benutzer auf, Regeln zu definieren, die die Begriffe im Röntgenproblem mit denen im Festungsproblem verknüpfen, also Regeln, die z. B. Verknüpfungen zwischen *Strahlen* und *Heer*, *Tumor* und *Festung* usw. herstellen. Wenn mindestens zwei Begriffe im Festungsproblem aktiviert sind, wird es selbst aktiviert, und das Programm ist in der Lage, eine Abbildung vom einen Bereich auf den anderen herzustellen:

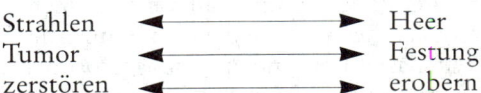

Strahlen ⟷ Heer
Tumor ⟷ Festung
zerstören ⟷ erobern

Es kann dann die Aktionen, die das Festungsproblem lösten, auf das Röntgenproblem übertragen.

Die Theorie, die hinter dem Programm steckt, stellt zwei zentrale Behauptungen auf. Was, erstens, bei einer Analogie übertragen wird, ist die Aktionsfolge, die generiert wurde von den Schlußregeln, die bei der Lösung des ersten Problems angewandt wurden. Dedre Gentner und ihre Kollegen haben darüber hinaus ein Computermodell der Analogie entworfen, bei dem die Übertragung von »höheren« Relationen vom einen Bereich auf den anderen im Mittelpunkt steht. Die Erzeugung der Abbildungen beruht, zweitens, auf inhaltsspezifischen Schlußregeln, auf Fakten, die dem Programm jeweils eingegeben werden müssen.

Es ist unwahrscheinlich, daß die Entdeckung einer tragfähigen wissenschaftlichen Analogie auf bereits bestehenden Regeln beruht, die Abbildungen von einem Bereich auf einen anderen herstellt. Die Wissensbereiche – Wissen vom Sonnensystem, von Atomen, von Wellen, von Uhren usw. – bilden zusammen einen ungeheuren »Raum«, und die Aufgabe, eine tragfähige Analogie zu erzeugen, bedeutet, zwei Regionen innerhalb des Raums miteinander zu verknüpfen. Je weiter sie voneinander entfernt sind, desto länger ist die Kette der Verknüpfungen und desto schwieriger ist sie zu konstruieren, da bei ihrer Konstruktion stets mit verschiedenen möglichen Fortsetzungen zu rechnen ist, die zu unterschiedlichen Bereichen führen: Die Anzahl der möglichen Abbildungen wächst exponentiell mit der Anzahl der Verknüpfungen. Wieder sind wir auf einen Prozeß gestoßen, der innerhalb einer vertretbaren Zeitspanne nicht zu bewältigen ist, wenngleich es durchaus möglich ist, die Korrektheit einer Abbildung zu prüfen, nachdem sie einmal hergestellt ist. Die Aufgabe, eine tragfähige Analogie zu entdecken, vermögen denn auch nur wenige zu lösen: Zu groß ist die Anzahl der Begriffe, die möglicherweise relevant sind, als daß wir alle ihre Implikationen überschauen könnten. Die außergewöhnlichen Denker sind in der Lage, mehrere Bedingungen gleichzeitig anzuwenden, und können sie in der generativen Phase einer mehrphasigen Prozedur benutzen. Für alle diejenigen unter uns, die sie erst in einer Bewertungsphase anzuwenden vermögen, ist die Chance, die Analogie zu entdecken, sehr viel geringer, wenngleich wir ihre Tragfähigkeit ohne weiteres begreifen, nachdem man sie uns gezeigt hat.

Schlußfolgerungen

Die musikalische Improvisation und andere Leistungen aus dem Stegreif wie etwa die spontane Rede sind gute Beispiele für die Anwendung einer neolamarckistischen Architektur. Diese Architektur garantiert, daß das Ergebnis immer mindestens befriedigend ist, und sie erlaubt außerdem, daß der Prozeß mit geringer Rechnerleistung auskommt und somit das Arbeitsgedächtnis nur minimal beansprucht.

Kritiker sind bisweilen skeptisch, was die Benutzung von Grammatiken angeht. Sie behaupten, oft würden, um ein originelleres Kunstwerk zu schaffen, die Regeln verletzt. Ferner sagen sie, daß eine Grammatik zwar eine Gattung einfangen mag, der einzelne aber seinen eigenen unverwechselbaren Stil habe. Beide Einwände sind aufschlußreich. Wenn ein kreativer Prozeß die Regeln verletzt, dann kann das nur heißen, daß er entweder ohne Rücksicht auf die Folgen eine willkürliche Entscheidung trifft, oder er ist von anderen, noch über die Grammatik hinausgehenden Kriterien bestimmt. Wenn ein einzelner einen unverwechselbaren Stil hat, dann kann das nur heißen, daß bei der Auswahl von Alternativen idiosynkratische Voreingenommenheit waltet oder daß der kreative Prozeß von zusätzlichen oder andersartigen Kriterien bestimmt ist. Es ist möglich, eine Grammatik zu formulieren, die den Output eines jeden rechnerischen Prozesses erfaßt, sei er zufällig, probabilistisch oder von maximaler Rechnerleistung (siehe 3. Kapitel). Das heißt, daß die Verletzung einer Regel von einer anderen Regel beschrieben werden kann und daß individuelle Stile von Grammatiken beschrieben werden können. Doch vielleicht tut die Anwendung expliziter Regeln dem grundlegenden *Mechanismus* der spontanen Kreation tatsächlich Gewalt an. Es ist denkbar, daß Musiker nicht derartige Regeln im Kopf haben, sondern eine riesige verteilte Repräsentation von latenten Möglichkeiten, die sie durch die Verschmelzung vieler Erfahrungen erworben haben.

Die Kreation eines Romans, eines Gemäldes oder einer tonalen Akkordfolge erfolgt zumeist im Rahmen der Konventionen einer bestehenden Gattung. Und wie Thomas Kuhn gezeigt hat, spielen sich auch die kreativen Prozesse eines Wissenschaftlers normalerweise innerhalb der Beschränkungen eines bestehenden Paradigmas ab. Diese Arten von Kreativität beruhen nach meiner Überzeugung auf mehrphasigen Algorithmen. Beim Generieren von Ideen macht der Kreator zumindest anfangs von einigen Beschränkungen Gebrauch. Wenn dann das Ergebnis einer Revision oder Weiterentwicklung bedarf, mögen Beschränkungen eine Rolle spielen, die in der generativen Phase nicht benutzt werden können. Was wissenschaftliche Hypothesen angeht, besteht eine wichtige, in einer späteren Phase anzuwendende Beschränkung in empirischen Beobachtungen.

Die Erfindung einer neuen Gattung oder eines neuen wissenschaftlichen Paradigmas wird höher bewertet als alle anderen Formen von Kreation. Solche revolutionären Übergänge sind so selten und inhaltlich so verschieden, daß eine neolamarckistische Prozedur für sie kaum in Frage kommt. Es gibt keine Prinzipien, die garantiert nur lebensfähige Revolutionen hervorbringen. Das einzige Verfahren, das bei dieser Art von Kreativität in Frage kommt, muß daher, wie im Falle der tragfähigen Analogie, eine mehrphasige Architektur haben. Es gibt keine einfache, handliche Verfahrensweise für die Innovation.

Weiterführende Literatur

Den besten Überblick zum Thema Kreativität bieten Perkins (1981) und Boden (1990). Theorien liefern Freud (1908), Mednick (1962), der für Assoziationen ist, sowie Skinner (1953) und Campbell (1960), die für den Neodarwinismus sind. Die Messung der Kreativität wird beschrieben in Getzels und Jackson (1962). Einen Versuch, die Kreativität zu steigern, machten Haddon und Lytton (1968). Kreative Wissenschaftler wurden untersucht von Roe (1952), und mit Darwin hat sich Gruber (1974) befaßt. Sonneck (1967) enthält Schilderungen von Beethovens Improvisationen. Hiller und Isaacson (1959) berichten von einem frühen Programm, das Musik generiert. Moles (1966) benutzt Finite-state-Geräte, um Musik zu analysieren, und sie werden diskutiert von Eigen und Winkler (1983). Informelle grammatikalische Analysen von Musik werden geschildert von Perlman und Greenblatt (1981) sowie von Lerdahl und Jackendoff (1983). Formellere Computermodelle wurden erstellt von Sundberg und Lindblom (1976), Longuet-Higgins (1979) sowie von Longuet-Higgins und Lee (1982). Für eine Analyse von konzeptionellen Revolutionen in der Wissenschaft siehe Thagard (1992); für Diskussionen ihres Auftretens in der geistigen Entwicklung von Kindern siehe Carey (1985) sowie Carey und Gelman (1991). Die psychologischen Prinzipien der Jazzimprovisation werden ausführlicher beschrieben in Johnson-Laird (1991); die Gegenstände menschlicher und maschineller Denkvorgänge – Deduktion, Induktion und Kreation – werden gründlicher diskutiert in Johnson-Laird (1993). Genetische Algorithmen werden beschrieben in Holland *et al.* (1986) sowie in Booker, Goldberg und Holland (1990).

TEIL V

Kommunikation

Jede menschliche Gruppe, die von Anthropologen untersucht wurde, sprach eine Sprache. Die Sprache hat stets ein Lexikon und eine Grammatik. Das Lexikon ist keine zufällige Ansammlung von Vokalisationen, sondern hochgradig organisiert; stets enthält es Pronomina, Mittel, um mit Zeit, Raum und Zahl umzugehen, Wörter, um wahr und falsch darzustellen, die grundlegenden Begriffe, die für eine propositionale Logik nötig sind. Die Grammatik hat unterscheidbare, teils phonologische, teils syntaktische Strukturebenen. Die Phonologie enthält stets sowohl Vokale als auch Konsonanten, und die Phoneme können stets durch Unterscheidungsmerkmale beschrieben werden, die einer begrenzten Menge von Möglichkeiten entstammen. Die Syntax enthält stets Regeln für die sequentielle Zusammenfassung von Elementen zu Satzteilen und Sätzen, Regeln für die normale Intonation, Regeln für die Transformation gewisser Arten von Sätzen in andere Arten.

George A. Miller

15. Kapitel

Das Wesen der Kommunikation

Karl von Frisch hat in wunderschönen Beobachtungen geklärt, daß Bienen, die eine Quelle von Pollen oder Nektar gefunden haben, nach der Rückkehr in den Stock auf der vertikalen Wabenfläche einen Schwänzeltanz aufführen. Die Anzahl der Schwänzelläufe ist der Entfernung zur Futterquelle proportional, und was noch bemerkenswerter ist: Der Teil des Tanzes, in dem geschwänzelt wird, weicht von der Senkrechten um einen Winkel ab, der der Abweichung der Flugrichtung zur Futterquelle von der Sonnenrichtung entspricht. Die tanzende Biene wird genau von anderen Sammelbienen beobachtet, die anschließend unfehlbar die Futterquelle ansteuern.

Der Tanz der Honigbiene illustriert das Minimum, das für die Kommunikation eines Organismus (oder eines Roboters) mit einem anderen erforderlich ist. Eine Biene entdeckt eine Futterquelle und bildet eine innere symbolische Repräsentation ihrer Richtung und Entfernung. Der Tanz stellt eine solche Repräsentation dar und nicht bloß ein Protokoll ihres Flugverhaltens, denn wenn die Biene durch das Gelände zu einem Umweg gezwungen wird, zeigt sie gleichwohl den direkten Winkel zwischen Stock und Futterquelle an. Die Repräsentationen der Bienen sind ein Beispiel einer inneren Symbolik, denn sie erfüllen die im 2. Kapitel dargelegten Kriterien eines Symbolsystems: Gegeben ist eine Menge von Symbolen, ein symbolisierter Bereich, eine Methode der Verknüpfung zwischen den Symbolen und dem von ihnen Symbolisierten und, hinter dem System, ein Zweck, dem es dient. Wenn ein Organismus (oder ein Roboter) über solche inneren Symbole verfügt, dann ist er gegebenenfalls zusätzlich imstande, diese durch ein äußeres symbolisches Verhalten anderen Entitäten seiner Art zu vermitteln.

Die einfachste Form einer Interaktion zwischen Organismen liegt vor, wenn das Verhalten des einen Organismus eine kausale Wirkung auf das Verhalten eines anderen hat. Wenn das Verhalten des ersten Organismus keine andere Funktion hat, als das Verhalten des zweiten hervorzurufen, sprechen einige Theoretiker davon, daß eine Kommunikation stattgefunden habe; so legt z. B. eine Ameise eine chemische Spur, der andere Ameisen folgen können. Eine solche Interaktion kann jedoch auch ohne eine unabhängige Repräsentation der Welt stattfinden, und folglich hat das kommunizierende Verhalten keine symbolische Bedeutung. Es bezeichnet nicht oder bezieht sich nicht auf einen Zustand der Welt, sondern ruft lediglich eine angeborene Reaktion bei anderen Organismen hervor.

Oft ist schwer zu beurteilen, ob eine Interaktion eine echte symbolische Kommunikation darstellt. So stoßen zum Beispiel Meerkatzen drei verschiedene Alarmschreie aus. Ein Schrei ertönt, wie Cheney und Seyfarth beobachtet haben, wenn ein Leopard in der Nähe ist; die Affen, die ihn hören, klettern sofort auf die Bäume. Ein zweiter Schrei ertönt, wenn eine Schlange in der Nähe ist; die Affen, die ihn hören, schauen prüfend zu Boden. Ein dritter Schrei ertönt, wenn oben ein Adler schwebt; die Affen, die ihn hören, verkriechen sich und blicken nach oben. Offenbar sind die Verhaltensweisen der Affen, die die Schreie hören, nicht bloße stereotype Reaktionen, doch der Status der Schreie ist schwer zu bestimmen. Als genauso schwierig erwies sich die Klärung der Frage, ob Schimpansen, denen verschiedene Zeichensprachen beigebracht wurden, diese in wirklich symbolischer Weise benutzen, um auf Zustände der Welt zu verweisen, oder lediglich als instrumentelle Mittel, um bestimmte Sachverhalte zu bewirken.

Generell setzt symbolische Kommunikation voraus, daß der Kommunikator eine perzeptuelle Repräsentation der Welt gebildet hat:

          Wahrnehmung
Welt ————————————▶ Repräsentation der Welt

welche die Instruktionen für eine symbolische Handlung festlegt:

$$\text{Repräsentation der Welt} \xrightarrow{\text{Formulierung}} \text{Instruktionen}$$

Diese Instruktionen bestimmen dann das Verhalten des Tieres:

$$\text{Instruktionen} \xrightarrow{\text{Handlung}} \text{Verhalten}$$

Das Tier, das die Kommunikation wahrnimmt, muß zunächst eine Repräsentation des Verhaltens bilden:

$$\text{Verhalten} \xrightarrow{\text{Wahrnehmung}} \text{Repräsentation des Verhaltens}$$

Danach muß es das Verhalten interpretieren, also anhand von dessen Repräsentation eine Repräsentation der Welt bilden. Dieser Prozeß des Verstehens liefert dann eine Repräsentation wie jene, die am Anfang der Kommunikation stand:

$$\text{Repräsentation des Verhaltens} \xrightarrow{\text{Verstehen}} \text{Repräsentation der Welt}$$

Diese Repräsentation der Welt wird schließlich vom Empfänger als Anleitung zum Handeln benutzt. Die ganze Kette der symbolischen Kommunikation ist in Abbildung 15.1 zusammengefaßt:

Das Wesen der Sprache

Die menschliche Kommunikation ist komplexer als jede andere, weil sie sich der Sprache bedienen kann. Zwar können Menschen auf anderen Wegen kommunizieren – durch Gesten, durch den Gesichtsausdruck, durch emotionale Schreie –, und die Sprache kann auch zu anderen Zwecken als der Kommunikation benutzt werden – für die Externalisierung von Gedanken, für den Ausdruck der eigenen Persönlichkeit –, doch ist kein Kommunikationssystem so reich wie die natürliche Sprache. Ihre Leistungsfähigkeit verdankt sie der Kombination dreier grundlegender

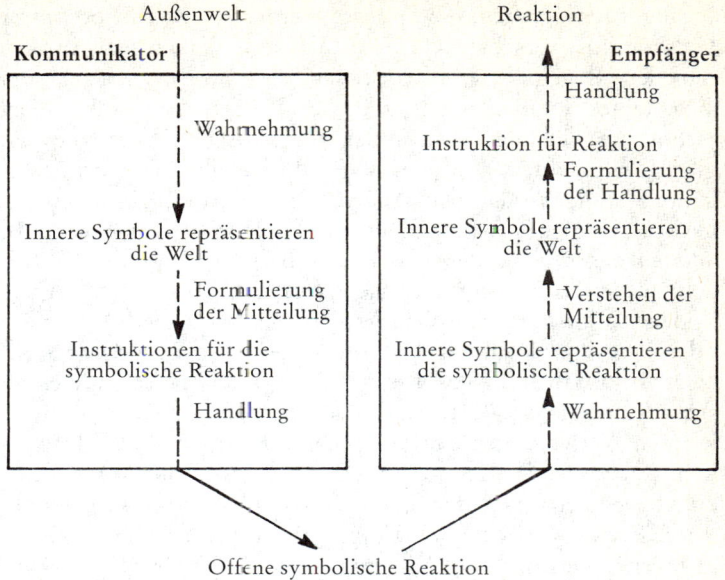

Abb. 15.1: Die Hauptphasen der tierischen Kommunikation.

Fähigkeiten: erstens dem Mittel, um ein großes Repertoire verschiedener Symbole (Wörter) zu erzeugen, zweitens der syntaktischen Kompetenz, diese Grundelemente (Wörter) so zu kombinieren, daß eine potentiell unendliche Anzahl von Mitteilungen (Sätzen) entsteht, drittens der semantischen Kompetenz, Mitteilungen zu kommunizieren, die nicht unmittelbar von der lokalen Umgebung abhängig sind, sondern intentional auf andere, auch hypothetische oder imaginäre Sachverhalte verweisen können.

Fast jeder erlernt diese drei Fähigkeiten mühelos in wenigen Kindheitsjahren – so mühelos, daß viele zu der Ansicht neigen, die Sprache biete nur zwei psychologische Probleme: das Lesenlernen und das Erlernen einer Fremdsprache. In Wirklichkeit ist die Leichtigkeit, mit der die Sprache im täglichen Leben benutzt wird, und die Mühelosigkeit, mit der Kinder sie erwerben, das schwerer zu erklärende Problem.

Linguisten glauben, die Sprache werde von Regeln bestimmt und für ihre verschiedenen Organisationsebenen gebe es verschiedene Regeln. Es gibt Regeln dafür, was im Englischen als ein akzeptabler Sprachlaut gilt, z.B. der Vokal »ee« in dem Wort »feet«, aber nicht der Vokal in dem französischen Wort »rue«. Es gibt Regeln dafür, was als ein akzeptables englisches Wort gelten kann. Ständig werden neue Wörter geprägt, und man kann sich leicht noch nicht existierende englische Wörter ausdenken, z.B. »platch«, »snorp« und »brell«. Die Menschen gehorchen den Regeln automatisch, wenn man sie auffordert, neue Wörter zu erfinden. Sie denken sich nicht Wörter aus wie »tchpla«, »spnor« oder »blree«, obwohl solche Konsonantenfolgen in anderen Sprachen vorkommen. Es gibt Regeln für die grammatisch korrekten Anordnungen von Wörtern, die in englischen Sätzen vorkommen können. Verletzungen des akzeptablen Englisch sind sofort erkennbar. Sie merken zum Beispiel, daß etwas nicht stimmt, wenn ein zugereister Ausländer Ihnen erklärt: »*My works is many and my salary are few*«. Es gibt Regeln für die Bedeutung von Ausdrücken. Auch hier sind Verletzungen des akzeptablen Sprachgebrauchs sofort erkennbar. Der Satz »*The invisible stain believes the sky*« [»Der unsichtbare Fleck glaubt den Himmel«] ist grammatisch wohlgeformt, aber semantisch unkorrekt.

Diese Beispiele machen außerdem die hierarchische Struktur der Sprache deutlich. Sie ist organisiert auf der Ebene der Sprachlaute (und durch Konventionen über Alphabete), auf der Ebene der Wörter (und durch Konventionen über die Rechtschreibung), auf der Ebene der Grammatik und auf der Ebene der Bedeutung. Die Organisation ist verwickelt; obwohl Philosophen und theoretische Linguisten sie seit zwei Jahrtausenden studieren, existiert noch immer keine umfassende Darstellung einer der gut dreitausend menschlichen Sprachen, von denen wir wissen. Falls der Leser bezweifelt, daß Regeln die verschiedenen Ebenen der Sprache zu beschreiben vermögen, oder sie für allzu präzise hält, um der Eigenwilligkeit der Alltagssprache Herr zu werden, sollte er sich einer der Lehren des 3. Kapitels erinnern: Es ist möglich, Regeln so mächtig zu machen, daß sie jeden berechenbaren Output erfassen, sei dieser nun probabilistisch, vage oder nicht deterministisch.

Vielleicht ist – so die Vermutung vieler Linguisten – der Geist so organisiert, daß er Regeln erlernen und sie befolgen kann, ohne ihren Inhalt bewußt zur Kenntnis zu nehmen. Die Tatsache, daß das sprachliche Wissen uns nicht bewußt ist und daß es stillschweigend erworben wird, liefert uns einen Hinweis auf die Natur des menschlichen Geistes, einen Hinweis, auf den ich noch zurückkommen werde. Einstweilen will ich diese kurze Einführung in die Sprache mit einem Beispiel beenden, das zeigt, wie viel von ihr uns normalerweise verborgen bleibt. Sie werden vielleicht denken, das Aussprechen eines Wortes bestehe darin, einen Sprachlaut nach dem anderen zu artikulieren, so wie das Aufzeichnen eines Wortes darin besteht, es Buchstabe für Buchstabe hinzuschreiben. Diese Annahme ist verbreitet, aber ganz falsch: Die Elemente von Sprachlauten überlappen sich zeitlich.

Die grundlegenden sprachlichen Fähigkeiten sind die Fähigkeit, zu sprechen, und die Fähigkeit, zuzuhören und zu verstehen. Um diese Fähigkeiten zu erklären, müssen wir zunächst verstehen, wie Sprechen produziert und entschlüsselt wird. Von diesen Prozessen handelt das nächste Kapitel. Den Kern der sprachlichen Kommunikation bilden jedoch die Ebenen der Grammatik und der Bedeutung. Ihnen sind zwei weitere Kapitel gewidmet. In den folgenden drei Kapiteln geht es also um die drei Komponenten, die die natürliche Sprache ausmachen: Sprechen, Syntax und Semantik.

16. Kapitel

Sprechen und Hören

Das Wesen des Schalls

Jeder Schall, gleich, ob es um Sprache, Musik oder Lärm geht, besteht aus Schwingungen in einem Medium, normalerweise der Luft. Ein schwingendes Objekt erzeugt Kompressionen (wenn es sich nach außen bewegt) und Dekompressionen (wenn es sich nach innen bewegt) der angrenzenden Moleküle, und diese Störungen werden von Partikel zu Partikel durch die Luft übertragen. Die Druckschwankungen können von unterschiedlicher Größe (Amplitude) und Schnelligkeit (Frequenz) sein. Die Lautstärke hängt, grob gesagt, von der Größe der Schwankung ab: Je größer diese ist, desto lauter ist der Schall. Und die Tonhöhe des Schalls hängt von der Frequenz der Schwankung ab: Je schneller diese ist, desto höher ist der Ton.

Die Druckschwankung in der Zeit kann als Welle dargestellt werden (siehe Abbildung 16.1). Jeder Schall, sei er eine Sprachäußerung oder eine Symphonie, ist eine Druckwelle, die

Abb. 16.1: Beispiel einer Welle mit wechselndem Druck, erzeugt durch den Sprachlaut »s«.

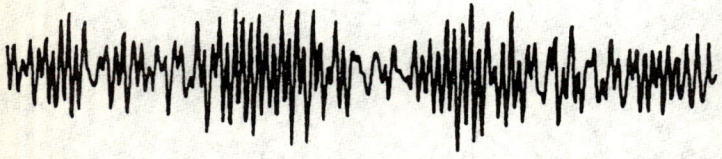

(Aus D. B. Fry, *The Physics of Speech*, Cambridge: Cambridge University Press, 1976, S. 84)

Abb. 16.2: Eine komplexe Welle kann aufgebaut sein aus bzw. zerlegt werden in eine Reihe einfacher Wellen. Wenn man die Wellen (a), (b) und (c) Punkt für Punkt addiert, erhält man die komplexe Welle (d).

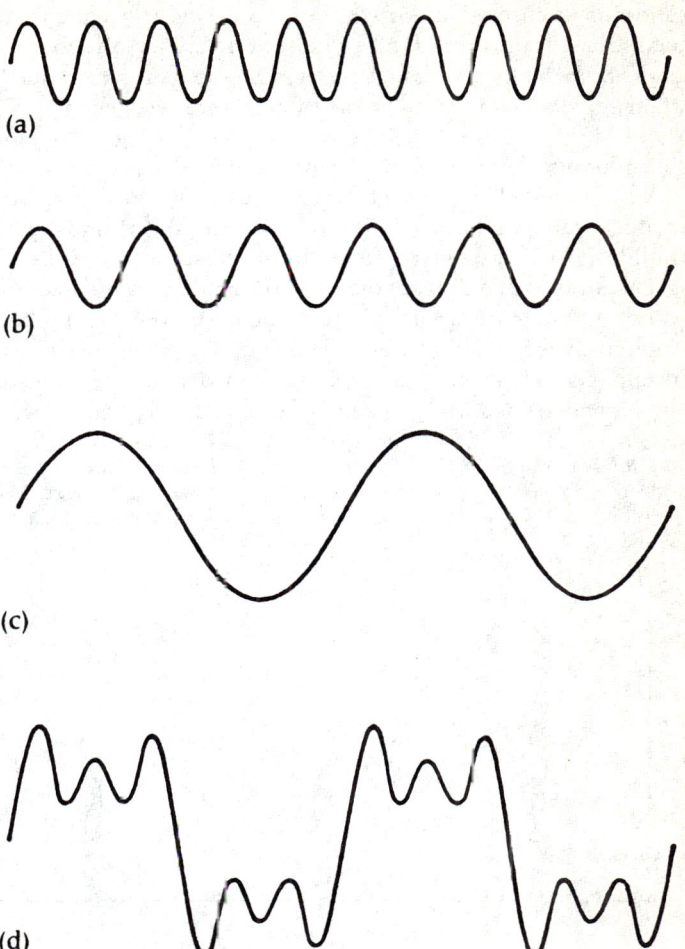

(Aus P. B. Denes und E. N. Pinson, *The Speech Chain.* New York: Anchor Books, 1973, S. 37. Copyright © 1963 by Bell Telephone Laboratories, Inc. Abdruck mit freundlicher Genehmigung von Bantam, Doubleday, Dell Publishing Group, Inc.)

das Trommelfell veranlaßt, einwärts und auswärts zu schwingen. Diese mechanische Energie wird in Nervenimpulse umgewandelt, auf denen letztlich das Hören beruht. Es ist, als führe jemand mit wechselndem Druck und wechselnder Frequenz mit einem Bleistift in Ihrer Handfläche auf und ab. Da offenbar weder die Sprachäußerung noch die Symphonie eine ganz einfache Erfahrung darstellen, muß etwas Interessantes vorgehen.

Die Antwort lautet, daß Schall ein weiteres Beispiel eines »linearen Systems« ist: Werden einzelne Luftdruckschwankungen kombiniert, haben sie additive Effekte. Wenn drei nebeneinander stehende Lautsprecher die Wellen (a), (b) und (c) aus Abbildung 16.2 erzeugen, entspricht das Resultat der Welle (d). Umgekehrt werden drei auf die entsprechenden Frequenzen abgestimmte Filter aus Welle (d) die Wellen (a), (b) und (c) rekonstruieren. Was Sie hören, wenn Sie den drei Wellen lauschen, ist ein einziger Klang, dessen Tonhöhe von der am langsamsten schwingenden Welle (c), dem *Grundton*, bestimmt wird,

Abb. 16.3: Die Amplitude (Größe) der Luftdruckänderungen der drei Wellen, aus denen sich die komplexe Welle in Abbildung 16.2 zusammensetzt. Welle (c) links in der Abbildung ist der Grundton, die Wellen (b) und (a) rechts davon sind die Obertöne.

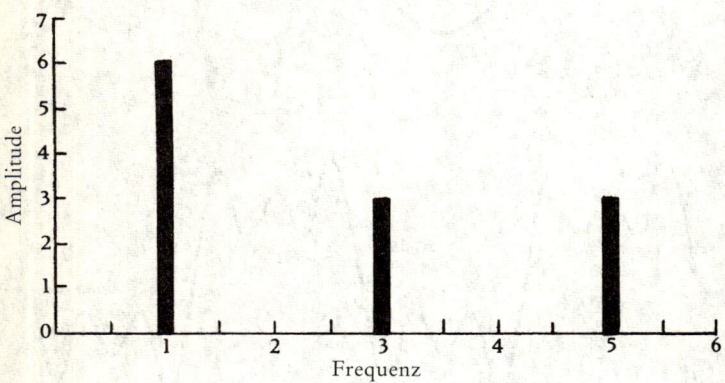

(Aus P. B. Denes und E. N. Pinson, *The Speech Chain*. New York: Anchor Books, 1973, S. 39. Copyright © 1963 by Bell Telephone Laboratories, Inc. Abdruck mit freundlicher Genehmigung von Bantam, Doubleday, Dell Publishing Group, Inc.)

während die Klangfarbe von den anderen Wellen, den *Obertönen*, abhängt. Die Obertöne bestehen aus zunehmend schnelleren Schwingungen – alle exakte Vielfache der Frequenz des Grundtons –, die gewöhnlich eine kleinere Amplitude haben (siehe Abbildung 16.3). Aus der Überlagerung verschiedener Töne entsteht als deren Summe eine einzige komplexe und unregelmäßige Welle. Deshalb kann ein einzelnes schwingendes Objekt wie eine Grammophonnadel eine Kombination von Tönen erzeugen.

Die einfachen »Sinuswellen«, in die alle Klänge zerlegt werden können, lassen sich leicht durch Stimmgabeln oder elektronische Synthesizer erzeugen. Die schimmernde Schönheit etwa von Ravels *Daphnis und Chloe* oder die rauhe Spannung von Charlie Parkers *Ko Ko* ließen sich von einem Team von Musikern erzeugen, die über nichts weiter als über Stimmgabeln verfügten, wenn sie diese nur mit übermenschlicher, fehlerloser Präzision kontrollieren könnten.

Das Wesen des Hörens

Das menschliche Ohr zerlegt komplexe Wellen in einfachere Elemente. Die Schwingungen des Trommelfells werden von drei kleinen Knochen zum ovalen Fenster übertragen, das sich an der Seite der Schnecke (Cochlea) befindet, jenes Teils des Innenohrs, der mit den Bogengängen verbunden ist, die für den Gleichgewichtssinn von Bedeutung sind (siehe Abbildung 16.4). Die salzige Flüssigkeit in der Schnecke wird in Bewegung versetzt und überträgt die Schwingungen auf eine Membran, die sich schneckenförmig mitten durch die Cochlea zieht. Das Hören hat sich vermutlich aus dem ursprünglicheren Tastsinn entwickelt, und diese »Basilarmembran« ist im Grunde ein Stück Haut, das mit mehreren Reihen von Härchen bedeckt ist, die wiederum mit Nervenzellen verbunden sind. Wenn die Basilarmembran sich aufwärts bewegt, werden die Härchen gebogen, und das bringt die Nervenzellen zum Feuern. Die Nerven reagieren nicht, wenn die Membran sich abwärts bewegt. Die einzelnen Schwingungsfrequenzen eines komplexen Klanges versetzen unterschiedliche

Teile der Membran in Schwingungen. Die Frequenzen sind hintereinander angeordnet, wobei das Ende, das den Knochen des Mittelohrs am nächsten ist, von den hohen Frequenzen zum Schwingen gebracht wird. Die Membran funktioniert also wie eine Reihe von Filtern, die jeweils auf einen schmalen Frequenzbereich abgestimmt sind und gemeinsam den ganzen hörbaren Bereich abdecken.

Der Ton, der auf dem Klavier eine Oktave unter dem mittleren C liegt, hat eine Frequenz von knapp unter 131 Schwingungen pro Sekunde. Die Nervenzellen, die diese Tonhöhe vermitteln, feuern synchron zu den Schwingungen, aber sie reagieren nicht einzeln auf jede Schwingung. Nervenzellen können nicht über längere Zeit mit einer Rate feuern, die weit über 200 Impulse pro Sekunde hinausgeht. Wie können sie dann auf einen Ton reagieren, der zwei Oktaven über dem mittleren C liegt und eine Frequenz von rund 1046 Schwingungen pro Sekunde hat? Und wie reagieren sie auf unterschiedliche Intensitäten? Jede Region der Basilarmembran wird von einer

Abb. 16.4: Anatomie des menschlichen Ohres.

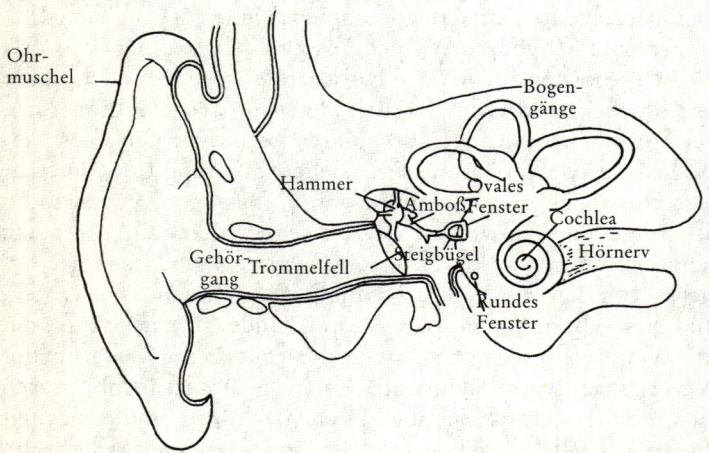

(Nach P. Lindsay und D. Norman, *Human Information Processing*, 2. Aufl., New York: Academic Press, 1977, S. 126)

großen Anzahl von Zellen überwacht; keine feuert bei jedem Puls einer schnellen Schwingung, aber wenn sie feuert, geschieht es synchron zu der Schwingung, und bei intensiveren Schwingungen feuert sie öfter. Jede Schwingung veranlaßt also einige Zellen zum Feuern, und die Frequenz wird von verschiedenen Zellen aufrechterhalten, die bei aufeinanderfolgenden Schwingungen feuern – wie eine Kompanie Soldaten, die schneller Salven feuern können als ein einzelner, weil einige feuern, während andere wieder laden. Die Salven von verschiedenen Teilen der Basilarmembran zerlegen Klänge in ihre einzelnen Frequenzen.

Musikalische Klänge

Über den Hörnerv wandern Ströme von Nervenimpulsen vom Ohr zum Cortex. Seine Aufgabe ist, sie zu analysieren, Klänge zu erkennen und ihre Quelle zu lokalisieren. Ein Klang mit einem sich wiederholenden Wellenmuster wird mit einer bestimmten Tonhöhe wahrgenommen, z. B. ein musikalischer Ton, ein Vokalaut der Sprache und viele kommunikative Schreie von Tieren. Ein auffallendes Merkmal von Tönen ist, daß sie bei einer Verdopplung der Frequenz (also um eine Oktave erhöht) fast genauso klingen. Dieses psychologische Phänomen liegt der ganzen Musik zugrunde: Eine Tonleiter wie die uns vertraute europäische »do re mi fa sol la ti do« (C D E F G A H C) wiederholt sich zyklisch von den tiefsten bis zu den höchsten Tönen des hörbaren Bereichs. Dieser Zyklus läßt sich graphisch darstellen durch eine Spirale, eine Figur, die durch Rotation um einen Punkt entsteht, der gleichzeitig auf einer Achse verschoben wird. Eine logarithmische Spirale (zur Basis 2) hat die Eigenschaft, daß der Abstand eines Punktes auf der Spirale sich bei jeder Windung verdoppelt. Roy Patterson hat jetzt die Ansicht vertreten, daß das Hörsystem ein rechnerisches Modell einer Spirale verwenden könnte, um Periodizität in Schallwellen zu entdecken, und er hat seine Theorie in einem Programm modelliert. Die Grundidee ist einfach, aber raffiniert, und ich werde sie anhand des Computerprogramms erläutern.

Impulse, die einer bestimmten Tonhöhe entsprechen, treffen nacheinander im Mittelpunkt einer logarithmischen Spirale (zur Basis 2) ein und wandern auf ihr mit konstanter Geschwindigkeit. Nach gewisser Zeit, sagen wir, nachdem acht Impulse in die Spirale geschickt wurden, werden sie an den in Abbildung 16.5 gezeigten Punkten sein. Bei jeder Schwingung des Tons sorgt die Geometrie der Spirale dafür, daß regelmäßige Impulse gerade Linien ergeben, die wie die Speichen eines Rades vom Mittelpunkt

Abb. 16.5: Das Speichenmuster in Pattersons Spiralprozessor, nachdem acht Impulse im Mittelpunkt eingetroffen sind und mit konstanter Geschwindigkeit die Spirale entlanggewandert sind. Die Speichen entstehen durch Korrelationen zwischen den Teilen eines regelmäßigen Stroms von Impulsen.

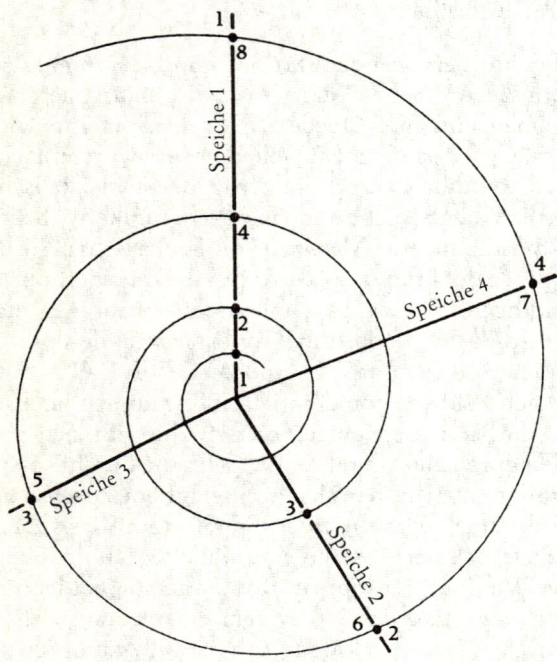

(Aus R. D. Patterson, Spiral detection of periodicity and the spiral form of musical scales. *Psychology of Music*, 1986, S. 47)

der Spirale ausgehen. Diese Konfiguration ist in der Abbildung dargestellt. Die Winkel zwischen den Speichen bleiben ungeachtet der Tonhöhe gleich. Doch bei steigender Tonhöhe drehen die Speichen sich im Uhrzeigersinn; bei Verdoppelung der Tonhöhe ist die Speiche wieder in ihrer Ausgangsposition. Töne im Oktavenabstand ergeben also ganz ähnliche Muster. Sollte eine Prozedur die Position der Speichen überwachen, wird sie Töne von unterschiedlicher Höhe unterscheiden können, aber solche im Oktavenabstand werden ihr ähnlich erscheinen. Die Speichen in der Spirale entstehen durch die Korrelationen zwischen den Teilen eines regelmäßigen Stroms von Impulsen. Es ist anzunehmen, daß das Hörsystem irgendeine Methode dieser Art zum Detektieren von Korrelationen verwendet.

Bestimmte Kombinationen von Tönen klingen konsonant, andere dissonant. Jeder Ton erzeugt das charakteristische Vier-Speichen-Muster, und die Orientierung des Musters hängt von der Höhe des Tons ab. Wenn Sie auf dem Klavier gleichzeitig das mittlere C und das eine Terz höhere E anschlagen, klingt das Ergebnis konsonant. Die von den Tönen erzeugten Muster haben eine Speiche gemeinsam, und diese Koinzidenz ergibt sich auch bei anderen konsonanten Tonpaaren. Dissonante Paare (z. B. zwei benachbarte Töne wie das mittlere C und das H darunter) erzeugen Muster ohne gemeinsame Speichen. Sofern eine Konsonanz eine auditorische Grundlage hat, könnte diese in der Koinzidenz von Speichenmustern bestehen. Da Kulturen hinsichtlich dessen, was sie konsonant finden, voneinander abweichen, muß sich auch die Erfahrung auf das Urteil auswirken.

Ein auf einem Instrument gespielter Ton besteht aus einem Grundton und vielen Obertönen; dennoch nehmen Sie nicht jede Frequenz einzeln wahr, sondern eine einzige Tonhöhe, gewöhnlich die des Grundtons, der eine bestimmte Klangfarbe hat. Die Klangfarbe hängt von den Obertönen und ihren Intensitäten ab. Abbildung 16.6 zeigt die unterschiedlichen Obertöne, die ein Ton auf dem Klavier und ein Ton auf der Klarinette erzeugt. Die Klangfarbe wird auch beeinflußt von der Geschwindigkeit, mit der die Obertöne während des ersten Sekundenbruchteils nach Beginn eines Tons eintreffen: Wenn man nicht den Beginn eines Tons hört, ist es schwierig, ein Instrument zu identifizie-

Abb. 16.6: Die Obertöne eines Tons auf dem Klavier und ein Ton eine Oktave höher auf der Klarinette. Die waagerechte Achse ist die Frequenz in Schwingungen pro Sekunde (Hz).

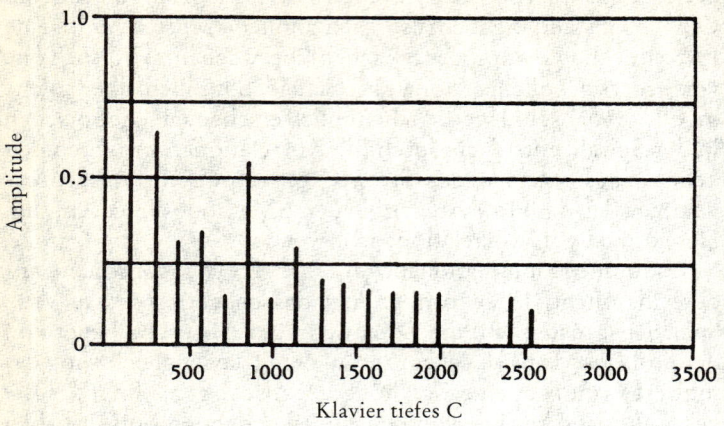

Klavier tiefes C

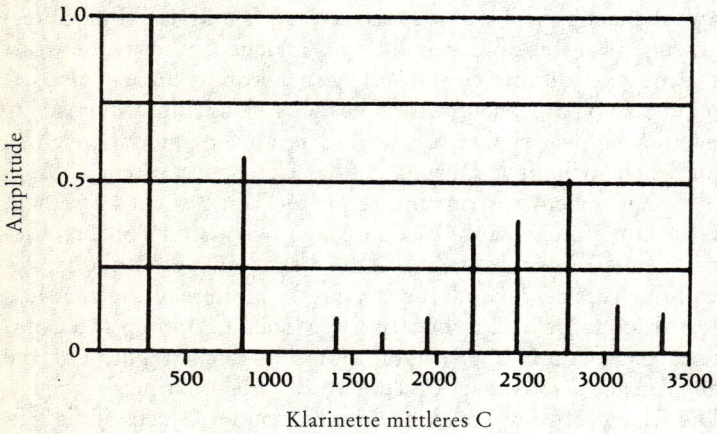

Klarinette mittleres C

(Aus D. B. Fry, *The Physics of Speech*, Cambridge: Cambridge University Press, 1976, S. 59)

ren. Wie diese Übergänge im einzelnen mental repräsentiert sind, weiß man noch nicht

Sprachlaute

Die menschliche Stimme gleicht einem komplizierten Musikinstrument. Aus der Lunge ausgepreßte Luft versetzt die Stimmbänder des Kehlkopfs in Schwingungen. Wenn Sie einen Finger auf Ihren Adamsapfel legen und »aaa« sagen, können Sie die Schwingungen spüren. Wenn Sie denselben Laut flüstern, spüren Sie keine Schwingungen: Die Luft saust durch den offenen Kehlkopf und Vokaltrakt und erzeugt ein turbulentes Rauschen. Ist die Luft auf die eine oder andere Weise in Bewegung gesetzt worden, kann der Vokaltrakt sie auf mannigfaltige Weise modifizieren.

Abb. 16.7: Die von den Stimmbändern erzeugte komplexe Welle enthält viele Obertöne. Der senkrechte Strich außen links stellt den Grundton dar, die übrigen stellen Obertöne vor einer bestimmten Frequenz (in Schwingungen pro Sekunde, Hz) dar. Die Höhe des Strichs stellt die Amplitude des Tons dar.

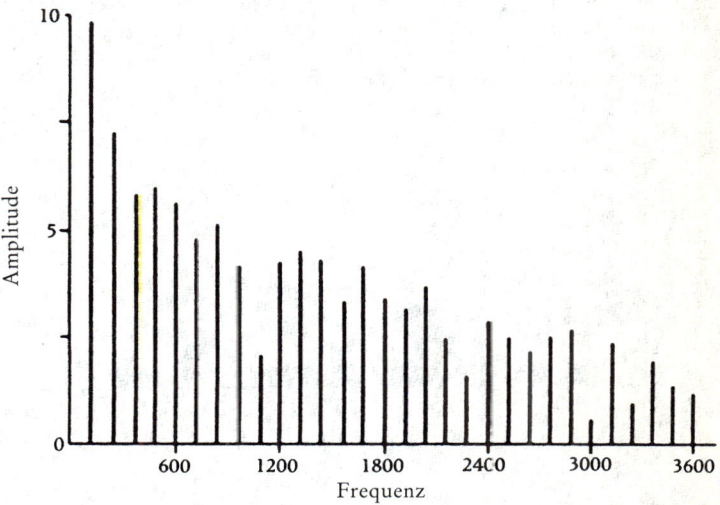

(Aus D. B. Fry, *The Physics of Speech*, Cambridge: Cambridge University Press, 1976, S. 66)

Eine Form der Modifikation ist die Resonanz. Sie können dieses Phänomen erleben, wenn Sie in der Badewanne singen. Bei verschiedenen Tönen werden Sie merken, daß die Akustik des Badezimmers die Lautstärke erhöht. Das geschieht nur bei Tönen von bestimmter Höhe: Ihre Wellenlänge, d. h. der Abstand zwischen Punkten maximalen Drucks, paßt exakt in die Länge des Badezimmers hinein, und dadurch werden sie verstärkt. Dank der Resonanz können Sie hören, daß eine Flüssigkeit in eine Flasche gefüllt wird; wenn die Luftmenge abnimmt, steigt der Resonanzton – zusammen mit der Flüssigkeit. Der Kehlkopf erzeugt eine Welle, die, wie Abbildung 16.7 zeigt, aus einem Grundton und vielen Obertönen besteht. Die Form des Vokaltrakts sorgt dafür, daß einige der Obertöne resonant mitschwin-

Abb. 16.8: Ein Spektrogramm der Äußerung »*She began to read her book*« (unter der waagerechten Achse in Lautschrift dargestellt). Die senkrechte Achse ist die Frequenz (in Schwingungen pro Sekunde), die waagerechte die Zeit in Sekunden. In diesem Fall läßt der Filter ein relativ breites Band benachbarter Frequenzen durch; deshalb sind benachbarte Obertöne nicht mehr unterscheidbar, und so entstehen die breiten Bänder, die den »Formanten« entsprechen; nach der relativ breiten Energieverteilung für den anfänglichen Sch-Laut sind z.B. die ersten beiden Formanten von »e« in »she« deutlich erkennbar. Die senkrechten Streifen verzeichnen das Öffnen und Schließen der schwingenden Stimmbänder: Wenn sie offen sind, kommt es zu einem kleinen Energiestoß, der verschwindet, wenn sie geschlossen sind.

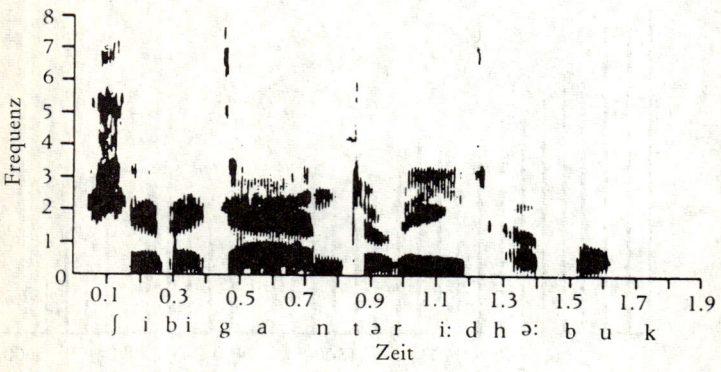

(Aus D. B. Fry, *The Physics of Speech*, Cambridge: Cambridge University Press, 1976, S. 107)

gen und andere gedämpft werden. Durch Bewegen von Zunge, Lippen und Gaumensegel und durch Öffnen des Nasengangs beeinflussen Sie die Form des Trakts und dadurch die Bündel mitschwingender benachbarter Obertöne. Diese Bündel mitschwingender Frequenzen bezeichnet man als »Formanten«. Ihre Muster zeigt ein Instrument an, der Spektrograph, der ein Bild von der Energiemenge in den einzelnen Frequenzbereichen erzeugt, von den tiefsten bis zu den höchsten (siehe Abbildung 16.8). Ein Vokal (z. B. »u«) unterscheidet sich vom anderen (z. B. »i«) durch das Muster der Formanten, das hauptsächlich von der Stellung der Zunge erzeugt wird. Abbildung 16.9 zeigt die typischen Formanten verschiedener Vokale in der üblichen Aussprache des britischen Englisch. An den Frequenzen der Formanten ändert sich kaum etwas, gleichgültig, wie hoch die Grundfrequenz der Kehlkopfschwingung ist. Dank dieser Stabilität können Sie mit tiefer oder mit hoher Stimme »i« sagen, und trotzdem wird man erkennen, das Sie denselben Vokal aussprechen. Die Höhe des Grundtons ändert sich, nicht aber das Muster der Formanten.

Sprachen unterscheiden sich ebenso wie Dialekte in ihren Vokallauten. Wer sich als Engländer schon damit abgeplagt hat, Französisch zu lernen, weiß, wie schwierig es ist, den Vokal in »rue« auszusprechen: Zunge und Lippen müssen in eine Position gebracht werden, die keinem englischen Vokal entspricht.

Konsonanten werden durch Unterbrechung des Luftstroms erzeugt. Die Konsonanten »b« und »p« werden durch Schließen der Lippen produziert, die Konsonanten »t« und »d« dadurch, daß die Zungenspitze hinter die oberen Zähne gebracht wird, so daß sie den Luftstrom blockiert, bis der Druck steigt und dann explosiv freigesetzt wird. Andere Konsonanten wie das scharfe »s« werden dadurch erzeugt, daß der Luftstrom so eingeschränkt wird, daß Turbulenz entsteht. Diese Blockierungen oder Einschränkungen können mit Schwingungen des Kehlkopfes einhergehen oder auch nicht, wie bei der unterschiedlichen Aussprache des weichen und des scharfen »s«. (Versuchen Sie einmal, ein weiches »s« zu flüstern!)

Beim Schreiben reiht man einen Buchstaben an den anderen, doch beim Sprechen wird nicht einfach ein Laut an den anderen

Abb. 16.9: Spektrogramm der Wörter »*heed*«, »*hit*«, »*head*«, »*had*«, »*hod*«, »*hawed*«, »*hood*« und »*who'd*« in der üblichen britischen Aussprache.

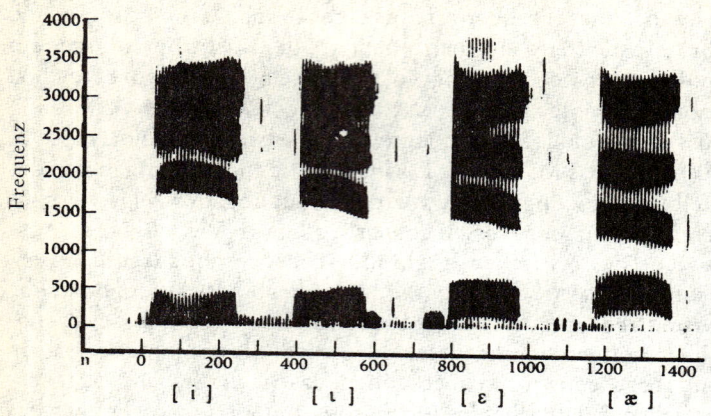

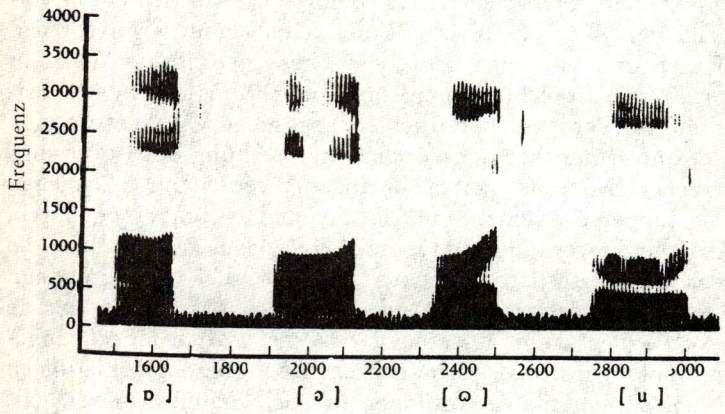

(Aus P. Ladefoged, *A Course in Phonetics*, New York: Harcourt Brace Jovanovich, 1973, S. 171)

gereiht. Diese Tatsache demonstrierten Alvin Liberman und Mitarbeiter in den Haskins Laboratories in New Haven. Sie zeigten, daß der Stimmapparat mehrere Dinge gleichzeitig tut. Vergleichen Sie vor dem Spiegel die Stellung Ihrer Lippen beim Aussprechen von »di« und »du«. Schon während Sie den Anfangskonsonanten aussprechen, nehmen Ihre Lippen eine Stellung ein, die dem nachfolgenden Vokal entspricht. Sie hören zwar in beiden Fällen denselben Konsonanten, doch das Muster seiner Formanten ist ganz verschieden, wie Abbildung 16.10 zeigt.

Abb. 16.10: Der Konsonant »d« hat, je nachdem, welcher Vokal folgt, unterschiedliche Formantenmuster, wie hier für *di* und *du* dargestellt. Diese künstlichen spektrographischen Muster sind eine hinreichende Grundlage, um mit einem Gerät, das synthetische Sprachlaute erzeugt, die beiden Laute zu produzieren.

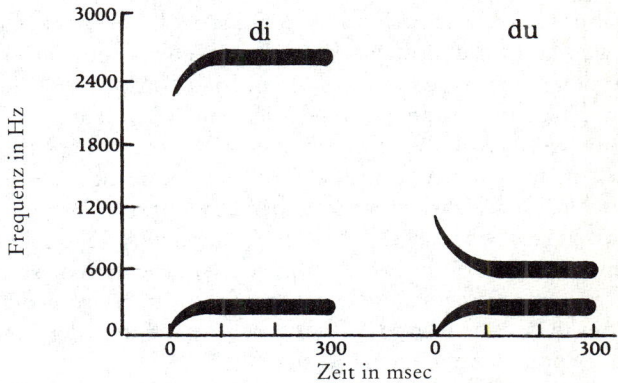

(Aus A. M. Liberman *et al*., Perception of the speech code. *Psychological Review*, 74, 1967. Copyright © by the American Psychological Association. Abdruck mit freundlicher Erlaubnis der Autoren.)

Es gibt hier einige merkwürdige Aspekte. Die Veränderung der Tonhöhe der Formanten hören Sie nicht. Man würde vielleicht erwarten, eine Art Piepsen oder ein Glissando zu hören, und das hören Sie auch, wenn ein einzelner Formant isoliert abgespielt wird. Ansonsten hören Sie natürlich »di« oder »du«. Wenn Sie versuchen, aus der Bandaufzeichnung das Ende dieser Laute herauszuschneiden, so daß nur der Anfangskonsonant

»d« übrigbleibt, werden Sie merken, daß das unmöglich ist. Solange Sie überhaupt etwas hören können, hören Sie »di« und »du«, auch wenn die Dauer der Vokale beim Abschnipseln immer kürzer wird.

Die Sprachlaute folgen einander nicht wie Perlen auf einer Kette, sondern fahren wie Züge auf getrennten Gleisen nebeneinander her, weil der Stimmapparat Laute gleichzeitig artikuliert (siehe Abbildung 16.11). Dank dieser *Koartikulationen* können bis zu 25 Laute in der Sekunde und manchmal noch mehr erzeugt werden. So schnell kann eine Kette diskreter Laute nicht erzeugt oder identifiziert werden, und auch Morsezeichen können von Menschen nicht in diesem Tempo gesendet oder empfangen werden. Das hat jedoch zur Folge, daß die Hinweise auf einen Sprachlaut kontextabhängig sind und ein bestimmter Formant gleichzeitig Informationen über verschiedene Sprachlaute enthalten kann. Henry McGurk und J. MacDonald haben gezeigt, daß Hinweise unbewußt integriert werden. Wenn Sie einen Film sehen, in dem jemand »ga« sagt, aber auf der Tonspur sagt der Sprecher »ba«, dann hören Sie »da«. Die visuellen und auditorischen Hinweise werden zu einer einzigen Wahrnehmung integriert, zu einem Kompromiß, doch von dem Konflikt merken Sie gar nichts. Der Wahrnehmungsapparat macht dem Bewußtsein etwas zugänglich, das offenbar weder der Schallwelle selbst noch den sie produzierenden Artikulationsbewegungen, sondern abstrakteren Sprachkategorien entspricht. Zur Klärung dieses Punktes müssen wir uns der Phonologie zuwenden, der Linguistik der Sprachlaute.

Die Linguistik der Sprachlaute

Sie können zwei verschiedene »p«-Laute erzeugen: Der eine ergibt einen merklichen Lufthauch, der andere nicht. Wenn Sie die Hand vor den Mund halten und »pit« sagen, spüren Sie den Hauch. Sehr viel weniger spüren Sie, wenn Sie »spit« sagen. Im Englischen ist es gleichgültig, welchen Laut Sie verwenden. Sie könnten »spit« mit dem aspirierten Laut aussprechen, und außer einem Phonetiker würde niemand es merken. In manchen Spra-

Abb. 16.11: Die Sprachlaute überlagern sich manchmal

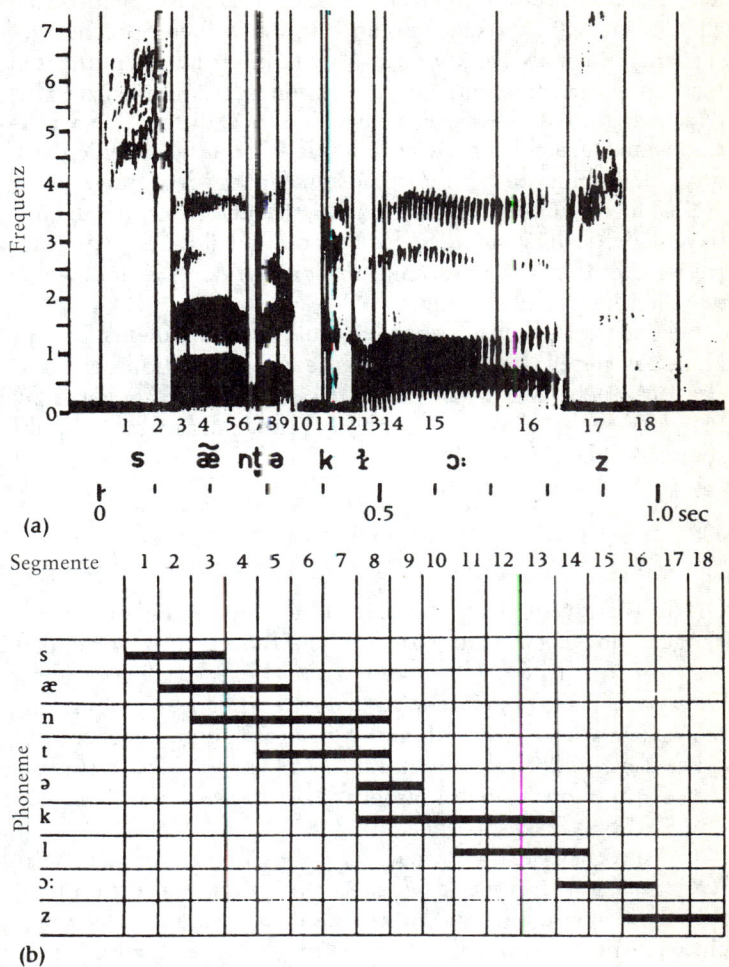

(Aus E. Lenneberg, *Biological Bases of Language*. New York: Wiley, 1967, S. 94)

chen kommt es aber sehr wohl auf den Unterschied an, und wenn Sie das falsche »p« verwenden, äußern Sie ein anderes Wort.

Jede Sprache enthält nur einen Teil der Laute, die Menschen produzieren können, und sie behandelt physikalisch verschiedene Laute als Beispiele derselben Kategorie. Es ist sogar so, daß ein und derselbe Vokal, von ein und demselben Sprecher gesprochen, niemals vollkommen gleich klingt. Die signifikanten Lautkategorien einer Sprache, die »Phoneme«, beruhen auf Unterschieden in ihrer Artikulation – eine Idee, die auf den Strukturalismus zurückgeht (siehe 1. Kapitel). So unterscheiden sich die Vokale hinsichtlich des höchsten Punkts der Zunge, ihrer Nähe zum Gaumen und der Dauer des Lauts; Konsonanten unterscheiden sich hinsichtlich des Teils des Vokaltrakts, in dem der Luftstrom blockiert wird, und hinsichtlich der Art und Weise, wie die Blockierung erfolgt.

Bei einem Englischsprechenden muß, wie der Linguist Morris Halle festgestellt hat, die unbewußte Repräsentation der Sprache für solche Merkmale der Artikulation empfänglich sein. Prüfen Sie beispielsweise, wie Sie die Plurale der folgenden Substantive bilden:

bus	bush	buzz	garage	finch	badge			
lip	pit	pick	cough	sixth				
cab	lid	cove	rogue	scythe	cam	call	car.	

Die Substantive in der ersten Zeile bilden den Plural durch Anhängen von »ez« [»z« in phonetischer Umschrift für stimmhaftes »s«]; so wird der Plural von »*bus*« »busez« ausgesprochen. Die zweite Zeile bildet den Plural durch Anhängen eines scharfen »s«; so wird der Plural von »*lip*« »lips« ausgesprochen. Die dritte Zeile bildet den Plural durch Anhängen eines stimmhaften »s« [in phonetischer Umschrift »z«]; so wird der Plural von »*cab*« »cabz« ausgesprochen.

Wie sprechen Sie die Plurale der imaginären englischen Wörter »*platch*«, »*snorp*« und »*brell*« aus? Sofern Sie nicht ausgesprochen eigensinnig sind, werden Sie sie vermutlich als »platchez«, »snorps« und »brellz« aussprechen [die Endungen in phonetischer Umschrift]. Da diese Wörter im Englischen nicht existieren, müssen Sie, wie Halle darlegt, unbewußte Prinzipien benutzen, um diese Plurale zu bilden. Sie greifen vielleicht auf Regeln für die Endphoneme von Wörtern zurück wie etwa diese: Wenn ein Substantiv im Singular auf einen [s]-, [sh]-, [z]-, [zh]-, [ch]- oder [dge]-Laut endet, dann bilde seinen Plural durch Anhängen eines [ez]-Lauts. Solche Regeln sind kompliziert und *ad hoc*. Halle hat viel einfachere und prinzipiellere Regeln formuliert, die sich an den Merkmalen der Artikulation orientieren:

1. Wenn ein Substantiv im Singular auf einen Laut endet, der durch Anheben des Zungenrückens entsteht und einen scharfen Zischlaut bildet, dann füge den ez-Laut an.
2. Wenn ein Substantiv im Singular auf einen Laut endet, bei dem der Kehlkopf nicht schwingt, dann füge den scharfen s-Laut an.
3. In allen übrigen Fällen füge den z-Laut an.

Was ist der Plural von »Bach«? Ich denke mir, daß Sie wie die meisten Englischsprechenden »Bachs« sagen würden, mit dem scharfen »s«-Laut. Der im Englischen nicht existierende »ch«-Laut ist kein scharfer Zischlaut, der durch den Zungenrücken erzeugt wird, aber er paßt zu der zweiten Regel von Halle und fordert deshalb für den Plural »Bachs«.

Wörter, Wörter, Wörter ...

Wenn Sie einer Ihnen vertrauten Sprache lauschen, dann hören Sie nicht Laute, sondern Wörter. Wie es Ihnen gelingt, Wörter zu identifizieren, ist ein Rätsel, da das Problem, Phoneme zu identifizieren, offenbar noch durch die lässige Aussprache im Alltag und durch die Unterschiede von Sprecher zu Sprecher verschärft wird. Zudem grenzen die Sprecher, wie Spektrogramme zeigen, nicht jedes Wort durch eine Pause ab, und oft gibt es keine klaren Hinweise, wo ein Wort endet und ein anderes anfängt. Wie also gliedern Hörer gesprochene Sprache in einzelne Wörter?

Einer Hypothese zufolge werden sie von dem Betonungsmuster der Silben geleitet. Die Silben werden im Englischen unterschiedlich betont; so wird das Wort »*melted*« üblicherweise mit einem betonten und vollen Vokal in der ersten Silbe und einem kürzeren und schwächeren in der zweiten ausgesprochen. Da betonte Silben leichter zu identifizieren sind als unbetonte, haben Anne Cutler und Denis Norris vermutet, daß jede Silbe, die einen betonten Vokal enthält, als potentieller Wortanfang behandelt wird. Sie überprüften diese Hypothese in einem Experiment, in dem die Hörer eine Reihe zweisilbiger Items hörten wie »*larmage, meltive, bozzen, abnidge ...*« und sofort reagieren sollten, wenn sie eine erste Silbe erkannt hatten, die ein Wort war, zum Beispiel »*meltive*«. Dieses Item hat zwei Silben, »mel« und »tive«, die beide eine betonte Silbe haben. Wenn betonte Silben als potentielle Wortanfänge wahrgenommen werden, sollten Hörer »*meltive*« zwischen den beiden Silben teilen, und es sollte daher länger dauern, bis sie das eingebettete Wort »*melt*« entdecken. Schneller sollten sie bei »*meltesh*« reagieren, das nicht geteilt wird, weil seine zweite Silbe »*tesh*« unbetont ist und somit nicht als potentieller Anfang eines Wortes wahrgenommen wird. Diese Vorhersage bestätigte sich.

Menschen identifizieren Wörter sehr schnell, und sie verstehen, was man zu ihnen sagt. Bemerkenswerte Beweise für dieses Phänomen haben William Marslen-Wilson, Lorraine Tyler und ihre Mitarbeiter sich einfallen lassen. Manche können, wenn man ihnen eine Stimme vom Tonband vorspielt, dieselben Worte mit einem Rückstand von nur etwa einer Silbe, also etwa einer Viertelsekunde, nachsprechen. Dabei verstehen sie, was sie hören: Ihre Fehler sind fast immer aus dem Kontext erklärbar, und wenn die Experimentatoren absichtlich Fehler in die Aufnahmen einbauen, werden diese von den Versuchspersonen spontan korrigiert.

Hörer können Wörter identifizieren, bevor sie die Endungen gehört haben. Tyler hat diese Fähigkeit mit einem von François Grosjean erfundenen Verfahren nachgewiesen: Dem Hörer werden zunehmend kürzere Wortbruchteile vorgespielt, die er bei jeder Darbietung identifizieren soll. Im Kontext eines sinnvollen Satzes gelingt das dem Hörer, nachdem ihm weniger als die Hälfte eines Wortes dargeboten wurde, z. B. nach seiner ersten Silbe. Da es in der Regel rund dreißig Wörter gibt, die mit derselben Silbe beginnen, wird die Identifikation offenbar durch den Kontext erleichtert, denn bei einem Nonsens- oder einem grammatisch unkorrekten Kontext werden Wörter langsamer identifiziert.

Eine der einflußreichsten Theorien zur Worterkennung hat John Morton formuliert. Danach wird jedes Wort von einem eigenen mentalen Prozessor, einem »Logogen«, repräsentiert, das positive Belege für das Vorkommen des Wortes sammelt. Für Hören und Lesen existieren getrennte Systeme von Logogenen. Wenn die Belege eines Logogens dessen Schwelle überschreiten, feuert es, und das von ihm repräsentierte Wort wird erkannt. Logogene entnehmen Belege sowohl »*bottom-up*« aus dem sensorischen Input als auch »*top-down*« aus dem Kontext.

Marslen-Wilson und Kollegen haben eine verbesserte Version dieser Theorie vorgeschlagen. Informationen über den Anfang eines Wortes, etwa seine artikulatorischen Merkmale, die in das System gelangen, aktivieren jene Prozessoren, die Wörter repräsentieren, welche mit dem Anfang übereinstimmen: Je größer die Übereinstimmung, desto stärker die Aktivierung; allerdings werden häufiger benutzte Wörter begünstigt. Wenn weitere Informationen über das Wort eintreffen, verringern sie die Aktivierung jener Mitglieder dieser anfänglichen »Kohorte«, die nicht länger mit dem Wort übereinstimmen. Erreicht die Nichtübereinstimmung einen bestimmten Wert, schalten sich die Prozessoren ab und verschwinden aus der Kohorte. Eine wichtige Rolle spielen daher, anders als bei Mortons Logogenen, Tatsachen, die *gegen* das Vorkommen bestimmter Wörter sprechen. Ein Wort wird erkannt, sobald nur ein einigermaßen aktiver Prozessor übrig ist, doch kann der Kontext eines Wortes für eine Abkürzung sorgen. Auf die Aktivierung hat der Kontext keinen Einfluß – er kann weder Kandidaten in die Kohorte einführen noch welche aus ihr entfernen; er kann aber von den aktiven Wörtern, die dem Sinn und der Syntax einer Äußerung entsprechen, eines auswählen und so die Erkennung beschleunigen.

Die Kohortentheorie geht davon aus, daß eine Repräsentation der artikulatorischen Merkmale eines Wortes mit ähnlichen Repräsentationen von Wörtern im mentalen Lexikon verglichen werden. Vielleicht werden Bündel von Merkmalen zunächst als Phoneme identifiziert. Eine solche Repräsentationsebene würde erklären, daß man sich auf die Vokalfarbe eines anderen Dialekts rasch einstellen kann. Wenn jemand mit südafrikanischem Akzent sagt: »*I lift the book on my disk*«, wird das für die Vokale zuständige Merkmalsbündel angepaßt, und Sie erkennen die Äußerung als »*I left the book on my desk*«.

Wenn es möglich ist, Wörter vor ihren Endungen zu erkennen, warum sind ihre Endungen dann nicht nach und nach verkümmert und aus der Sprache verschwunden? Vielleicht schützt eine vorhersehbare Endung vor den Auswirkungen des Rauschens und macht es leichter, den Beginn des nächsten Wortes zu erkennen. Falls die Kohortentheorie stimmt, wird die Sprachwahrnehmung über eine rauschende Telefonleitung sehr viel schwieriger sein, wenn das Rauschen eher die Anfänge von Wörtern unkenntlich macht als jene Teile, die nach dem theoretischen Erkennungspunkt folgen. Doch wenn betonte Silben als potentielle Anfänge von Wörtern fungieren, sollte das Unkenntlichmachen von unbetonten Silben am Wortanfang wie in dem Wort »*enrage*« weniger störend sein als das Unkenntlichmachen von betonten Silben. Das entsprechende Experiment steht noch aus.

Intonation und Tonfall der Stimme

Leo Rosten erzählt die Anekdote, wie Stalin ein Telegramm von Trotzki erhält und es den versammelten Massen vorliest: »Sie hatten recht, und ich hatte unrecht. Sie sind der wahre Erbe Lenins. Ich sollte mich entschuldigen. Trotzki.«

Da tritt ein jüdischer Schneider aus der Menge hervor und sagt: »Das ist schon eine bemerkenswerte Nachricht, Genosse Stalin. Nur haben Sie sie nicht mit der richtigen *Betonung* vorgelesen.«

Der Schneider liest sie so: »Sie hatten recht, und ich hatte *unrecht*? *Sie* sind der wahre Erbe Lenins? *Ich* sollte mich entschuldigen??!!«

Der Tonfall einer Stimme kann in der Tat wichtige Informationen vermitteln. Er kann bewirken, daß eine Bemerkung unduldsam, zweifelnd, ironisch, gelangweilt, gutgelaunt, verärgert, ungehobelt oder regelrecht sarkastisch klingt. Diese Wirkungen hängen von der Prosodik der Äußerung – ihrem Rhythmus und ihrer Intonation – sowie von der Eigenart der Stimme des Sprechers ab: ob sie schroff, heiser, piepsend usw. ist.

Eine wichtige Funktion der Prosodik ist die Betonung bestimmter Wörter. Jemand fragt Sie: »Ist das eine rosa Krawatte?« und Sie antworten: »Nein, das ist eine ROTE Krawatte.«

Hätte man Sie statt dessen gefragt: »Ist das ein rotes Taschentuch?« hätten Sie vielleicht geantwortet: »Nein, das ist eine rote KRAWATTE.«

Wie Michael Halliday und andere Linguisten festgestellt haben, lenkt die Betonung die Aufmerksamkeit auf die neue Information in Ihrer Äußerung und hebt sie von der Information ab, die in der Frage vorausgesetzt wurde. Sie bewirkt ferner, daß ein Wort leichter wahrgenommen wird: Cutler und Mitarbeiter haben gezeigt, daß Hörer, die ein Wort entdecken sollen, das mit einem bestimmten Phonem, zum Beispiel »c«, beginnt, schneller reagieren, wenn ein solches Wort betont wird. Schneller reagieren sie auch dann, wenn die Prosodik des Satzes zu erkennen gibt, daß das Wort betont werden wird, auch wenn es dann nicht der Fall ist.

Viele meinen, die Betonung entstünde dadurch, daß ein Wort lauter gesprochen wird. Da ist etwas Wahres dran, aber darüber werden wichtigere Hinweise übersehen. Es gibt keinen einfachen oder direkten Hinweis auf die Betonung, sondern oft besteht sie darin, daß der Grundton im Vergleich zum Kontext mit höherer (oder tieferer) Stimme ausgesprochen oder die Dauer der Silbe verlängert wird.

Es gibt offenbar nur wenige bedeutsame Intonationsgesten, zum Beispiel ein Ansteigen des Grundtons der Stimme, ein Senken oder ein Senken, dem unmittelbar ein Ansteigen folgt. Der Gebrauch dieser Gesten ist jedoch von einer Sprache zur anderen verschieden. Der Satz: »Können Sie das Fenster öffnen?« kann im Englischen dazu benutzt werden, entweder eine Frage zu stellen, die mit ja oder nein zu beantworten ist, oder eine Bitte zu äußern. Steigt der Ton am Ende der Äußerung, handelt es sich um eine Frage, sinkt er, handelt es sich oft um eine etwas ungeduldige Forderung. Doch in anderen Sprachen gelten diese Konventionen nicht.

Ist die Intonation ein eigener, unabhängiger Kommunikationskanal? Einige Linguisten, darunter Mark Liberman und Ivan Sag, halten das für möglich. Wenn Sie jemanden sagen hören:

> Würden Sie so freundlich sein, mir meine Schuhe zu putzen?

und dann knallt die Tür zu, und Sie hören nur eine dumpfe Erwiderung, deren Tonhöhe die folgende Kontur hat:

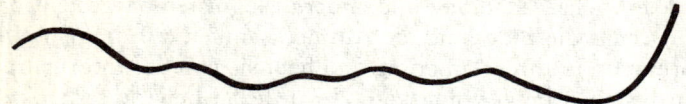

werden Sie annehmen, daß die Antwort eine empörte Ablehnung war. Liberman und Sag spielten, um diese Ansicht zu demonstrieren, dieselbe Kontur auf einem Kazoo. Leider gibt es keine feststehenden Interpretationen für jede Intonationskontur. Wie Anne Cutler und Steve Isard bemerken, könnte die obige Kontur von einem zornigen Menschen benutzt werden, um die Aufforderung zu äußern:

> Frag doch mal, was der Kerl will!

Ein und dieselbe Kontur kann also für Behauptungen und Aufforderungen benutzt werden.

Das Sprechen bringt Wörter in eine »Melodie«, doch besteht die Interpretation einer Äußerung nicht darin, der Bedeutung des einen nur die Bedeutung des anderen hinzuzufügen. Die Wirkungen der Intonationskontur hängen, wie Klaus Scherer und Mitarbeiter gezeigt haben, vom Inhalt der Äußerung ab. Wenn »Können Sie das Fenster öffnen?« mit sinkendem Tonfall endet, wird die Äußerung als ein ungeduldiger Befehl interpretiert, aber nur von Hörern, die die Form des Fragesatzes identifizieren können. Wenn er nicht die Antwort ja oder nein verlangt, endet er normalerweise mit sinkender Tonhöhe. Ein und dieselbe Intonation kann also bei einem Satz höflich und bei einem anderen anmaßend klingen. Der emotionale Zustand des Sprechers scheint aber die Rede wie ein eigener Kommunikationskanal zu überlagern. Er wird vermittelt von der Eigenart der Stimme, und wie Scherer und Mitarbeiter festgestellt haben, können emotionale Hinweise auch dann noch identifiziert werden, wenn eine Tonbandaufnahme zerschnitten und beliebig wieder zusammengestückelt wird, wobei die ursprüngliche Intonationskontur zerstört wird.

Kognitionswissenschaftler haben einiges herausgefunden über Spracherzeugung und Sprachwahrnehmung, über das Erkennen von Wörtern und die Funktion und Realisierung verschiedener Tonfälle. Eine vollständige Theorie darüber, wie Sprache erzeugt und wahrgenommen wird, haben sie bislang nicht aufstellen können. Es ist ein geeigneter Maßstab des bisher Erreichten, festzustellen, wie weit die Fähigkeit, zu sprechen und zu hören, in Computerprogrammen implementiert werden können.

Programme, die Sprachlaute synthetisieren

Um zu kommunizieren, muß ein Roboter sein Modell der Welt oder sein eigenes internes Milieu in Wörter abbilden und diese dann in Sprachlaute übersetzen können. Die Wörter sollten in einem eindeutigen phonologischen Code wie etwa den Aussprachevorschriften eines Lexikons, die in reale Laute umgewandelt werden können, repräsentiert sein. Doch wie sollten die Laute erzeugt werden?

Christian Kratzenstein schuf 1779 eine Reihe von Resonatoren, die einfache Vokallaute produzierten; zwanzig Jahre später konstruierte Wolfgang von Kempelen eine Maschine, die einige Vokale und Konsonanten erzeugen konnte; später wurden, unter anderem von Alexander Graham Bell, noch bessere Maschinen gebaut. Gewiß kann ein Grammophon Sprache reproduzieren, doch ist auf der Platte die gesamte Schallwelle encodiert – eine riesige Menge von Informationen. Das erste elektrische Verfahren, das Sprache *synthetisierte*, das Voder-System der dreißiger Jahre, generierte ein periodisches Summen (ähnlich den Schwingungen des Kehlkopfes) und ein zufälliges Rauschen (ähnlich der Turbulenz) und benutzte eine Reihe von Filtern, die wie die Resonanzen des Vokaltrakts fungieren sollten. Nur bei geschickter

Bedienung brachte die Maschine etwas hervor, das wirklicher Sprache ähnelte. Anfang der fünfziger Jahre wurden Geräte konstruiert, die aufgrund von Spektrogrammen oder ähnlichen Repräsentationen Laute erzeugen konnten. Computerprogramme zur synthetischen Spracherzeugung nutzen beide Methoden, das Modellieren des Vokaltrakts und die Simulation der Wellenform von Sprache.

In Programmen, die auf der Physik des Vokaltrakts basieren, werden anatomische und physiologische Daten benutzt, um die Erzeugung von Lauten zu simulieren. So legen zum Beispiel die Instruktionen für einen »b«-Laut fest, daß der Kehlkopf schwingt, daß die Lippen geschlossen werden, um einen Luftdruck aufzubauen, und dann plötzlich geöffnet werden. So können – der Vorteil dieser Methode – automatisch Koartikulationen von Sprachlauten erzeugt werden. Allerdings haben selbst moderne phonetische Aufzeichnungsverfahren wie [microbeam X-rays] bis heute nicht geklärt, wie sich die Konfigurationen der einzelnen Teile des Stimmapparats verändern. Da außerdem die akustischen Folgen vieler Konfigurationen immer noch nicht vorhersagbar sind, vermag diese Methode bis heute keine brauchbare synthetische Sprache zu erzeugen.

Statt direkt den Vokaltrakt zu modellieren, generieren andere Methoden Signale, die den Kehlkopfschwingungen und dem turbulenten Rauschen entsprechen, und schicken diese dann durch eine Reihe von im Computer realisierten Filtern, die wie der Vokaltrakt funktionieren, oder in eine kleine Anzahl von parallelen Schaltungen, die jeweils einen Formanten synthetisieren. Hier gibt es einerseits Systeme, die die erforderlichen Resonanzen aufgrund der Analyse von Formanten festlegen, die von realen Sprechern erzeugt wurden – bahnbrechend für dieses Verfahren war James Flanagan von den Bell Telephone Laboratories –, und andererseits solche, die sie aus Regeln ableiten, die auf einer Theorie des Sprechens basieren.

Bis jetzt haben die regelgestützten Syntheseverfahren noch nicht den Grad an Natürlichkeit erreicht, den die Resynthese schafft, doch sind sie unverzichtbar, wenn menschliches Sprechen im Computer modelliert werden soll. Eingegeben wird eine Transkription der in den Wörtern einer Äußerung vorkommenden Phoneme; das Programm versucht dann eine akzeptable Betonung und Phrasierung des ganzen Satzes zu ermitteln und ordnet den einzelnen Phonemen der Wörter des Satzes eine bestimmte Tonhöhe und Dauer zu. Diese Kette von Symbolen wird dann an das Syntheseverfahren übergeben. Dieses berechnet auf der Grundlage einer Tabelle von Zielfrequenzen für Formanten die Übergänge von einem Phonem zum anderen; so verfahren die Programme, die Lawrence Rabiner von den Bell Laboratories sowie von John Holmes und Mitarbeiter an der Joint Speech Research Unit in Cheltenham entwickelt wurden. Die Kette von Symbolen kann aber auch ein Modell des Vokaltrakts steuern; so verfahren die Programme, die Jonathan Allen am MIT entwickelt hat.

Auf der anderen Seite stehen Programme, die vom Vokaltrakt gänzlich absehen und die Wellenform von Sprachlauten in der Weise simulieren, daß sie gespeicherte Beispiele von Sprachlautwellen aneinanderhängen. Dieses Verfahren ist eine fortgeschrittene Version der alten, aber undurchführbaren Idee, einzelne Wörter aufzuzeichnen und dann in jeder gewünschten Reihenfolge zu reproduzieren. Solche Äußerungen klingen sehr unnatürlich, und die einzelnen Wörter in ihnen sind schwer zu erkennen. Eine Ausnahme machte die zunächst eingeführte Form der telefonischen Zeitansage in Großbritannien: Stunden, Minuten und Sekunden wurden auf gläsernen Platten aufgezeichnet, die dann synchron mit einer Uhr abgespielt wurden. Heute kann man digitalisierte *typische Muster* von Wellen im Computer speichern. Eines der hier angewandten Verfahren behandelt die gesprochene Sprache in gewissem Sinne wie die ersten Phasen der Analyse visueller Eindrücke (siehe 4. Kapitel). Sie wird durch eine Reihe von Filtern geschickt, die den ganzen Bereich der hörbaren Frequenzen abdecken, und für den Output der einzelnen Filter wird dann die Anzahl der Nullstellen je Zeiteinheit ermittelt. Das Verfahren wandelt Wellen in Ströme von Impulsen um, die im Computer platzsparend gespeichert werden können. Mit Hilfe einer solchen Sammlung von Phonemen können dann Laute synthetisiert werden. Damit eine verständliche Sprache entsteht, müssen natürlich auch Informationen über die Koartikulation zweier Phoneme gespeichert werden. Leider werden Betonung und Intonation nicht von dem Verfahren berücksichtigt.

Ein derzeit gebräuchliches Verfahren stellt einen Kompromiß dar. Weder emuliert es die Bewegungen des Stimmapparats, noch reproduziert es die Wellen von wirklich gesprochenen Lauten; vielmehr basiert es auf einem *abstrakten* Modell der Spracherzeugung. Wird der Luftdruck einer Sprachwelle im Abstand einer Zehntausendstelsekunde gemessen, läßt sich der Wert der nächsten Messung vorhersagen. Für die Vorhersage werden die unmittelbar vorausgegangenen zwölf Luftdruckmessungen gewichtet, um die Filtereffekte des Vokaltrakts zu berücksichtigen, dessen Konfiguration sich relativ langsam ändert. Zu berücksichtigen ist ferner die Quelle, aus der die Energie für den Sprachlaut jeweils kommt: Es kann entweder eine Pulsfolge mit der Frequenz des Grundtons sein (wenn der Kehlkopf schwingt) oder Zufallsrauschen (wenn der Kehlkopf geöffnet ist). Dieses Verfahren, die »lineare Vorhersage«, wurde erstmals in den frühen siebziger Jahren von B. Atal auf die Spracherzeugung angewandt. Mit ihm können Äußerungen mit einer anderen Intonationskontur resynthetisiert werden – die Höhe des Grundtons wird auf andere Werte gesetzt. Einer der ersten marktgängigen, auf einem einzigen Mikrochip untergebrachten Synthesizer, das »Speak-n-Spell«-Spielzeug von Texas Instruments, benutzte ein lineares Vorhersageverfahren.

Kurz, es ist nicht schwer, einen Roboter mit einer gewissen Sprachfähigkeit auszustatten, und die meisten Methoden sind auf Mikrochips im Handel erhältlich. Es kann jedoch sein, daß die Sprache monoton und unnatürlich klingt und daß sie schwer zu verstehen ist, besonders bei Hintergrundlärm. Die Spracherzeugung des Menschen ist noch nicht voll verstanden.

Programme für die Wahrnehmung von Sprachlauten

Die meisten Programme für Sprachwahrnehmung müssen zunächst von dem Sprecher trainiert werden, und die meisten können nur eine begrenzte Anzahl von Wörtern erkennen, die mit Pausen zwischen ihnen gesprochen werden müssen. Der

Sprecher muß die Maschine ansprechen wie ein Hundebesitzer, der dem Hund Befehle erteilt – nur sinkt die Leistung der Maschine katastrophal ab, wenn sie ein Wort nicht erkannt hat und der Sprecher daraufhin allzu sorgfältig spricht oder in »Babysprache« verfällt. Die Programme bauen für jedes im Training gesprochene Wort eine eigene »Schablone« auf. Dafür gibt es unterschiedliche Verfahren; meistens werden in den Schablonen – ähnlich wie bei einem Spektrogramm – Informationen über die Schallintensität auf den einzelnen Frequenzen encodiert. Der zeitliche Verlauf des zu erkennenden Wortes kann von dem der Schablone abweichen; in diesem Fall wird die Schablone während des Abgleichs in einigen Stellen gedehnt und an anderen verdichtet. Es kann außerdem vorkommen, daß das zu erkennende Wort mehr als einer Schablone entspricht; ein Unterprogramm für diesen Fall wählt zwischen rivalisierenden Kandidaten aus. Die Programme arbeiten nach einem anderen Prinzip als die menschliche Wahrnehmung und sind ihr unterlegen.

Zur Erkennung von gleichförmiger Rede [continuous speech] sind Schablonen von Wörtern schon angewandt worden, doch mit schneller Artikulation, mit umfangreichen Wortschätzen und mit unterschiedlichen Sprechern kommen sie nicht zurecht. Die Lösung kann nur in einem System bestehen, das auf der Ebene der Sprachlaute operiert. Hinweise auf Phoneme liefern die Stelle, an der ein Laut artikuliert wird, und die Art und Weise seiner Artikulation; sie sind von den Eigentümlichkeiten der Stimme eines Sprechers relativ unabhängig. Nach Invarianten in ihnen haben Ken Stevens und seine Mitarbeiter seit vielen Jahren gesucht, mit einigem Erfolg. Doch oft überschneiden sich die Hinweise wegen der Koartikulation von Lauten. Ein psychologisch plausibles Vorgehen bestünde deshalb darin, die Merkmale der Artikulation zu identifizieren und dabei deren mögliche Überschneidung zu berücksichtigen. Man sollte die Wellenform abtasten und auf Formanten und andere akustische Artikulationshinweise untersuchen, die bei der Identifikation von Phonemen helfen können. Diese Information kann für den Zugang zum mentalen Lexikon benutzt werden.

Die Repräsentation eines Wortes im mentalen Lexikon muß

abstrakt sein, damit sie mit jeder einigermaßen verständlichen Form der Aussprache verglichen werden kann. Unterschiede der Betonung und der Prosodik können durch Regeln berücksichtigt werden. Auf diese Weise lassen sich unterschiedliche Ausspracheweisen eines Wortes von einem Finite-state-Gerät einfangen, in dem die akzeptablen Lautfolgen in jeder Realisierung des Wortes festgelegt sind. Der Zugriff auf das Lexikon kann auf unterschiedliche Weise erfolgen; die oben besprochenen psychologischen Befunde sprechen dafür, daß eine Kohorte von Wörtern aktiviert und anschließend deaktiviert wird.

Seit in den frühen siebziger Jahren die Advanced Research Projects Agency (APRA) des US-Verteidigungsministeriums die automatische Erkennung von gleichförmiger Rede [continuous speech] förderte, sind einige Systeme in dem von mir beschriebenen Sinne entwickelt worden. Um die Mängel bei der Identifikation von Sprachlauten zu überwinden, greifen sie auf syntaktische und semantische Analysen zurück. Sie schneiden jedoch schlechter ab als Menschen. Die Programme benutzen nicht die Prosodik, die ihre Aufmerksamkeit auf die wichtigsten und deshalb am klarsten artikulierten Teile von Äußerungen lenken würde. Die Wahrnehmung dieser Teile würde das Erkennen von undeutlichen oder unverständlichen Teilen erleichtern.

Schlußfolgerung

Dieses Kapitel sollte den Leser davon überzeugt haben, daß viele Aspekte der gesprochenen Sprache von unbewußten Prinzipien (unbewußt im Helmholtzschen Sinne, siehe 1. Kapitel) bestimmt sind. Einige dieser Prinzipien sind in die Mechanismen des Sprechens eingebaut; andere sind von Sprache zu Sprache verschieden und können daher nicht angeboren sein, obwohl es für die Form, die sie annehmen, angeborene Beschränkungen geben mag. Das Kapitel sollte den Leser ferner davon überzeugt haben, daß diese Prinzipien parallel auf verschiedenen Ebenen wirksam sind, von den artikulatorischen Merkmalen von Wörtern bis zur Intonationskontur der gesamten Äußerung. In den meisten theoretischen Analysen wurde angenommen, daß diese unbewußten Prinzipien explizit strukturierte Regeln sind. Es ist durchaus möglich, daß sie in einem verteilten Format repräsentiert sind; die Frage ist noch empirisch zu klären.

Weiterführende Literatur

Denes und Pinson (1973) ist eine gute Einführung in das Thema Sprechen und Hören; Fry (1976) ist eine anspruchsvolle Darstellung der Physik des Sprechens. Chomsky und Halle (1968) ist eine klassische Darstellung der Phonologie, in der sie die englische gesprochene Sprache anhand von 13 artikulatorischen Merkmalen analysieren – eine Idee, die auf den Strukturalismus zurückgeht (siehe 1. Kapitel). Halle (1990) ist eine ausgezeichnete Einführung in die Phonologie. Garnham (1985) ist eine ausgezeichnete Einführung in die Psycholinguistik und behandelt die Probleme der Worterkennung. Die Auffassungen der Haskins-Gruppe werden geschildert in Liberman (1982). Die Bemühungen, sprechende Maschinen zu bauen, werden in Flanagan (1972b) beschrieben. Fallside und Woods (1985), Linggard (1985) und Witten (1982) geben einen Überblick über die Sprachverarbeitung in Computern.

17. Kapitel

Grammatik

Die Sprecher einer Sprache kennen zwar nur eine endliche Anzahl von Wörtern, doch können sie durch deren unterschiedliche Zusammenfügung eine unbegrenzte Anzahl verschiedener Ideen ausdrücken. Diese Kombinationen beruhen auf grammatischen Prinzipien für die Bildung von Sätzen, doch ist die grammatische Struktur eines Satzes vermutlich ein Rezept dafür, dessen Bedeutung aus den Bedeutungen seiner Teile abzuleiten. Stark flektierte Sprachen wie das Russische vermitteln diese Information weitgehend durch die Wortendungen; Sprachen wie das Englische vermitteln sie weitgehend durch die Wortfolge.

Sprecher einer Muttersprache haben eine unbewußte Kenntnis von deren grammatischen Prinzipien. Sprecher des Englischen merken zum Beispiel, daß in der Äußerung »*He decided Bill would take*« [»Er bestimmte, daß Bill nehmen sollte«] etwas fehlt. Es gibt natürlich viele grammatisch unkorrekte Sätze, die leicht zu verstehen sind, z. B. »*This sentence no verb*« [»Dieser Satz kein Verb«], und viele grammatisch korrekte Sätze, die schwer zu verstehen sind, z. B. »*It was the patient the doctor was cured by*« [»Es war der Patient, von dem der Doktor geheilt wurde«] – man muß erst überlegen, wer wen heilte. Diese Probleme lasse ich jedoch vorläufig beiseite und konzentriere mich auf die Frage, was für eine Art von Grammatik im Geist repräsentiert ist.

Die formale Theorie der Grammatik

Eine Grammatik ist eine endliche Menge von Regeln, die alle Sätze in einer Sprache charakterisiert. Grammatiken können nichts *tun*, sie sind bloß Beschreibungen, Blaupausen für die Struktur von Sätzen. Es muß also Programme geben, die eine Grammatik benutzen, um Sätze zu erzeugen oder sie in ihre Bestandteile zu zergliedern. Je mächtiger eine Grammatik, desto mächtiger muß das entsprechende Programm sein, wie ich im 3. Kapitel gezeigt habe.

Diese Auffassung der Grammatik ist stark dem Linguisten Noam Chomsky verpflichtet, der mit seinem Buch *Strukturen der Syntax* 1957 eine Revolution in der Linguistik auslöste. Er betonte drei grundlegende Punkte:

1. Menschen sprechen und verstehen eine Sprache, weil sie ein Wissen von ihrer Grammatik haben.
2. Eine Theorie der Grammatik einer Sprache muß die Regeln explizit angeben, damit die Menge der von ihnen charakterisierten Sätze sich bestimmen läßt, ohne daß die Theoretiker auf Intuition oder Vermutungen angewiesen sind.
3. Eine Theorie der Sprache muß erklären, wie Kinder die Grammatik ihrer Muttersprache erlernen.

Chomsky hat die Psychologie sehr stark beeinflußt. Er hatte in der Art, wie die Behavioristen die Grammatik auffaßten, einen fundamentalen Mangel aufgedeckt. Deren Theorien hatten stillschweigend angenommen, daß die Sätze der natürlichen Sprache von einem Finite-state-Gerät erzeugt und analysiert werden können, einem Gerät also, das kein Arbeitsgedächtnis braucht. Diese Hypothese ist, wie wir jetzt sehen werden, falsch.

Finite-state-Geräte sind nicht mächtig genug für die Sprache

Betrachten Sie die folgende einfache Möglichkeit, wie Sie versuchen könnten, ein Gerät zu konstruieren, das Englisch produziert. Sie haben eine Anordnung von Briefkästen, wie sie die

Abbildung 17.1 zeigt, mit Zeilen und Spalten, die mit den verschiedenen grammatischen Kategorien englischer Wörter gekennzeichnet sind. Mit Hilfe dieser Anordnung registrieren Sie die Übergänge von einem Redeteil zum anderen in einer repräsentativen Stichprobe englischer Sätze. Der erste Übergang in dem Satz »*The old man left the large house suddenly*« ist der von »*the*« zu »*old*«. Zu der Zahl in dem Postfach, das für den Übergang von einem Artikel zu einem Adjektiv steht, zählen Sie 1 hinzu. Der nächste Übergang ist von »*old*« zu »*man*«, also zählen Sie 1 zu der Zahl in dem Postfach in der mit »Adjektiv« gekennzeichneten Zeile und der mit »Nomen« gekennzeichneten Spalte hinzu. Dies machen Sie so lange, bis alle Übergänge in dem Satz registriert sind. Das Ergebnis ist in Abbildung 17.1 dargestellt.

		Das nächste Wort in dem Übergang				
		Nomen	Adjektiv	Verb	Adverb	Artikel
Das erste Wort in dem Übergang	Nomen	0	0	1	1	0
	Adjektiv	2	0	0	0	0
	Verb	0	0	0	0	1
	Adverb	0	0	0	0	0
	Artikel	0	2	0	0	0

Abb. 17.1: Eine Anordnung für die Darstellung der Übergänge von einer grammatischen Wortkategorie zur nächsten in englischen Sätzen. Die grammatischen Kategorien in den Zeilen stehen für das erste Wort in dem Übergang, die Kategorien in den Spalten für das nächste Wort. Die Zahlen in den Zellen stehen für die Häufigkeit der verschiedenen Übergänge in dem Satz »*The old man left the large house suddenly*«.

Wenn die Anordnung zu etwas nütze sein soll, sollte sie eine umfangreichere Menge von grammatischen Kategorien enthalten, und sie sollte auf den Übergängen in vielen Sätzen basieren. Sie können die Anordnung benutzen, um Ketten von Wörtern zu *konstruieren*. Als erstes wählen Sie ein Wort aus, mit dem die Kette beginnen soll, und dabei berücksichtigen Sie die relative Häufigkeit von Anfangswörtern in Ihrer Stichprobe von Sätzen (die aus Abbildung 17.1 nicht zu entnehmen ist). Sie könnten zum Beispiel ein Adverb auswählen. Jetzt schlagen Sie Ihr Wörterbuch auf und suchen aufs Geratewohl ein Adverb heraus, sagen wir »*fortunately*«. Als zweites ziehen Sie die Anordnung zu Rate; Sie suchen die mit »Adverb« gekennzeichnete Zeile auf und wählen, da Sie das nächste Wort generieren müssen, aufs Geratewohl ein Postfach aus dieser Zeile aus, wobei Sie die relative Häufigkeit der verschiedenen Übergänge berücksichtigen. Sie würfeln gewissermaßen, aber mit einem Würfel, der durch die Häufigkeiten verfälscht ist, so daß Sie eher ein Postfach wählen, in dem eine große Zahl steht, als eines mit einer kleinen. Das Ergebnis ist, sagen wir mal, das Postfach mit der Aufschrift »Nomen«, und so wählen Sie nach Belieben ein Nomen aus, z. B. »*honesty*«. Als drittes wenden Sie sich wieder der mit »Nomen« gekennzeichneten Zeile zu und wählen ein weiteres Postfach aus, um das nächste Wort zu generieren. In diesem Sinne geht der Prozeß weiter.

Dieses rudimentäre Gerät bringt nichts Vernünftiges zustande. Es konstruiert solche Beispiele wie:

Fortunately honesty shook the boy obtained a big fault of them all things go away for Nirvana ahead...

Jeder einzelne Übergang ist in Ordnung, doch das Aneinanderreihen von akzeptablen Wortpaaren ergibt kein akzeptables Englisch. Es wird besser sein, akzeptable Worttripletts zu konstruieren, die sich darstellen lassen in einer Anordnung, bei der jede Zeile mit einem akzeptablen Wortpaar wie »Artikel Adjektiv« gekennzeichnet ist und die Briefkästen die Häufigkeiten der verschiedenen Kategorien enthalten, die als nächstes vorkommen.

Es gibt keinen Grund, es damit bewenden zu lassen. Die Konstruktion einer Anordnung, die beispielsweise vier im Kontext stehende Wörter berücksichtigt, bevor ein Übergang gemacht wird, erfordert beträchtliche Mühe. Da es viele verschiedene Arten akzeptabler Folgen von vier Wörtern gibt, wird die Anordnung viele Zeilen aufweisen. Doch die Aufgabe ist zu bewältigen. Das Ergebnis stellt die grammatischen Entscheidungen für das fünfte Wort nach einem Kontext von vier Wörtern dar und generiert Ketten wie die folgende:

All of the nomads slept on sand coloured by the setting sun hauntingly disappeared...

Doch erneut wurde nicht genügend Kontext berücksichtigt, wenngleich die Approximation an akzeptables Englisch besser geworden ist. Mit einem Kontext von sechs Wörtern wird das folgende Beispiel konstruiert:

Only the very best of people will go to the country places only if you capitulate after the war of devastating proportions...

Sie werden vielleicht denken, daß die Anordnung sich irgendwann, wenn Sie den Kontext hinreichend erweitern, dem Englischen vollkommen annähern wird. Viele Behavioristen haben denn auch angenommen, daß die Sprache auf einem solchen endlichen System basiert. Sie irrten.

Einen entscheidenden praktischen Einwand erhob George Miller, der Begründer der modernen Psychologie der Sprache. Wenn Kinder eine mentale Anordnung von Übergängen erwerben sollen, müssen sie die in den einzelnen Postfächern gespeicherten Häufigkeiten erlernen. Miller zeigte auf, daß es für die grammatische Kategorie des nächsten Wortes in einem Satz im Durchschnitt etwa vier akzeptable Wahlmöglichkeiten gibt. Also müssen Kinder, um eine Anordnung für Ein-Wort-Kontexte zu erwerben, die Inhalte von 4^2 Postfächern erlernen (4 Kontexte × 4 nächste Wörter). Um eine Anordnung für Zwei-Wort-Kontexte zu erwerben, müssen sie die Inhalte von 4^3 Postfächern erlernen (4^2 Kontexte × 4 nächste Wörter), usw. Grammatische Abhängigkeiten können sich leicht über vierzehn und mehr Wörter erstrecken:

The man who met the clerk that made the loan that saved the old firm is in prison

wobei das Verb »*is*« im Numerus mit seinem Subjekt, »*the man*«, übereinstimmen muß. Demnach müßten Kinder eine Anordnung für Kontexte von mindestens vierzehn Wörtern erwerben und dazu die Inhalte von 4^{15} Postfächern erlernen. Diese Zahl beträgt rund eine Milliarde. Selbst wenn Kinder in jeder Sekunde einen Postfachinhalt erlernen könnten, würden sie für die Aufgabe über dreißig Jahre benötigen!

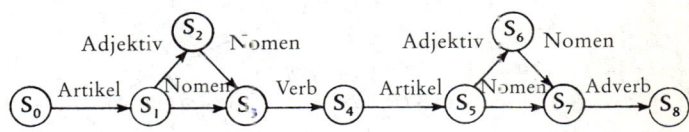

Abb. 17.2: Darstellung einer Postfach-Anordnung als Finite-state-Gerät zum Konstruieren von Ketten englischer Wörter. Die Kreise stellen Zustände des Geräts, die Pfeile Übergänge dar, und die Beschriftung des Pfeils zeigt die Kategorie des Wortes, das erzeugt wird, wenn der Übergang gemacht wird.

Abbildung 17.2 ist eine alternative Darstellung einer Postfach-Anordnung, aus der deutlich wird, daß es sich um ein Finite-state-Gerät handelt. Sein Output läßt sich wiederum durch eine Grammatik charakterisieren. Jeder Übergang ist eingefangen durch eine grammatische Regel mit dem Ausgangszustand links und der Kategorie des nächsten Wortes rechts von ihr, woran sich, wo es nötig ist, der nächste Zustand des Geräts anschließt:

$S_0 \to$ Artikel S_1
$S_1 \to$ Adjektiv S_2
$S_2 \to$ Nomen S_3
...
$S_7 \to$ Adverb S_8

Abbildung 17.3 zeigt die Art von Baumdiagramm, zu deren Konstruktion diese Regeln verwendet werden können. Es hat die denkbar einfachste grammatische Struktur – eine Reihe von binären Teilungen, die nach einer Richtung abzweigen. Diese

Struktur mag der beschränkten grammatischen Fähigkeit von Schimpansen angemessen sein, die Zeichensprachen gelernt haben, doch wie Chomsky mit einem Argument nachwies, das ich im nächsten Abschnitt skizzieren werde, ist sie der natürlichen Sprache ganz und gar unangemessen.

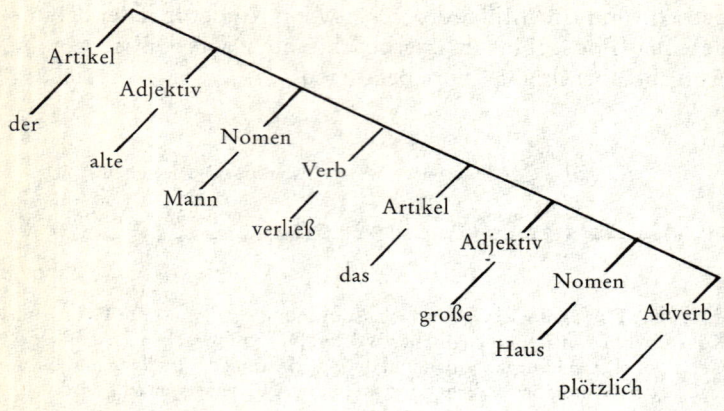

Abb. 17.3: Baumdiagramm eines Satzes, der konstruiert ist von einer Grammatik, die einem Finite-state-Gerät entspricht.

Phrasenstruktur-Regeln

Betrachten Sie die folgenden Ausdrücke:

> *John*
> *The old man*
> *The man who met the clerk*

Sie und viele andere wie sie können als Subjekt eines Satzes dienen:

> *John*
> *The old man* } *robbed the bank.*
> *The man who met the clerk*

Sie können auch in vielen anderen Arten von Sätzen vorkommen:

The bank was robbed by $\begin{cases} \textit{John.} \\ \textit{the old man.} \\ \textit{the man who met the clerk.} \end{cases}$

Did $\begin{cases} \textit{John} \\ \textit{the old man} \\ \textit{the man who met the clerk} \end{cases}$ rob the bank?

Offenbar gehören diese Ausdrücke der grammatischen Kategorie höherer Ordnung der *Nominalphrasen* an. Mitglieder dieser Kategorie haben außerdem eine gemeinsame expressive Funktion: Man kann mit ihnen auf etwas verweisen.

Man kann eine Grammatik vereinfachen, indem man Regeln für Nominalphrasen und für die Positionen in Sätzen angibt, an denen Nominalphrasen vorkommen können. Die Regeln für Nominalphrasen umfassen:

Nominalphrase → Artikel Nominalphrase
Nominalphrase → Eigenname

Die Regeln für die Positionen von Nominalphrasen umfassen:

Satz → Nominalphrase Verbalphrase
Verbalphrase → *Verb* Nominalphrase

(Kategorien höherer Ordnung sind gerade, Kategorien einzelner Wörter kursiv gesetzt.) Eine solche Grammatik faßt Wörter zu Kategorien höherer Ordnung zusammen, die wiederum zu Kategorien noch höherer Ordnung zusammengefaßt werden. Dieses Zusammenfassen von Wörtern und Phrasen läßt sich in einem Baumdiagramm darstellen (siehe Abbildung 17.4). Die resultierende *Phrasenstruktur* ist reicher als alles, was mit einem Finite-state-Gerät konstruiert werden kann.

Um aufgrund der Phrasenstruktur-Grammatik Sätze zu konstruieren, kann man eine *Menge* von Finite-state-Geräten benutzen, zum Beispiel die zwei, die in Abbildung 17.5 gezeigt sind. Das *Satz*-Gerät konstruiert die übergeordnete Struktur von Sätzen. Wenn es eine Nominalphrase benötigt, wendet es

Abb. 17.4: Baumdiagramm eines Satzes, der konstruiert ist von einer Phrasenstruktur-Grammatik.

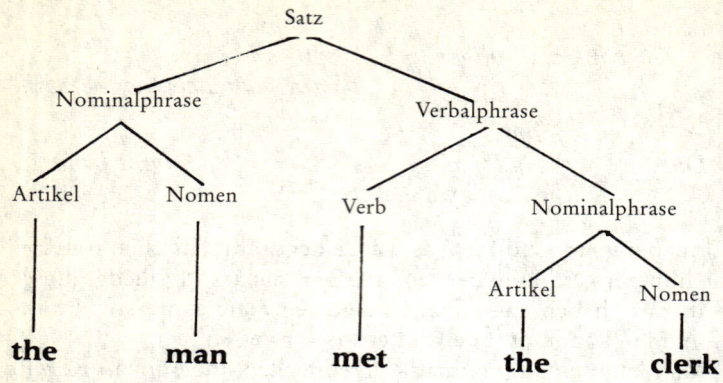

sich an das *Nominalphrasen*-Gerät und läßt sich von ihm eine konstruieren. Zusammen erzeugen die Geräte Sätze »von oben nach unten« (*top-down*) (siehe 5. Kapitel) in einem Verfahren, das die Organisation der Grammatik widerspiegelt: Nominalphrasen werden unabhängig erzeugt und dort, wo sie benötigt werden, in Sätze eingeschaltet.

Abb. 17.5: Zwei Finite-state-Geräte, die zusammen unter Verwendung einer Phrasenstruktur-Grammatik einfache Sätze konstruieren.

Ein Satz—Gerät:

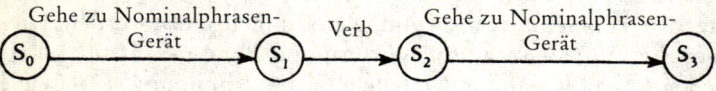

Ein Nominalphrasen-Gerät:

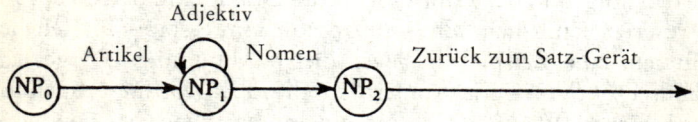

Angenommen, das Nominalphrasen-Gerät hat gerade eine Nominalphrase konstruiert, zum Beispiel:

the man

Jetzt gibt es die Steuerung des Konstruktionsvorgangs wieder an das Satz-Gerät zurück, aber von welchem Punkt aus genau sollte das Satz-Gerät weitermachen? Ist die Nominalphrase das Subjekt oder das Objekt des Satzes? Den richtigen Punkt zum Weitermachen kann man natürlich nur finden, wenn ein Protokoll darüber geführt wurde, wie weit das Satz-Gerät gekommen war, als es die Dienste des Nominalphrasen-Geräts in Anspruch nahm. Dieses Protokoll kann in einem Arbeitsgedächtnis geführt werden.

Einige Nominalphrasen enthalten im Englischen Relativsätze:

The man who met the clerk ...

deren mögliche Anzahl innerhalb einer einzigen Nominalphrase durch nichts begrenzt ist (außer durch die Ausdauer des Sprechers und die Geduld des Hörers):

The man who met the clerk that made the loan ...

Die Grammatik muß daher zusätzliche Regeln für Relativsätze enthalten wie zum Beispiel:

Nominalphrase →*Artikel Nomen* Relativsatz
Relativsatz →*Relativpronomen Verb* Nominalphrase

Die *Nominalphrase* kann also zum *Relativsatz* führen, der wiederum zur *Nominalphrase* zurückführen kann – und genau das wird benötigt, um eine unbegrenzte Anzahl von Relativsätzen innerhalb einer einzigen Nominalphrase zu charakterisieren.

Ein eigenes Gerät kann dazu verwendet werden, Relativsätze zu konstruieren gemäß der Regel, die sie analysiert als:

Relativpronomen Verb Nominalphrase.

Die Konstruktion einer Nominalphrase, die mehrere Relativsätze enthält, geht folgendermaßen vor sich:

357

Das Nominalphrasen-Gerät konstruiert die erste Nominalphrase:

The man

und ruft das Relativsatz-Gerät auf. Dieses produziert das Relativpronomen und das Verb:

who met

muß dann aber das Nominalphrasen-Gerät aufrufen. Dieses produziert:

the clerk

und ruft das Relativsatz-Gerät auf. Dieses produziert:

that made

und ruft das Nominalphrasen-Gerät auf. Dieses produziert:

the loan

und gibt das an das Relativsatz-Gerät zurück, das dann den Relativsatz:

that made the loan

an das Nominalphrasen-Gerät zurückgibt. Dieses gibt die Nominalphrase:

the clerk that made the loan

zurück an das Relativsatz-Gerät. Es vervollständigt die Nominalphrase:

The man who met the clerk that made the loan

und gibt diese endlich weiter an das Satz-Gerät.

Dieses Beispiel zeigt, daß ein Gerät ein anderes aufrufen muß, das wiederum das Gerät, von dem es aufgerufen wurde, aufrufen kann, und so weiter *ad libitum*. Das einfachste denkbare Verfahren, all diese rekursiven Aufrufe zu protokollieren, erfordert ein stapelartiges Gedächtnis von der Art, die ich im 3. Kapitel beschrieben habe. Es stapelt ein Protokoll vom gegenwärtigen

Stand des Prozesses auf, wenn ein Gerät ein anderes aufruft, und nimmt es wieder vom Stapel herunter, sobald die Aufgabe erledigt ist. Die rekursive Fähigkeit, eine Struktur in eine andere einzubetten, demonstriert überzeugend, daß Finite-state-Geräte mit der Grammatik der natürlichen Sprache nicht zurechtkommen können, weil die Rekursion diese leistungsfähige Form von Arbeitsgedächtnis erfordert.

Transformationsgrammatik

In der modernen linguistischen Theorie ist noch immer heftig umstritten, welche Art von Grammatik für die natürliche Sprache benötigt wird. Sie muß mindestens so mächtig sein wie eine Phrasenstruktur-Grammatik, aber sind dies die einzigen Regeln, die man braucht? Ich kann das Problem verdeutlichen anhand einer besonderen Art von Satz, welche eine topikalisierte Nominalphrase enthält, z. B.:

Denis, I like.

Isoliert wirken solche Sätze seltsam, doch sie kommen öfter in bestimmten Kontexten vor:

What do you think of Denis and Maggie?
Denis, I like. But Maggie...

Das Verb »*like*« ist transitiv, das heißt, es bekommt ein Akkusativobjekt, und so kann es nicht in Kontexten vorkommen, die nicht eine solche Nominalphrase aufweisen. Ein intransitives Verb wie »*laugh*« kann ohne ein Objekt vorkommen:

I laughed

ein transitives Verb dagegen nicht:

I liked.

Diese Information über die Kategorisierung von Verben muß im Lexikon festgehalten werden, um sicherzustellen, daß Sätze korrekt gebildet werden; für »*like*« wird z. B. festgehalten, daß es nur in Kontexten vorkommt, die eine nachfolgende Nominalphrase enthalten. Doch nun können wir das Problem erkennen, das die Topikalisierung schafft. Ein Satz von der Form:

Denis, I Verb

enthält keine nachfolgende Nominalphrase. Er erfüllt nicht die Vorschrift für »*like*«, wohl aber die Vorschrift für »*laugh*«. Es sollte demnach grammatisch korrekt sein, zu sagen:

Denis, I laugh

und grammatisch unkorrekt, zu sagen:

Denis, I like.

Dies sind genau die falschen Vorhersagen.

1965 vertrat Chomsky die Ansicht, daß es für die Festlegung der Struktur von Sätzen das Nächstliegende sei, eine Grammatik mit zwei Komponenten zu verwenden: Phrasenstrukturregeln, die die Grundstrukturen von Sätzen (die sogenannten »Tiefenstrukturen« oder *D-Strukturen* [für engl. *deep structures*]) festlegen, und *Transformations*regeln, die eine Struktur in eine andere transformieren. In jüngerer Zeit hat er die Ansicht vertreten, daß es außerdem Tilgungsregeln gebe, die auf den Output der Transformationen (die sogenannten »Oberflächenstrukturen« oder *S-Strukturen* [für engl. *surface structures*]) einwirken und verschiedene abstrakte Elemente aus ihnen tilgen, wodurch die »oberflächliche« grammatische Struktur des Satzes entsteht.

Die Phrasenstrukturregeln, etwa die des vorigen Abschnitts, spezifizieren Grundstrukturen wie die folgende:

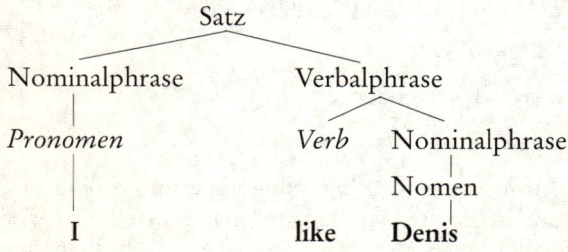

Eine Transformationsregel kann die Nominalphrase *Denis* an den Anfang des Baums verschieben:

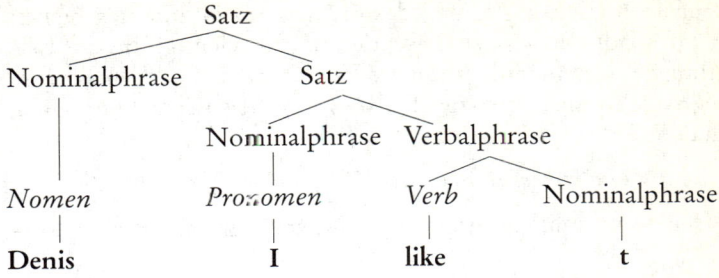

Das Symbol »t« steht für Spur [engl. *trace*]: Ein verschobenes Element hinterläßt eine geisterhafte Spur seiner ehemaligen Präsenz. Diese Analyse löst das Problem, wie Verben korrekt in ihren Kontext eingefügt werden: Dem Verb folgt tatsächlich eine Nominalphrase, und deshalb ist ein transitives Verb wie »*like*« hier korrekt und ein intransitives Verb wie »*laugh*« unkorrekt.

Dieses Beispiel zeigt noch etwas, was für eine Transformationsregel wesentlich ist: Sie nimmt als Eingabe einen Baum von Symbolen und liefert als Ausgabe einen neuen Baum. Transformationsregeln sind daher mächtiger als Phrasenstrukturregeln, die lediglich ein Symbol im Lichte eines anderen analysieren können. Es läßt sich sogar beweisen, daß Transformationsgrammatiken generell einer universalen Turingmaschine an Rechenleistung ebenbürtig sind.

Government and Binding

Chomskys jüngste Theorie – die »Government-and-Binding«-Theorie – ist zwar immer noch eine Transformationsgrammatik, stellt aber gegenüber der früheren Auffassung eine radikale Neuorientierung dar. Die Grammatik besteht jetzt aus einzelnen Modulen, die jeweils auf der Grundlage einfacher Prinzipien generell wirken. Jeder Satz, besonders ein komplizierter, ist das Ergebnis einer Interaktion zwischen den Modulen. Statt auf spezifische Regeln wie etwa eine Transformation, durch die eine Nominalphrase topikalisiert wird, stützt sich die neue Theorie auf allgemeine Regeln. Es gibt zum Beispiel nur eine einzige Transformationsregel, die jedes Element überallhin verschieben kann. Dadurch werden Beschränkungen wichtig, die die Leistung der Grammatik durch das Verbot grammatisch unkorrekter Sätze streng begrenzen. So ist es zum Beispiel nicht möglich, in dem Satz:

Maggie knows someone who likes Denis

»Denis« zu topikalisieren, da das Ergebnis grammatisch unkorrekt ist:

Denis, Maggie knows someone who likes.

Die Beschränkungen der Transformationen verhindern diese und viele weitere inakzeptable Ableitungen.

Hinter den Beschränkungen steckt nicht bloß das Ziel, eine Grammatik zu formulieren, welche die Sprache beschreibt, sondern, wie Chomsky betont, die Notwendigkeit, zu erklären, wie Kinder aus einer Vielzahl von Äußerungen Erwachsener die Grammatik ihrer Muttersprache herausfinden können. Es gibt Studien über die theoretische Erlernbarkeit von Klassen von Grammatiken (siehe 7. Kapitel), doch ein stärkerer Faktor als die Mächtigkeit einer Grammatik ist die Leichtigkeit, mit der sie innerhalb der Menge der Menschen zugänglichen Grammatiken isoliert werden kann. Wenn nur wenige Grammatiken ausprobiert werden müssen und die Auswahl zwischen ihnen einfach ist, dann kann sogar eine Grammatik mit der Mächtigkeit einer universalen Turingmaschine erworben werden.

Für Chomsky entwickelt sich eine Grammatik wie ein körperliches Organ – beide werden von einem angeborenen Programm gesteuert. In den Beschränkungen der Regeln drückt sich aus, was in einer Sprache bzw. in Sprachen generell *nicht* möglich ist, und es ist daher schwer einzusehen, wie sie erlernt werden könnten – aus dem, was nicht vorkommt, kann man nicht leicht etwas lernen. Es muß folglich eine angeborene »Universalgrammatik« mit Beschränkungen geben, die für alle menschlichen Sprachen gelten, etwa dergestalt, daß ihre Regeln sich auf

Strukturen und nicht bloß auf Ketten von Wörtern beziehen. Kinder erwerben eine Grammatik für ihre jeweilige Sprache, indem sie anhand der Äußerungen, die sie hören, die Werte für eine endliche Anzahl von Entscheidungen innerhalb der Universalgrammatik festsetzen. Diese Entscheidungen betreffen die möglichen Anordnungen der Konstituenten in den Tiefenstrukturen von Sätzen sowie den Umfang und die Beschränkungen der Transformationen, z. B. die Frage, von welcher Strukturposition eine Konstituente nicht verschoben werden kann. Da jede Entscheidung nur eine begrenzte Anzahl von Alternativen bietet, gibt es nur endlich viele mögliche Klassen von Grammatiken für die natürliche Sprache.

Ob diese Theorie zutrifft, weiß man nicht, und eine abschließende Darstellung der Universalgrammatik steht bislang noch aus. Unzweifelhaft ist dagegen, daß man ohne Zugang zu irgendwelchen angeborenen Beschränkungen keine Sprache erwerben kann. Der verstorbene Jean Piaget war der Ansicht, sie seien nicht spezifisch für die Sprache, sondern grundlegend für die geistige Entwicklung überhaupt. Leider ist kaum einzusehen, wie derartige Beschränkungen bestimmen könnten, welche Nominalphrase in einem Satz topikalisiert werden kann. Hilary Putnam und andere haben die Ansicht vertreten, Kinder bemühten sich vor allem darum, ihre Sprache zu verstehen: Das Erlernen der Grammatik beruht auf dem Erlernen der Bedeutung. Diese Hypothese ist plausibel. Die meisten linguistischen Theorien (einschließlich der Government-and-Binding-Theorie) stimmen heute darin überein, daß man, wenn man die Bedeutung eines Wortes kennt, viele Aspekte seines syntaktischen Verhaltens vorhersagen kann. Es bleibt aber ein Rest von syntaktischen Tatsachen, die nicht von der Bedeutung abhängen.

Psycholinguistik und Transformationsgrammatik

Chomsky war in allen Entwicklungsphasen der Transformationsgrammatik – von der ersten Theorie von 1957 über die »Standardtheorie« von 1965 bis zur aktuellen Government-and-Binding-Theorie – stets der Auffassung, die Linguistik sei ein

Teilbereich der kognitiven Psychologie, weil eine Grammatik eine Beschreibung von stillschweigendem sprachlichem Wissen ist. Fraglich ist jedoch, ob dieses Wissen die Form einer Transformationsgrammatik annimmt. Die moderne Psycholinguistik begann mit George Millers Idee, daß zwar die Phrasenstrukturregeln vermutlich nichts mit mentalen Prozessen zu tun haben, daß aber Transformationen vielleicht den einen oder anderen Aspekt des sprachlichen Verhaltens erklären könnten. Die ersten Resultate deuteten in der Tat darauf hin, daß ein Satz wie:

Wasn't the apple eaten by the horse?

schwerer zu verstehen und zu behalten ist als der Satz:

The horse ate the apple,

weil der erstere eine kompliziertere Transformationsstruktur hat als der letztere. Allmählich wurde klar, daß die Komplexität der Transformation kein verläßlicher Anhaltspunkt für die psychologische Komplexität ist, und gleichzeitig gab es in der linguistischen Theorie zunehmende Auseinandersetzungen und Veränderungen. Chomsky selbst schrieb 1965: [VERIFIZIEREN: ASPEKTE SYNTAXTHEORIE] »Wenn wir sagen, ein Satz habe eine bestimmte Ableitung bezüglich einer Generativen Grammatik, dann sagen wir nichts darüber, wie der Sprecher oder Hörer praktisch und effizient vorgehen könnte, um eine solche Ableitung zu konstruieren.« Die Behauptung implizierte, daß die Komplexität der im Einzelfall anzuwendenden Regeln auf das Gerät, das Sätze konstruiert, keinen Einfluß hat: Was auch immer im Labor des Psycholinguisten beobachtet wird – die linguistische Theorie bleibt davon unberührt.

Das bestätigte sich. Eine Gruppe am MIT, der ein Philosoph, ein Linguist und ein Psychologe – Jerry Fodor, Tom Bever und Merrill Garrett – angehörten, hielt an der linguistischen Theorie fest, gab aber die Idee auf, daß Transformationsregeln am Prozeß des Verstehens direkt beteiligt sind. Dennoch blieb die MIT-Gruppe dabei, daß die Tiefenstruktur eine Rolle spiele. Sie untersuchten zum Beispiel, wie ein Knacken wahrgenommen wird, das man dem einen Ohr darbietet, während dem anderen ein auf

Tonband aufgenommener Satz vorgespielt wird. Die Versuchspersonen hörten den Satz:

John expected Bill to leave,

der in der Mitte von »Bill« von einem Knacken begleitet war, und sie gaben die Stelle, an der es knackte, typischerweise falsch an, denn sie verlegten sie überwiegend zwischen »expected« und »Bill«. Diese Stelle entspricht in der Tiefenstruktur des Satzes einer Grenze zwischen zwei Satzteilen (d. h. Bestandteilen des mit »Satz« gekennzeichneten Baumdiagramms), auch wenn seine Oberflächenstruktur keine Grenze erkennen läßt.

Die MIT-Forscher folgerten, daß die Tiefenstruktur mit Hilfe von Faustregeln ermittelt werde; beispielsweise werde eine Sequenz von der Form *Nomen... Verb... Nomen* als ein potentieller Tiefenstruktur-Satzteil behandelt. Die Idee erschien plausibel, weil in dem Fall, daß eine solche Analyse sich als falsch erweist, wie in dem Satz, der mit:

The boy told the story...

beginnt und dann fortfährt:

passed it on to us,

der Satz den Leser in die Irre führt, indem er die falsche Erwartung erzeugt. Seltsam an der MIT-Theorie war, daß die Regeln der Grammatik zwar in den Geist eingepflanzt sein, aber nicht direkt an der Analyse von Sätzen beteiligt sein sollten.

Es gab ein weiteres Problem. Immer mehr Tatsachen sprachen dafür, daß Menschen vielleicht doch nicht die Tiefenstruktur von Sätzen repräsentieren. Tiefenstruktur-Satzteile sind syntaktische Einheiten, die einer semantischen Interpretation bedürfen. Gedächtnisexperimente zeigten, daß Menschen sich die Bedeutung, aber nicht die Tiefenstruktur merken. So werden, wie Rosemary Stevenson und ich beobachtet haben, solche Sätze wie:

John bought the picture from the duchess

und:

The duchess sold the picture to John

leicht durcheinandergeworfen. Diese Sätze bedeuten dasselbe, doch die Nominalphrasen spielen in der Tiefenstruktur beider Sätze eine ganz unterschiedliche Rolle. Dadurch kamen gewisse Zweifel an der Rolle der Tiefenstruktur in psychologischen Prozessen auf. Der definitive Beweis dafür, daß ihre Ermittlung überhaupt am Verstehen von Sätzen beteiligt ist, steht noch immer aus.

Die generalisierte Phrasenstrukturgrammatik

Wenn weder Transformationen noch die Tiefenstruktur an mentalen Prozessen beteiligt sind, benötigt die Psychologie der Sprache offenbar eine Grammatik, die ohne sie auskommt. Genau solche Grammatiken sind aus linguistischen Gründen von einer Reihe von Linguisten befürwortet worden, darunter namentlich Michael Brame, Gerald Gazdar, Ron Kaplan und Joan Bresnan sowie (in unveröffentlichten Arbeiten) Stanley Peters.

Gazdar hat gezeigt, daß eine Generalisierung der Phrasenstruktur-Grammatik auch Sätze bewältigen kann, die nach älterer Auffassung Transformationen erfordern. Im Falle der Topikalisierung fügen die Phrasenstrukturregeln direkt sowohl die anfängliche topikalisierte Nominalphrase als auch die Spur ein, die nötig ist, um den Satz zu interpretieren. Eine Regel wie:

Satz → Nominalphrase Satz/Nominalphrase

bedeutet, daß ein Satz aus einer anfänglichen Nominalphrase bestehen kann, gefolgt von einem Satz minus einer Nominalphrase, d.h. einem Satz mit einem Loch, das einer fehlenden Nominalphrase entspricht. Ist ein solches Loch in eine Struktur eingeführt, so erlauben spezielle Regeln, es den ganzen Baum hinunter zu verschieben, bis es schließlich, wie bei früheren transformationalen Ableitungen, durch das Spurelement t ersetzt wird. So hat ein topikalisierter Satz die folgende Struktur:

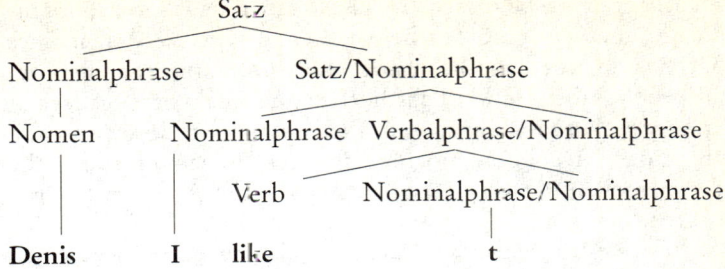

Gazdars Grammatik kann diesen und andere Sätze ohne Zuhilfenahme von Transformationen erklären.

An welchen Stellen kann eine Konstituente wie die Nominalphrase vorkommen? Tony Ades und Mark Steedman haben die provozierende Vermutung geäußert, daß Sätze bestimmte elementare Formen besitzen, die nur in einer Weise variiert werden dürfen, die mit Hilfe spezieller Regeln für ein stapelartiges Gedächtnis analysiert werden kann. Die elementaren Formen werden durch einfache Phrasenstrukturregeln erfaßt. Da die Regeln mit der anfänglichen Nominalphrase eines topikalisierten Satzes wie »*Denis, I like*« nicht fertig werden, wird die Nominalphrase auf den Stapel gelegt. Die Interpretation von *»I like«* als Anfang eines elementaren Satzes ist zunächst problemlos, stößt dann aber auf die Schwierigkeit, daß *»like«* ein transitives Verb ist und im Satz keine weiteren Wörter folgen. Doch die fehlende Nominalphrase wartet noch auf dem Stapel und kann jetzt in die Interpretation des Satzes einbezogen werden. Andere Operationen verlangen mehr Leistung als eine Phrasenstrukturgrammatik und eine Grammatik, die es erlaubt, einen Baum in einen anderen einzufügen, z. B. die von Aravind Joshi entwickelte »baumadjungierende« Grammatik.

Die Funktionsweise des mentalen Analysators

Selbst wenn wir wüßten, daß der Geist mit einer bestimmten Grammatik ausgestattet ist, wäre immer noch unklar, wie diese für die Analyse von Sätzen benutzt wird. Es gibt kein Experiment, mit dem sich dieser Prozeß isolieren ließe. Psycholinguisten können etwa die Zeit beobachten, die das Verstehen eines Satzes oder die Durchführung einer Operation an ihm beansprucht, aber sie können die Leistung nicht mit Sicherheit von den Auswirkungen von Bedeutung und Interpretation abgrenzen. Dennoch möchte ich drei Fragen erörtern, die den mentalen Parser – den mentalen Syntax-Analysator – betreffen.

Die erste Frage gilt der Natur der allgemeinen Operationen des Parsers. Er könnte die Regeln benutzen, um wie das System in Abbildung 17.5 absteigend *(top-down)* zu arbeiten. Eine Version eines solchen Systems (ein sogenanntes »augmented transition network«) wurde entwickelt, um Transformationsgrammatiken zu analysieren. Bill Woods hat es in einem Programm benutzt, das Fragen über die Proben von Mondgestein beantwortet, und Ron Kaplan, Eric Wanner und ihre Mitarbeiter haben die Vermutung geäußert, daß der mentale Parser ähnlich funktionieren könnte. Möglich ist aber auch, daß der Parser die Regeln benutzt, um aufsteigend *(bottom-up)* eine Analyse eines Satzes zu konstruieren. Er identifiziert zunächst die syntaktischen Wortkategorien und versucht dann, mit Hilfe der Regeln die Konstituenten höherer Ordnung zu analysieren.

Der Anfang einer Phrase läßt sich nicht *top-down* vorhersagen, doch sobald er identifiziert ist, kann man aufgrund der Regeln der Grammatik Vorhersagen machen; ein Vorkommen von »the« zeigt z. B. den Beginn einer Nominalphrase an, und so läßt sich das anschließende Vorkommen eines Nomens vorhersagen. Der Parser könnte also nach dem folgenden Prinzip arbeiten: Er beginnt im *bottom-up*-Modus, doch sobald er die linke Ecke einer Phrase erkannt hat, versucht er, eine *top-down*-Vorhersage zu machen. Für Vorhersagen besteht sicherlich eine Notwendigkeit, denn wie Lyn Frazier und Janet Fodor darlegen, gibt es bei den Löchern (oder Spuren), die Nominalphrasen entsprechen, oft keinen expliziten Hinweis auf ihr Vorhandensein, beispielsweise:

Denis, I like to tell jokes.

Dieses Beispiel ist mehrdeutig und kann entweder

I like to tell Denis jokes [Ich erzähle Denis gern Witze]

oder

I like Denis to tell jokes [Ich mag es, wenn Denis Witze erzählt]

entsprechen.

Die zweite Frage ist, wie der Parser mit Mehrdeutigkeit umgeht sowie mit jenen Mehrdeutigkeiten, die im ersten Teil eines Satzes lokalisiert sind, zum Beispiel in den Sätzen »*The firm drives me mad*« und »*The firm drives were not affected by the flash flood*«, wo die richtige Analyse erst im weiteren Verlauf des Satzes klar wird [hier: »Die Firma macht mich wahnsinnig« und »Die befestigten Straßen waren von dem Hochwasser nicht betroffen«]. Ihnen kann man auf verschiedene Weise beizukommen versuchen. Eine Strategie ist das »*Backtracking*«, das ich im 9. Kapitel diskutiert habe. Der Parser probiert eine Möglichkeit aus, und wenn sie letztlich zu nichts führt, kehrt er an den Verzweigungspunkt zurück und probiert eine andere aus. Eines Prozesses, der an das Backtracking erinnert, werden Menschen sich nur bewußt, wenn ein Satz sie in die Irre geführt hat, wie das obige Beispiel »*The boy told the story passed it on to us*«. Das heißt aber nicht, daß sie den Satz erneut einer syntaktischen Analyse unterziehen. Nach Ansicht von Stephen Crain und Mark Steedman führen diese Sätze jene Prozesse in die Irre, welche die Bedeutung interpretieren.

Eine Entscheidung darüber, welche Regel anzuwenden ist, kann man auch dadurch herbeiführen, daß man einen vorausschauenden Blick auf den Rest des Satzes wirft. Diese Idee hat Mitch Marcus dazu gebracht, einen Parser für Transformationsgrammatiken zu entwerfen, der sich nie zu revidieren braucht. Er funktioniert deterministisch, und sobald er auf eine Mehrdeutigkeit stößt, schiebt er die Entscheidung auf und unterzieht erst einmal die drei folgenden Konstituenten des Satzes einer vorläufigen Analyse. Ein Satz, der mit

Have the boys...

beginnt, kann zum Beispiel ein Imperativ sein:

Have the boys take the exam today!

aber auch eine Frage:

Have the boys taken the exam today?

Nachdem er vorausgeschaut hat, kann der Parser entscheiden, mit was für einer Art von Satz er es zu tun hat. Marcus möchte seinen Anspruch auf solche Sätze beschränken, die von Menschen verstanden werden, ohne daß sie sich einer Schwierigkeit bewußt sind. Es gibt aber einige offensichtliche Gegenbeispiele. So wird der Satz:

Denis, I like to tell jokes to

ohne weiteres verstanden, doch wird die Rolle von »Denis« erst nach den ersten drei Konstituenten klar. Die Entdeckung von William Marslen-Wilson, daß manche Menschen eine auf Band aufgenommene Rede mit einem Rückstand von nur einer Silbe wiederholen und verstehen können (siehe 16. Kapitel), deutet gleichfalls darauf hin, daß der Parser nicht abwartet und erst einmal weitere Teile eines Satzes analysiert.

Die effektivste Methode, einer lokalen Mehrdeutigkeit beizukommen, besteht darin, alle möglichen Analysen parallel durchzuführen. Vielleicht gibt es Menschen, die – zumindest bei bestimmten Arten von Mehrdeutigkeit – diese Strategie anwenden. Doch wenn sie Sätze lesen, die eine lokale Mehrdeutigkeit enthalten, wandern ihre Blicke, wie Lyn Frazier und Mitarbeiter beobachtet haben, zu der mehrdeutigen Passage zurück, so als wollten sie sie einer erneuten syntaktischen Analyse unterziehen. Natürlich ist Lesen etwas anderes als Hören, schon deshalb, weil der Parser sich nicht an einer Intonationskontur orientieren kann.

Die dritte Frage ist, wie der Parser mit den Prozeduren ineinandergreift, die die Bedeutung des Satzes interpretieren. Ein Praktiker der Künstlichen Intelligenz, Roger Schank, ist der Ansicht, daß die grammatische Analyse erst nach der Bedeutung kommt. Ein anderer, Terry Winograd, der ein beeindruckendes Programm zur Interpretation natürlicher Sprache entworfen hat, meint, daß der Parser sich manchmal von semantischen Entscheidungen leiten lasse. Ihm fiel auf, daß eine Aufforderung wie:

Put the blue pyramid on the block in the box

mehrdeutig ist. Was ist gemeint: die blaue Pyramide oder die blaue Pyramide auf dem Klotz? Winograds Programm enthält eine spezielle Prozedur, die den Parser unterbricht, um zu prüfen, ob eine blaue Pyramide auf dem Klotz vorhanden ist.

Das andere Extrem vertreten Jerry Fodor, Ken Foster und andere einstige Mitglieder der MIT-Schule, die die Autonomie der grammatischen Analyse verteidigen. Der Parser ist für sie ein Modul, das Analysen von Sätzen entwickelt, die – zumindest anfangs – von den Prozeduren für die Interpretation von Bedeutungen unabhängig sind. Es gibt bislang kein Experiment, das empfindlich genug wäre, um die Streitfrage zur allseitigen Zufriedenheit zu klären. Vielleicht ist es aber nicht nötig, daß der Parser eine explizite Baumstruktur eines Satzes an den semantischen Prozessor übergibt. Es ist denkbar, daß er den Prozeß der Verknüpfung der Bedeutungselemente direkt steuert. Wenn überall Wegweiser stehen, kann man auch ohne Karte ans Ziel kommen.

Schlußfolgerungen

Moderne Theorien der Grammatik sind so kompliziert, daß man sie erst nach jahrelangem Studium beherrscht. Das ist paradox, weil theoretisch schon in der Kindheit die entsprechenden Grammatiken mühelos beherrscht werden. Im ersten Kapitel sprach ich von der Gefahr, dem Geist eine Theorie überzustülpen, und Stuart Sutherland hat darauf hingewiesen, daß die Grammatik einer Sprache nicht unbedingt explizit im Geist der Sprecher repräsentiert sein muß – sie haben vielleicht andere Mittel, um sprechen und verstehen zu können. Eine Grammatik kann eine genaue Beschreibung einer Leistung liefern und dennoch, wie im Falle des Navigationsroboters (im 3. Kapitel), an der Erbringung dieser Leistung unbeteiligt sein. Wenn man zu analysieren versucht, wie der Geist arbeitet, besteht eine starke

Tendenz, Theorien zu postulieren, die auf einer Manipulation expliziter Symbole durch explizite Regeln beruhen. Diese Annahme ist eine Projektion, ausgehend davon, daß Theoretiker – wie alle anderen – geneigt sind, in eindeutigen Kategorien zu denken, wenn sie *bewußt* denken. Doch was spricht für eine mentale Repräsentation expliziter grammatischer Regeln? Die Antwort: Menschen erzeugen und verstehen Sätze, die solchen Regeln zu gehorchen scheinen, und ihre Urteile über Sätze scheinen gleichfalls von ihnen geleitet zu sein. Das ist aber auch alles. Die Theorie der Berechenbarkeit zeigt, daß es unendlich viele verschiedene Wege gibt, eine Berechnung durchzuführen (siehe 3. Kapitel). Es besteht daher immer noch die Möglichkeit, daß die formalen Regeln der Grammatik ebenso wenig im Kopf zu finden sein werden wie die formalen Regeln der Logik. Die Linguistik ist nach wie vor eine Theorie dessen, *was* von mentalen Prozessen berechnet wird, aber sie beschreibt nicht, *wie* sie es berechnen. Solange wir nicht die Form unseres unbewußten Wissens von der Sprache erkannt haben, werden wir nicht wissen, wie die Berechnungen vor sich gehen.

Weiterführende Literatur

Eine gute Einführung in Chomsky ist Lyons (1970). Vom Gedankenaustausch zwischen Chomsky, Piaget und anderen führenden Gestalten berichtet Piattelli-Palmarini (1980). Das Problem, aus Übergangsdaten Approximationen ans Englische zu generieren, wird diskutiert in Miller, Galanter und Pribram (1960, Kap. 11). Die übrigen hier genannten Werke sind theoretisch anspruchsvoll.

Ausgezeichnete Einführungen in die grammatische Theorie enthalten Sells (1985), van Riemsdijk und Williams (1986), Radford (1988) und Wasow (1989). Rechnerische Verfahren der Sprachverarbeitung werden skizziert in Johnson-Laird (1983) und ausführlich beschrieben in Gazdar und Mellish (1989). Studien über die grammatische Analyse natürlicher Sprachen findet man in Dowty, Karttunen und Zwicky (1985) sowie in Carlson und Tanenhaus (1989); sie werden besprochen von Altman (1989) in einer Sonderausgabe der Zeitschrift *Language and Cognitive Processes*.

Es gibt eine enorme Literatur über den kindlichen Spracherwerb, aber kaum formale oder komputationale Modelle, wie der Prozeß ablaufen könnte (vgl. aber Anderson, 1976; Power und Longuet-Higgins, 1978; Wexler und Culicover, 1980; Pinker, 1984; und Berwick, 1985).

18. Kapitel

Bedeutung

Wenn ich Ihnen die Augen verbinde und Sie in Ihre Küche führe, werden Sie sich vermutlich zurechtfinden. Wenn ich aber die Möbel umgestellt habe, werden Sie es schwer haben. Wenn ich Sie warne: »Vorsicht! Der Tisch ist rechts vom Küchenschrank!« sollten Sie in der Lage sein, ihn zu meiden. Es kann sein, daß Sie sich den Tisch an seinem neuen Platz lebhaft vorstellen, es kann auch sein, daß Sie sich kein Bild davon machen – Sie *wissen* ganz einfach, wo der Tisch ist, auch wenn Sie nicht ergründen können, wie dieses Wissen repräsentiert ist. Um einen Roboter zu bauen, der sich auf seinem Weg auch von verbalen Warnungen leiten läßt, müssen Kognitionswissenschaftler vor allem zwei Fragen beantworten:

Was konstruieren Menschen, wenn sie Diskurs verstehen?
Wie führen sie den Konstruktionsprozeß aus?

Dieses Kapitel zieht Ergebnisse von fast allen Disziplinen der Kognitionswissenschaft heran, um Antworten auf diese beiden Fragen zu umreißen.

Semantische Netzwerke

Am Anfang war nicht das Wort, sondern die Assoziation. Für die »alttestamentarischen« Psychologen ist ein Wort ein assoziativer Reiz, der das entsprechende Objekt hervorruft. Ich sage »Tisch«, und Sie denken an einen Tisch. Wenn ein Wort nicht etwas Greifbares bezeichnet, z. B. das Wort »ist«, dann besteht seine Bedeutung in Assoziationen mit anderen Wörtern.

Es gibt einen schlagenden Einwand gegen dieses altehrwürdige Dogma. Eine Verbindung zwischen einem Wort und einem Objekt sagt nichts über die Art der Relation zwischen beiden, und sie gibt erst recht nicht zu erkennen, daß das Wort ein Symbol ist, das für das Objekt steht. Außerdem hängt die Bedeutung einer Äußerung gewöhnlich davon ab, daß die Bedeutungen ihrer Bestandteile entsprechend den grammatischen Beziehungen zwischen ihnen verknüpft werden. Doch wie können assoziative Verbindungen grammatisch verknüpft sein?

Als Lösung für diese Probleme wurde vorgeschlagen, die Verbindungen mit Beschriftungen zu versehen. Diese Idee wurde 1913 von Otto Selz aufgeworfen, doch richtig zum Tragen kam sie erst mit den Computern und der Erfindung sogenannter »semantischer Netzwerke«, auf denen die meisten berechnungstheoretischen [computational] und psychologischen Theorien der Bedeutung basieren.

Es gibt viele Formen von semantischen Netzwerken, doch gehen sie alle auf Ross Quillians bahnbrechende Beschreibung von 1968 zurück. Er erkannte wie Selz die Wichtigkeit der Relationen zwischen Wörtern. Im Unterschied zu Selz hatte er Zugang zu einer Programmiersprache, die den Bau eines funktionierenden Netzwerks ermöglichte. In LISP kann ein Symbol eine Kette von Buchstaben sein, zum Beispiel TISCH. Für sich ist dieses Symbol bedeutungslos, doch scheint es mehr Bedeutung zu bekommen, wenn mehrere beschriftete Assoziationen mit ihm verknüpft sind:

TISCH   Oberbegriff: MÖBEL
         Teile: BEINE
         Teile: ARBEITSPLATTE

und weitere Assoziationen zwischen ihnen hergestellt werden:

Träger: BEINE ARBEITSPLATTE

Wenn man die Theorie beschreibt, ist es naheliegend, ein Netzwerk zu benutzen, um zu zeigen, wie die Information organisiert ist:

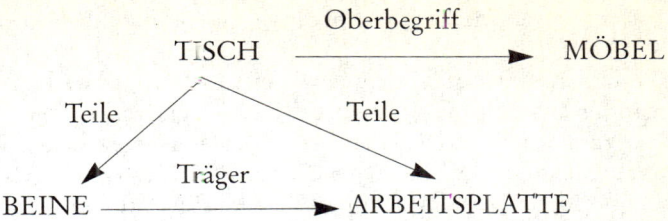

Netzwerktheoretiker haben sich viele von Quillians Annahmen zu eigen gemacht. Sie nehmen an, daß Netzwerke die Bedeutungen von Wörtern und Sätzen repräsentieren können und daß das Format leistungsfähig genug ist, um jede Idee zu handhaben. (Es hat tatsächlich die Leistungsfähigkeit einer universalen Turingmaschine.) Sie haben außerdem eine Unterscheidung in der Notation von allgemeinen Begriffen (z. B. TISCH) und spezifischen Beispielen für sie (z. B. der Tisch in Ihrer Küche) eingeführt. Sie haben eine kleine Menge von relationalen Verknüpfungen anerkannt: *Oberbegriff, Eigenschaft, Teile.* Aber sie lassen natürlich zu, daß viele weitere Ausdrücke Beschriftungen einer Verknüpfung sein können. Gewöhnlich legen sie Wert auf eine sparsame Organisation, in der allgemeine Information nur auf der Ebene eines Oberbegriffs repräsentiert ist. Die Tatsache etwa, daß Tische physikalische Objekte sind, braucht nicht durch eine direkte Verknüpfung von TISCH zu OBJEKT repräsentiert zu sein, kann aber gefolgert werden aus der folgenden Kette von Oberbegriff-Verknüpfungen:

TISCH ⟶ MÖBEL ⟶ OBJEKT.

Gewisse Wörter wie »Tiger«, »Zitrone« und »Wasser« fordern eine Analyse, da sie auf Prototypen und nicht auf Mengen von notwendigen Bedingungen beruhen (siehe 13. Kapitel). Die Forderung kann durch ein semantisches Netzwerk erfüllt werden. Es kann unterscheiden zwischen einer Verknüpfung, die eine notwendige Relation darstellt, z. B., daß ein Tiger ein Tier ist, und einer Verknüpfung, die eine charakteristische Relation darstellt, z. B., daß ein Tiger einen Schwanz hat. Ein Prototyp hat viele Eigenschaften und Relationen, die charakteristisch sind, und wenige, die notwendig sind. Manche Philosophen würden sagen, daß *keine* notwendigen Bedingungen gegeben sind.

Quillian führte außerdem gewisse Annahmen über die Informationsverarbeitung in semantischen Netzwerken ein. Sein Programm stellt eine Relation zwischen einem gegebenen Wörterpaar her. Es fügt an den Stellen, die den Wörtern entsprechen, »*tags*« (Identifizierungskennzeichen), die für Aktivität stehen, in das Netzwerk ein, und wendet dann ein Verfahren an, das die *tags* durch alle Verknüpfungen, die von diesen beiden Punkten ausgehen, ausbreitet. Die beiden Muster sich ausbreitender Aktivität machen Halt, sobald sie sich überschneiden – was für »Tisch« und »Möbel« früher passiert als für »Tisch« und »Objekt«. Erste Versuchsergebnisse ließen den Schluß zu, daß Menschen im ersten Fall ebenfalls schneller eine Verknüpfung herstellen. Dieses Bild wurde durch weitere Untersuchungen eingeschränkt: Die Zeit, die für ein Urteil benötigt wird, hängt nicht immer mit der Länge des Weges in einem semantischen Netzwerk zusammen, und es gibt, wie Doug Herrmann und Roger Chaffin gezeigt haben, Relationen wie die relative Komprimierbarkeit von Substanzen, die vermutlich überhaupt nicht durch eine Verknüpfung repräsentiert sind.

Zerlegung in Bedeutungsatome

Einige Netzwerkverfechter haben eine Theorie der Bedeutung übernommen, die von Jerry Katz und Jerry Fodor für die Transformationsgrammatik geschaffen wurde. Die Theorie nimmt an, daß die Bedeutungen von Wörtern in allen Sprachen in gemeinsame Bedeutungsatome zerlegt werden können. Abbildung 18.1 zeigt solche Atome in einer Darstellung des Satzes »John gave Fido to Mary« in einem von Don Norman, Dave Rumelhart und Mitarbeitern entwickelten Netzwerk.

Das Zerlegungskonzept zog eine Suche nach den letzten Atomen nach sich. Roger Schank schlug zum Beispiel elf Grundhandlungen vor: antreiben, einen Körperteil bewegen, aufnehmen, ausstoßen, ergreifen, sprechen, anwesend sein, den Ort wechseln, eine abstrakte Relation wie den Besitz verändern,

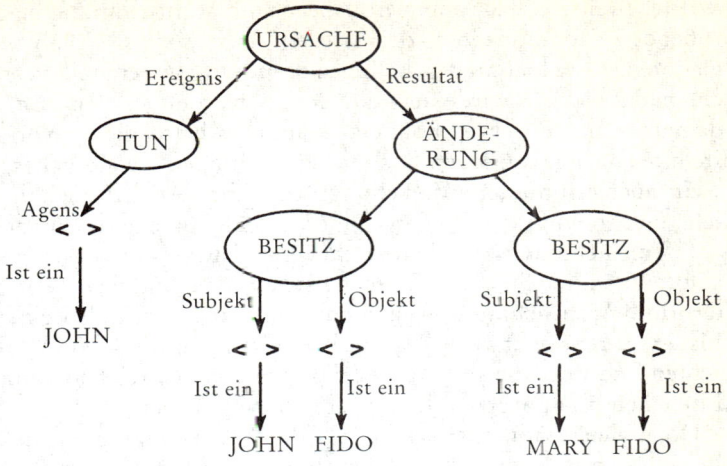

Abb. 18.1: Ein von Norman und Rumelhart vorgeschlagenes semantisches Netzwerk. Die spitzen Klammern < > sind Knoten, die spezifische Beispiele von Begriffen repräsentieren.

einen Gedanken kreieren und neue Information konstruieren. So wird die Bedeutung von

John ate a frog

repräsentiert durch eine komplexe Struktur, die die Information erfaßt, daß John seine Hand, die einen Frosch *ergriffen* hatte, zu seinem Mund *bewegte* und den Frosch in sich *aufnahm*. Schanks Programm zieht sogar den Schluß, daß diese Handlung Johns Gesundheit negativ beeinflußte. Die Grundhandlungen sind jedoch nicht wirklich elementar; z. B. liegt antreiben, bewegen, aufnehmen und einigen der übrigen Handlungen unzweifelhaft ein allgemeiner Begriff der Bewegung zugrunde.

George Miller und ich haben in unserem Buch *Language and Perception* eine umfassende psychologische Analyse der Bedeutungen von Wörtern geboten. Unser Ausgangspunkt war die Wahrnehmung. Die *idéologues* der Französischen Revolution hatten, von Lockes Empirismus inspiriert, den Versuch gemacht,

Wörter in ihre einfachsten, vermeintlich auf Wahrnehmung beruhenden Komponenten zu zerlegen. Durch diese Analyse glaubten sie zu klären, welche Ideen *vernünftig* waren und welche nicht; danach würde man die Gesellschaft auf soliden Fundamenten neu errichten können. (Napoleon hatte andere Vorstellungen.) Die logischen Positivisten verfolgten ein ähnliches, wenn auch raffinierteres Forschungsprogramm. Auch das schlug fehl, und so wußten wir von vornherein, daß Sprache sich nicht auf Wahrnehmungsprädikate reduzieren läßt. Zumindest erlaubte uns diese Strategie, über die Relationen zwischen Wörtern und Wahrnehmung nachzudenken. Wir stellten also eine Liste von repräsentativen Eigenschaften auf, auf die Menschen achten und über die sie Urteile fällen können. Sie reichen vom Einfachen bis zum Komplexen, z. B. von *rot* bis *vertikal*.

Doch viele Prädikate reichen über die Wahrnehmung hinaus. Beispielsweise können Sie wahrnehmen, daß ein Objekt mit einem anderen kollidiert und die *Ursache* dafür ist, das das letztere sich in Bewegung setzt, doch ist die Wahrnehmung nicht identisch mit dem Begriff der Ursache. Der Begriff wird vielfach für ursprünglich gehalten (siehe Abbildung 18.1), doch läßt er sich weiter zergliedern. Ein Ereignis *verursacht* ein anderes, wenn das erste Ereignis nicht auftreten kann, ohne daß das zweite auftritt; die Verursachung läßt sich also auflösen in eine Matrix von Möglichkeiten zwischen den zeitlich früheren und späteren Sachverhalten. Aber Welten, die es vielleicht hätte geben können, sind keine Wahrnehmungsobjekte.

An diesem Punkt führten wir die Idee einer »prozeduralen Semantik« ein. Wir nahmen an, daß beispielsweise in dem Fall, daß Sie die Warnung bezüglich der veränderten Stellung des Tisches verstehen, das erste Produkt des Verstehens ein mentaler Prozeß sei. Ziel der Prozedur kann die Konstruktion einer mentalen Repräsentation, ein Test einer mentalen Repräsentation, die Abrufung einer Information oder eine Reihe weiterer Operationen sein. Auf einige Prozeduren will ich jetzt ausführlicher eingehen. Die Bedeutung von »Tisch« in meiner Warnung ist also nicht ein (mentales) Bild eines Tisches, sondern es sind vielmehr begriffliche Elemente, die zu einer wie auch immer beschaffenen Prozedur beitragen können, die Sie konstruieren, wenn Sie einen

Satz interpretieren, der das Wort »Tisch« enthält. Diese Elemente entstammen Ihrem Begriff eines Tisches, der das Wissen einschließt, wie Tische identifiziert werden, der aber über das Wahrnehmbare hinausgeht, weil er die Relationen von Tischen zu anderen Entitäten und ihre Funktion betrifft – Gegenstände menschlicher Intentionen und Bestrebungen.

Ausgehend von dieser Theorie analysierten Miller und ich die Bedeutungen von über zweitausend Wörtern. Wir fanden, daß, wie viele Theoretiker geglaubt hatten, das mentale Lexikon in Felder von verwandten Wörtern gegliedert ist. Den Kern eines Feldes bildet ein Grundbegriff – eine implizite Theorie des Bereichs. Es gibt zum Beispiel Felder der Bewegung (»verschieben«, »antreiben«, »ausstoßen«, ...), des Besitzes (»besitzen«, »kaufen«, »geben«, ...), der Wahrnehmung (»sehen«, »hören«, »erspähen«, ...). Einige andere Begriffe tauchen in vielen Feldern auf und bilden den Rahmen von Ideen, bei denen man über Erfahrung nachdenkt. Die wichtigsten Beispiele solcher Begriffe sind: Raum, Zeit, Möglichkeit, Zulässigkeit und Intention. Sie modulieren den Begriff, der den Kern des Feldes bildet, in der Weise, daß eine Vielzahl von Relationen entsteht, von denen etliche durch ein eigenes Wort ausgezeichnet sind. Die folgenden Umschreibungen machen die allgegenwärtige Rolle von *cause* [bewirken, veranlassen, verursachen] in Verben der Bewegung, des Besitzes und der Wahrnehmung deutlich:

ein Objekt antreiben	= bewirken, daß ein Objekt sich bewegt
jemandem ein Objekt geben	= bewirken, daß jemand ein Objekt besitzt
jemandem ein Objekt zeigen	= bewirken, daß es jemandem möglich ist, ein Objekt zu sehen.

Solche Umschreibungen mögen nicht völlig synonym mit den von ihnen charakterisierten Verben sein, und sie können nicht für diese Wörter substituiert werden, ohne der Bedeutung (und der Syntax) Gewalt anzutun. Sie machen aber die Begriffe deutlich, die implizit in Wörtern stecken.

Bedeutungspostulate

Gibt es gute, brauchbare Definitionen von Wörtern? Jerry Fodor und seine Kollegen beantworten diese Frage nachdrücklich mit »nein«. Es gibt, behaupten sie, keine Definitionen, die die Bedingungen angeben, welche hinreichen, um die vollständige Bedeutung eines Wortes zu erfassen. Wenn diese Behauptung zutrifft, ist es nicht möglich, Bedeutungen in noch einfachere Elemente zu zerlegen. (Fodor hat seine frühere Theorie aufgegeben.) Wenn aber die Bedeutung von »Tisch« nicht auf dem Begriff der Arbeitsplatte beruht, entsteht die Frage, wie man folgern kann:

> Er fertigte einen Tisch an.
> Folglich fertigte er etwas mit einer Arbeitsplatte an.

Die Antwort ist, Fodor und anderen zufolge, sich auf »Bedeutungspostulate« zu stützen, d. h. auf Schlußregeln, die die notwendigen Folgen spezifischer Wörter ausdrücken. So macht das Bedeutungspostulat:

> Wenn x ein Tisch ist, dann hat x eine Arbeitsplatte

es möglich, den erwähnten Schluß zu ziehen. Die logischen Eigenschaften anderer Wörter werden auf gleiche Weise postuliert, z. B.:

> Wenn x sich rechts von y befindet
> und y sich rechts von z befindet,
> dann befindet x sich rechts von z.

Die Bedeutungspostulanten, wie ich sie nenne, nehmen an, daß Verstehen darin bestehe, Äußerungen in eine mentale Sprache zu übersetzen und dann, sofern nötig, Bedeutungspostulate zu benutzen, um Folgerungen aus ihnen zu ziehen. Von einer Zerlegung in Atome kann keine Rede sein; die Wörter der natürlichen Sprache sind den Wörtern der mentalen Sprache praktisch isomorph. John Anderson hat ein semantisches Netzwerk entwickelt, das ebenfalls nicht Bedeutungen zerlegt, sondern statt dessen Produktionen – das rechnerische [computational] Gegenstück von Bedeutungspostulaten (siehe 9. Kapitel) – benutzt,

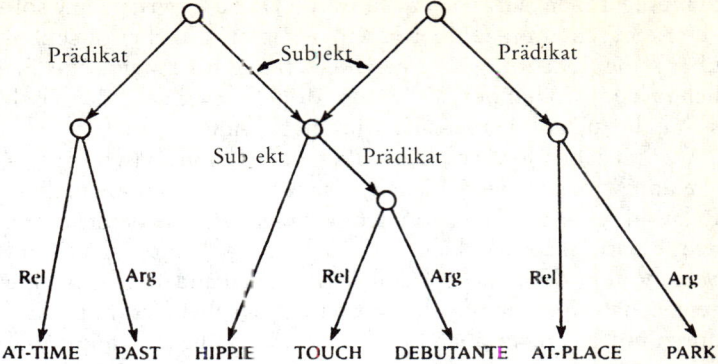

Abb. 18.2: Das semantische Netzwerk für den Satz »*In a park a hippie touched a debutante*«. Im Anschluß an Anderson sind in diesem Diagramm die Knoten, die Wörter repräsentieren, fortgelassen. »Rel« steht für Relation, »Arg« für Argument.

um Folgerungen zu ziehen. Diese Netzwerke haben, wie man aus Abbildung 18.2 ersieht, Ähnlichkeit mit den grammatischen Strukturen von Sätzen.

Der symbolische Trugschluß

Wenn ich Ihnen sagen, daß der Tisch sich rechts vom Küchenschrank befindet, können Sie sich die neue Anordnung vorstellen und Ihren Weg durch die Küche steuern. Selbst wenn Sie sich kein (mentales) Bild davon gemacht haben, zeigt der Erfolg, mit dem Sie das Hindernis umgehen, daß Ihre Bewegungen von einem *Modell* der räumlichen Anordnung der Möbel geleitet sind. Mit semantischen Netzwerken, mögen diese auf Zerlegung oder auch auf Bedeutungspostulaten beruhen, ist Ihre Leistung nicht zu erklären. Die Netzwerke können Ihnen sagen, daß zwei Wörter verknüpft sind oder daß ein Satz eine Umschreibung eines anderen ist, aber sie sind so zirkulär wie Wörterbücher. Sie erliegen dem »symbolischen Trugschluß«, Bedeutung sei lediglich eine Frage der Verknüpfung zwischen zwei Mengen verbaler

Symbole. Einen Satz, so der Philosoph David Lewis, in eine solche Repräsentation zu übersetzen, liefert nicht mehr Aufschluß über seine Bedeutung als eine Übersetzung ins Lateinische. Sie liefert kein Modell der Welt, kein Modell davon, wo der Tisch sich in bezug auf den Küchenschrank befindet.

Warum haben so viele Theoretiker die Relation zwischen Sprache und Welt ignoriert? Vielleicht haben sie angenommen, diese Relation sei unabhängig von dem Problem, das sie beschäftigte: den Relationen zwischen Ausdrücken. In Wirklichkeit sind Sprache und Welt nicht unabhängig voneinander. Ich möchte zeigen, daß eine Theorie, die Wörter mit der Welt verknüpft, dadurch nolens volens auch Wörter untereinander verknüpft und solche Theorien, die sich auf letzteres beschränken, überflüssig macht. Ich werde deshalb folgendermaßen vorgehen, daß ich zunächst an dem klaren Beispiel der formalen Semantik zeige, wie sprachliche Ausdrücke mit Modellen zusammenhängen, um dann zu zeigen, wie Modelle mit der Welt zusammenhängen, und wie man auf diese Weise den symbolischen Trugschluß vermeiden kann.

Die formale Semantik

Der Logiker Gottlob Frege hat im vorigen Jahrhundert einen Unterschied zwischen der *Referenz* eines Ausdrucks und seiner *Bedeutung* gemacht. Die Referenz ist dasjenige in der Welt, wofür der Ausdruck steht, während die Bedeutung diesen mit seiner Referenz verknüpft. Um Freges Beispiel zu nehmen: Die Referenz der beiden Nominalphrasen »der Morgenstern« und »der Abendstern« ist dieselbe, nämlich der Planet Venus. Doch die Bedeutungen der beiden Ausdrücke sind verschieden, denn der eine bedeutet den »Stern«, den man morgens beobachtet, und der andere bedeutet den »Stern«, den man abends beobachtet. Die gleiche Unterscheidung kann man machen hinsichtlich einer Aussage wie:

> Der Morgenstern ist identisch mit dem Abendstern.

Die Aussage ist wahr, aber man kann sich unschwer eine von der unseren verschiedene Welt vorstellen, in der sie falsch ist. Ihre Bedeutung würde in einer solchen jedoch dieselbe sein.

Der Unterschied zwischen Bedeutung und Referenz wurde durch die Entwicklung der formalen Semantik erhellt. Der Logiker Alfred Tarski hat gezeigt, wie man die Wahrheit von Sätzen in einer formalisierten Sprache streng darstellen kann. Sie können in bezug nicht auf die reale Welt, sondern auf ein *Modell* interpretiert werden. Die Regeln, die diese Interpretationen liefern, sind von zweierlei Art. Die eine liefert einen Referenten für jedes Grundwort der Sprache. Wenn wir einen Kalkül zur Behandlung von Mengen von Individuen haben, der das Vokabular von Eigennamen

Anne, Charles, Diana, Elizabeth, Mark, Philip

enthält, dann gibt es eine Regel, welche zu jedem Namen ein bestimmtes Individuum in dem Modell auswählt, auf das dieser verweist. Wenn der Kalkül außerdem die folgenden Prädikate für Mengen von Individuen enthält:

Frau, Mann, Feminist, Pferdenarr, Anarchist,

dann ordnet eine andere Grundregel jedem Prädikat eine Referenz zu, die aus der entsprechenden Menge von Individuen, sofern vorhanden, in dem Modell besteht, z. B.:

weiblich = (Anne, Diana, Elizabeth)
männlich = (Charles, Mark, Philip)
Feminist = (Anne, Charles)
Pferdenarr = (Anne, Elizabeth, Mark, Philip)
Anarchist = ( )

Die zweite Art von Regeln bildet die Referenz komplexer Ausdrücke aus der Referenz ihrer Teile, und diese Regeln sind so beschaffen, daß sie parallel zur Grammatik des Kalküls operieren. Wenn also eine grammatische Regel Sätze von der Form »Charles ist ein Feminist« zuläßt:

Satz → Eigenname *ist ein* Prädikat

dann existiert eine entsprechende semantische Regel folgenden Inhalts:

Ein Satz ist nur dann *wahr*, wenn das Individuum, das die Interpretation des Eigennamens ist, ein Mitglied der Menge ist, welche die Interpretation des Prädikats ist.

Folglich ist die Interpretation »Charles ist ein Feminist« wahr, wenn die Person namens »Charles« ein Mitglied der Menge ist, die mit »Feminist« bezeichnet ist (was er in dem obigen Modell ist).

Angenommen, es gebe eine andere grammatische Regel, die es erlaubt, Ausdrücke von der Form »weiblicher Pferdenarr« zu konstruieren:

Prädikat → Prädikat Prädikat

dann gibt es auch eine ihr entsprechende semantische Regel:

Die Interpretation des Prädikats auf der linken Seite der Regel ist die Menge von Individuen, sofern vorhanden, die Mitglieder der beiden Mengen sind, die von den Prädikaten auf der rechten Seite der Regel bezeichnet werden.

Die Interpretation von »weiblicher Pferdenarr« ist also die Menge jener Individuen in dem Modell, die sowohl der Menge »weiblich« als auch der Menge »Pferdenarren« angehören (Anne, Elizabeth).

Die Interpretation eines Satzes wie »Anne ist ein weiblicher Pferdenarr« kann im Zuge der grammatischen Analyse des Satzes erfolgen. Das erste Wort, »Anne«, bezeichnet ein bestimmtes Individuum in dem Modell. Die nächste Konstituente fordert, daß das Individuum ein Mitglied einer Menge ist, die in diesem Fall von der Interpretation von »weiblicher Pferdenarr« abhängt. Der grammatischen Regel, welche diese Ausdrücke analysiert, entspricht eine semantische Regel, welche nach den Individuen verlangt, die beiden Mengen angehören. Anne ist tatsächlich ein Mitglied dieser Menge, und folglich ist der Satz in dem Modell wahr.

Ich möchte diese Andeutungen nicht weiter ausführen, da die Idee, Sätze in bezug auf ein Modell zu interpretieren, inzwischen klar sein dürfte. Daß zu jeder grammatischen Regel eine semantische Regel existiert, bietet den Vorteil, daß jeder Schritt in der grammatischen Analyse eines Satzes einen Schritt in seiner Interpretation ergeben kann. Es ist jedoch eine Aufgabe von erschreckender Komplexität, ein solches System für die natürliche Sprache zu entwickeln. Sie ist nur für Fragmente von Sprachen mit Erfolg in Angriff genommen worden, vor allem unter der Ägide des verstorbenen Richard Montague.

In dem obigen Beispiel erzeugen die semantischen Regeln die Referenten von Ausdrücken, doch ist diese Strategie für die natürliche Sprache aus mehreren Gründen unmöglich. So erfordern bestimmte Kombinationen von Adjektiv und Substantiv eine einfache Operation, wie ich sie oben für Prädikate beschrieben habe; »rote Äpfel« sind z. B. Dinge, die Mitglieder der Menge roter Objekte und Mitglieder der Menge der Äpfel sind. Doch andere Dinge können nicht in dieser Weise gehandhabt werden. »Prima Äpfel« sind nicht Dinge, die prima *und* Äpfel sind, sondern Dinge, die *als* Äpfel prima sind – etwa reif, knackig und wohlschmeckend. Selbst eine scheinbar so einfache Kombination wie *»pet fish«* ist, wie Dan Osherson und Ed Smith gezeigt haben, nicht bloß die Konjunktion von zwei Mengen, denn im Urteil der Menschen wird der Guppy häufiger als Beispiel für einen *»pet fish«* denn als Beispiel sei es der Kategorie der Fische, sei es der Kategorie der Heimtiere genannt. In die gleiche Richtung zielt, was James Hampton in einer bedeutenden Untersuchung gefunden hat: Es kommt vor, daß ein Gegenstand als Mitglied eines zusammengesetzten Begriffs eingestuft wird, nicht aber als Mitglied eines seiner Bestandteile. Schach ist im Urteil der Menschen *ein Spiel, das ein Sport ist*, doch zugleich sagen sie, daß *Schach kein Sport* sei. Dieses Phänomen hat Ähnlichkeit mit dem fälschlichen Gebrauch von Konjunktionen im 13. Kapitel, nur daß die Regel, die Spiel und Sport verknüpft, keine Konjunktion ist. Kurz, die Regeln für die Verknüpfung von Interpretationen operieren nicht auf den Referenzen von Ausdrücken, sondern auf ihren Bedeutungen, und zwar in einer Weise, die noch nicht richtig verstanden ist.

Ein anderes Problem ist, daß die Interpretation vieler Sätze von dem speziellen Kontext abhängt, in dem sie geäußert werden. So hängt die Interpretation von

Ich bin kein Pferdenarr

davon ab, wer der Sprecher ist. Aus der Sicht der Psychologie besteht das größte Problem jedoch darin, daß eine Behauptung wie »Der Tisch ist rechts vom Küchenschrank« für viele verschiedene Tische, Küchenschränke und Positionen der Objekte gelten kann. Ein Bild kann manchmal tausend Worte ersetzen, aber für eine Proposition lassen sich unendlich viele Bilder finden. Behauptungen in natürlicher Sprache erfordern denn auch eine unendliche Anzahl von Modellen, die den möglichen Sachverhalten, in denen sie wahr sein können, entsprechen.

Mentale Modelle von Sätzen

Eine Unendlichkeit möglicher Welten ist, wie die Linguistin Barbara Partee bemerkt hat, zu groß, um in einen Kopf zu passen. Die Theorie der mentalen Modelle, die ich entwickelt habe, nimmt daher an, daß die erste mentale Repräsentation einer Behauptung – eine Prozedur, die sich eng an deren sprachliche Form hält – dazu benutzt wird, nur *ein* Modell zu konstruieren. Doch wie kann ein einziges Modell für all die verschiedenen möglichen Sachverhalte stehen, die mit der Wahrheit einer Behauptung vereinbar sind? Die Philosophie schlägt sich seit alters her mit dem Problem herum: Wie kann ein Bild oder eine Zeichnung in einem geometrischen Beweis für viele verschiedene Dinge stehen? Immanuel Kant schrieb in seiner *Kritik der reinen Vernunft*, die Aufgabe sei nicht zu erfüllen, und Begriffe müßten nicht durch Bilder, sondern durch Schemata dargestellt werden. Wittgenstein meinte dagegen, daß Objekte durchaus als Schemata funktionieren könnten, etwa ein schematisches Blatt oder ein Muster der Farbe Grün. Ein Streifen reinen Grüns könne als ein Muster verstanden werden, sagte er, je nachdem, wie man ihn verwendet. Vielleicht ist es einer der heimlichen Gründe seiner Berühmtheit, daß er uns keinen Hinweis darauf gibt, *wie* ein Muster benutzt werden sollte, um diesem Zweck zu dienen. Einen Hinweis finden wir dagegen in David Humes *Abhandlung über die menschliche Natur*:

Es ist einer der außergewöhnlichen Umstände, daß, wenn die

Seele einen individuellen Begriff erzeugt hat, über den wir denken, die ihn begleitende Gewohnheit durch den abstrakten oder allgemeinen Ausdruck sogleich erwacht, und, wenn wir etwa einen falschen Schluß gemacht haben, leicht einen andern individuellen Begriff herbeiführt, der nicht mit ihm übereinstimmt und uns also den Fehler entdeckt. Wenn wir z. B. das Wort Dreieck erwähnen und ein gleichseitiges Dreieck zu dem ihm entsprechenden Gegenstande machen, und nachher behaupten wollten, *daß die drei Winkel eines Dreiecks einander gleich wären*, so würden die anderen Individua, nämlich der Begriff des ungleichseitigen und gleichschenkligen, die wir anfänglich übersahen, uns sogleich beifallen und uns von der Falschheit dieses Satzes belehren ...

Diese Betrachtung enthält den Keim einer Idee, die ich nutzen möchte: Das eine mentale Modell ist provisorisch und kann im Lichte späterer Erkenntnisse revidiert werden.

Eine prozedurale Semantik für mentale Modelle

Theorien, die sich ausschließlich mit den Relationen zwischen Ausdrücken befassen, können das tun, wie wir gesehen haben, ohne irgendwelche semantischen Atome oder Elemente zu postulieren. Diese Strategie ist jedoch nicht anwendbar bei einer Theorie, die zu erklären behauptet, wie Wörter mit der Welt zusammenhängen. Viele verschiedene Szenen können mit denselben Wörtern beschrieben werden, und viele verschiedene Wörter können ein und dieselbe Szene beschreiben. Die Relationen zwischen Wörtern und Szenen müssen daher auf Elementen beruhen, die auf einer tieferen Ebene liegen als die Wörter oder Szenen. Diese semantischen Elemente sind auf jeden Fall unbeschreiblich – sie können nicht in der Sprache, die gerade analysiert wird, ausgedrückt werden, sondern nur in einer speziellen theoretischen Terminologie. Sie können daher nicht mit Hilfe von Bedeutungspostulaten oder irgendeinem sonstigen Apparat analysiert werden, der nur Ausdrücke enthält, die den Wörtern der gewöhnlichen Sprache entsprechen.

Die formale Semantik deichselt dieses Problem, denn sie stipuliert lediglich, daß Wörter Interpretationen in Modellen haben. Eine psychologische Theorie muß dagegen erklären, wie Bedeutungselemente in Prozeduren für die Konstruktion und Interpretation mentaler Modelle verwendet werden. Ich möchte eine solche Theorie, die sich Humes Einsicht zunutze macht, anhand eines Programms erläutern, das räumliche Beschreibungen interpretiert.

Das Programm baut dreidimensionale Modelle wie das folgende auf:

Der Geschirrspüler ist rechts vom Geschirrschrank.

Es konstruiert ein Modell, indem es Zeichen so in eine räumliche Anordnung einfügt, wie es Ihrer Behauptung entspricht. Das Modell hat deshalb dieselbe allgemeine Struktur wie ein Modell, das durch das Betrachten oder Imaginieren einer Szene entstanden ist. Im vorliegenden Fall wären Informationen über Geschirrspüler und Geschirrschränke erforderlich, aber ich beschränke mich auf die räumlichen Relationen. Deren Bedeutungen sind so repräsentiert, das sie von allen Prozeduren des Programms genutzt werden können, die Modelle konstruieren, manipulieren und interpretieren. So spezifiziert die Bedeutung von »rechts«, wo ein Objekt sich in bezug auf ein anderes befinden muß, um einer Beschreibung von der Form »X ist rechts von Y« zu genügen. Sie ist repräsentiert in einer Definition:

RECHTS: Halte den Wert der Tiefenachse konstant und erhöhe den Wert der horizontalen Achse,

die in primitiven Komponenten ausgedrückt ist, die sich in der räumlichen Sprache, um deren Analyse es geht, nicht beschreiben lassen. Das Programm konstruiert mit Hilfe dieser Definition das folgende Modell Ihrer Behauptung:

| | Horizontale Achse | |
	1	2
Tiefenachse 1	Geschirrschrank	Geschirrspüler

das einem Blick auf die Objekte entspricht. Es kann notfalls erweitert werden, um vor oder hinter den genannten Objekten, rechts oder links von ihnen und über oder unter ihnen weitere Objekte aufzunehmen.

Der Diskurs benutzt Nominalphrasen, um auf Dinge zu verweisen, und Verstehen besteht darin, festzustellen, daß eine Nominalphrase auf etwas verweist, das bereits erwähnt wurde. Wenn Ihre Beschreibung fortfährt:

> Der Herd ist links vom Geschirrspüler,

stellt das Programm fest, daß das Modell die Repräsentation des Geschirrspülers enthält. Im realen Diskurs ist die Feststellung einer Koreferenz oft schwierig und kann von vielerlei Schlußfolgerungen abhängen. Das Programm ist mit einem entsprechenden Gegenstand im Modell zufrieden. Es ruft eine Prozedur auf, die anhand der Definition von »links von« den neuen Gegenstand an einer geeigneten Stelle in das Modell einfügt. Allerdings ist die Behauptung insofern problematisch, als sie nicht eine eindeutige Relation zwischen dem Herd und dem Geschirrschrank festlegt. Der Alltagsdiskurs wimmelt von solchen Unbestimmtheiten, aber normalerweise spielen sie keine Rolle, und deshalb bemerkt man sie nicht. Vor eine solche Unbestimmtheit gestellt, entscheidet das Programm sich ohne zu zögern für eine bestimmte Interpretation:

	1	2	3
1	Geschirrschrank	Herd	Geschirrspüler

Wenn Sie jetzt behaupten:

> Der Herd ist links vom Geschirrschrank

stellt das Programm fest, daß sowohl Herd als auch Geschirrschrank bereits im Modell vorhanden sind. Da in dem Satz auf keine weiteren Gegenstände verwiesen wird, ruft das Programm eine Prozedur auf, um Ihre Behauptung zu verifizieren. Diese Prozedur prüft, ob die Relation zwischen den Objekten der Bedeutung von »links von« genügt. Da dies nicht der Fall ist, ist die Behauptung im gegenwärtigen Modell falsch. Sobald ein Satz auf diese Weise falsifiziert wird, ruft das Programm eine rekursive

Prozedur auf, die im Sinne von Humes Ratschlag prüft, ob es irgendein anderes mögliches Modell des bisherigen Diskurses gibt, in dem sich die letzte Behauptung als wahr erweist. Falls diese Prozedur keine solche Alternative findet, zeigt sie an, daß Sie sich selbst widersprochen haben. Im vorliegenden Fall genügt jedoch das Modell

	1	2	3
1	Herd	Geschirrschrank	Geschirrspüler

allen drei Behauptungen. Das Modell verkörperte anfangs eine standardmäßig gemachte Annahme, und da spätere Informationen dieser Annahme widersprachen, revidierte die Prozedur das Modell, so daß es mit dem gesamten Diskurs im Einklang ist. Das Programm zeigt somit im Prinzip, wie Wittgensteins Problem zu lösen ist: Ein Modell kann als repräsentatives Muster aus der potentiell unendlichen Menge von Modellen dienen, die einem Diskurs genügen, weil das Modell revidiert werden kann, um nachfolgenden konsistenten Informationen zu genügen.

Das Programm ist ferner imstande, gültige Schlußfolgerungen zu ziehen. Wenn Sie eine Beschreibung mit den beiden folgenden Behauptungen beginnen:

Der Geschirrschrank ist rechts vom Herd.
Der Geschirrspüler ist rechts vom Geschirrschrank.

ist die Interpretation einfach:

	1	2	3
1	Herd	Geschirrschrank	Geschirrspüler

Wenn Sie nun behaupten:

Der Geschirrspüler ist rechts vom Herd,

stellt die Verifikationsprozedur fest, daß die Behauptung im aktuellen Modell *wahr* ist. Wann immer etwas auf diese Weise verifiziert wird, ruft das Programm eine rekursive Prozedur auf, die das Spiegelbild derjenigen ist, die sich mit Unbestimmtheiten auseinandersetzt. Sie sucht nach einem alternativen Modell des bisherigen Diskurses, in dem sich die letzte Behauptung als *falsch* erweist. Ist ein solches Modell nicht vorhanden, folgt Ihre letzte Behauptung notwendig aus dem Vorausgegangenen, und das Programm teilt mit, daß es sich um eine gültige Deduktion handelt. Auf diese Weise implementiert das Programm die weiter oben beschriebene Theorie des logischen Denkens: Es führt gültige Deduktionen durch, ohne auf formale Schlußregeln, Bedeutungspostulate oder andere derartige Tricks zurückzugreifen. Die logische Transitivität von »rechts von« ist eine emergente Eigenschaft seiner Bedeutung – der Art und Weise, wie es mit Modellen zusammenhängt –, und sie ist nirgendwo als explizite Regel repräsentiert.

Wir können eine Bedeutung von »zur Rechten von X« in der Weise definieren, daß wir von der unmittelbaren rechten Seite von X aus ungefähr geradlinig nach außen gehen. Diese Definition fängt vermutlich alle unvorhergesehenen Fälle in den logischen Eigenschaften der Relation ein. Sie ist transitiv, wenn zum Beispiel Menschen auf einer Seite eines rechteckigen Tisches nebeneinander sitzen. Doch wenn sie um einen runden Tisch sitzen, kann die Transitivität verlorengehen – nach einer bestimmten Anzahl von Behauptungen von der Form:

> Arthur sitzt zur Rechten von Lancelot
> Lancelot sitzt zur Rechten von Guinevere
> Guinevere sitzt zur Rechten von Merlin

kommt ein Punkt, wo man nicht mehr sagt, daß Arthur zur Rechten von Merlin sitzt, sondern, daß er Merlin gegenübersitzt. Solche Fälle ergeben sich ganz zwanglos aus der Definition: Arthur befindet sich nicht in dem Gebiet, daß dadurch festgelegt ist, daß wir von der unmittelbaren rechten Seite von Merlin aus nach außen gehen. Netzwerke und Bedeutungspostulate sind überflüssig: Die Relationen zwischen Wörtern ergeben sich aus deren Relationen zu Modellen der Welt.

Bilden Menschen solche Modelle, wenn sie den Diskurs verstehen? Die Tatsachen sprechen dafür, doch unterliegt der Prozeß einer gewissen Kontrolle des Willens. Wenn Sie meine Warnung bezüglich der Umstellung Ihrer Möbel verstehen, müssen Sie irgendeine derartige Repräsentation bilden, die Sie eine Zeitlang behalten können, auch wenn Sie die wörtliche Formulierung des Diskurses, auf der sie beruht, rasch vergessen. Derartige Phänomene lassen sich leicht im Labor reproduzieren. Anders als das Programm haben Sie nur eine begrenzte Fähigkeit, ein Modell zu revidieren, wenn Sie bei einer unbestimmten Beschreibung ohne zu zögern eine falsche Wahl treffen. Kannan Mani und ich haben festgestellt, daß der Tenor von bestimmten Beschreibungen räumlicher Lagepläne sehr viel leichter behalten wird als der Tenor von unbestimmten Beschreibungen. Offenbar haben unsere Versuchspersonen den Versuch aufgegeben, ein Modell von einer unbestimmten Beschreibung zu konstruieren – eine Hypothese, die durch die Tatsache erhärtet wird, daß sie sich besser an die wörtliche Formulierung dieser Beschreibungen erinnerten. In die gleiche Richtung zielen die überwältigenden Beweise, die Kate Ehrlich, Alan Garnham und seine Mitarbeiter sowie Valentina d'Urso und ich dafür gefunden haben, daß Störungen der referentiellen Kohärenz das Verstehen von Diskurs verzögern und beeinträchtigen.

Mentale Modelle und der symbolische Trugschluß

Modelle sind symbolische Strukturen, und ich habe gezeigt, daß sie aus verbalen Beschreibungen konstruiert werden können und das Aussagen in bezug auf sie wahr oder falsch sein können. Die Relation eines Modells zur Welt läßt sich jedoch nicht einfach an dem Modell ablesen. Wie kann also ein Satz in bezug auf die Welt wahr oder falsch sein? Wie, anders gesagt, vermeiden Modelle den symbolischen Trugschluß? Diese Fragen lassen sich am besten beantworten, wenn wir uns wieder unserem Roboter zuwenden.

Wenn der Roboter mit einem Programm ausgestattet ist, um räumlichen Diskurs zu interpretieren, kann er ein Modell von einer Behauptung wie »Der Tisch ist rechts vom Schrank« bilden. Da er bereits Programme besitzt, um aus visuellen Wahrnehmungen dreidimensionale Modelle der Welt zu konstruieren und zu identifizieren, *was* sich *wo* befindet (siehe 6. Kapitel), kann er Aussagen bezüglich solcher Modelle im Prinzip verifizieren. In diesem Fall sind Wörter durch Modelle mit der Welt verknüpft, und von einem symbolischen Trugschluß kann keine Rede sein. Doch ein Großteil der Sprache geht, wie ich betont habe, über das Wahrnehmbare hinaus. Manche Wörter beziehen sich auf mentale Zustände, Prozesse und Gefühle, und der Roboter könnte mit einem Vokabular ausgestattet werden, um sich auf sein internes Milieu zu beziehen. Schwieriger ist der Diskurs über so abstrakte Dinge wie Möglichkeit, Zulässigkeit und Verursachung.

Angenommen, wir statten den Roboter mit einem Programm aus, das von einem aus Wahrnehmung oder Diskurs abgeleiteten Modell ausgeht und dann aus Aussagen, die allgemeines Wissen enthalten, ein Modell künftiger Ereignisse konstruiert. Wenn eine bestimmte Aussage in diesem Modell wahr ist, so prognostiziert sie ein *mögliches* Resultat in bezug auf die anfängliche Situation. Wenn ein solches Modell nicht konstruiert werden kann, so prognostiziert sie ein *unmögliches* Resultat. Ist das anfängliche Modell aus einem wirklichen Sachverhalt abgeleitet, dann verraten diese Szenarien dem Roboter etwas über die Wahrheit oder Falschheit solcher Aussagen in bezug auf die Welt. Er ist dann imstande, Behauptungen darüber, was möglich und unmöglich ist, zu verstehen und zu bewerten.

Mit Hilfe eines entsprechenden Programms wird der Roboter Behauptungen darüber, was zulässig und was unzulässig ist, verstehen können; allerdings muß sein Allgemeinwissen dazu gewisse, das Verhalten regulierende, Prinzipien umfassen. Ausgehend von einem gegebenen Modell, wird der Roboter in der Lage sein, aufgrund dieser Prinzipien ein Modell eines künftigen Ereignisverlaufs zu konstruieren. Wenn er ein Modell konstruieren kann, in dem eine bestimmte Aussage wahr ist, so prognostiziert sie einen *zulässigen* Sachverhalt in bezug auf das anfängliche Modell. Wenn nicht, prognostiziert die Aussage einen *unzulässigen* Sachverhalt in bezug auf das anfängliche Modell. Der letztere Zustand mag möglich sein, doch werden die Prinzipien dem Roboter auferlegen, ihn zu meiden. Von einem wirklichen Begriff von Zulässigkeit kann natürlich solange keine Rede sein, wie der Roboter nicht nach bestimmten regulatorischen Prinzipien mit anderen interagiert. Mein Ziel ist nicht, das Wesen der Moral herauszupräparieren, sondern vielmehr zu zeigen, daß, wenn die nötigen Begriffe gegeben sind, Modelle von Situationen es möglich machen, Aussagen über Zulässigkeit als wahr oder falsch zu bewerten. Diese Begriffe haben keine Entsprechung in der physischen oder wahrnehmbaren Situation. Ihre Existenz ist abhängig von begrifflichen Fähigkeiten und vom Vorkommen bestimmter Verhaltensweisen, die in bezug auf diese Konzeptionen eine symbolische Bedeutung haben.

Das Wesen des Diskurses

Diskurs ist mehr als eine Kette von koreferentiellen Sätzen. Die folgende Passage zum Beispiel ist koreferentiell, aber nicht gerade ein befriedigender Diskurs:

> Heimlich zog er ein Paket aus dem Schilf zu sich hin. Aus Neugier öffnete er das Paket und verbarg es unter der Bank. Er kämpfte mit einem jungen Mann, der ihn tötete. Dann streckten sie sich träge auf der Bank aus...

Die folgende Passage hat genau dieselbe Kette von Referenzen, klingt aber plausibler:

> Heimlich beobachtete er, wie ein Paket in das Schilf unter ihm trieb. Aus Neugier versuchte er, zu dem Paket hinunterzuklettern, aber es war zu weit unten am Ufer, um gefahrlos hinzugelangen. Er bat einen vorbeigehenden jungen Mann, ihm zu helfen. Dann stiegen sie vorsichtig das Ufer hinunter...

Wenn Menschen solche Texte lesen, dann sind es, wie meine früheren Kollegen Alison Black und Paul Freeman gezeigt haben, die plausibleren Ereignissequenzen, die sie besser verstehen und behalten. Der Diskurs ist nur eine Blaupause für Sachverhalte, und er überläßt es dem Leser, die fehlenden Details auszufüllen. So haben Sie, als Sie den Satz lasen:

> Er bat einen vorbeigehenden jungen Mann, ihm zu helfen

nahezu mit Sicherheit gefolgert, daß der junge Mann dem alten Mann helfen werde, *das Ufer hinunterzuklettern*. Solche »überbrückenden« Folgerungen, wie Herb Clark sie nennt, werden schnell und automatisch gezogen. Daß Sie sie ziehen, wird Ihnen selten bewußt, obwohl es vorkommt, daß sie in Ihrer Erinnerung an den Diskurs auftauchen. Sie beruhen auf Ihrem Allgemeinwissen. Weil aber die erste Passage gegen dieses Wissen verstößt, ist sie schwerer zu verstehen und zu behalten.

Roger Schank und Robert Abelson haben Computerprogramme geschrieben, die »Skripte« von stereotypen Aktivitäten wie etwa Essen in einem Restaurant darstellen und die diese Information benutzen, um Details, die in diesen Storys fehlen, zu erschließen. Skripte sind Prototypen für Ereignissequenzen: Sie gestatten dem Sprecher, viele Dinge unerwähnt zu lassen, weil der Hörer die Lücken provisorisch ausfüllen kann. Es braucht zum Beispiel nicht ausdrücklich erwähnt zu werden, daß ein Kunde in einem Restaurant das Essen, das er bestellt hat, ißt.

Die Nutzung von Allgemeinwissen geht über den Diskurs hinaus – Sie nutzen es auch zur Interpretation realer Ereignisse. Daran sind außer »Skripts« auch andere Mechanismen beteiligt. Die Plausibilität einer Ereignissequenz, gleich, ob sie beschrieben oder persönlich erlebt wird, hängt davon ab, wie leicht diese innerhalb eines zeitlichen, räumlichen, kausalen und intentionalen Rahmens konstruiert werden kann – ebenjenes Rahmens, den George Miller und ich in allen semantischen Feldern aufgespürt haben.

Ist Diskurs lediglich eine Kette von koreferentiellen Sätzen, die im Lichte von Allgemeinwissen interpretierbar sind? Eindeutig nicht. Die folgende Passage erfüllt beide Kriterien und ist dennoch kein richtiger Diskurs:

> Meine Tochter arbeitet in einer Bibliothek in London. London hat ein naturgeschichtliches Museum. Es ist kladistisch aufgebaut. Diese Theorie betrifft die Klassifikation von Lebewesen. Alle Lebewesen sterben ...

Was an dieser Passage nicht stimmt, ist das Fehlen eines Themas. Während des Lesens wird Ihnen allmählich klar, daß der Autor keine globale Intention hat, etwas mitzuteilen. Die Passage führt nirgendwo hin. Normalerweise hat Kommunikation ein Ziel, weil sie von einer Intention bestimmt ist.

Intention und Kommunikation

Sie haben sich Ihren Weg durch die anders eingerichtete Küche gebahnt und sagen zu mir: »Könnten Sie den Tisch wieder an die alte Stelle rücken?« Ich antworte: »Ja, ich glaube, das könnte ich«, und bleibe untätig. Ich habe Ihre Frage als eine Frage genommen, obwohl Sie sie offensichtlich als eine Bitte gemeint haben. Sie werden vielleicht denken, ich sei verrückt. (Schizophrene haben ein ausgesprochenes Talent, Bemerkungen wörtlich zu nehmen; ein gewisser Patient pflegte, wenn er an einer bestimmten Tür vorbeikam, jedesmal anzuklopfen – darauf stand: »Bitte anklopfen«.) Ich habe versäumt, Ihre kommunikative Intention zu erschließen.

Der Philosoph Paul Grice hat die Ansicht vertreten, daß Hörer eine Bemerkung erst verstanden haben, wenn sie die Absicht kennen, in der der Sprecher sie geäußert hat. Das einzige Problem an dieser Hypothese ist, die relevanten Absichten abzugrenzen. Wenn die Premierministerin der Stoßrichtung einer Frage ausweicht und in ihrer Antwort von der Sache abzulenken versucht, verstehen Sie sie dann solange nicht, wie Sie nicht diesen Aspekt ihrer Intentionen begriffen haben? Richtig scheint zu sein, daß Sie ihre Antwort solange nicht verstehen, wie Sie nicht deren intendierte Referenten erkannt und festgestellt haben, ob sie eine Erklärung abzugeben, eine Frage zu stellen oder einen Befehl zu erteilen beabsichtigt. J. L. Austin, der Doyen der »Ordinary Language«-Schule, hat eine Vielzahl solcher »illokutionären Akte« postuliert und zu ihnen außerdem das Abgeben eines Versprechens, das Erteilen eines Ratschlags und die Beschimpfung gezählt, und verschiedene Theoretiker haben untersucht, wie sie benutzt werden.

Es gibt mehrere offenkundige Hinweise auf Illokutionen. Oft sind sie an der Intonation einer Äußerung zu erkennen (siehe 16. Kapitel). So signalisiert das Vorkommen bestimmter Wörter in einem Fragesatz sogleich eine Bitte: »Könnten Sie den Tisch *bitte* wieder an die alte Stelle rücken?« Auch die grammatische Struktur spielt eine Rolle, denn ein illokutionär unklarer Satzteil kann die Bedeutung von einem Satzteil übernehmen, mit dem er verbunden wird: »Schließen Sie bitte die Tür, und könnten Sie den Tisch wieder an die alte Stelle rücken?« Doch in vielen Fällen können die Intentionen eines Sprechers nur aus dem Kontext, in dem eine Äußerung gemacht wird, und aus einem Wissen von den kooperativen Konventionen des Gesprächs erschlossen werden. Nach einer von Herb Clark und seinen Mitarbeitern vorgeschlagenen Theorie wird die intendierte Bedeutung eines Satzes aus einer ersten Konstruktion seiner wörtlichen Bedeutung abgeleitet. Die Tatsache, daß die Bedeutung von Illokutionen manchmal mißverstanden wird, verleiht dieser Hypothese Gewicht, wenngleich es gewisse Redewendungen gibt, die man vielleicht nicht mehr wörtlich nehmen sollte. Wenn ein englischer Gentleman eine Äußerung mit den Worten beginnt: »Wären Sie so freundlich, ...«, kann man fast sicher sein, daß er einen Wunsch äußert

Ein Diskurs kann so organisiert sein, daß die Bedeutung von Äußerungen transparent wird:

> Darf ich Sie etwas fragen?
> *Ja.*
> Ist die Tür offen?

Ein derartiges Stratagem, das auf einer Reihe von standardisierten Manövern beruht, verwendet ein von Richard Power entwickeltes Programm, mit dessen Hilfe zwei Roboter miteinander kommunizieren können, um ein Problem zu lösen. Menschen pflegen sich jedoch im allgemeinen weniger förmlich zu unterhalten. Sie haben gemeinsame gesellschaftliche Konventionen darüber, wie man kooperativ ein Gespräch führt, und Grice hat diese Konventionen in vier Maximen zusammengefaßt:

> Quantität: Mache deinen Beitrag so informativ wie nötig – weder zuviel noch zuwenig Information.
> Qualität: Sage nichts, was du für falsch hältst. Sage nichts, wofür du keine Beweise hast.
> Relation: Sei relevant.
> Auftreten: Vermeide Unklarheit und Mehrdeutigkeit. Sei methodisch und fasse dich kurz.

Dies sind keine ehernen Prinzipien. Daß sie aber existieren, beweist am besten die Tatsache, daß sie verletzt werden. Gäbe es nicht die Konvention, die Wahrheit zu sagen, hätten Lügen selten Erfolg. Die offenkundige Mißachtung einer Konvention hat ebenfalls ihre rhetorischen Auswirkungen. Wenn Sie eine selbstevidente Wahrheit behaupten:

> Es ist mein Tisch, den Sie verrückt haben!

so kann ich daraus den Grund erschließen, warum Sie die Quantitätsmaxime mißachten.

Schlußfolgerungen

Logiker haben die Sprache in mannigfacher Weise einzig auf Modelle bezogen; Psychologen haben sie einzig auf sich selbst bezogen. Die eigentliche Aufgabe ist jedoch, zu zeigen, wie die Sprache sich durch die Vermittlung des Geistes auf die Welt bezieht. Semantische Netzwerke und Bedeutungspostulate reichen für diese Aufgabe nicht aus. Sobald sie jedoch ausgeführt ist, sind diese Theorien genaugenommen nicht mehr notwendig. Menschen nehmen die Welt wahr und konstruieren Modelle von ihr. Sie können Behauptungen über die wahrnehmbare Welt in bezug auf diese Modelle bewerten, und sie können sie manipulieren, um Behauptungen über abstrakte Dinge zu ersinnen und zu bewerten. Sie können solche Modelle in Sprache abbilden (übersetzen), das heißt, sie können symbolische Verhaltensweisen – sprachliche Ausdrücke – produzieren, die diese Modelle jemand anderem vermitteln sollen. Derjenige, der die sprachlichen Ausdrücke entschlüsselt, konstruiert ein Modell, das dem Zustand der Welt ähnelt, den der Sprecher erfahren hat und vermitteln möchte. Das Modell entspricht einer Klasse von Sachverhalten, einschließlich desjenigen, auf den der Satz verweisen soll. Das Modell kann jedoch aufgrund späterer Erkenntnisse revidiert werden, und dadurch fängt die erste sprachliche Repräsentation des Satzes dessen Bedeutung ein – sie spezifiziert die Menge der alternativen Klassen von Modellen, die mit seiner Wahrheit im Einklang sind. Dadurch versetzt die Sprache uns in die Lage, die Welt stellvertretend zu erfahren und gewisse abstrakte Konzeptionen von ihr zu kommunizieren.

Menschliche Kommunikation beruht jedoch auf Intentionen. Die volle Bedeutung einer Bemerkung mag dem Hörer entgehen, doch haben Sprecher kommunikative Intentionen, und diese müssen erkannt werden, wenn der Hörer eine Äußerung verstehen soll. Der Begriff der Intention ist eines von mehreren zusammenhängenden Problemen, welche die Kognitionswissenschaft noch zu klären hat. Diesen Problemen möchte ich mich im letzten Teil des Buches zuwenden.

Weiterführende Literatur

Semantische Netzwerke werden diskutiert in Findler (1979) und Johnson-Laird, Herrmann und Chaffin (1984), Bedeutungspostulate in Kintsch (1974) und Diskursmodelle in Stenning (1978), Webber (1978), Kamp (1981), Garnham, Oakhill und Johnson-Laird (1982), Johnson-Laird (1983) sowie Van Dijk und Kintsch (1983). Die prozedurale Semantik hat ihre Anfänge in Davies und Isard (1972), Longuet-Higgins (1972), Woods (z.B. 1981) sowie Steedman und Johnson-Laird (1977). Einführungen in die formale Semantik und das Werk von Montague enthalten Partee (1975), Dowty, Wall und Peters (1981) sowie Barwise und Etchemendy (1989). Barwise und seine Kollegen haben eine formale Darstellung von Situationen und eine Situationssemantik entwickelt (siehe z.B. Barwise und Perry, 1983; Devlin, 1991). Experimente zur Referenz und anderen Aspekten des Diskurses werden beschrieben in Sanford und Garrod (1981). Die Theorie der illokutionären Akte wurde entwickelt von Searle (1969), Bach und Harnish (1979) sowie vielen anderen. Cohen und Perrault (1979) haben einige Aspekte der Theorie im Computer modelliert. Einen umfassenden Überblick über das Gebiet gibt Levinson (1983). Sperber und Wilson (1986) versuchen, Grices Konventionen auf eine zu reduzieren: Sei relevant. Die Rolle von Plänen und Intentionen in der Kommunikation diskutieren Linguisten, Philosophen, Psychologen und Computerwissenschaftler in Cohen, Morgan und Pollack (1990).

TEIL VI

Der bewußte und der unbewußte Geist

Haben Sie doch... Ihr ganzes Register der menschlichen Vorteile dem statistischen Durchschnitt und den nationalökonomischen Formeln entnommen. Ihre Vorteile sind doch – Wohlergehen, Reichtum, Freiheit, Bequemlichkeit usw. usw., so daß ein Mensch, der sich unmißverständlich und vorsätzlich gegen dieses Register auflehnt,... entweder ein Obskurant oder ein völlig Verrückter sein müßte, nicht wahr? Aber... wie kommt es, daß all diese Statistiker, Weisen und Menschenfreunde beim Errechnen der menschlichen Vorteile fortwährend einen ganz bestimmten Vorteil übersehen?...
Noch mehr: dann werden Sie sagen, wird die Wissenschaft selbst dem Menschen beibringen..., daß er in Wirklichkeit weder Wille noch Laune besitzt, ja nie besessen hat, und daß er selbst nichts anderes ist als eine Art Klaviertaste oder Drehorgelstift; und darüber hinaus ist die Welt von Naturgesetzen bestimmt; so daß alles, was er auch tun mag, durchaus nicht nach seinem Wunsch und Willen, sondern ganz von alleine, nach Naturgesetzen abläuft... Selbstverständlich wird dann alles menschliche Handeln nach diesen Gesetzen errechnet werden, mathematisch, in einer Art Logarithmentafel... und in einen Kalender eingetragen...
Sein eigenes uneingeschränktes und freies Wollen, seine eigene, selbst die allerausgefallenste Laune, seine Phantasie, die zuweilen bis zur Verrücktheit verschroben sein mag – das, gerade das ist ja jener übersehene allervorteilhafteste Vorteil, der sich nicht klassifizieren läßt und durch den alle Systeme und Theorien fortwährend zum Teufel gehen.

Fjodor Dostojewskij

19. Kapitel

Selbstreflexion, freier Wille und Intentionen

Die Kognitionswissenschaft kann für viele Fähigkeiten des Geistes Erklärungen liefern. Indem wir unseren Roboter mit einem rudimentären Seh-, Erinnerungs- und Denkvermögen ausstatteten, haben wir diese Fähigkeiten auf eine ganz und gar nicht mystische Weise, sondern im Sinne der Symbolverarbeitung erklärt. Doch Gegner der Kognitionswissenschaft von Descartes bis Dostojewskij weisen unermüdlich darauf hin, daß ein Automat keinen eigenen Willen, keine Gefühle und kein Bewußtsein habe. Es stellt sich tatsächlich die Frage, ob diese höchsten Güter, diese »allervorteilhaftesten Vorteile«, berechenbar sind.

Philosophen haben diese Frage teils positiv, teils negativ beantwortet. Einige, darunter Paul Ziff, sind der Ansicht, daß nur Wesen aus Fleisch und Blut Gefühle haben könnten. Andere, darunter Hilary Putnam, sind der Ansicht, daß subjektive Erlebnisse den Zuständen in einem Automaten vergleichbar seien – eine Ansicht, die auf Craik und Turing zurückgeht. Beide Ansichten beruhen jedoch auf Intuitionen, und diese sind als Begründungen diskreditiert worden durch den Erfolg von Theorien wie etwa der Quantenelektrodynamik, die der Intuition zuwiderlaufen.

Niemand weiß, was Bewußtsein ist und ob es irgendeinem Zweck dient. Es gibt viele psychologische Theorien. Nick Humphrey vertritt die Theorie, das Bewußtsein diene dazu, mit dem komplexesten aller Probleme, der sozialen Interaktion mit anderen, fertig zu werden: Es hilft Ihnen, sich vorzustellen, was sie denken könnten, da es Ihnen direkten Zugang zu dem gewährt, was Sie selbst denken. George Mandler ist der Ansicht, es beruhe auf einem speziellen Verarbeitungsmodus, der die mentalen Strukturen, die das Handeln bestimmen, beeinflußt. Tim Shallice vertritt die weitergehende Ansicht, das Bewußtsein bestimme, welche Handlungen unternommen und welche Ziele angestrebt werden sollen – es sei die höchste Berufungsinstanz im Falle innerer Konflikte. All diese Ansichten sind plausibel, doch keine sagt alles.

In diesem letzten Teil des Buches möchte ich eine Theorie des bewußten und unbewußten Geistes skizzieren, die auf einem Symbolverarbeitungs-Ansatz beruht. Zunächst trage ich eine Vermutung über die Architektur des Geistes vor, um dann das Konzept eines mentalen Modells des Selbst zu entwickeln. Ich werde zeigen, daß die Theorie zu erklären vermag, welcher Dinge wir uns bewußt und welcher wir uns nicht bewußt sein können, und daß sie die Phänomene des subjektiven Erlebens einschließlich der Selbstreflexion, des freien Willens und der Intentionalität erklären kann. Im letzten Kapitel werde ich die Theorie auf Motive und Emotionen ausdehnen.

Parallele Verarbeitung und die Architektur des Geistes

Manche Denker, darunter John Searle, sagen, es gebe einerseits seelenlose, blinde neurophysiologische Prozesse und andererseits das Bewußtsein, aber sonst nichts. Wenn das zutrifft, muß man sich allerdings fragen, was für neurophysiologische Vorgänge das sind, aus denen bewußtes Erleben hervorgeht, und was für eine mysteriöse Kraft dafür sorgt, daß beispielsweise eine im Gedächtnis gespeicherte Telefonnummer in Bewußtsein verwandelt werden kann, wenn man sie sich in Erinnerung ruft. Da beide Zustände denselben Inhalt repräsentieren, sollte man doch lieber von mentalen Repräsentationen sprechen, die bewußt und unbewußt sein können.

Andere Theoretiker, darunter namentlich Freud, haben ein Unbewußtes postuliert, in dem primitive instinkthafte Antriebe und andere Dinge ruhen, die verdrängt werden, weil sie zuviel Angst erzeugen, um zum Bewußtsein vorgelassen zu werden. Es gibt aber, wie Helmholtz meinte und wie ich in diesem Buch zu zeigen versuchte, auch viele gutartige unbewußte Prozesse, die der Wahrnehmung und der Kognition zugänglich sind. Aus ihrer Existenz folgt, daß verschiedene mentale Prozesse parallel ablaufen: Verschiedene Prozessoren sind im Geist gleichzeitig aktiv.

Diese parallelen Prozessoren kontrollieren die Vorgänge, die simultan ablaufen, wenn wir reden oder gehen oder gehen und dabei reden. Ihnen unterliegt auch die hierarchische Organisation der Fertigkeiten. Wenn wir beispielsweise Diskurs verstehen, sind verschiedene Prozessoren damit beschäftigt, Sprachlaute zu identifizieren, Wörter zu erkennen, die grammatische Struktur zu zergliedern, eine Repräsentation der Bedeutung zu konstruieren und Schlußfolgerungen zu ziehen. All diese Aktivitäten setzen eine genaue zeitliche Abstimmung mit den anderen voraus. Die Prozessoren müssen zusammenwirken wie die Arbeiter an einem Fließband, das die Wellenform der sprachlichen Äußerungen als Rohmaterial erhält und sie in das Endprodukt des Verstehens umwandelt.

Das generellste Design für eine parallele Architektur ist ein Netzwerk von Prozessoren – Finite-state-Geräten –, die so miteinander verdrahtet sind, daß Kommunikation möglich ist. Ein Prozessor kann nicht beobachten, was in dem anderen vor sich geht, und nicht darauf einwirken. Sie geben lediglich Informationen aneinander weiter. Es gibt keine zentrale Uhr, die sie synchronisieren würde: Der einzelne Prozessor wird aktiv, sobald er einen entsprechenden Input erhält.

Dieses Design kann vielfältig variiert werden. Es ist möglich, daß die Kommunikationskanäle explizit strukturierte symbolische Mitteilungen übertragen, an denen die Prozessoren bestimmte, regelgesteuerte Operationen vornehmen, zum Beispiel die Operationen eines Produktionssystems (siehe 9. Kapitel). Es ist möglich, daß alle Prozessoren simultan dieselbe synchronisierte Prozedur ausführen, wie etwa die »Array«-Computer, die man in den letzten zehn Jahren gebaut hat. Es ist möglich, daß sie einander nur den Grad ihrer Aktivierung mitteilen und jeder Prozessor aufgrund der Summe der empfangenen Aktivierungen gemäß derselben einfachen Prozedur reagiert (wie die konnektionistischen Systeme im 10. Kapitel).

Die parallele Verarbeitung kann, welche Form sie auch immer

haben mag, nichts berechnen, was nicht auch ein einzelner serieller Prozessor berechnen könnte, wie ihn die universale Turingmaschine darstellt. Ebensowenig kann sie nicht traktierbare Probleme traktierbar machen – diese sind für die Berechnung (Computation) das, was das von Malthus beschriebene Bevölkerungswachstum für die Zivilisation ist. Sie kann allerdings traktierbare Prozeduren beschleunigen, indem sie mehrere Prozessoren dieselbe Aufgabe ausführen läßt, was sie weniger anfällig macht für Rauschen oder Schäden am System, und indem sie mehrere Prozessoren sich auf bestimmte Aufgaben spezialisieren läßt, wodurch sie zu aufgabengebundenen »Modulen« werden. Mehrere Kognitionswissenschaftler sind der Ansicht, daß das Gehirn sich ohne Aufspaltung in gesonderte Module nicht hätte entwickeln können.

Geschwindigkeit, Zuverlässigkeit und Spezialisierung haben offensichtliche evolutionäre Vorteile. Aber die parallele Verarbeitung ist auch mit Gefahren verbunden. Wenn ein Prozessor auf Input von einem anderen wartet, der wiederum auf Input von dem ersten wartet, dann sind beide gelähmt in einer tödlichen Umarmung, der keiner entrinnen kann. Oder wenn ein Prozessor sagt »geh nach links« und der andere sagt »geh nach rechts«, dann kann sich der unglückliche Organismus zerreißen in dem Bemühen, in entgegengesetzte Richtungen zu gehen. Solche Probleme kommen bei intakten Organismen nicht vor: Die natürliche Auslese merzt pathologische Verbindungen zwischen Prozessoren aus. Menschen sind jedoch nicht auf Verhaltensweisen angewiesen, die in ihrem Nervensystem fest verdrahtet sind. Sie können lernen. Sie müssen folglich über Mechanismen verfügen, die mit auftretenden Pathologien fertig werden, wenn Programme auf viele Prozessoren verteilt sind. Für diesen Fall gibt es ein einfaches Prinzip: Ein Prozessor wird beauftragt, die Operationen der anderen zu überwachen, und er kann sich über sie hinwegsetzen, wenn sie sich in einer pathologischen Konfiguration verrannt haben. Wiederholt sich dieses Design im großen Maßstab, kommt wieder eine Hierarchie heraus – eine Architektur, die seit dem 19. Jahrhundert von Neurowissenschaftlern vorgeschlagen worden ist.

Der bewußte Geist als Betriebssystem

Einfaches Bewußtsein – das bloße Gewahrwerden von Tatsachen wie Schmerz – könnte so entstanden sein, daß ein übergeordneter Überwacher aus dem Geflecht paralleler Prozesse heraustrat. Dieses »Betriebssystem« (operating system) an der Spitze der Hierarchie legt Ziele für untergeordnete Prozessoren fest und überwacht deren Arbeit. Da es an der Spitze steht, können seine Anweisungen ein Ziel in explizit symbolischer Form benennen, zum Beispiel »aufstehen und gehen«. Es braucht nicht im einzelnen zu befehlen, diesen oder jenen Muskel zu kontrahieren. Diese Anweisungen werden zunehmend detaillierter von den untergeordneten Prozessoren formuliert, bis hinunter zu den Kontraktionen von Muskelspindeln (siehe 11. Kapitel). Das Betriebssystem erhält die Ergebnisse der Berechnungen von untergeordneten Prozessoren, aber wieder in einer höheren und explizit symbolischen Form. So ist die materielle Welt dermaßen deutlich, daß Dr. Johnson dachte, er brauche bloß an einen Stein zu stoßen, um Berkeleys Idealismus zu widerlegen.

Die Erfahrung der Realität ist ein Triumph der Architektur des Geistes: Das Betriebssystem hat keinen Zugang zu den Prozessen, auf denen es beruht. Es gibt gute evolutionäre Gründe für diese Anordnung: Wenn Sie einen ganzen Wahrnehmungsprozeß überprüfen könnten, müßte er sehr viel langsamer ablaufen, da er dann nicht auf parallelen Prozessen beruhen könnte. Vielleicht würden Sie dann auch daran zweifeln, ob er die Außenwelt richtig abbildet – ein verhängnisvoller Fehler im Falle einer Gefahr.

Ein Roboter kann gleichfalls eine parallele Verarbeitungsarchitektur haben. Es ist denkbar, daß sein Betriebssystem an der Spitze der Hierarchie dafür zuständig ist, seine Handlungen zu planen und sie anhand der Rückkoppelung mit seinem Modell der Welt zu überwachen. Je nachdem, welche Berechnungen das Betriebssystem gerade durchführt, wird ein Ziel, ein bestimmter Teil seines Weltmodells, ein Signal von seinem internen Milieu oder eine aus dem Langzeitgedächtnis abgerufene Information Inhalt des Arbeitsgedächtnisses sein. Diese Inhalte fungieren als sein Bewußtsein: Sie sind das, wessen es sich jeweils bewußt ist, während es auf der höchsten Stufe der Hierarchie Berechnungen durchführt. Die Theorie impliziert eine Aufspaltung zwischen dem Bewußtsein und den unbewußten Prozessen weiter unten in der Hierarchie. Solche *Dissoziationen* kommen bei Menschen vor.

Dissoziationen zwischen bewußten
und unbewußten Prozessen

Wenn jemand zu Ihnen sagt: »Schau, der Vogel dort!«, können Sie in Ihrer visuellen Welt nach einem Vogel suchen oder es unterlassen – diese Entscheidung können Sie bewußt treffen. Aber auch unbewußte Prozesse können unwillkürliche Augenbewegungen und Verschiebungen der Aufmerksamkeit bewirken. Wenn zum Beispiel auf einer Cocktailparty irgendwo Ihr Name fällt, fesselt das unwillkürlich Ihre Aufmerksamkeit – ein Phänomen, das (siehe 8. Kapitel) die Existenz eines Prozessors beweist, der untätig ruht, bis das richtige Klangmuster ihn aktiviert.

Bei manchen Gelegenheiten können Sie Ihr Verhalten bewußt kontrollieren, bei anderen haben Sie, so sehr Sie es auch wünschen, keine Kontrolle über sich. Es mag sein, daß Sie wirklich vorhaben, das Rauchen aufzugeben, und doch können Sie Ihre Absicht nicht in die Praxis umsetzen. Es gibt Menschen, die sich normalerweise unter Kontrolle haben, während andere, wie Oscar Wilde sagte, allem widerstehen können, nur der Versuchung nicht. Bei den meisten von uns hängt es von der Situation ab. Entsprechend häufig sind wir außerstande, unsere Gefühle zu kontrollieren; zwar gelingt es uns vielleicht, sie nicht zu äußern, aber das Gefühl selbst verschwindet deshalb nicht. Solche Phänomene sind Ausdruck innerer Konflikte. Ein serieller Prozessor wie das Betriebssystem kann nicht mit sich selbst in Konflikt sein, wohl aber mit anderen Prozessoren: Es hat ein Ziel, sie haben ein anderes. Der Konflikt wird durch die Interaktionen zwischen ihnen gelöst. Wird er im Sinne des Betriebssystems gelöst, dann gelingt es Ihnen, eine beabsichtigte Handlung auszuführen. Andernfalls schaffen Sie es nicht, und es kommt vielleicht zu einem anderen, unbeabsichtigten Verhalten.

Eine andere Form der Dissoziation ist die Selbsttäuschung. Ihre schärfste Ausprägung findet sie in hysterischen Lähmungen, die nicht einer Schädigung des Nervensystems, sondern unbewußten Motiven entspringen. Wer Freuds Krankengeschichten nicht glauben mag, sollte bei Lord Adrian nachlesen, wie er neurotische Lähmungen behandelte, die im Ersten Weltkrieg durch Bombenneurosen entstanden. Adrian, der später für seine physiologischen Forschungen den Nobelpreis erhielt, erkannte, daß seine Patienten nicht simulierten. Sie glaubten wirklich, gelähmt zu sein, und es half nichts, daß er sie vom Gegenteil zu überzeugen versuchte. Er mußte die unbewußten Prozesse, die für die Krankheit verantwortlich waren, überlisten. Also tat er so, als ob wirklich eine Lähmung vorliege, und redete den Patienten ein, daß sie durch eine spezielle Behandlung geheilt würde. Er fuhr mit einer Drahtbürste, die ein leichtes elektrisches Kitzeln hervorrief, über das gelähmte Glied. Das Verfahren wirkte in über neunzig Prozent der Fälle. Kognitive Formen der Psychotherapie beruhen auf derselben Idee, daß unbewußte Prozesse verändert werden müssen.

Eine bemerkenswerte Dissoziation liegt bei dem Phänomen vor, das Larry Weiskrantz und seine Mitarbeiter als »Blindsehen« beschrieben haben und das von Tony Marcel und anderen bestätigt wurde. Nach einer Schädigung jenes Teils des Gehirns, der für das Sehen verantwortlich ist, geben manche Patienten an, in einem Großteil ihres Gesichtsfeldes blind geworden zu sein. Ihre Blindheit wird scheinbar durch klinische Tests bestätigt. Wenn man die Patienten jedoch zwingt, die Lage eines Lichtpunktes, der innerhalb der blinden Region liegt, zu erraten, gelingt ihnen das bemerkenswert oft. Untergeordnete visuelle Prozesse funktionieren nach wie vor, geben aber keinen symbolischen Output an das Bewußtsein mehr.

Ein chirurgischer Eingriff, der merkwürdige Dissoziationen erzeugt, ist die sogenannte »Split-brain«-Operation. Der Neurowissenschaftler Michael Gazzaniga und seine Kollegen haben die Folgen dieses Eingriffs studiert. Wenn Sie einen Punkt in Ihrem Gesichtsfeld fixieren, wird alles, was links von diesem Punkt ist, zur rechten Hirnhälfte, und alles, was rechts davon ist, zur linken Hirnhälfte projiziert. Für den raschen Informationsaustausch zwischen den Hirnhälften sorgt ein massives Bündel von Nerven, das Corpus callosum. Man führt die Split-brain-Operation durch, um extreme Formen von Epilepsie unter Kontrolle zu bringen. Der Chirurg durchtrennt das Corpus callosum, um linke und rechte Großhirnrinde voneinander zu isolieren. Die Operation ist oft sehr wohltuend, doch hat sie einige merkwürdige Nebenwirkungen.

Die erste Wirkung, die Gazzaniga bei den Patienten beobachtete, war ihre Unfähigkeit, Objekte im linken Gesichtsfeld zu benennen: Das Objekt wird zur rechten Hirnhälfte projiziert, doch die wichtigsten Sprachzentren befinden sich in der linken. Da keine Information mehr von der einen zur anderen Hirnhälfte übertragen wird, geben die Patienten an, das Objekt nicht zu sehen. Fordert man sie jedoch auf, zu erraten, um was es sich handelt, reagieren sie emotional fast genauso, wie wenn sie es könnten. Schreckenerregende Bilder machen ihnen Angst, doch führen sie ihre Angst auf das Verhalten des Experimentators zurück. Wird der Befehl »gehen Sie« zur rechten Hirnhälfte projiziert, steht der Patient auf und beginnt zu gehen. Fragt man ihn, warum, konfabuliert die linke Hälfte, die von dem Befehl nichts weiß, irgendeine Erklärung zusammen.

Als ich aus einem der ersten Personalcomputer den Ventilator ausbaute, war die Maschine rasch außerstande, noch irgendeine Berechnung durchzuführen. Wer von Computern keine Ahnung hat, könnte daraus schließen, daß der Ventilator eine zentrale Rolle beim Rechnen spielt. Ähnliche Fehlschlüsse sind eine ständige Gefahr beim Studium von Hirnverletzungen. Gazzaniga hat ihnen klugerweise widerstanden, und er glaubt nicht an die schlichte Unterscheidung zwischen dem analytischen Denken der linken Hirnhälfte und dem intuitiven Denken der rechten, die einmal große Mode war.

Die Dissoziationen zwischen dem bewußten und dem unbewußten Geist haben Implikationen für die Theoriebildung in der Psychologie. Unbewußte mentale Prozesse beruhen möglicherweise nicht auf regelgesteuerter Symbolmanipulation, sondern auf einer Art von verteilter Repräsentation ähnlich den konnektionistischen Schemata aus dem 10. Kapitel. Das bewußte Denken wird jedoch versuchen, sie mit seinem explizit symbolischen

Operationsmodus in Einklang zu bringen. So stellen wir uns vor, daß die gesprochene Sprache sich aus Lauten zusammensetzt, die miteinander verkettet sind wie die Buchstaben des Alphabets, die wir bewußt wahrnehmen können. Wir stellen uns vor, daß die Begriffe notwendige und hinreichende Bedingungen haben, wie die Definitionen, die wir bewußt formulieren können. Wir stellen uns vor, daß das Denken selbst von formalen Regeln der Logik bestimmt ist, von Regeln, wie sie die Logiker explizit formulieren. Das sind, wie ich oben zu zeigen versucht habe, irrige Auffassungen.

Selbstreflexion und Modelle des Selbst

Was ist verantwortlich für das subjektive Erleben von Bewußtsein – für das Schmerzempfinden, das Durstgefühl, das Eigentümliche eines roten Farbeindrucks? Und warum werden bestimmte Zustände bewußt erlebt und andere nicht? Bislang vermag die Theorie nur zwischen bewußtem und unbewußtem Geist zu unterscheiden, nicht aber diese Fragen zu beantworten. Logisch wäre es möglich, so die Auffassung von William James, daß unbewußte Prozesse auf ihre Weise bewußt sind und diese Tatsache dem bewußten Geist nicht mitteilen können. Vernünftiger ist jedoch die Annahme, daß zwischen beiden wirkliche Unterschiede bestehen und der bewußte Geist das Resultat eines speziellen Verarbeitungsmodus ist, der, wie ich darstellen werde, subjektives Bewußtsein erzeugt. Nachdem sich einmal ein Betriebssystem entwickelt hat, könnte es eine solche Funktion übernehmen, und dieser Verarbeitungsmodus führt dann zu unserer Fähigkeit, uns unserer selbst bewußt zu werden. Man kann entweder ganz in einer Tätigkeit aufgehen, etwa dem Skifahren, oder man kann sich seiner selbst als wahrnehmend und handelnd bewußt werden. Dieser Zustand des Selbst-Bewußtseins ist verschieden vom gewöhnlichen Bewußtsein, aber nach meiner Ansicht ist er für dessen eigentümlichen phänomenologischen Charakter verantwortlich.

  Selbstreflexion ist etwas Ähnliches wie Selbst-Bewußtsein. Sie spüren Ihre Integrität, Kontinuität und Individualität. Sie wissen von Ihrer Vorgeschichte, Ihren Veranlagungen, Neigungen und Fähigkeiten. Sie haben Kenntnis nicht von den inneren Mechanismen Ihres Geistes, aber von Ihren auf hoher Ebene angesiedelten Optionen und Intentionen. Sie wissen, wer Sie sind. Und Sie können über all diese Dinge nachdenken, wenn Sie entscheiden, was Sie tun wollen. Selbstreflexion – so meine These – beruht auf demselben Verarbeitungsmodus wie Selbst-Bewußtsein, aber sie erfordert außerdem Zugang zu einer speziellen mentalen Repräsentation, einer Repräsentation, die ein Verarbeitungssystem in einem gewissen Umfang in die Lage versetzt, sich selbst zu verstehen. Aber wie kann ein Prozessor – ein bloßer Automat – sich selbst verstehen? Was ist das für ein spezieller Verarbeitungsmodus?

Eine Möglichkeit legt uns eine Turingmaschine nahe, die, wenn man ihr ein leeres Band einlegt, eine Beschreibung von sich selbst in binärer Schreibweise ausdruckt. (Eine universale Turingmaschine benutzt solche Beschreibungen von besonderen Turingmaschinen, um deren Berechnungen nachzuvollziehen.) Es mag als eine triviale Aufgabe erscheinen, eine sich selbst beschreibende Turingmaschine zu ersinnen, aber das ist es nicht. Es wäre naheliegend, Instruktionen zu verwenden, die die einzelnen Instruktionen der Turingmaschine ausdrucken, aber dann werden auch diese »Druck«-Instruktionen ausgedruckt werden müssen, und so weiter *ad infinitum*. Die Lösung besteht in einer speziellen Prozedur, die bei Eingabe einer Binärziffer die Beschreibung einer Maschine ausdruckt, welche diese Ziffer erzeugen würde.

Einige Computerwissenschaftler glauben, daß eine sich selbst beschreibende Turingmaschine die Fähigkeit der Introspektion besitzt. Sie produziert eine Beschreibung von sich, die sich zur Selbstreproduktion eignet. Sie versteht diese Beschreibung aber ebensowenig, wie ein DNS-Molekül die Genetik versteht. Marvin Minsky hat einmal angedeutet, eine sich selbst beschreibende Turingmaschine könne ein Interpretationsprogramm enthalten, das seine eigene Beschreibung benutzen würde, um zu überlegen, was es selbst in einer hypothetischen Situation tun würde. Die Idee ist genial, aber sie entspricht nicht der menschlichen Fähigkeit zur Selbstreflexion. Die Maschine würde sich selbst perfekt imitieren, weil sie Zugang hätte zu einer vollständigen und genauen Beschreibung ihrer eigenen inneren Mechanismen. Unsere Selbstreflexion ist dagegen unvollkommen und unvollständig. Sie beruht, wie ich vermute, auf einem *mentalen Modell* und nicht auf einer vollständigen Beschreibung.

Was ein Modell zu einem *Modell* macht, ist die Tatsache, daß es von einem interpretierenden System benutzt werden kann: Ein Roboter hat ein Modell der Welt, wenn sein Verhalten geleitet wird von einer internen Repräsentation, die in brauchbarem Umfang der Welt entspricht. Der Roboter kann vermeiden, in Löcher zu fallen, weil er eine Repräsentation von ihnen hat, die er zu der Entscheidung heranzieht, wohin er gehen soll. Entsprechend kann das Betriebssystem des Roboters ein Modell von ihm selbst – seiner Geschichte, seinen Optionen, Vorlieben und Mechanismen – benutzen, um sich in seinen Entscheidungen davon leiten zu lassen.

Diese Idee hat einen Anflug von Paradoxie, denn es ist eine der Optionen des Betriebssystems, sein Modell von sich selbst zu benutzen, um ein Problem in Angriff zu nehmen, und auch diese Option muß wiederum in dem Modell enthalten sein. Der Zirkel ist aber kein Teufelskreis, sondern er führt zu dem speziellen Verarbeitungsmodus, auf dem Selbstreflexion und Selbst-Bewußtsein beruhen. Er besteht darin, daß das Betriebssystem ein Modell von seinen eigenen Operationen konstruiert, von dem es sich dann bei seinen Prozessen leiten läßt. Diese »selbstreflexive« Prozedur kann dann wieder auf ihren eigenen Output angewandt werden, so daß das System ein Modell von seiner eigenen Anwendung solcher Modelle konstruiert, und so geht es in einer Serie von immer höheren Ebenen der Meta-Repräsentation immer weiter. Derselbe Verarbeitungsmodus kann entsprechend auf die Inhalte des Arbeitsgedächtnisses des Betriebssystems angewandt werden. Die normale Wahrnehmung liefert ein Modell der Welt, und der Roboter hat ein elementares Bewußtsein von diesen Inhalten seines Arbeitsgedächtnisses. Das Betriebssystem kann diese Inhalte aber ersetzen durch ein Modell von sich selbst beim Verarbeiten dieser Inhalte: Es nimmt sich beim Wahrnehmen der Welt wahr. Es kann auch von dieser Erfahrung ein Modell erstellen und dadurch wahrnehmen, daß es sich beim Wahrnehmen der Welt wahrnimmt. Die selbstreflexive Prozedur ähnelt der rekursiven Einbettung einer Struktur in eine andere – ein Problem, das ich im Zusammenhang mit den grammatischen Regeln diskutiert habe –, nur muß das Betriebssystem sich ungehindert von einer Ebene zur anderen bewegen können; wenn es z. B. entschieden hat, was auf einer bestimmten Ebene zu tun ist, muß es dieses Wissen auf einer tieferen Ebene nutzen können. Ein potentiell unendlicher Regreß wird durch die begrenzte Kapazität des Arbeitsgedächtnisses abgebrochen.

Soweit die Theorie der Selbstreflexion. Doch gibt es irgendwelche Tatsachen, die sie stützen? Die Hypothese könnte von Materialisten mißverstanden werden. Tatsächlich nimmt sie aber an, daß der Rahmen der Überlegungen und Intentionen, den wir benutzen, um über unser Verhalten nachzudenken und es zu erklären, durchaus kein Epiphänomen ist, sondern ursächlich an der Lenkung unseres Denkens und Handelns beteiligt ist. Die Theorie macht denn auch, wie wir sehen werden, eine Vielzahl von Phänomenen verständlich.

Selbstreflexion, freier Wille und Intentionalität

Die Hypothese, das Betriebssystem habe Zugang zu einem Modell seiner selbst, das es auf eine selbstreflexive Weise benutzen kann, wird durch verschiedene Beobachtungen des bewußten Erlebens bestätigt. Sie haben tatsächlich die Fähigkeit, über das, was Sie tun, auf einer höheren Ebene als der Ihrer aktuellen Tätigkeit zu reflektieren und auf der Grundlage dieser Reflexion Ihre Tätigkeit zu modifizieren. Angenommen, Sie haben erfolgreich eine Reihe von Problemen gelöst und stehen jetzt vor einem, mit dem Sie einfach nicht fertig werden. Sie können sich dann fragen: Was habe ich getan, als ich diese Probleme löste? Ihre Antwort hängt von Ihrer Fähigkeit ab, Ihr eigenes Verhalten kritisch zu prüfen, das heißt, sich selbst auf eine höhere Ebene zu begeben, so daß Sie zum Zuschauer Ihres eigenen Denkens und Handelns werden. Und Ihre Antwort könnte Ihnen helfen, Ihr Vorgehen auf der Ebene, auf der Sie gerade tätig sind, neu zu formulieren.

Ihre Fähigkeit, Modelle Ihres eigenen Verhaltens zu benutzen, ist die Grundlage aller Ihrer »meta-kognitiven« Fertigkeiten. Sie können über Ihr Erinnerungsvermögen nachdenken und Schritte ergreifen, um es zu verbessern. Sie können darüber nachdenken, wie Sie mit anderen auskommen, und sich einen Plan zurechtlegen, wie Sie mit einer schwierigen sozialen Situation fertig werden. Sie können über eine praktische Fertigkeit wie das Autofahren nachdenken und versuchen, sich einer bewußten Strategie zu bedienen, um einen hartnäckig wiederkehrenden Fehler zu vermeiden. Sie können, wie der Begriff der selbstreflexiven Verarbeitung schon sagt, sogar über Ihre meta-kognitiven Gedanken nachdenken. So wird Ihnen, wenn Sie darüber nachdenken, wie Sie mit bestimmten Problemen umgehen, vielleicht klar, was Sie tun, und Sie sagen sich: »Dies ist eines jener Probleme, mit denen ich fertig werden kann, indem ich mir überlege, wie ich sie bisher gelöst habe, doch *wenn ich diese Fähigkeit nutze, neige ich dazu, mich allzusehr auf meine bisherigen Erfolge zu konzentrieren.*«

Wenn Sie einen Plan verfolgen, führen Sie nicht eine starre Folge von Schritten aus, sondern Sie beobachten, was bei Ihren Schritten herauskommt, und modifizieren gegebenenfalls Ihren Plan. Es kann sogar passieren, daß Sie ihn aufgeben. Oft haben Sie die Freiheit, in verschiedenen Stadien seiner Ausführung zwischen mehreren Optionen zu wählen, besonders, wenn Sie Ihre Phantasie bemühen (vgl. 14. Kapitel).

Der Begriff von Freiheit, auf den ich mich hier beziehe, ist die Willensfreiheit, jene Neigung, auf die sich Descartes und Dostojewskij beriefen, um eine Wissenschaft des Geistes in Zweifel zu ziehen. Viele Wissenschaftler entgegnen, daß der freie Wille eine Illusion sei. Dabei ist seine Existenz durchaus mit der Fähigkeit zu selbstreflexivem Denken zu vereinbaren. Ich kann mein Argument verdeutlichen, indem ich Ihnen eine einfache Frage stelle:

Was werden Sie als nächstes tun?

Sie könnten – Sie sind ja ein vernünftiger Mensch – sich dafür entscheiden, weiterzulesen, schon um herauszubekommen, wie ich das Rätsel des freien Willens löse. Sie könnten aber auch zu dem Entschluß kommen, daß Sie einstweilen von der Kognitionswissenschaft genug haben, und zu einem Spaziergang aufbrechen. Manchmal entscheiden Sie sich ohne bewußte Überlegung für eine Handlungsweise. Bei anderen Gelegenheiten, wenn Sie sich nicht zwischen zwei gleichermaßen ansprechenden Alternativen entscheiden können, sagen Sie sich: Es ist doch lächerlich, aber für eine von beiden muß ich mich entscheiden. Und als Folge dieser höherrangigen Überlegung teffen Sie dann vielleicht eine willkürliche Entscheidung. Durch Rückgriff auf externe Hilfsmittel können Sie sogar sicherstellen, daß sie willkürlich ist. Sie werfen eine Münze oder Sie würfeln, wie der Held in Luke Rhineharts Roman *Dice Man*.

Auf der untersten Ebene treffen Sie gar keine bewußte Wahl. Sie lesen einfach weiter, oder Sie machen einen Spaziergang oder irgend etwas anderes:

Ebene 0: Weiterlesen
           Einen Spaziergang machen.

Auf der Metaebene überlegen Sie, was Sie machen sollen, und treffen eine Entscheidung, die, sagen wir, auf einer einfachen Präferenz beruht:

Ebene 1: Sie bewerten Präferenzen, um zu wählen
           zwischen:
Ebene 0: Weiterlesen
           Einen Spaziergang machen.

Wie sind Sie zu dieser Entscheidungsmethode gekommen? Sie haben nicht bewußt über all die verschiedenen Möglichkeiten nachgedacht, wie Sie eine Entscheidung treffen könnten, und daraus dann die Bewertung der Präferenzen ausgewählt. Es erschien Ihnen einfach als die angemessene Verfahrensweise. Vielleicht werden die meisten Entscheidungsmethoden auf diese Weise ausgewählt. Aber der Theorie zufolge kann es auch anders gehen. Sie können sich dem Problem (auf der Meta-Metaebene) bewußt stellen und überlegen, welche der verschiedenen Entscheidungsmethoden Sie benutzen wollen. Vielleicht versuchen Sie, rational zwischen ihnen zu wählen:

Ebene 2:   Durch rationale Bewertung wählen Sie zwischen:
Ebene 1:   Bewertung der Präferenzen
             Dem Rat der Gattin folgen } um zu wählen zwischen:
             Eine Münze werfen
Ebene 0:   Weiterlesen
             Einen Spaziergang machen.

Warum haben Sie sich unter den verschiedenen Entscheidungsmethoden für die rationale Entscheidung entschieden? Wieder erschien es Ihnen einfach als die angemessene Verfahrensweise. Auf der höchsten Ebene wird die Entscheidungsmethode immer stillschweigend gewählt. Würde sie bewußt gewählt, gäbe es eine noch höhere Ebene, auf der dann diese Entscheidung getroffen würde. Theoretisch braucht die Hierarchie der Entscheidungen über Entscheidungen kein Ende zu haben, aber praktisch müssen Sie etwas *tun*, statt sich in Spekulationen darüber zu verlieren, wie Sie entscheiden sollen, was Sie tun sollten. Man kann den Schwarzen Peter nicht ewig weiterreichen.

Wir sind frei nicht deshalb, weil wir die Gründe vieler unserer Entscheidungen nicht kennen, was sicherlich zutrifft, sondern weil unsere Modelle von uns selbst uns in die Lage versetzen, zu entscheiden, wie wir entscheiden wollen. Zu den Optionen gehören auch jene willkürlichen Methoden, die uns von den Zwängen einer ökologischen Nische oder einer rationalen Abwägung der eigenen Interessen befreien. Diese Tatsache steckt hinter Dostojewskijs tiefsten Überzeugungen, die in dem Zitat am Beginn dieses Teils zum Ausdruck kommen, und hinter der Faszination, die Existentialisten für unmotivierte Handlungen empfinden: Man beweist Freiheit (wenn nicht Phantasie), indem man willkürlich handelt.

Wenn Sie entschieden haben, was Sie tun wollen, und einen Plan gemacht haben, wie Sie es tun, können Sie intentional handeln und Ihr Ziel zu erreichen versuchen. Es gibt Computerprogramme, die ebenfalls ein festgelegtes Ziel zu erreichen versuchen (siehe 9. Kapitel). Einige Kognitionswissenschaftler, darunter John McCarthy, sind der Ansicht, diese Programme hätten Intentionen. Zutreffender ist wohl zu sagen, daß sie sich verhalten, *als ob* sie Intentionen hätten. Was ihnen fehlt, ist die Selbstreflexion. Die meisten von uns sind sich zum Beispiel darüber im klaren, daß der Weg zur Hölle mit guten Absichten gepflastert ist. Wir wissen, daß es nicht unbedingt ausreichend ist, eine Intention zu haben – etwa das Rauchen aufgeben zu wollen –, um das Ziel zu erreichen. Im Lichte dieser Erkenntnis ergreifen wir manchmal besondere Schritte, um das intendierte Ergebnis sicherzustellen.

Auf der untersten Ebene können Menschen (wie die Computerprogramme):

Ebene 0: Ein Modell eines möglichen künftigen Sachverhalts konstruieren.
Überlegen, was zu tun ist, um diesen Sachverhalt herbeizuführen.
Diesen Plan ausführen.

Im Unterschied zu einem Computerprogramm haben Menschen Zugang zu einem Modell dieser Fähigkeiten, und sie können es nutzen:

Ebene 1: Bestimme, was zu tun ist, und konsultiere dazu ein Modell von:
Ebene 0: der Konstruktion des Modells eines möglichen künftigen Sachverhalts;
der Überlegung, was zu tun ist, um diesen Sachverhalt herbeizuführen;
der Ausführung dieses Plans.

Menschen wissen, daß sie etwas tun können, um ein Ziel zu erreichen, und sie können dieses Wissen nutzen, um zu bestimmen, was zu tun ist.

Der Theorie zufolge wissen Menschen auch, daß sie ihre Selbsterkenntnis berücksichtigen können, wenn sie eine Entscheidung treffen. Sie können:

Ebene 2: Bestimmen, was zu tun ist, und dazu ein Modell konsultieren von:
Ebene 1: der Bestimmung, was zu tun ist, und der Konsultation eines Modells von:

Ebene 0: der Konstruktion des Modells eines möglichen künftigen Sachverhalts;
der Überlegung, was zu tun ist, um diesen Sachverhalt herbeizuführen;
der Ausführung dieses Plans.

Menschen wissen, daß sie wissen, daß sie etwas tun können, um ein Ziel zu erreichen, und sie können dieses Wissen nutzen, um zu bestimmen, was zu tun ist. Auch auf dieser Ebene muß die Spitze der Hierarchie noch nicht erreicht sein.

Schlußfolgerungen

Die von mir vorgeschlagene Architektur besteht aus einer Hierarchie von parallelen Prozessoren. Das Betriebssystem auf der höchsten Ebene hat Zugang zu den Inhalten des Arbeitsgedächtnisses: Sie sind alles, was es direkt nutzen kann, um seine Handlungsweise zu bestimmen. Es hat außerdem Zugang zu einem Teilmodell seiner selbst und den selbstreflexiven Mechanismen, um Modelle in Modelle einzubetten. Diese Bedingungen scheinen notwendig zu sein, um die Phänomene des Selbst-Bewußtseins und der Selbstreflexion entstehen zu lassen. Offen ist, ob sie hinreichend sind; offen ist auch, ob Kognitionswissenschaftler imstande sein werden, Programme zu konstruieren, die selbstreflexiv sind.

In Don Siegels grausigem Film *The Invasion of the Body Snatchers* (1956) werden die Bewohner einer Kleinstadt der Reihe nach in perfekte Kopien verwandelt, die keinen freien Willen haben und offenbar von einer außerirdischen Kraft gelenkt werden. Doch woran erkennt man, daß jemand keinen freien Willen hat? Woran erkennt man, daß ein anderer eine mit Bewußtsein handelnde Person ist? Dieses für den Helden des Films schwerwiegende Problem ist für Kognitionswissenschaftler noch schwerwiegender. Natürlich gibt es viele eindeutige Anzeichen, wenn jemand *nicht* wie eine mit Bewußtsein handelnde Person funktioniert; er reagiert dann zum Beispiel nicht auf äußere Reize. Doch das bloße Fehlen dieser Anzeichen ist noch kein Beweis für Bewußtsein. Jeder könnte ein Roboter vom Mars ohne Bewußtsein sein, ausgenommen Sie und ich (und was Sie betrifft, bin ich mir nicht sicher). Nach der von mir vorgeschlagenen Theorie ist Bewußtsein eine Eigenschaft einer Klasse von speziellen Berechnungsprozeduren. Die Ergebnisse dieser Prozeduren kann man im Prinzip von seriellen Prozeduren erhalten, die kein Bewußtsein entstehen lassen können. Es kann daher keine entscheidende Verhaltensbeobachtung geben, die klären würde, das ein Organismus Bewußtsein hat: Es kommt nicht darauf an, was Sie machen, sondern wie Sie es machen!

Doch diese Schwierigkeit ist vielleicht nicht unüberwindlich. Mitglieder der forensischen Berufsstände kennen Fälle von verminderter Zurechnungsfähigkeit; Psychiater kennen Fälle von Zwangsverhalten; Laien kennen Fälle von unwillkürlichen Handlungen. Das beste Erkennungsmerkmal von Bewußtsein ist die Fähigkeit, einen Diskurs zu führen, in dem es explizit um die Anwendung der selbstreflexiven Urteilskraft des Betreffenden geht. Da die Inhalte des Bewußtseins identisch sind mit der höchsten Ebene der aktuellen Reflexion, kann der Ermittler mit dieser Methode den Grad der Selbstreflexion beurteilen, den der Betreffende zu erreichen vermag. Menschen, die Ihnen erklären können, daß sie sich für eine bestimmte Handlungsweise entscheiden, weil sie das Pro und Contra mehrerer Alternativen erwogen haben und diese ihnen als die beste erschien, und daß sie dieses Entscheidungsverfahren gewählt haben, nachdem sie über verschiedene Methoden nachgedacht haben, sollten als zurechnungsfähige, mit Bewußtsein handelnde Personen eingestuft werden, die in der Lage sind, ihren freien Willen auszuüben. Patienten, die an einer Geisteskrankheit, einer Hirnverletzung oder einem sonstigen Trauma leiden, haben möglicherweise keinen Zugang mehr zu Modellen ihrer selbst oder zu der reflexiven Prozedur. Sie handeln dann mit verminderter Zurechnungsfähigkeit, und sie sind nicht imstande, einen selbstreflexiven Diskurs zu führen. Uta Frith hat kindlichen Autismus auf Mängel im System der Meta-Repräsentation zurückgeführt, und Christopher Frith hat für schizophrene Symptome bei Erwachsenen eine ähnliche Erklärung vorgetragen. Streß kann sich im Alltagsleben negativ auf die Fähigkeit zur Selbstreflexion auswirken.

Die Inhalte des Bewußtseins zerfallen in zwei Kategorien: symbolische und nichtsymbolische. Zu den symbolischen Inhalten zählen Wahrnehmungen, Ideen, Überzeugungen, Hypothesen und all jene mentalen Entitäten, von denen Philosophen sagen, sie hätten einen propositionalen Inhalt. Sie reichen vom Transzendentalen bis zum Trivialen, von den Lehrsätzen der Ethik bis zu den Schlagzeilen Ihrer Tageszeitung. Sie lassen sich in Wörter abbilden, wie beispielsweise, wenn Sie jemandem Ihre Überzeugungen erläutern. Sie können bewußt manipuliert werden, nach strukturellen Regeln, die dem Bewußtsein zugänglich sind, wie beispielsweise, wenn Sie bewußt nachprüfen, ob ein Satz einen gespaltenen Infinitiv enthält. Die nichtsymbolischen Inhalte des Bewußtseins sind Gefühle und Empfindungen. Sie können eine Emotion wie Furcht oder eine körperliche Empfindung wie Schmerz empfinden. Sie sind keine Symbole für etwas anderes, und sie haben keine interne propositionale Struktur. Zwischen den symbolischen und den nichtsymbolischen Inhalten des Bewußtseins besteht ein enger Zusammenhang, den ich im nächsten Kapitel erklären werde.

Weiterführende Literatur

Eine ältere Version der Theorie des Bewußtseins und der Meta-Repräsentation wurde vorgetragen in Johnson-Laird (1983, 16. Kap.), wo auch die Details der Konstruktion der sich selbst beschreibenden Turingmaschine (im Anschluß an Thatcher, 1963) angegeben sind. Ähnliche Ideen findet man in Hofstadter und Dennett (1981). Leslie (1987) vertritt die Ansicht, daß die Fähigkeit von Kindern, sich vorzustellen, was andere denken und fühlen, ebenfalls auf der Fähigkeit beruht, Meta-Repräsentationen zu konstruieren. Studien über Bewußtsein findet man in Bisiach und Marcel (1987), Jackendoff (1987), Dennett (1991) sowie Crick und Koch (1992); Studien über Selbsttäuschung findet man in Martin (1985), Studien über Metakognition in Nelson (1992). Die Selbstreflexion in der einen oder anderen Form hat eine lange philosophische Tradition – siehe zum Beispiel Dennett (1984), der die Existenz des freien Willens verteidigt. Skinner (1971) verneint seine Existenz. Oatley (1978) schildert die Geschichte der Idee, daß das Nervensystem hierarchisch organisiert ist. Seine Organisation in Modulen wird verfochten von Simon (1981), Marr

(1982) und, mit großsprecherischem Getue, von Fodor (1983). Theorien über Verhaltensfehler werden von Norman (1981) sowie von Reason und Mycielska (1982) vorgetragen. Für Darstellungen der modernen kognitiven Psychotherapie siehe Beck (1976) und Oatley (1984). Erdelyi (1985) versucht, das Freudsche Unbewußte mit den Erkenntnissen der kognitiven Psychologie in Einklang zu bringen.

20. Kapitel

Bedürfnisse und Emotionen

Wir können einen Roboter mit rudimentären kognitiven Fähigkeiten konstruieren – mit der Fähigkeit, die Welt wahrzunehmen, zu denken und zu handeln. Aber was soll der Roboter tun? Nicht alles, was er sehen kann, wird es wert sein, erinnert zu werden; nicht jede Schlußfolgerung, die er ziehen kann, wird es wert sein, gezogen zu werden; nicht jede Handlung, die er ausführen kann, wird es wert sein, ausgeführt zu werden. Wenn er sinnvoll und eigenständig handeln soll, müssen wir einige grundlegende Ziele in seinen Schaltungen verdrahten. Isaac Asimov schlägt in seinen Science-Fiction-Romanen drei Gesetze der Robotik vor:

1. Ein Roboter darf keinen Menschen verletzen oder durch Untätigkeit zulassen, daß ein Mensch zu Schaden kommt.
2. Ein Roboter muß den Befehlen, die ihm von Menschen erteilt werden, gehorchen, es sei denn, diese Befehle stünden im Widerspruch zum Ersten Gesetz.
3. Ein Roboter muß seine eigene Existenz verteidigen, sofern diese Verteidigung nicht im Widerspruch zum Ersten oder Zweiten Gesetz steht.

Für autonome Organismen mit »egoistischen Genen« haben diese Gesetze die verkehrte Rangordnung. Sie richten sich offensichtlich nach den folgenden Prinzipien, die ich versucht bin, dem kaum bekannten sowjetischen Soziobiologen I. Vomisa zuzuschreiben:

1. Ein Organismus muß sich fortpflanzen und das Überleben seiner Gene sicherstellen.

2. Ein Organismus muß seine eigene Existenz verteidigen, sofern diese Verteidigung nicht im Widerspruch zum Ersten Gesetz steht.
3. Ein Organismus darf mit Mitgliedern seiner Art kooperieren und helfen, sie vor Schaden zu bewahren, sofern diese Kooperation nicht im Widerspruch zum Ersten oder Zweiten Gesetz steht.

Die Evolution hat Lebewesen jedoch mit sehr spezifischen Zielen ausgestattet. Die Frage ist: Wie werden sie in Verhalten übersetzt?

Die Funktion von Gefühlen

Primitive Organismen wie die Insekten verlassen sich in der Auseinandersetzung mit ihrer Umwelt auf angeborene Reaktionen: Das Eintreten eines bestimmten Ereignisses löst eine bestimmte Reaktion aus. Komplexe Organismen wie die Menschen können auf einen leistungsfähigen Schlußfolgerungs-Mechanismus und explizite symbolische Prinzipien zurückgreifen, um zu bestimmen, was zu tun ist. Fest verdrahtete Reaktionen sind unflexibel; Schlußfolgerungen kosten Zeit und Kraft. Gibt es vielleicht einen Mittelweg? Keith Oatley und ich beantworten diese Frage mit ja. Ein komplexer Organismus hat *Gefühle,* sowohl von körperlichen Empfindungen wie Schmerz als auch von Emotionen wie Angst, und sie sind eigenständige Mittel, die sein Verhalten leiten. Sie versetzen den Organismus in Bereitschaft, nicht für eine spezifische angeborene Reaktion, sondern für eine allgemeine, der Situation angemessene Handlungsweise. Sie sind nicht auf komplizierte logische Folgerungen angewiesen. Tatsächlich sind sie eine evolutionär ältere Methode der Steuerung, und ihre Wirkungen können schnell und effektiv sein.

Überlegen wir, worauf es für ein sozial lebendes Säugetier entscheidend ankommt. Das Überleben ist abhängig von Nahrung, Wasser, Luft, Aufrechterhaltung der Körpertemperatur und Meidung von Freßfeinden, Toxinen und Krankheiten. Die Tiere werden vielleicht bei der Jagd auf Beute und bei der Verteidigung gegen Freßfeinde kooperieren. Auch ihre Fortpflanzung ist auf soziale Beziehungen angewiesen. Es gibt potentielle Sexualpartner und potentielle Rivalen, und die Organisation der Gesellschaft beruht zu einem Großteil auf einer Hierarchie von Macht und Ansehen unter den Rivalen. Vielleicht ist für die Zeugung und Aufzucht von Nachkommen ein bestimmtes Territorium erforderlich, und vielleicht muß dieses Territorium gegen Konkurrenten verteidigt werden. Schließlich müssen die Nachkommen ernährt werden, bis sie für sich selbst sorgen können.

Einige dieser Ziele betreffen körperliche Bedürfnisse, während andere äußere Ereignisse und besonders die Beziehungen zu anderen Mitgliedern der Art betreffen. Körperliche Bedürfnisse haben physische Ursachen; ein Tier, dem Nahrung vorenthalten wird, wird hungrig. Sie können durch andere physische Ursachen beendet werden, die wiederum andere körperliche Zustände befördern. Die Beziehungen zu anderen Mitgliedern der Art haben jedoch psychologische Ursachen. Sie werden erzeugt und beendet durch kognitive Bewertungen; so erzeugt die Wahrnehmung eines Freßfeindes Furcht, und diese Furcht kann anderen Mitgliedern der Art durch einen Alarmschrei mitgeteilt werden, also durch ein ritualisiertes Verhalten, das keiner anderen Funktion mehr dient als der, anderen Mitgliedern der Art die Emotion mitzuteilen. Oatley und ich nehmen daher an, daß Emotionen evolutionär als Steuerungsmechanismus für die Interaktion mit anderen Mitgliedern der Art entstanden sind.

Wenn Emotionen bei sozial lebenden Säugetieren entstanden sind, um deren Verhalten zu lenken, dann läßt sich die Vielfalt der Emotionen vielleicht erklären, wenn wir deren Funktion im Sozialleben untersuchen. Die wichtigen Situationen im Leben einer Art können in relativ wenigen Emotionen abgebildet werden. Es gibt, wie wir oben gesehen haben, nur eine kleine Klasse von signifikanten Ereignissen im Sozialleben von Tieren:

die Herstellung oder Lösung von Bindungen zwischen Eltern und Nachkommen,
die Anerkennung oder Ablehnung von Bindungen zwischen Sexualpartnern,

Aggression gegen oder Flucht vor Rivalen und analoge Beziehungen zu Beute und Freßfeinden.

Diese Ontologie zeigt sich auch im Leben von Menschen, und sie legt die folgenden evolutionären Grundemotionen nahe:

Glück, das bei gelungenen Bindungen auftritt, aber unterschiedliche Ausprägungen haben kann, je nachdem, ob es sich um eine elterliche oder sexuelle Bindung handelt;
Trauer als Folge der Trennung von einem Individuum, mit dem man verbunden ist;
Wut als Vorläufer der Aggression, die aber unterschiedliche Ausprägungen haben kann, je nachdem, ob sie sich gegen Rivalen, Konkurrenten um ein Territorium, Freßfeinde oder Beute richtet;
Furcht als Vorläufer der Unterwerfung unter dominante Rivalen, der Flucht vor Freßfeinden und der »Totstell«-Reaktion in unbekannten Situationen: auch diese Kategorien können unterschiedliche Ausprägungen haben;
Ekel als Vorläufer der Ablehnung.

Der Ekel geht vermutlich auf das körperliche Gefühl der Übelkeit zurück, die durch verdorbene Nahrung und Toxine hervorgerufen wird. Der kanadische Psychologe Donald Hebb hat allerdings in den vierziger Jahren festgestellt, daß Schimpansen alle Anzeichen von Ekel erkennen lassen, wenn man ihnen so etwas wie einen isolierten Augapfel zeigt. Sie entwickeln sogar eine halbwegs ritualisierte Kommunikation dieses Gefühls. Es kann folglich, da seine Ursachen psychologischer Natur sein können, als Emotion gelten.

Seit Descartes im 17. Jahrhundert eine Liste von elementaren Emotionen vorgeschlagen hat, spekulieren Theoretiker darüber, was zu dieser Menge zu zählen ist. Doch diese fünf Familien von Emotionen findet man alle bei sozial lebenden Säugetieren. Daß sie im Gefühlsleben der Menschen auf einer angeborenen Grundlage beruhen, wurde von Paul Ekman und Mitarbeitern bestätigt, die herausgefunden haben, daß in den unterschiedlichsten Kulturen dieselben Gesichtsausdrücke benutzt werden, um diese Emotionen zu vermitteln. Auch die Überraschung besitzt einen universalen Ausdruck, doch kann sie an der Entstehung jeder Emotion beteiligt sein. Sie ist nicht zu verwechseln mit der Schreckreaktion, jenem feststehenden Reaktionsmuster, das bei Säugetieren, aber nicht bei Reptilien, in Reaktion auf laute Geräusche wie einen Pistolenschuß auftritt: Das Tier schließt reflexartig die Lider und macht eine schnelle Abwehrgeste, die bei Menschen mit Sicherheit unwillkürlich ist. Ekman und Mitarbeiter haben auch gezeigt, daß die elementaren Emotionen (und die Überraschung) jeweils eigene physiologische Aktivitätsmuster erzeugen, wobei die Pulsfrequenz, die Hauttemperatur, die Transpiration und die Muskelspannung sich unterscheiden.

Menschliche Emotionen sind kompliziert und von persönlichen, historischen und kulturellen Erfahrungen abhängig. Sie sind über ihre evolutionären Ursprünge hinausgewachsen. Doch bevor ich mich diesem Aspekt zuwende, möchte ich darauf eingehen, wie körperliche Empfindungen und Emotionen das Verhalten steuern.

Interne Signale von körperlichen Bedürfnissen und Emotionen

Wenn ein Säugetier, wie etwa die unscheinbare Ratte, Wasser aus ihrem Körper verliert, verändern sich Menge und Salzgehalt des Blutes. Darauf reagieren die Nieren, die Wasser in den Harn abgeben, indem sie ein Enzym erzeugen, das zur Ausschüttung einer Substanz führt, die aus einer Kette von acht Aminosäuren besteht: Angiotensin. Wenn die Anreicherung dieser Substanz im Blut einen bestimmten Wert erreicht, wird ihr Vorhandensein von Nervenzellen im Hypothalamus registriert – einem Organ, das bei allen Wirbeltieren mitten im Gehirn sitzt. Wir wissen, daß diese Zellen das Trinkverhalten steuern, denn wenn sie elektrisch gereizt werden, beginnt die Ratte zu trinken, falls Wasser verfügbar ist. Die Zellen lösen nicht eine feststehende Reaktionsfolge aus wie bei einem Insekt, sondern eine flexible Reihe von Schritten, die geeignet sind, schließlich zum Trinken zu führen; es kann ja sein, daß die Ratte erst Wasser suchen muß. Mit der Aufnahme von Wasser beginnt ein Ausgleich des Flüssigkeitsentzugs, und wenn das System wieder zu seinen Normalwerten zurückgekehrt ist, hört die Ratte auf zu trinken. Das körperliche Bedürfnis wurde befriedigt durch ein Verhalten, das bestimmt ist von einer Rückkoppelungsschleife, die Fred Toates und Keith Oatley in einem Computerprogramm modelliert haben.

Gewisse Formen von Rückkoppelung werden direkt von der Menge bestimmter Substanzen im Körper gesteuert, während andere Formen von einer internen Repräsentation abhängen (siehe 11. Kapitel). Was die körperlichen Bedürfnisse betrifft: *Empfindet* die Ratte Durst, oder wird ihr Verhalten ausschließlich von Angiotensin II und anderen derartigen Substanzen gesteuert? Aus der Tatsache, daß eine durstige Ratte an einer Quelle kühler Luft leckt, wodurch noch mehr Wasser von ihrer Zunge verdunstet, könnte man schließen, daß die Ratte körperliche Empfindungen hat. Diese führen sie im vorliegenden Fall in die Irre. Solche Empfindungen könnten als Signal an das Betriebssystem des Gehirns fungieren, damit dieses das Verhalten so koordiniert, daß ein wichtiges biologisches Ziel erreicht wird.

In der Natur sind Ratten sozial lebende Tiere mit Dominanzhierarchien bei Männchen wie Weibchen. Sie verhalten sich emotional, zeigen Furcht und Wut. Vor dreißig Jahren zeigten James Old und Peter Milner, daß die elektrische Reizung bestimmter Stellen im Rattengehirn in der Nähe des Hypothalamus und an anderen Stellen offenbar eine Lustempfindung erzeugt: Die Ratte drückt unablässig einen Hebel, um diese Reizung zu erhalten. Vor einiger Zeit wurde entdeckt, daß diese Orte im Gehirn außerdem eine bestimmte Substanz erzeugen, Dopamin, einen sogenannten »Neurotransmitter«, der an der Übertragung von Nervenimpulsen zwischen den Synapsen verschiedener Nervenzellen beteiligt ist. Kokain und andere Drogen, die bei Menschen Lust erzeugen, scheinen wie dieser Neurotransmitter zu wirken. Die Reizung anderer Gebiete des Hypothalamus führt zu wütenden Reaktionen. Vermutlich werden diese Zellen aktiviert, wenn ein Rivale erkannt wird, und durch die Flucht des Rivalen gehemmt. Das soziale Ziel der Dominanz wird erreicht durch ein emotionales Verhalten, das von einer perzeptuellen Rückkoppelung gesteuert wird.

Die Theorie der Architektur des Geistes, die ich im vorigen Kapitel beschrieben habe, postuliert, daß das Bewußtsein als Betriebssystem an der Spitze einer Hierarchie von Prozessoren steht. Es erhält von den Prozessoren innerhalb der Hierarchie Nachrichten, die die Welt repräsentieren; es schickt ihnen Nachrichten, die ihnen seine Pläne mitteilen. Prozessoren weiter unten in der Hierarchie bilden Module, die möglicherweise verteilte Repräsentationen benutzen, doch Kommunikationen mit dem Betriebssystem beruhen auf explizit strukturierten Symbolen mit einem propositionalen Inhalt. Die internen Signale von Bedürfnissen und Emotionen stellen, wie Oatley und ich vorschlagen, innerhalb dieser Architektur einen eigenen Signalisierungsmodus dar. Sie werden durch eine kleine Anzahl angeborener Signale übertragen. Nicht jedes Signal bedient sich eines eigenen chemischen Boten, aber an bestimmten Stellen im System können spezifische Neurotransmitter benutzt werden. Im Unterschied zu den Sätzen einer Sprache haben die Signale keine explizite symbolische Struktur – sie haben keine Interpretation, die auf den Bedeutungen ihrer einzelnen Teile beruht, da ihre einzelnen Teile keine Bedeutung haben. Ein Signal ähnelt mehr einem Alarmschrei, der ein komplexes Muster aufweist und daher kaum mit einem anderen verwechselt werden kann.

Ein Prozessor erzeugt ein Signal und übermittelt es an andere Prozessoren, die wiederum, indem sie dasselbe Signal ausschicken, andere Prozessoren aufrufen können, bis schließlich ein erheblicher Teil der Prozessoren in denselben Modus gelangt und die entsprechenden physiologischen Reaktionen und Verhaltensprogramme auslöst. Auf diese Weise kann die ganze Hierarchie rasch von einem Modus in den anderen übergehen und andere Aktivitäten unterbrechen, um angemessen zu reagieren, ohne daß es einer Symbolverarbeitung bedarf. Es ist auch möglich, daß die ganze Hierarchie für eine längere Zeitspanne in einen bestimmten Modus versetzt wird, mit einer Intensität, die von der Anzahl der beteiligten Prozessoren abhängt. Es kann jedoch vorkommen, daß verschiedene Prozessoren sich in unterschiedlichen Modi befinden und es einige Zeit dauert, den Konflikt aufzulösen.

Es gibt Signale für alle angeborenen Ziele, die im Leben des Tieres eine Rolle spielen: solche, die von körperlichen Bedürfnissen ausgehen, und andere, die von emotionalen Zielen ausgehen. Das Betriebssystem ist mit eingebautem Wissen von der Bedeutung der Signale ausgestattet; es braucht nicht zu lernen, daß das Signal für Schmerz Schmerz oder das Signal für Wut Wut signalisiert. Es handelt sich hier nicht um eine semantische Interpretation, da das Signal keine interne Struktur besitzt.

Wenn es Ihnen an Wasser mangelt, beginnen Sie Durst zu empfinden: Das Betriebssystem erhält ein Signal, das von den Prozessoren stammt, die den Wasserverlust überwachen. Das Empfinden kann mit lokalisierbaren körperlichen Empfindungen einhergehen, beispielsweise einem trockenen Mund. Anfangs können Sie das Signal ignorieren und sich einer anderen Handlungsweise widmen, doch mit wachsender Intensität nimmt es schließlich Ihr bewußtes Denken in Beschlag, so daß seine Forderungen nicht mehr ignoriert werden können. So wird jeder denkbare Konflikt zwischen einer vom Betriebssystem formulierten höheren Intention und dem untergeordneten Bedürfnis am Ende im Sinne des Bedürfnisses aufgelöst. Das Signal, das ins Bewußtsein dringt, hat jedoch keine Teile, die gemäß einer internen Struktur zu interpretieren wären. Es *ist* der Durst.

Genauso funktionieren emotionale Empfindungen, die von Prozessoren weiter unten in der Hierarchie ausgehen. Auch sie haben keine interne symbolische Struktur; auch sie können mit bestimmten körperlichen Empfindungen einhergehen; auch sie prädisponieren das Individuum für bestimmte Verhaltensweisen. Sie gehen aber auf eine kognitive Interpretation von Ereignissen zurück. Wenn die symbolische Nachricht, die die kognitive Bewertung enthält, nicht ins Bewußtsein gelangt, ist das Signal eine gegenstandslose Emotion, die man ohne erkennbaren Grund erlebt. Gelangt eine andere symbolische Nachricht ins Bewußtsein und hat sie einen einschlägigen Inhalt, dann kann es geschehen, daß das von dem Signal vermittelte Gefühl fälschlich dem von ihm repräsentierten Ereignis zugeschrieben wird. Gelangt die richtige kognitive Nachricht ins Bewußtsein, das emotionale Signal aber nicht, dann kommt es zu einem unangemessenen Mangel an Gefühl – einer Taubheit, die wir erleben, wenn wir wissen, daß wir eine bestimmte Emotion empfinden sollten, es aber aus irgendeinem Grund nicht tun. Die kognitiven Bewertungen, die Emotionen erzeugen, können im Betriebssystem selbst erfolgen; in diesem Fall kann nicht ein Gefühl ohne kognitive Bewertung auftreten, wohl aber ist das Gegenteil möglich. Auf diese im Bewußtsein entstehenden komplexen Emotionen komme ich noch zurück.

Die Signale von Bedürfnissen und Emotionen sind adaptiv, weil sie das intentionale Verhalten beeinflussen können, ohne auf Symbolverarbeitung oder auf eine starre Reaktionsfolge wie bei Insekten und anderen primitiven Organismen angewiesen zu sein. Das bewußte Erleben kann seinerseits zu weiteren Kognitionen und vielleicht zu einer anderen Emotion oder zu Bemühungen führen, das Gefühl zu unterdrücken, wenn es als unangemessen bewertet wird. Diese Konflikte sind mit Bewußtseinsakten allein nicht zu lösen, weil dazu der Modus der Mehrheit der Prozessoren im einen oder anderen Sinne verändert werden muß. Wie Paul Valéry bemerkte: »Das Bewußtsein regiert, aber es herrscht nicht.«

Äußere Signale der Emotion

Charles Darwin schrieb, die Äußerung von Emotionen sei für viele Arten vorteilhaft, den Menschen eingeschlossen. Nach seiner Auffassung haben sich expressive Verhaltensweisen aus denen einfacherer Tiere entwickelt. Seine Argumente wurden durch die Beobachtungen von Verhaltensforschern wie Konrad Lorenz, Niko Tinbergen und Irenäus Eibl-Eibesfeldt bestätigt. Bei vielen Arten stützt sich die Abwehr von Freßfeinden auf emotionale Alarmsignale. Es gibt sogar Arten, die für verschiedene Freßfeinde unterschiedliche Signale haben, zum Beispiel die Meerkatzen, die ich im 15. Kapitel beschrieben habe.

Alarmsignale haben den evolutionären Vorteil, daß viele Individuen die Umgebung auf Anzeichen von Gefahr hin überwachen können, und wenn ein Individuum etwas sieht, kommt es allen zugute. Die Signale breiten sich schnell aus und versetzen alle Mitglieder der Gemeinschaft in denselben Zustand. Sie haben daher eine formale Ähnlichkeit mit den Signalen, die sich im Gehirn ausbreiten: Sie haben keine interne symbolische Struktur, mobilisieren aber entsprechende Reaktionen bei anderen. Interne und externe Ereignisse fallen denn auch zusammen, denn nur ein Individuum, das erregt und verängstigt ist, wird einen Alarmschrei ausstoßen und dadurch diesen Zustand an andere weitergeben.

Die der Paarung vorausgehenden Signale sind bei vielen Arten komplex und ritualisiert. Sexuelle Rivalität, soziale Dominanz und Verteidigung des Territoriums, das alles erzeugt soziale Konflikte. Sie werden gelöst durch Drohgebärden, Kommentkämpfe und ernsthafte Kämpfe. Gewöhnlich wird so lange gekämpft, bis ein Individuum flieht oder eine Unterlegenheitsgebärde zeigt; Hunde z. B. legen sich auf den Rücken und harnen ein wenig. Die Unterwerfung dient der Aggressionshemmung, wenn sie erkannt wird, bevor es zu einer tödlichen Verletzung gekommen ist.

Es gibt charakteristische Ausdrücke der Bindung zwischen Eltern und Nachkommen, und Verhaltensweisen, die über das Füttern hinausgehen, sind wichtig für die Beziehung. Sogar einfacher Körperkontakt spielt, wie Harold Harlow gezeigt hat, eine wichtige Rolle: Affenjunge überleben das Trauma der Trennung von ihrer Mutter besser, wenn man ihnen als Surrogat, an das sie sich klammern können, statt eines Drahtgeflechts ein ausgestopftes Frotteetuch bietet. Folglich kann die Wahrnehmung eines körperlichen Zustands eine Emotion hervorrufen. Kontakt und Wärme können zu Bindung führen; Schmerz kann zu Furcht führen. Die körperlichen Empfindungen werden durch physische Reize erzeugt und können ohne die entsprechende Emotion erlebt werden, sie können aber wichtig sein für die Emotion, die wiederum verstärkend auf sie zurückwirken kann.

Sind menschliche Gefühle unabhängig von Kognition?

Die These, Emotionen seien das Resultat von kognitiven Bewertungen, steht im Widerspruch zu der Auffassung des bedeutenden Sozialpsychologen R. B. Zajonc, für den Präferenzen und

Gefühle nicht von Schlußfolgerungen abhängig sind. Es mag zwar sein, daß sie nicht immer auf *bewußte* Schlußfolgerungen zurückgehen, doch irgendeine Art von kognitiver Bewertung scheint für die Entstehung von Emotionen entscheidend zu sein, eine These, die von Aristoteles vorgetragen und von modernen Emotionsforschern wie Stanley Schachter und George Mandler verteidigt wird.

Wenn Emotionen eine nichtsymbolische Form der Verhaltenssteuerung sind, dann haben sie logischerweise einen kausalen Einfluß auf das Verhalten. Sie sind kein bedeutungsloses Nebenprodukt und nicht eine Form von magischem Denken, wie der existentialistische Denker Jean-Paul Sartre gemeint hat. (Seltsam, wenn etwas für das menschliche Leben so Zentrales sich als der Appendizitis vergleichbar erwiesen hätte – als Entzündung eines überflüssigen mentalen Organs.) Emotionen können durchaus die Wahrnehmung beeinflussen. Jerome Bruner und Kollegen beobachteten in den fünfziger Jahren, daß die Erkennung von Wörtern, die kurzzeitig auf einen Schirm projiziert werden, länger dauert, wenn es um emotionsgeladene Wörter wie »Mistweib«, »Wut« oder »Krebs« geht. Sogar die Ortung eines Lichtpunktes, der einem Auge dargeboten wird, kann, wie Norman Dixon herausfand, beeinflußt werden von emotionalen Wörtern, die dem anderen Auge so undeutlich dargeboten werden, daß die Versuchsperson sich ihrer gar nicht bewußt wird. Diese Studien waren immer umstritten, doch könnten Prozessoren, die weiter unten in der Hierarchie angesiedelt sind, die Materialien zensieren, die als Inhalte ins Bewußtsein gelangen.

Entsprechende Phänomene zeigen, daß Emotionen auch das Gedächtnis beeinflussen können. Das klassische Experiment führte Francis Galton durch, der Universalgelehrte des 19. Jahrhunderts. Er stellte Listen von Wörtern zusammen, die er in eine Schreibtischschublade legte und vergaß. Später arbeitete er die Liste durch und bildete zu jedem Wort freie Assoziationen, das heißt, er las das Wort und reagierte mit dem ersten Wort, an das es ihn erinnerte. Von vielen seiner Reaktionen war er so schockiert, daß er darüber in seinem Untersuchungsbericht lediglich knapp bemerkte, sie hätten die normalerweise »verborgenen Tiefen« des Geistes enthüllt. Wie Gordon Bower und

Kollegen jetzt gezeigt haben, erinnern Menschen sich leichter an Ereignisse, die sie in einem emotionalen Zustand erlebt haben, wenn sie sich im selben Gefühlszustand befinden. Wenn man traurig ist, erinnert man sich eher an traurige als an glückliche Anlässe, wie Billie Holiday es in dem Lied ausdrückte: »It's easy to remember and so hard to forget«.

Der Kerngedanke dieser Studien ist, daß Kognition und Emotion kausal zusammenhängen und mit einer einzigen Theorie erklärt werden müssen. Wenn der Symbolverarbeitungsansatz die Gefühle nicht zu erklären vermag, muß er auch für die Kognition aufgegeben werden. Die unscheinbare Ratte hat vermutlich kein Modell von sich selbst und keinen Apparat der Selbstreflexion. Sie operiert (in der Terminologie des vorigen Kapitel) auf der Ebene 0: Sie konstruiert ein Modell ihrer Umwelt, das ihr Verhalten lenkt. Sie hat »ein dürftiges Bewußtsein« von der Welt, und sie hat Gefühle, die ihr Betriebssystem beeinflussen. Sie hat jedoch kein Bewußtsein von sich in bezug auf die Welt. Die entscheidende Frage ist: Wie sind die internen Signale von Bedürfnissen und Emotionen in einem Organismus verkörpert, der sehr wohl ein Selbst-Bewußtsein, der ein selbstreflexives Betriebssystem hat. Die Integration muß unversöhnliche Konflikte und andere Pathologien vermeiden, und sie muß zeigen, wie kulturelle Faktoren Eingang ins Gefühlsleben finden.

Eine Theorie der menschlichen Gefühle

Menschen sind sozial lebende Säugetiere; sie haben alle leiblichen und sozialen Ziele sozial lebender Säugetiere. Sie erleben folglich die fünf grundlegenden Klassen von Emotionen: Glück, Trauer, Wut, Furcht und Ekel. Es mag innerhalb dieser Klassen spezielle Ausprägungen geben, die von der jeweiligen Rolle des Einzelfalls abhängen; Liebe zum Beispiel ist eine Art von Glück, die aus der Bindung an einen anderen entspringt, doch könnte das Glück einer sexuellen Bindung auf einer anderen Art von Signal beruhen als das Glück einer elterlichen Bindung. Haß ist eine Art von Ekel. Er kann zu Wut führen, aber es besteht kein notwendiger Zusammenhang: Man kann Haß auf jemanden empfinden, ohne Wut zu empfinden; man kann wütend über jemanden sein, ohne ihn zu hassen. Allem Anschein nach haben Menschen keine anderen elementaren Emotionen als jene, die bei einfacheren sozial lebenden Säugetieren vorkommen. Zwar führen Scherze zu einer angeborenen Lachreaktion, die einzig die Menschen auszeichnet, doch ist die zugrunde liegende Emotion eine Art von Glück.

Die kognitive Bewertung, der eine elementare Emotion entspringt, kann überall in der Hierarchie der Prozessoren stattfinden. Geschieht dies weit unten in der Hierarchie, so kann es geschehen, daß der Inhalt der Bewertung nicht ins Bewußtsein dringt. Man empfindet dann eine Emotion ohne erkennbaren Anlaß. Man fühlt sich glücklich, traurig, wütend, ängstlich oder angeekelt, ohne daß man einen besonderen Grund für das Gefühl ausmachen könnte. Analog kann es geschehen, daß die Emotion ein Objekt hat, aber ebenfalls ohne ersichtlichen Grund entsteht. Man empfindet Liebe, Kummer, Wut, Furcht oder Haß gegenüber einem anderen, kann aber die Ursache nicht zuordnen.

Der Verhaltensforscher Eckhart Hess hat diesen Sachverhalt hübsch demonstriert: Versuchspersonen, denen man zwei scheinbar identische Bilder einer Person vorlegt, ziehen zuverlässig das eine dem anderen vor, können aber nicht sagen warum. Tatsächlich sind auf dem bevorzugten Bild die Pupillen der Person geweitet. Die Weitung der Pupillen erfolgt unwillkürlich und unbewußt, unter anderem, wenn man sich intensiv mit etwas Interessantem beschäftigt. Sie tritt, wie Patricia Wright und Danny Kahneman beobachtet haben, auch auf, wenn man sich an Sätze zu erinnern sucht. Wenn Sie jemanden mit geweiteten Pupillen sehen, ist das vielleicht ein Anzeichen für ein gesteigertes Interesse an Ihnen, und Ihr Wahrnehmungssystem kann die Tatsache unbewußt registrieren, dem Bewußtsein aber nur eine Emotion signalisieren, deren Objekt die betreffende Person ist. Sie finden diese Person attraktiver, ohne den Grund dafür zu kennen. Vielleicht liegt es daran, daß Spanierinnen früher Belladonna als Kosmetikum benutzten: es weitet die Pupillen.

Natürlich kommt es auch vor, daß elementare Emotionen unter voller Beteiligung des Bewußtseins entstehen, so daß derjenige, der sie empfindet, ihre Entstehung genau zu erklären vermag. Ein treffendes Beispiel liefert eine der Reiseerinnerungen Darwins, die zugleich die Rolle der Kultur bei bewußt entstandenen Emotionen verdeutlicht. Ein Eingeborener von Feuerland berührte das Büchsenfleisch, von dem Darwin aß, und zeigte Ekel vor seiner Weichheit; Darwin empfand Ekel darüber, daß jemand sein Essen berührt hatte. Dieser Vorfall zeigt, daß der Ekel, auch wenn er als Hauptkomponente das körperliche Empfinden der Übelkeit enthält, eine kulturell bestimmte Reaktion sein kann.

Menschen empfinden außer den elementaren noch viele weitere Emotionen. Ihre Ursprünge sind, so die These von Oatley und mir, die kognitiven Bewertungen des Bewußtseins – des Betriebssystems, das Zugang zu einem Modell des Selbst hat.

Bewußtsein und komplexe Emotionen

Gefühle sind der Treffpunkt von Geist, Körper und Verhalten. In ihnen fließt eine bewußte Erfahrung – oft mit Gedanken über deren wahrgenommene Ursache – mit verschiedenen körperlichen und hormonalen Veränderungen sowie mit charakteristischen Ausdrucksformen und Verhaltensweisen zusammen. Weshalb ist es für Sie wichtig, daß Sie sich Ihrer Gefühle bewußt sind? Ein Teil der Antwort besteht, wie wir gesehen haben, darin, daß das Bewußtsein die Wurzel Ihres willentlichen, intentionalen Verhaltens ist, das vom Zugang zu Ihrem Modell von sich selbst abhängig ist. Ein Gefühl kann Ihre Intentionen daher nur beeinflussen, wenn Sie sich seiner bewußt sind. Ein anderer Teil der Antwort besteht darin, daß gewisse Emotionen ihren Ursprung im Bewußtsein haben, da sie vom Modell des Selbst abhängen. Komplex sind diese Emotionen, weil sie ein emotionales Signal mit einer kognitiven Bewertung, die dem Betriebssystem entstammt, integrieren. Beide sind nicht voneinander zu trennen, und daher können Sie, anders als bei den Emotionen, die an einer anderen Stelle in der Hierarchie entspringen, eine komplexe Emotion wie Reue, Mitleid oder Eifersucht nicht empfinden, ohne sich der betreffenden kognitiven Bewertung bewußt zu sein.

Unter den komplexen Emotionen kann man grundsätzlich unterscheiden zwischen denen, die Sie zum Objekt haben, und denen, die andere zum Objekt haben. Diejenigen, deren Objekt Sie sind, können einer Bewertung Ihrer Situation in bezug auf Ihr Modell von sich selbst entspringen. Sie können zum Beispiel Stolz über sich selbst empfinden: Das emotionale Signal ist Glück, doch das subjektive Empfinden ist ein Bewußtsein, daß Sie etwas zuwege gebracht haben, jedenfalls nach den Maßstäben Ihres Modells von sich selbst. Sie können sich aber auch selbst bemitleiden (über Sie selbst traurig sein), sich über Sie selbst ärgern, Angst vor sich selbst oder Selbsthaß empfinden. Ein Gefühl, dessen Objekt Sie sind, kann auch einer Selbsteinschätzung im Verhältnis zu anderen entspringen. So können Sie zum Beispiel, wenn Sie sich mit anderen vergleichen, ein Gefühl der Zugehörigkeit (Glück), der Verlassenheit (Trauer), der Bitterkeit (Wut), der Verlegenheit (milde Furcht davor, daß Sie sich lächerlich machen) oder der Scham (Selbstekel) empfinden. Komplexe Emotionen, die andere Menschen zum Objekt haben, entspringen einer Bewertung Ihrer selbst im Verhältnis zu ihnen. Sie empfinden dann beispielsweise Ehrfurcht, Mitleid, Empörung, Scheu oder Eifersucht.

Das Modell, das Sie sich von Ihrem Selbst machen, und die Modelle, die Sie sich von anderen Menschen und von der Welt insgesamt machen, hängen von vielen Aspekten der Gesellschaft ab, in der Sie leben. Sie erwerben zum Beispiel einen kulturellen Hintergrund, aus dem komplexe Emotionen erwachsen. Die grundlegenden emotionalen Signale bleiben dieselben wie bei den elementaren Emotionen, aber sie können von Ereignissen erzeugt werden, die, gefiltert durch Ihren kognitiven Apparat, von den Details Ihrer kulturbedingten Erfahrung abhängen. So kann, was in einer Kultur Eifersucht hervorruft, in einer anderen als harmlos gelten.

Der Begriff der Gefühle

Gefühle beruhen auf körperlichen und emotionalen Signalen, können aber aufgrund kultureller Erfahrung kognitiv zu einer Vielzahl von Zuständen entwickelt werden, die in den menschlichen Sprachen vielfältige deskriptive Bezeichnungen tragen. Doch Sie empfinden nicht einfach Gefühle, Sie haben auch *Begriffe* von Gefühlen. Ein Begriff ist ein mentales Konstrukt – eine symbolische Repräsentation –, die es Ihnen ermöglicht, Ihre Erlebnisse einzuordnen.

Die polnische Linguistin Anna Wierzbicka hat versucht, grundlegende emotionale Begriffe wie »Trauer« zu definieren:

> X ist traurig = X empfindet das, was man empfindet, wenn man daran denkt, daß das, dessen Eintreten man ersehnt hat, nicht eingetreten ist und nicht eintreten wird.

Sie räumt jedoch ein, daß Gefühle nicht eine Struktur haben, die man in Worten wiedergeben kann. Außerdem kommt es vor, daß man traurig ist, ohne einen ersichtlichen (bewußten) Grund zu haben, oder daß man nicht traurig ist, obwohl man genau die Gedanken hat, die in Wierzbickas Definition beschrieben werden. Da elementare Gefühle Signale sind, die keine symbolische Struktur besitzen, kann es keine analytischen Begriffe von ihnen geben. Begriffe kann es nur von den Szenarien geben, in denen sie typischerweise auftreten – ihren Ursachen, Begleitumständen und Folgen. Was Kinder zum Beispiel lernen, ist, daß die Abwesenheit eines Menschen, zu dem sie eine starke Bindung haben, ein bestimmtes Gefühl hervorruft und daß sie deshalb weinen und sich von der Welt zurückziehen möchten. Sie lernen, daß dieses Gefühl im Deutschen »Traurigkeit« genannt wird. Wenn sie beobachten, daß andere Menschen in ähnlichen Situationen ähnliche Anzeichen erkennen lassen, schreiben sie ihnen dasselbe subjektive Erlebnis zu. Die beobachtbaren Anzeichen und Verhaltensweisen sind zwar notwendig, damit man lernt, wie emotionale Begriffe verwendet werden, doch sind sie nicht Bestandteil von deren Bedeutung. Sonst könnte man nicht sagen: »Ich bin grundlos traurig« oder »Ich bin traurig, auch wenn ich es nicht zeige«. Solche Bemerkungen wären dann zwangsläufig falsch.

Es gibt Begriffe von komplexen Emotionen, und zu ihrer Analyse gehört ein vollständiges Szenario. Reue zum Beispiel ist die Emotion der Trauer, die Sie empfinden, wenn Ihnen bewußt wird, daß Sie gegen Ihren eigenen moralischen Codex verstoßen haben.

Schlußfolgerungen

Ich habe in diesen beiden letzten Kapiteln eine Theorie der Architektur des Geistes vorgetragen. Der bewußte Geist beruht auf der seriellen Verarbeitung explizit strukturierter Symbole. Der unbewußte Geist beruht auf der parallelen Verarbeitung von verteilten symbolischen Repräsentationen. Die Verbindung zwischen körperlichen Bedürfnissen und Geist stellen Prozessoren in der Hierarchie her, die Substanzen im Körper überwachen und Signale verbreiten, die ganz und gar nicht symbolisch sind. Emotionale Empfindungen beruhen auf einem entsprechenden Kommunikationskanal innerhalb der Hierarchie. Sie bestehen nicht in der Wahrnehmung von körperlichen Reaktionen. Sie sind beispielsweise nicht deshalb traurig, weil Sie wahrnehmen, daß Sie weinen – eine Hypothese, die William James einmal vertreten hat. Auch beruhen Emotionen nicht auf einer allgemeinen Erregung, die von jeder kognitiven Bewertung von ihr, die zufällig zustande kommt, modifiziert werden kann – eine Hypothese, die Stanley Schachter und seine Kollegen einmal vertreten haben. Emotionen werden verursacht von kognitiven Bewertungen, die charakteristische interne Signale aussenden.

Manche Emotionen haben ihren Ursprung in unbewußten Prozessen. Es kommt sogar häufig vor, daß man gewisse Emotionen ohne erkennbaren Grund empfindet. Doch wie kommt es überhaupt, daß man Emotionen, die unbewußt entstehen können, bewußt erlebt? Eine schwierige Frage, weil ein evolutionärer Vorteil der Emotionen möglicherweise nur ihren körperlichen und verhaltensmäßigen Begleiterscheinungen zukam. Wenn jedoch ein emotionales Signal zum Betriebssystem vordringt, ruft es ein bestimmtes Gefühl hervor, und das zugrunde liegende Motiv kann das intentionale Verhalten beeinflussen. Außerdem entspringen bestimmte Emotionen dem Betriebssystem, weil sie vom Modell des Selbst abhängen.

Mit Recht räumen die Menschen den Gefühlen in ihrem Alltagsleben eine überragende Rolle ein. Die subjektive Komponente des mentalen Geschehens ist, anders als gewisse Materialisten behaupten, nicht ein irrelevanter »Geist in der Maschine«, den man durch die Erforschung der physiologischen Abläufe austreiben kann, sondern ein wichtiger Verhaltensantrieb. Gefühle beeinflussen das Handeln. Was die Menschen über sie denken und sagen, hat durchaus Hand und Fuß, jedenfalls ist es nicht, wie gewisse Skeptiker meinen, eine unzusammenhängende Ansammlung von Mythen aus der »Vulgärpsychologie«. Die laienhaften Begriffe sind unvollständig, weil viele Aspekte des Geistes sich der Introspektion entziehen und weil elementare Gefühle keine bedeutungstragende interne Struktur haben. Oft jedoch sind die gängigen Vorstellungen über die Ursachen von Gefühlen zutreffend, ebenso wie die Vorstellungen über Eifersucht, Reue und andere komplexe Emotionen.

In einem Rahmen, der die natürliche Auslese mit einer an der Symbolverarbeitung orientierten Auffassung des Geistes zusammenbringt, lassen sich die Gefühle erklären. In diesem Sinne könnte ein Roboter möglicherweise Gefühle haben. Man könnte ihn mit Prozessoren ausrüsten, die sein internes Milieu überwachen – und beispielsweise detektieren, daß sein Energievorrat zur Neige geht –, und mit anderen Prozessoren, die wichtige Ereignisse in seiner Umgebung detektieren, etwa das Vorliegen einer Gefahr. Diese Prozessoren würden an andere in der Hierarchie ein bestimmtes Signal aussenden. Je nach der Anzahl der Prozessoren, die ein Signal zu erreichen vermag, könnte es zum Betriebssystem vordringen, das die Handlungen des Roboters unter Bezugnahme auf ein Modell seiner Fähigkeiten festlegt. Das Signal wäre eine Instruktion, die direkt auf Prozessoren einwirkt, doch würde es keine einer höheren Ebene entsprechende symbolische Struktur besitzen. Computerprogrammierer sind mit entsprechenden Tricks durchaus vertraut. Aus einem Programm heraus, das in einer höheren Sprache geschrieben ist, kann eine in dem einfachen Maschinencode geschriebene Routine, die direkt den Computer steuert, aufgerufen werden, wenn sonst keine Möglichkeit besteht, in der höheren Sprache die gewünschten Operationen auszulösen. Die Entsprechung hinsichtlich bewußter mentaler Prozesse besteht darin, daß sie in den einfachen Code des Gehirns übersetzt werden können, aber nicht alle Instruktionen in diesem Code Instruktionen in der höheren Symbolsprache entsprechen.

Wenn das Betriebssystem des Roboters ein Signal erhält, daß seine Energie zur Neige geht, würde es dann so etwas wie Hunger auf Energie *empfinden*? Das Signal könnte mehr und mehr Prozessoren in der Hierarchie erfassen, so daß ein Konflikt zwischen ihnen und einem alternativen Plan der höchsten Ebene zugunsten der Suche nach einer Energiequelle gelöst würde. Das Betriebssystem würde etwas registrieren, das als spezifische Warnung funktioniert, intentionale Pläne zur Befriedigung des Bedarfs zu verfolgen. Die Warnung ist jedoch – jedenfalls für das Betriebssystem – ein Signal ohne interpretierbare Struktur. In diesem Sinne würde es wie ein Gefühl funktionieren. Dieselben Gefühle wie wir könnte ein Roboter nur dann empfinden, wenn er dieselben Bedürfnisse und sozialen Ziele hätte und von denselben internen Codes gesteuert würde wie wir. Doch sind Ihre subjektiven Empfindungen dieselben wie meine? Das könnten wir nur dann erfahren, wenn es möglich würde, Signale direkt von einem Nervensystem zum anderen zu schicken. Diese Möglichkeit liegt in weiter Ferne.

Weiterführende Literatur

Dieses Kapitel basiert teilweise auf Oatley und Johnson-Laird (1987). Oatley (1992) entwickelt die Theorie und zeigt, daß literarische Einsichten in die Welt der Emotionen innerhalb ihrer selbst erklärt werden können. Power und Champion (1986) behaupten, daß ein mangelhaftes Modell des Selbst zu chronischer Depression führen kann. Es gibt andere Versuche, Emotionen und Kognition zu integrieren, und Ausgangspunkte, von denen aus man sie erkunden kann, bieten Strongman (1982), Mandler (1984) sowie Ortony, Clore und Collins (1988). Simon (1967), Sloman (1987) und Mellor (1987) präsentieren unterschiedliche Auffassungen über den Zusammenhang zwischen Symbolverarbeitung und Emotionen. Eibl-Eibesfeldt (1971) beschreibt die Ethologie der menschlichen Emotionen; Changeux (1985) beschreibt das Zusammenspiel zwischen Neurotransmittern und Gehirn.

Ausklang

Menschen sind Tiere. (Darwin)
Tiere sind Maschinen. (Descartes)
Menschen sind Maschinen. (La Mettrie)

Sie werden sich vielleicht gegen diesen »mechanomorphen« Syllogismus sträuben. Sie werden vielleicht die eine oder andere seiner Prämissen ablehnen oder behaupten, Menschen seien eine besondere Art von Tier, eine Art, deren Handeln von bewußten Urteilen und Gefühlen bestimmt ist. Sie werden vielleicht, gleichgültig, welches Argument noch angeführt werden mag, darauf bestehen: *Aber Menschen haben doch einen freien Willen, sie haben moralische und spirituelle Werte, sie sind keine Maschinen! Schon der bloße Gedanke erniedrigt das Mysterium des Lebens. Wenn Menschen Maschinen wären, würden wir restlos verstehen können, wie sie funktionieren. Doch beispielsweise zu verstehen, warum wir jemanden lieben, hieße, unsere Liebe zu zerstören. Unsere Phantasie zu verstehen hieße, sie zu vernichten. Wenn Menschen Maschinen wären, könnten wir, wie Dostojewskij gesagt hat, vorhersagen, was jeder einzelne tun würde. Und das wäre entsetzlich, denn wir wären nicht länger frei. In Wahrheit ist der Gedanke unhaltbar, weil ich immer etwas tun kann, um jede Vorhersage über mein Verhalten zu widerlegen. Die Kognitionswissenschaft bemüht sich vergebens, Freiheit, Phantasie und Individualität zu zerstören.*

Diesem Aufschrei ließe sich ein Chor von Existentialisten, Phänomenologen und Hermeneutikern anfügen. Kognition, sagen sie, beruhe nicht auf mentalen Repräsentationen. Es gibt keine von uns unabhängige Welt: Die einzige Welt ist die, welche wir durch unsere Sprache erschaffen. Unser Diskurs besteht jedoch nicht in der Übermittlung von Informationen. Er ist eine

Form sozialen Handelns. Es gibt der hermeneutischen Lehre zufolge keinen objektiven Standpunkt, von dem aus wir unsere Überzeugungen prüfen könnten. Es gibt keine wörtlichen Bedeutungen: alles ist abhängig vom Kontext, also von dem gemeinsamen Hintergrundwissen von Sprecher und Hörer. Dieses Wissen, durch das Menschen die Welt intelligibel machen, kann nicht restlos explizit gemacht werden.

Diese Behauptungen sind von anderen wiederholt und bekräftigt worden. So sagt Hubert Dreyfus, ein hartnäckiger heideggerianischer Kritiker der Künstlichen Intelligenz, das Grundproblem, vor dem Forscher stünden, die menschliches Verhalten mit Hilfe von Computern simulieren wollen, bestehe darin, daß »alle Alternativen explizit gemacht werden müssen«. Im gleichen Sinne argumentieren der vormalige KI-Verfechter Terry Winograd und sein Kollege Fernando Flores, daß das Hintergrundwissen nicht in einer Menge von Propositionen bestehe, sondern in »unserer Grundorientierung der ›Sorge‹ um die Welt«. Der Sprachphilosoph John Searle hat dargelegt, daß ein Computerprogramm nichts verstehen und auch keine sonstigen kognitiven Zustände haben könne, weil die Binärziffern, mit denen es operiert, keine andere Interpretation hätten als die von den menschlichen Benutzern gelieferten. Nur Maschinen, die die kausalen Fähigkeiten des menschlichen Gehirns hätten, könnten wahrnehmen, verstehen und alle Eigenschaften des menschlichen Geistes zeigen. Nach Ansicht des Computerwissenschaftlers Joseph Weizenbaum gibt es vieles, was Menschen wissen und was einem Computer nicht zugänglich gemacht werden könne. Sie wissen Dinge, weil sie einen Körper haben und weil sie von anderen Menschen als Menschen behandelt werden. Außerdem haben sie Eingebungen, Ahnungen und kreative Prozesse, die auf dem unbewußten Geist beruhen, und das Unbewußte, so Weizenbaum, »kann nicht mit den Grundregeln der Informationsverarbeitung erklärt werden«. »Der Mensch ist keine Maschine. (...) wenn der Mensch auch mit Sicherheit Informationen verarbeitet, so doch nicht unbedingt in derselben Weise, wie es Computer tun«.

Die Skeptiker mögen recht haben. Ihre Einwände sind wertvoll, weil sie die Kognitionswissenschaftler auf die Probe stellen und deren Hybris dämpfen. Doch auch gegenüber den Skeptikern ist Skepsis angebracht. Sie produzieren nicht die Ideen, von denen sie sich ernähren, und gelegentlich irren sie, wie ich zu zeigen versuchen will. Ihre Einwände sind dreifacher Art: moralische, metaphysische und wissenschaftliche.

Das moralische Problem hat Weizenbaum klar formuliert: »Gleichgültig, wie intelligent man die Maschinen auch machen wird, es gibt bestimmte gedankliche Akte, die nur Menschen vorbehalten bleiben *sollten*.« Der Meinung bin ich auch. Es stört mich nicht, wenn Kontoauszüge von Computern erstellt werden, aber ich habe entschieden etwas dagegen, wenn es in ihrer Zuständigkeit liegt, den Dritten Weltkrieg auszulösen. Zur Zeit des Kalten Krieges berechneten sie die Wahrscheinlichkeit, daß die Sowjets Raketen gegen den Westen gestartet hatten, und sie waren in ihren Schätzungen nicht so zurückhaltend wie Menschen. Moralische Entscheidungen sollten von Menschen, nicht von Computern getroffen werden. Wie moralisch ist es dann, Computermodelle von Theorien des Geistes zu bauen? An den Projekten der Computerwissenschaft findet Weizenbaum nichts auszusetzen, aber er verurteilt bestimmte Projekte der Künstlichen Intelligenz-Forschung. Die automatische Spracherkennung lehnt er ab mit der Begründung, sie sei offenkundig ein irreversibler Schritt hin zur automatisierten Überwachung. Seine Argumentation ist aber nicht gerade überzeugend – hat er zum Beispiel etwas gegen Mikrochips, weil sie ein irreversibler Schritt hin zur automatisierten Kriegsführung sind?

In den Jahren, seit Weizenbaum diese Urteile fällte, hat die Forschung die von ihm befürchteten Ergebnisse nicht erreicht, und es hat andererseits Projekte in der Computerwissenschaft gegeben, gegen die er vermutlich etwas einzuwenden hätte, etwa im Rahmen der Strategischen Verteidigungsinitiative (SDI). Es besteht kein Anlaß, ausgerechnet die Künstliche Intelligenz auszusondern und mit Schmähungen zu überziehen. Davon abgesehen sollte man das Bestreben, den Geist zu verstehen, von der Frage trennen, wie mit Menschen umgegangen werden sollte, und von allen Bemühungen, sie durch Computer zu ersetzen.

Wenden wir uns der skeptischen Leugnung einer von Sprache und Denken unabhängigen Welt zu. Die Kognitionswissenschaft erforscht – um auf die fast ein Jahrhundert zurückliegenden Worte von William James zurückzukommen – den endlichen individuellen Geist, und sie nimmt an, daß es eine physikalische Welt in Raum und Zeit gibt, und sie geht davon aus, daß mentale Prozesse den Menschen erlauben, diese Welt wahrzunehmen, Gedanken und Gefühle zu haben und sich ihrer selbst bewußt zu sein. Diese Annahmen kann man in Frage stellen, doch wenn man sie diskutiert, betreibt man, wie James bemerkte, Metaphysik und begibt sich aus dem Bereich der Wissenschaft heraus.

Die Wissenschaft geht in der Weise vor, daß sie vereinfachende Annahmen über die Welt macht und das sich so ergebende, idealisierte Bild erklärt. Jede wissenschaftliche Theorie kann, soweit uns bekannt ist, in einem Computerprogramm modelliert werden. Ob dieses Programm dann das fragliche Phänomen *verkörpert*, steht auf einem anderen Blatt. Die Meteorologie kann, wie ich schon bemerkte, in einem Programm modelliert werden, doch das Wetter selbst kann nicht von einem Programm erzeugt werden. Die Skeptiker behaupten nicht, daß die Kognitionswissenschaft unmöglich sei. Sie behaupten in ihrer Mehrheit nicht, daß Programme nicht Theorien des Geistes modellieren könnten. (Ein Gegenbeispiel wäre gleichbedeutend mit einer Widerlegung von Turings Vermutung, die in Teil I beschrieben wurde.) Sie wenden sich vor allem gegen den »mechanomorphen« Syllogismus und gegen die Vorstellung, daß eine entsprechend programmierte Maschine Geist besitzen könnte.

John Searles Argument bezüglich der Sprache läßt die Möglichkeit zu, daß eine Theorie der Bedeutung in einem Computerprogramm modelliert wird, betont aber, daß Computer damit noch nicht die Sprache verstehen. Das Argument greift eine von David Lewis geltend gemachte und von anderen vielfach unterstrichene Feststellung auf: Eine formale Sprache entbehrt solange jeglicher Bedeutung, wie ihr nicht eine Interpretation zugewiesen wird. Die Feststellung ist richtig und in diesem Buch mehr als einmal getroffen worden (siehe Teil V). Computer werden natürliche Sprache solange nicht verstehen, wie sie sie nicht mit ihrem angemessenen Interpretationsbereich verknüpfen können. Roboter, die mit elektronischen Sinnesorganen und Wahrnehmungsprogrammen ausgestattet sind, besitzen eine gewisse Fähigkeit, Sprache mit der Welt zu verknüpfen (siehe Teil II), doch ein Diskurs über Moral, Gefühle und abstrakte Dinge entzieht sich ihnen. Wir kennen jedoch keinen Grund, der es prinzipiell ausschließen würde, daß man sie mit den Mechanismen ausstattet, die für Motive, innere Empfindungen und Bewußtsein erforderlich sind (siehe Teil VI).

Da die Wissenschaft vereinfachende Annahmen über die Welt macht, stellt die These, daß es nicht möglich sei, Wissen vollständig explizit zu machen, für die Kognitionswissenschaft keine Gefahr dar. Das ist aber in der langen Geschichte dieser These irrtümlich des öfteren behauptet worden. Der Linguist Leonard Bloomfield behauptete in den zwanziger Jahren, eine wissenschaftliche Analyse der Bedeutung werde es nie geben, weil sie das gesamte Wissen berücksichtigen müsse. Die Philosophen Jerry Katz und Jerry Fodor trugen in den sechziger Jahren eine Theorie der wörtlichen Bedeutung vor, behaupteten aber, eine wissenschaftliche Analyse der Auswirkungen des Kontexts werde es nie geben, weil sie das gesamte Wissen berücksichtigen müsse. Tatsächlich wurden später Theorien darüber formuliert, wie der Kontext Interpretationen leitet. Es mag sein, daß die ungeheure Menge des Wissens es uns schwer oder gar unmöglich macht, intelligente Maschinen zu bauen (außer durch die ursprüngliche biologische Methode). Für die Durchführbarkeit der Kognitionswissenschaft ist das ohne Belang.

Aber stimmt es denn, daß es nicht möglich sei, Wissen vollständig explizit zu machen? Eine Antwort darauf lautet, daß Menschen der lebende Beweis dafür sind, daß die Operation möglich ist: Sie haben endliche Gehirne, und sie erwerben nur eine endliche Menge von Wissen. Und einige Kognitionswissenschaftler haben damit begonnen, dessen Inhalt auseinanderzuklauben. Es gibt Untersuchungen über das lexikalische Wissen von George Miller, Ray Jackendoff und anderen, Studien über die naive Physik des Alltags von Pat Hayes und das CYC-Projekt von Guha und Lenat, eine massive enzyklopädische Datenbasis des Allgemeinwissens zu schaffen. Das Unternehmen ist ungemein zeitraubend, doch sollte es unüberwindliche Schranken dafür geben, so sind sie bislang noch nicht entdeckt worden.

Eine grundsätzlichere Möglichkeit ist, daß eine *explizite* Repräsentation von Wissen gar nicht nötig ist, um intelligente Maschinen zu bauen. Das Gehirn selbst repräsentiert möglicherweise einen Großteil seines Wissens in einer impliziten Repräsentation, die auf paralleler verteilter Verarbeitung basiert (siehe Teil III). Programme für den Erwerb solchen Wissens würden explizite Analysen überflüssig machen. Verteilte Verarbeitung könnte auch die Antwort auf Weizenbaums Behauptung sein, der unbewußte Geist arbeite nicht wie ein Computer. Es mag sein, daß er nicht wie ein herkömmlicher Digitalrechner arbeitet, aber es besteht kein Grund zu der Annahme, daß sein Operationsmodus sich nicht rechnerisch modellieren läßt.

Manche Skeptiker behaupten, die Kognitionswissenschaft sei unmöglich, weil Menschen sich unvorhersehbar verhalten. Dies ließe sich jedoch auch gegen die Physik einwenden. Viele einfache deterministische Systeme – vom tropfenden Wasserhahn bis zu Billardkugeln, die voneinander abprallen, verhalten sich in einer Weise, die sehr schnell nicht mehr vorhersehbar ist. Doch niemand nimmt ernsthaft an, daß die Physik unmöglich sei. Es gibt sogar einen Zweig der Physik, der von der Unmöglichkeit einer Vorhersage ausgeht: die Chaostheorie. Man wirft fälschlich zwei Arten von Vorhersagen durcheinander: solche, die die genauen Details dessen betreffen, was demnächst passieren wird, und solche, die die Überprüfung wissenschaftlicher Hypothesen betreffen. Die moderne Synthese von Genetik und natürlicher Auslese erklärt, wie Arten durch Evolution entstehen, und die Vorhersagen der Theorie haben viele empirische Tests bestanden, doch kann sie nicht vorhersagen, was für neue Arten sich demnächst entwickeln werden.

Die meisten Menschen sind, wie ich am Beginn des Buches bemerkte, überzeugt, daß ihr Handeln von ihren bewußten Gefühlen und Urteilen bestimmt ist und daß sie einen freien Willen haben. Der vielleicht überraschendste Aspekt der Kognitionswissenschaft ist, daß sie diese Überzeugung nicht aufzugeben braucht: Im Rahmen eines Symbolverarbeitungsansatzes können Gefühle und freier Wille erklärt werden. Auch ein nicht-deterministisches System kann vollständig verstanden werden, obwohl es nicht möglich ist, sein Verhalten im einzelnen vorherzusagen (siehe Teil IV). Daß die Erklärung durch den Symbolverarbeitungsansatz sich durchaus mit dem freien Willen vereinbaren läßt, zeigt, wie verfehlt die Annahme ist, die Psychologie diene dazu, das individuelle Verhalten vorherzusagen und zu steuern. Keine Wissenschaft vermag vorherzusagen, was Ihre Phantasie hervorbringen wird, was Sie über die Menschen, denen Sie begegnen, denken werden oder was Sie bei diesem oder jenem Anlaß tun werden. Die Kognitionswissenschaft ist keine Gefahr für Ihre Freiheit und Menschenwürde.

Eine wichtige Lehre aus dem Studium des Geistes ist die, daß man mehrere Ebenen der Erklärung braucht. Nötig ist eine allgemeine Theorie darüber, was der Geist berechnet, eine Theorie über das Programm, mit Hilfe dessen die Berechnungen durchgeführt werden, und eine Theorie darüber, wie das Programm im Nervensystem implementiert ist. Diese Einsicht steht der Auffassung entgegen, alle psychologischen Erklärungen würden letztlich auf Erkenntnisse der Neurophysiologie – oder der Biochemie – oder der Chemie – oder der Physik reduziert werden. Umgekehrt besteht keine Gefahr, daß die Kognitionswissenschaft soziale und kulturelle Phänomene auf Erklärungen in ihrem Sinne reduzieren wird. Sie erkennt die Notwendigkeit an, Theorien für die ökonomische, soziologische und kulturelle Ebene zu bilden. Diese Theorien sollten nicht im Widerspruch zu dem stehen, was wir über die Funktionsweise des Geistes wissen – so wie sie auch nicht im Widerspruch zu den Gesetzen der Physik stehen sollten –, sie sind aber auch nicht durch Erklärungen von mentalen Operationen zu ersetzen.

Als der Behaviorismus aufkam, glaubte man, daß die Psychologie endlich die richtige Richtung eingeschlagen habe. Erst vierzig Jahre später wurde den meisten Psychologen klar, daß sie in einer Sackgasse gelandet waren. Wird der Kognitionswissenschaft ein ähnliches Ende beschieden sein? Möglich ist es. Ihre Forscher werden, was die wahre Natur des menschlichen Geistes betrifft, niemals Gewißheit haben: Ihr Verständnis wird, wie das aller Wissenschaftler, immer nur vorläufig sein. Dennoch – und ich hoffe, daß der Inhalt dieses Buches das gezeigt hat – sind sie ein gutes Stück vorangekommen, indem sie den Geist wie eine Maschine aufgefaßt haben. Jedes Kapitel dieses Bemühens (und des Buches) hat Geheimnisse und Rätsel offengelassen: Welcher Mechanismus ist etwa im Spiel, wenn wir die Funktion eines nicht vertrauten Objekts wahrnehmen, wenn uns eine assoziierte Idee einfällt, wenn wir einen Sprachlaut erkennen oder eine Grammatik erwerben? Für keine dieser Fähigkeiten haben wir bislang ein befriedigendes Arbeitsmodell. Theorie und Experiment werden sich möglicherweise in einem noch nicht absehbaren Maße verändern müssen, ehe wir eines erhalten. Doch wenn Turing recht hatte mit seiner Annahme, daß jede effektive Prozedur sich reduzieren läßt auf die Operationen eines seiner einfachen Automaten, dann lege ich mich ungeachtet aller denkbaren Veränderungen gern auf die Vorhersage fest, daß kein anderer Bezugsrahmen das Konzept der Berechnung verdrängen wird.

Die Kognitionswissenschaft verändert bereits die Welt, in der wir leben. Ihre unmittelbarsten Anwendungen sehen wir in der Entwicklung von intelligenter Software und einer humanen Technik. Ich hoffe, daß sie neue Ideen zur Psychopathologie hervorbringen und daß es ihr gelingen wird, Freuds wirklich dem 19. Jahrhundert verhaftete Auffassung der Neurose durch eine Erklärung zu ersetzen, die wirksamere Formen der Psychotherapie ermöglicht. Es ist jedoch damit zu rechnen, daß die am Symbolverarbeitungsansatz orientierte Auffassung des Geistes sich auf andere, noch überraschendere Weise entfalten wird. Sie könnte sogar unser Bild vom Menschen verändern. Mit Sicherheit wird sie unsere Auffassung von Maschinen verändern. Eine Maschine – das war einmal eine Uhr, eine Dampfmaschine oder ein Dynamo, eine Vorrichtung zur Umwandlung von Energie aus einer Form in die andere. Der Computer ist etwas ganz anderes als die rasselnden Monster des mechanischen Zeitalters, und der Begriff der Berechnung in der Kognitionswissenschaft geht über die konventionellen Operationen eines Digitalrechners hinaus. Der kognitive Computer ist eine Vorrichtung zur Umwandlung von Energie in Symbole, von Symbolen in Symbole und von Symbolen in Handlungen.

Das kognitive Rechnen wirft viele philosophische Fragen auf. Es legt uns eine Alternative zu den traditionellen Philosophien des Geistes nahe: Mentale Prozesse sind die Berechnungen des Gehirns. Diese These ist unvereinbar mit der dualistischen Philosophie, für die Geist und Materie unabhängige Bereiche sind. Sie ist aber auch unvereinbar mit dem Materialismus wie dem Idealismus, die traditionell den einen oder anderen Bereich außer acht gelassen haben. Sie impliziert, daß bestimmte Formen der Organisation von Materie das Auftreten von Prozessen ermöglichen, die Ereignisse, welche sich anderswo in der Welt abspielen, repräsentieren. Sie impliziert außerdem, daß die materielle Beschaffenheit des Computers keine Rolle spielt. Die Art und Weise, wie er seine Berechnungen realisiert, ist immateriell – und unerheblich. Worauf es ankommt, ist die Organisation dieser Prozesse. Diese Philosophie setzt an die Stelle der unsterblichen Seele eine andere Form von Unsterblichkeit. Es besteht die entfernte Möglichkeit, daß die Berechnungen eines menschlichen Geistes in einem anderen Medium als einem Gehirn eingefangen werden könnten. Ein Faksimile einer menschlichen Persönlichkeit könnte in einem Computerprogramm aufbewahrt werden. Alle Lebewesen geben in ihren Genen ein sich selbst reproduzierendes Programm an ihre Nachkommen weiter. Menschen können zusätzlich in Büchern, Bildern, Theorien und sonstigen kulturellen Artefakten gewisse Spuren von sich hinterlassen. Wir sind mit der Vorstellung vertraut, daß man durch die Interaktion mit solchen Artefakten ein gewisses Verständnis für eine längst verstorbene Person gewinnen kann. Die Idee, mit der dynamischen Repräsentation des Intellekts und der Persönlichkeit eines Menschen zu interagieren, ist hinreichend neu, um Beunruhigung auszulösen. Sie wirft ihre eigenen moralischen, metaphysischen und wissenschaftlichen Fragen auf.

Danksagungen

Ohne die Mitwirkung vieler Menschen wäre dieses Buch nicht entstanden. Helen Fraser bei Fontana und Patricia Williams bei Harvard University Press haben mich davon überzeugt, daß ich mir dieses Projekt zutrauen sollte. Sie sowie ihre Kollegen Stuart Proffitt und Michael Aronson haben Abschnitte des Buches gelesen und mir wertvolle Ratschläge und Ermutigungen zuteil werden lassen.

Sechs Menschen haben die gesamte Rohfassung des Buches gelesen. Meine Kollegin Ruth Byrne hat sie sorgfältig durchgekämmt und viele Fehler aufgespürt; sie hat außerdem bei vielen anderen Aufgaben mitgewirkt, von der Prüfung der Literaturhinweise bis zum Testen von Versuchspersonen. Die Begeisterung, mit der Geoffrey Hawthorn meine Bemühungen begleitet hat, hat mich immer dann, wenn ich es brauchte, bestärkt. Keith Oatley hat das Thema des Buches klarer erfaßt als ich und mir geholfen, es expliziter darzustellen. Stuart Sutherland hat wie immer viele stilistische und inhaltliche Mängel geglättet, meine Sicht des Sehens korrigiert und mich überzeugt, daß ich Probleme, von denen ich glaubte, sie gelöst zu haben, nicht gelöst hatte. Steven Pinker zwang mich, noch einmal über den »Konnektionismus« nachzudenken, die formale Lerntheorie klarer darzustellen und meine Beschreibung der Transformationsgrammatik umzuformulieren. Und Bernard Williams, bei dem ich vor dreißig Jahren Logik studiert hatte, brachte mir einige neue Lektionen bei, indem er allerlei häßliche philosophische Probleme aufdeckte, die ich geschickt überspielt hatte. Mein Dank an alle diese Leser. Durch ihre Bemühungen ist die endgültige Fassung besser geworden, doch konnte (und – ganz selten – wollte) ich ihren Ratschlägen nicht in allen Punkten folgen; die Verantwortung für die Endfassung liegt also allein bei mir.

Sehr geholfen hat mir ferner der Ratschlag einer Reihe von Experten, die das eine oder andere Kapitel, in dem Gegenstände ihres Fachgebiets behandelt werden, gelesen haben. Sie haben mich vor etlichen peinlichen Schnitzern bewahrt, wenngleich ich in dem Bemühen, diejenigen, die sie entdeckt haben, zu korrigieren, gewiß viele weitere eingefügt habe. Ich führe, wie es bei wissenschaftlichen Zeitschriften bisweilen geschieht, die Namen dieser Kritiker an:

John R. Anderson
Tony Anderson
Alan Baddeley
Alison Black
Donald Broadbent
Anne Cutler
John Gammack
Geoff Hinton
Ben Johnson-Laird
Christopher Longuet-Higgins

William Marslen-Wilson
Don Norman
Roy Patterson
Kim Silverman
Lolly Tyler
John Wann
Roger Watt
Alan Wing
Richard Young

Viele weitere Kollegen haben mir in unerdenklich vielfältiger Weise geholfen, und ich bin Jeremy Butterfield, Martin Conway, Thomas Green, Hugh Mellor, Tony Marcel, Denis Norris, Karalyn Patterson und Tim Shallice für viele anregende Diskussionen im Laufe der Jahre zu Dank verpflichtet. Mein Dank gilt auch Peter Wason, meinem Doktorvater, der großes Interesse an dem Projekt bewies, sowie vier Gruppen langjähriger Mitarbeiter: Bruno Bara von der Universität Turin, Alan Garnham und Jane Oakhill von der Universität von Sussex, Paolo und Maria Legrenzi sowie Vittorio Girotto von der Universität Triest und der Universität Padua und schließlich Patrizia Tabossi von der Universität Bologna. Dank schulde ich auch meinem Bruder Andy Johnson-Laird von der Johnson-Laird, Inc. in Portland, Oregon, der bei Computerproblemen, ob Hardware oder Software, als Einmann-Operationsteam immer zur Stelle war.

Dem Medical Research Council und Alan Baddeley, dem Direktor der Applied Psychology Unit in Cambridge, danke ich für die Schaffung einer angenehmen Atmosphäre und die Bereitstellung all der Einrichtungen, auf die ich angewiesen war, um meinen Forschungen auf dem Gebiet der Kognitionswissenschaft nachzugehen und dieses Buch zu schreiben. Das Personal der Unit war überaus hilfsbereit. Alan Copeman besorgte die Fotografien; Carmen Frankl zeichnete die Original-Abbildungen (mein Sohn Ben und der »Mac« entwarfen viele Erstentwürfe); Ann Edwards und Jill Ethridge standen ständig am Kopiergerät; Sharon Gamble besorgte die Korrespondenz; und Lillian Astell sorgte dafür, daß alles reibungslos lief.

Den Anstoß zu dem Buch gaben zwei Graduiertenkurse, die ich 1985 an der Stanford-Universität und 1986 an der Princeton-Universität hielt. Man lehrt natürlich, um zu lernen, und die Studenten brachten mir zu Bewußtsein, daß das Thema einen tieferen Zusammenhang besitzt. Ewart Thomas, dem Präsidenten des Psychologie-Departments in Stanford, und seinen Kollegen Gordon Bower, Herb und Eve Clark sowie Amos und Barbara Tversky danke ich für eine wunderbare intellektuelle Erfahrung. Dankbar bin ich auch Joel Cooper, dem ehemaligen Präsidenten des Psychologie-Departments in Princeton, der mich zu einer Gastprofessur einlud und mich dann dazu überredete, in die Fakultät einzutreten. Viele haben sich in Princeton größte Mühe gegeben, daß ich mich dort wie zu Hause fühlte. Der Platz reicht nicht aus, alle zu erwähnen, aber festhalten muß ich meinen Dank an Carol Colby, John Darley, Kay Deaux, Bob Freidin, Sam Glucksberg, Steve und Catherine Hanson, Gil Harman, Ned Jones, Marcia Johnson, Judy Kegl, Ron Kinchla, Carl Olson, Amy Pierce, Eldar Shafir, Sue Sugarman, Paul Thagard und Edwin Williams. Einem weiteren Freund in Princeton muß ich meinen Dank abstatten: George Miller. Er ist einer der Begründer der Kognitionswissenschaft, und er war es, der mir 1971 so großzügig als Fremdenführer erstmals dieses Gebiet erschloß und von dem ich weiterhin lerne. Ich schulde ihm unendlichen Dank.

Schließlich hat meine Familie, ungeachtet eines allgemeinen Aufstöhnens, als das Projekt angekündigt wurde, Nachsicht mit mir geübt, und sie alle haben einzelne Kapitel gelesen, Literaturhinweise überprüft und, das Wichtigste von allem, mir eine kurze Psychotherapie angedeihen lassen, wann immer es nötig war. Dank an Mo, Ben und Dorothy.

Phil Johnson-Laird

Literaturhinweise

Ades, A. E./Steedman, M. J., On the order of words. Linguistics and Philosophy 4 (1982), S. 517–558.
Adrian, E. D./Yealland, L. R., The treatment of some common war neuroses. Lancet, Juni 3–24 (1917).
Aleksander, I./Burnett, P., Reinventing Man: the Robot becomes Reality. London 1983.
Allen J., Speech synthesis from unrestricted text. In: F. Fallside/W. A. Woods, (Hg.), Computer Speech Processing. London 1986.
Altmann, G. T. M., Parsing and interpretation: An introduction. Language and Cognitive Processes 4 (1989) S. 1–19.
Anderson, J. R., Language, Memory, and Thought. Hillsdale/NJ 1976.
Ders., The Architecture of Cognition. Cambridge/Mass. 1983.
Angluin, D., Inductive inferences of formal languages from positive data. Information and Control 45 (1980), S. 117–135.
Aristoteles. De Memoria. In: D. Ross (Hg.), The Works of Aristotle. Oxford 1959.
Aristoteles, Rhetorik. München, 5. Aufl. 1995.
Armstrong, S. L./Gleitman, L. R./Gleitman, H., What some concepts might not be. Cognition 13 (1983), S. 263–308.
Asimov, I. (1968), Ich, der Robot. München 1978.
Atal, B. S./Hanauer, S. L., Speech analysis and synthesis by linear prediction of the speech wave. Journal of the Acoustical Society of America 50 (1971), S. 637–655.
Austin, J. L., How to Do Things with Words. Oxford 1962.

Bach, K./Harnish R. M. Linguistic Communication and Speech Acts. Cambridge/Mass. 1979.
Bacon, F. (1620), Neues Organon. Erstes und zweites Buch. Hamburg 1990.
Baddeley, A. D., Your Memory: a User's Guide. Harmondsworth/Middx 1983.
Ders., Human Memory: Theory and Practice. Needham Heights/Mass. 1990.
Ders./Hitch, G., Working memory. In: G. Bower (Hg.) The Psychology of Learning and Motivation, Vol. 8, London 1974.
Bara, B. G./Carassa, A. G./Geminiani, G. C., Inference processes in everyday reasoning. In: Plander, D. (Hg.), Artificial Intelligence and Information-Control Systems of Robots. Amsterdam 1984.
Bar-Hillel, Y./Carnap, R. (1952), An outline of a theory of semantic information. In: Y. Bar-Hillel, Language and Information. Reading/Mass. 1964.
Barlow, H. B., Cerebral cortex as model builder. In: D. Rose/V. G. Dobson (Hg.), Models of the Visual Cortex. London 1985.

Barthes, R. (1972), Mythen des Alltags, Frankfurt a. M. 1988.
Bartlett, F. C., Remembering: a Study in Experimental and Social Psychology. Cambridge 1932.
Barwise, J./Etchemendy, J., Model-theoretic semantics. In: Posner, M. I. (Hg.), Foundations of Cognitive Science. Cambridge/Mass. 1989.
Barwise, J./Perry, J. (1983), Situationen und Einstellungen. Grundlagen der Situationssemantik, Berlin 1987.
Beck, A. T., Kognitive Verhaltenstherapie bei Angst und Phobien. Eine Anleitung für Therapeuten, Tübingen 1981.
Berkeley, G. (1975), Philosophisches Tagebuch, Hamburg 1979.
Berlin, B./Kay, P., Basic Color Terms: Their Universality and Evolution. Berkeley 1969.
Bernstein, N., The Coordination and Regulation of Movement. London, 1967.
Berwick, R. C. (1985), The Acquisition of Syntactic Knowledge. Cambridge/Mass. 1985.
Berwick. R. C., Learning from positive-only examples: the subset principle and three case studies. In: Michalski/Carbonell/Mitchell (1986).
Biederman, I., Higher-level vision. In: Osherson, D. N./Kosslyn, S. M./Hollerbach, J. M. (Hg.), An Invitation to Cognitive Science, Vol. 2: Visual Cognition and Action. Cambridge/Mass. 1990.
Bisiach, E./Luzzatti, C., Unilateral neglect of representational space. Cortex 14 (1978), S. 129–133.
Bisiach, E./Marcel, A. J. (Hg.), Consciousness in Contemporary Science. Oxford 1987.
Black, A./Freeman, P./Johnson-Laird, P. N., Plausibility and the coherence of discourse. British Journal of Psychology 77 (1986), S. 51–62.
Black, M., Induction. In: P. Edwards (Hg.), The Encyclopedia of Philosophy. New York 1967.
Blakemore, C., The representation of three-dimensional visual space in the cat's striate cortex. Journal of Physiology 209 (1970), S. 155–178.
Block, N. (Hg.), Imagery. Cambridge/Mass. 1981.
Bloomfield, L., A set of postulates for the science of language. Language 2 (1926), S. 153–164.
Boakes, R. A., From Darwin to Behaviourism: Psychology and the Minds of Animals. Cambridge 1984.
Boden, M. A., Artificial Intelligence and Natural Man, Sussex 1977.
Dies., Die Flügel des Geistes. Kreativität und künstliche Intelligenz. München 1992.
Booker, L. B./Goldberg, D. E./Holland, J. H., Classifier systems and genetic algorithms. In: Carbonell, J. (Hg.), Machine Learning: Paradigms and Methods. Cambridge/Mass. 1990.
Bower, G. H./Cohen, P., Emotional influences in memory and thinking: data and theory. In: Clarke, M. S./Fiske, S. T. (Eds.), Affect and Cognition. Hillsdale/NJ 1982.
Bowerman, M., The acquisition of word meaning: an investigation of some current concepts. In: Johnson-Laird/Wason (1977).

Brady, J. M., Representing shape. In: L. Gerhardt/J. M. Brady (Hg.), Robotics. New York 1983.

Ders./Hollerbach, J. M./Johnson, T. L./Lozano-Pérez, T./Mason, M. T. (Hg.), Robot Motion: Planning and Control. Cambridge/Mass. 1982.

Braine, M. D. S., On the relation between the natural logic of reasoning and standard logic. Psychological Review 85 (1978), S. 1–21.

Brame, M. K. Base Generated Syntax. Seattle 1978.

Broadbent, D. E., Perception and Communication. Oxford 1958.

Ders., D. E., Decision and Stress. London 1971.

Ders., The Maltese cross: a new simplistic model for memory. Behavioral and Brain Sciences 7 (1984), S. 55–94.

Ders., Simple models for experimental situations. Unpublished paper, Department of Experimental Psychology, Oxford 1985.

Brooks, R. A., A robot that walks: emergent behaviors from a carefully evolved network. Neural Computation 1 (1989), S. 253–262.

Brown, R./McNeill, D., The »tip of the tongue« phenomen. Journal of Verbal Learning and Verbal Behavior 5 (1966), S. 325–337.

Bruce, V./Green, P., Visual Perception. 2. Aufl. Hillsdale/NJ 1990.

Bruner, J. S. (1983), Das Unbekannte denken. Autobiographische Essays. Stuttgart 1990.

Ders./Goodnow, J. J./Austin, G. A., A Study of Thinking. New York 1956.

Bryan, W. L./Harter, N., Studies in the physiology and psychology of the telegraphic language. Psychological Review 4 (1897), S. 27–53.

Bryson, A. E./Ho, Y-C. Applied Optimal Control. New York 1969.

Byrne, R. M. J., The contextual nature of conditional reasoning. Unpublished Ph. D. thesis, Trinity College Dublin 1987.

Campbell, D., Blind variation and selective retention in creative thought as in other knowledge processes. Psychological Review 67 (1960), S. 380–400.

Carey, S., Conceptual Change in Childhood. Cambridge/Mass. 1985.

Carey, S./Gelman, R. (Eds.), The Epigenesis of Mind: Essays on Biology and Cognition. Hillsdale/NJ 1991.

Carlson, G./Tanenhaus, M. K. (Hg.), Linguistic Structure in Language Processing. New York 1989.

Chaffin, R./Herrmann, D. J., The diversity and similarity of semantic relations. Memory and Cognition 12 (1984), S. 134–141.

Changeux, J-P., Der neuronale Mensch. Wie die Seele funktioniert – die Entdeckungen der neuen Gehirnforschung. Reinbek 1984.

Chapman, D./Agre, P., Pengi: An implementation of a theory of situated action. Proceedings of the American Association for Artificial Intelligence (1987), AAAI-87.

Cheney, D. R./Seyfarth, R. M., Selective forces affecting the predator alarms calls of vervet monkeys. Behavior 76 (1981), S. 25–61. (Siehe auch Seyfarth/Cheney/Marler, 1980).

Cheng, P. N./Holyoak, K. J. Pragmatic reasoning schemas. Cognitive Psychology 17 (1985), S. 391–416.

Chomsky, N. (1957) Strukturen der Syntax. Berlin 1973.
Ders., On certain formal properties of grammars. Information and Control 2 (1959), S. 137–167.
Ders., Formal properties of grammars. In: R. D. Luce, R. R. Bush/E. Galanter (Hg.), Handbook of Mathematical Psychology, Vol. II. New York 1963.
Ders., Aspects of the Theory of Syntax. Cambridge/Mass. 1965.
Ders., Regeln und Repräsentationen. Frankfurt a. M. 1981.
Ders., Some Concepts and Consequences of the Theory of Government and Binding. Linguistic Inquiry Monograph 6. Cambridge/Mass. 1982.
Ders./Halle, M., The Sound Pattern of English. New York 1968.
Church, A., A note on the Entscheidungsproblem. Journal of Symbolic Logic 1 (1936), S. 40–41 u. 101–102. Ern. in: M. Davis (Hg.), The Undecidable. Hewlett/NY 1965.
Churchland, P. M./Churchland, P. S., Functionalism, qualia, and intentionality. Philosophical Topics 12 (1981), S. 1.
Churchland, P. S./Sejnowski, T. J. (1992), Das rechnende Gehirn. Wiesbaden 1995.
Clark, H. H., Bridging. In: Johnson-Laird/Wason (1977).
Ders., Responding to indirect speech acts. Cognitive Psychology 11 (1979), S. 430–477.
Ders./Lucy, P., Understanding what is meant from what is said: a study in coversationally conveyed requests. Journal of Verbal Learning and Verbal Behavior 14 (1975), S. 56–72.
Ders./Schunk, D. H., Polite responses to polite requests. Cognition 8 (1980), S. 111–143.
Clowes, M., On seeing things. Artificial Intelligence 2 (1971), S. 79–116.
Cohen, P. R./Morgan, J./Pollack, M. E. (Hg.), Intensions in Comunication. Cambridge/Mass. 1990.
Ders./Perrault, C. R., Elements of a plan-based theory of speech acts. Cognitive Science 3 (1979), S. 177–212.
Coltheart, M./Patterson, K./Marshall, J. C. (Hg.), Deep Dyslexia. London 1980.
Craik, K., The Nature of Explanation. Cambridge 1943.
Craik, K., Theory of human operator in control systems. 1. The operator as an engineering system. British Journal of Psychology 38 (1947), S. 56–61.
Crain, S./Steedman, M. J., On not being led up the garden path: the use of context by the psychological syntax parser. In: Dowty/Karttunen/Zwicky (1985).
Crick, F./Asanuma, C., Certain aspects of the anatomy and physiology of the cerebral cortex. In: McClelland/Rumelhart and the PDP Research Group, Vol. 2 (1986).
Ders./Koch, C., The problem of consciousness. Scientific American 267, 3 (1992), S. 152–159.
Cutler, A., Phoneme-monitoring reaction time as a function of preceding intonation contour. Perception and Psychophysics 20 (1976), S. 55–60.

Ders./Foss, D. J., On the role of sentence stress in sentence processing. Language and Speech 20 (1977), S. 1–10.
Ders./Isard, S. D. (1980), The production of prosody. In: B. Butterworth (Hg.), Language Production, Vol. I., London 1980.
Ders./Norris, D., Syllable boundaries and stress in speech segmentation. Paper presented to the 109th meeting of the Acoustical Society of America, Austin, Texas (1985).

Darwin, C. (1871), The Descent of Man. London.
Ders. (1872), The Expression of the Emotions in Man and the Animals. London.
Ders./Turvey, M. T./Crowder, R. G., An auditory analogue of the Sperling partial report procedure: evidence for brief auditory storage. Cognitive Psychology 3 (1972), S. 255–267. (Siehe Sperling, 1960).
Davies, D. J. M./Isard, S. D., Utterances as programs. In: D. Michie, Hg., Machine Intelligence, Vol. 7., Edinburgh 1972.
Davis, R./Lenat, D. B., Knowledge-based Systems in Artificial Intelligence. New York 1982.
Denes, P. B./Pinson, E. N., The Speech Chain. New York 1973.
Dennett, D. C., Ellenbogenfreiheit. Die erstrebenswerten Formen freien Willens. Frankfurt a. M. 1985.
Ders., Philosophie des menschlichen Bewußtseins. Hamburg 1994.
Descartes, R. (1637) Discours de la méthode. Von der Methode des richtigen Vernunftgebrauchs und der wissenschaftlichen Forschung. Hamburg 1960; Nachdr. 1969.
Ders. (1649), Les passions de l'âme. Die Leidenschaften der Seele. Hamburg 1984.
Devlin, K., Logic and Information. Cambridge 1991.
de Vries, J. V. (1604), Perspective. New York 1968.
Dickinson, A., Contemporary Animal Learning Theory. Cambridge 1980.
Dinsmore, J. (Hg.), The Symbolic and the Connectionist Paradigms: Closing the Gap. Hillsdale/NJ 1992.
Dixon, N., Subliminal Perception: the Nature of a Controversy. London 1971.
Dostojewskij, F. M. (1864), Aufzeichnungen aus dem Kellerloch. Frankfurt a. M. 1988.
Dowty, D. R./Karttunen, L./Zwicky, A. M. (Hg.), Natural Language Parsing: Psychological, Computational, and Theoretical Perspectives. Cambridge 1985.
Ders./Wall, R. E./Peters, S., Introduction to Montague Semantics. Dordrecht 1981.
Dreyfus, H. L. (1972), Was Computer nicht können. Die Grenzen künstlicher Intelligenz. Frankfurt a. M. 1989.
Duncker, K., On problem-solving. Psychological Monographs, 58 (1945), whole no. 270.
d'Urso, V./Johnson-Laird, P. N., Referential cohesion and memorability. Mimeo, MRC Applied Psychology Unit, Cambridge 1987.

Ehrlich, K./Johnson-Laird, P. N., Spatial descriptions and referential continuity. Journal of Verbal Learning and Verbal Behavior, 21 (1982), S. 296–306.
Eibl-Eibesfeldt, I., Liebe und Haß. Zur Naturgeschichte elementarer Verhaltensweisen. 11. Aufl. München 1993.
Eigen, M./Winkler, R. (1983), Das Spiel. Naturgesetze steuern den Zufall. 3. Aufl. München 1990.
Ekman, P. (Hg.), Emotion in the Human Face. 2. Aufl. Cambridge 1982.
Ders./Levenson, R. W./Friesen, W. V., Autonomic nervous activity distinguishes among emotions. Science 221 (1983), S. 1208–1210.
Engel, P., The Norm of Truth: An Introduction to the Philosophy of Logic. Hassocks/Sussex 1991.
Epstein, R., The Quest for the thinking computer. The A. I. Magazine 13 (1992), S. 80–95.
Erdelyi, M. H., Psychoanalysis: Freud's Cognitive Psychology. New York 1985.
Evans, J. St. B. T., The Psychology of Deductive Reasoning. London 1982.

Fallside, F./Woods, W. A. (Hg.), Computer Speech Processing. London 1985.
Farah, M. J., The neurological basis of mental imagery: a componential analysis. Cognition 18 (1984), S. 245–272.
Feigenbaum, E. A./McCorduck, P., The Fifth Generation: Artificial Intelligence and Japan's Computer Challenge to the World. London 1984.
Feldman, J. A./Ballard, D. H., Connectionist models and their properties. Cognitive Science 6 (1982), S. 204–254.
Findler, N. V. (Hg.), Associative Networks: Representation and Use of Knowledge by Computers. New York 1979.
Flanagan, J. L., The synthesis of speech. Scientific American 226 (1972), S. 48–58.
Ders., Voices of men and machines. In: J. L. Flanagan/L. R. Rabiner (Hg.) Speech Synthesis. Stroudsberg/Penn. 1972.
Fodor, J. A., Fixation of belief and concept acquisition. In: Piattelli-Palmarini (1980).
Fodor, J. A., The Modularity of Mind: an Essay on Faculty Psychology. Cambridge/Mass. 1983.
Ders./Bever, T. G./Garrett, M. F., The Psychology of Language. New York 1974.
Ders./Garrett, M. F./Walker, E. C. T./Parkes, C. H., Against definitions. Cognition 8 (1980), S. 263–367.
Ders./Fodor, J. D./Garrett, M. F., The psychological unreality of semantic representations. Linguistic Inquiry 4 (1975), S. 515–531.
Fogel, L./Owens, A./Walsh, M., Artificial Intelligence through Simulated Evolution. New York 1966.
Forster, K. I., Levels of processing and the structure of the language processor. In: W. E. Cooper/E. C. T. Walker (Hg.), Sentence Processing: Psycholinguistic Studies Presented to Merrill Garrett. Hillsdale/NJ 1979.
Forte A., Tonal Harmony in Concept and Practice. 3. Aufl. New York 1979.

Frazier, L./Clifton, C./Randall, J., Filling gaps: decision principles and structure in sentence comprehension. Cognition 13 (1983), S. 187–222.

Ders./Fodor, J. D., The sausage machine: a new two-stage parsing model. Cognition 6 (1978), S. 291–325.

Frege, G., Begriffsschrift, eine der Arithmetischen nachgebildete Formelsprache des reinen Denkens. Halle. Neuere Ausgabe. Begriffsschrift und andere Aufsätze. 3. Aufl. Hildesheim 1993.

Frege, G. (1879), Über Sinn und Bedeutung. Zeitschrift für Philosophie und philosophische Kritik 100 (1892) 25–50.

Freud, S. (1908), Der Dichter und das Phantasieren. In: Werke aus den Jahren 1906–1909. 6. Aufl. Frankfurt a. M. 1977.

Ders. (1909), Die Traumdeutung. Frankfurt a. M., rev. Neuausg. 1989.

Ders. (1933), Neue Folge der Vorlesungen zur Einführung in die Psychoanalyse. 8. Aufl. Frankfurt a. M. 1990.

Frisby, J. P., Seeing: Illusion, Brain and Mind. Oxford 1979.

Ders../Clatworthy, J. L., Learning to see complex random-dot stereograms. Perception 4 (1975), S. 173–178.

Frisch, K. von, Tanzsprache und Orientierung der Bienen. Berlin 1965.

Frith, C. D. The Cognitive Neuropsychology of Schizophrenia. Hove/Sussex 1992.

Frith, U., Autismus. Ein kognitionspsychologisches Puzzle. Heidelberg 1992.

Fry, D. B., The Physics of Speech. Cambridge 1976.

Gabriel, R. P., Massively parallel computers: the connection machine and the NON-VON. Science 231 (1986), S. 975–978.

Galton, F., Inquiries into Human Faculty and its Development. London 1883.

Gardner, H. (1985), Dem Denken auf der Spur. Der Weg der Kognitionswissenschaft. Stuttgart 1989

Garnham, A., Psycholinguistics: Central Topics. London 1985.

Ders./Oakhill, J. V./Johnson-Laird, P. N. Referential continuity and the coherence of discourse. Cognition 11 (1982), S. 29–46.

Gazdar, G., On syntactic categories. Philosophical Transactions of the Royal Society, B, 295 (1981), S. 267–283. Ern. in: H. C. Longuet-Higgins/ J. Lyons/ D. E. Broadbent (Hg.), The Psychological Mechanism of Language. London 1987.

Ders./Klein, E./Pullum, G./Sag, I., Generalized Phrase Structure Grammar. Oxford 1985.

Ders./Mellish, C., Natural Language Processing in LISP. Reading/Mass. 1989.

Gazzaniga, M. S., The Social Brain: Discovering the Networks of the Mind. New York 1985

Geman, S./Geman, D., Stochastic relaxation, Gibbs distributions, and the Bayesian restoration of images. IEEE Transactions of Pattern Analysis and Machine Intelligence, PAMI, 6 (1984), S. 721–741.

Gentner, D., The mechanism of analogical learning. In: A Ortony (Hg.), Similarity and Analogy in Reasoning and Learning. 1987.

Ders./Stevens, A. L. (Hg.), Mental Models. Hillsdale/NJ 1983.

Getzels, J. W./Jackson, P. W., Creativity and Intelligence: Explorations with Gifted Students. New York 1962.
Gibson, J. J., The Perception of the Visual World. Boston 1950.
Ders., The Senses Considered as Perceptual Systems. Boston 1966.
Gick, M. L./Holyoak, K. L., Schema induction and analogical transfer. Cognitive Psychology 15 (1983), S. 1–38.
Gold, E. M., Language identification in the limit. Information and Control 16 (1967), S. 447–474.
Goodman, N. (1965), Tatsache, Fiktion, Voraussage. Frankfurt 1988.
Ders. (1968), Sprachen der Kunst. Entwurf einer Symboltheorie. Frankfurt 1995.
Gregory, R. L., The Intelligent Eye. London 1970.
Ders., Mind in Science: a History of Explanations in Psychology and Physics. London 1981.
Ders./Heard, P. F., Visual dissociation of movement, position, and stereo depth: some phenomenal phenomena. Quarterly Journal of Experimental Psychology 35A (1983), S. 217–237.
Grice, H. P., Utterer's meaning, sentence-meaning, and word-meaning. Foundations of Language 4 (1968), S. 1–18.
Ders., Logic and conversation. In: P. Cole/J. L. Morgan (Hg.), Syntax and Semantics. Vol. 3: Speech Acts. New York 1975.
Griggs, R. A., The role of problem content in the selection task and in the THOG problem. In: Evans, J. St. B. T. (Hg.), Thinking and Reasoning. London 1983.
Grimson, W. E. L., From Images to Surfaces. Cambridge/Mass. 1981.
Grosjean, F., Spoken word recognition and the gating paradigm. Perception and Psychophysics 28 (1980), S. 267–283.
Gruber, H. E., Darwin on Man: a Psychological Study of Scientific Creativity. New York 1974.
Guha, R. V./Lenat, D. B., Cyc: A midterm report. Artifical Intelligence Magazine 11/3 (1990), S. 32–59.

Haber, R. N., The impending demise of the icon: a critique of the concept of iconic storage in visual information processing. Behavioral and Brain Sciences 6 (1983), S. 1–54.
Hacking, I., The Emergence of Probability. Cambridge 1975.
Haddon, F. A./Lytton, H., Teaching approach and the development of divergent thinking abilities in primary schools. British Journal of Educational Psychology 38 (1968), S. 171–180.
Halle, M., Knowledge unlearned and untaught: what speakers know about the sounds of their language. In: M. Halle/J. Bresnan/G. A. Miller (Hg.), Linguistic Theory and Psychological Reality. Cambridge 1978.
Halle, M., Phonology. In: Osherson, D. N./Lasnik, H. (Hg.), An Invitation to Cognitive Science. Vol. 1: Language. Cambridge 1990.
Halliday, M. S., Intonation and Grammar in British English. Den Haag 1967.
Halsall, F./Lister, P. F., Microprocessor Fundamentals. London 1980.

Hampton, J. A., Inheritance of attributes in natural concept conjunctions. Memory and Cognition (1987).
Ders., Overextension of conjunctive concepts: evidence for a unitary model of concept typicality and class inclusion. Journal of Experimental Psychology: Learning, Memory and Cognition (1987).
Handelman, D. A./Lande, S. H./Gelfand, J. J. Integrating knowledge-based system and neural network techniques for robotic skill acquisition. Proceedings of the International Joint Conference on Artificial Intelligence 1989.
Hanson, S. J./Olson, C. R. (Hg.), Connectionist Modeling and Brain Function: The Developing Interface. Cambridge 1990.
Harlow, H. F./Zimmermann, R. R., Affectional responses in the infant monkey. Science 130 (1959), S. 421–432.
Harmon, L. D., The recognition of faces. Scientific American 229 (1973), S. 70–82.
Hayes, P. J., The second naive physics manifesto. In: J. R. Hobbs/R. C. Moore (Hg.), Formal Theories of the Commonsense World. Norwood/NJ 1985.
Hayes-Roth, F./McDermott, J., An interference matching technique for inducing abstractions. Communications of the Association for Computing Machinery 21 (1978), S. 401–411.
Hebb, D. O., The Organization of Behavior. New York 1949.
Helmholtz, H. von, Handbuch der physiologischen Optik, Leipzig 1867.
Herrmann, D. J., An old problem for the new psychosemantics: synonymity. Psychological Bulletin 85 (1980), S. 4 (Siehe auch Chaffin/Herrmann, 1984).
Hertz, J./Krogh, A./Palmer, R. G., Introduction to the Theory of Neural Computation. Redwood City 1991.
Hess, E. H., Attitude and pupil size. Scientific American 212 (1965), S. 46–54.
Heuer, H./Wing, A. M., Doing two things at once: process limitations and interactions. In: Smyth/Wing (1984).
Hilgard, E. R./Bower, G. H., Theories of Learning. 4. Aufl. New York 1974.
Hiller, L. A. Jr/Isaacson, L. M., Experimental Music. New York 1959.
Hinde, R. A. Ethology: Its Nature and Relations with Other Sciences. London 1982.
Hinton, G. E., Some demonstrations of the effects of structural descriptions in mental imagery. Cognitive Science (1979), S. 231–250.
Ders., Parallel computations for controlling an arm. Journal of Motor Behavior 16 (1984), S. 171–194.
Ders./Anderson, J. A. (Hg.), Parallel Models of Associative Memory. Hillsdale/NJ 1981.
Ders./McClelland, J. L./Rumelhart, D. E., Distributed representations. In: Rumelhart, McClelland and the PDP Research Group, Vol. 1 (1986).
Ders./Sejnowkski, T. J./Ackley, D. H., Learning and relearning in Boltzmann machines. In: Rumelhart, McClelland and the PDP Research Group, Vol. 1 (1986).
Ders./Shallice, T., Lesioning an attractor network: investigations of acquired dyslexia. Psychological Review 98 (1991), S. 4–95.
Hodges, A., Alan Turing, Enigma, 2. Aufl. Wien 1994.

Hofstadter, D. R. (1979), Gödel, Escher, Bach. Ein Endloses, Geflochtenes Band, 14. Aufl. Stuttgart 1995.
Ders./Dennett, D. C. (Hg.; 1981), Einsicht ins Ich. Fantasien und Reflexionen über Selbst und Seele, 4. Aufl. Stuttgart 1991.
Hogg, D., Model-based vision: a program to see a walking person. Image and Vision Computing 1 (1983), S. 5.
Holland, J./Holyoak, K. J./Nisbett, R. E./Thagard, P., Induction: Processes of Inference, Learning, and Discovery. Cambridge/Mass. 1986.
Holmes, J. N./Mattingly, I. G./Shearme, J. N. Speech synthesis by rule. Language and Speech 7 (1964), S. 127–143.
Holyoak, K. J./Nisbett, R. E., Induction. In: R. J. Sternberg/E. E. Smith (Hg.), The Psychology of Human Thinking. New York 1987.
Horn, B., Robot Vision. Cambridge/Mass., New York 1984.
Hubel, D. H./Wiesel, T. N., Receptive fields, binocular interaction and functional architecture in the cat's visual cortex. Journal of Physiology 160 (1962), S. 106–154.
Huffman, D. A., Impossible objects as nonsense sentences. In: B. Meltzer/D. Michie (Hg.), Machine Intelligence 6. Edinburgh 1971.
Hume, D., Traktat über die menschliche Natur, 2 Bde., Hamburg 1978 u. 1989.
Humphrey, N., Consciousness Regained: Chapters in the Development of Mind. Oxford 1983.
Hunt, E. B./Marvin, J./Stone, P. J. Experiments in Induction. New York 1966.
Hunter, I. M. L. Mental calculation. In: Johnson-Laird/Wason (1977).

Inhelder, B./Piaget, J. (Siehe Piaget).

Jackendoff, R., Semantics and Cognition. Cambridge/Mass. 1983.
Ders., Consciousness and the Computational Mind. Cambridge/Mass. 1987.
Jackson, J. H., Selected Writings o John Hughlings Jackson. Edited by J. Taylor. London 1931.
James, W., The Principles of Psychology. New York 1890.
Jeffrey, R., Formal Logic: Its Scope and Limits. 2. Aufl. New York 1981.
Johannsson, G., Visual motion perception. Scientific American 32 (1975), S. 76–88.
Johnson-Laird, P. N., Models of deduction. In: R. J. Falmagne (Hg.), Reasoning: Representation and Process in Children and Adults. Hillsdale/NJ 1975.
Ders., Mental Models: Towards a Cognitive Science of Language, Inference, and Consciousness. Cambridge, Cambridge/Mass. 1983.
Ders., Freedom and constraint in creativity. In: J. R. Sternberg (Hg.), Creativity. Cambridge 1987.
Ders., Jazz improvization. In: Howell, P., West, R./Cross, I. (Hg.), Representing Musical Structure. London 1991.
Ders., Human and Machine Thinking. Hillsdale/NJ 1993.
Ders./Byrne, R. M. J., Deduction. Hillsdale/NJ 1991.
Ders./Byrne, R. M. J./Schaeken, W., Propositional reasoning by model. Psychological Review 99 (1992), S. 418–439.

Ders./Stevenson, R., Memory for syntax. Nature 227 (1970), S. 412.
Ders./Wason, P. C. (Hg.), Thinking: Readings in Cognitive Science. Cambridge 1977.
Joshi, A. K., An introduction to tree adjoining grammars. In: Manaster-Ramer, A. (Hg.), Mathematics of Language. Amsterdam 1987.
Joyce, J. (1922), Ulysses. Frankfurt 1992.
Julesz, B., Foundations of Cyclopean Perception. Chicago 1992.
Jung, C. (1919) Studies in Word Association. New York 1919.
Just, M. A./Carpenter, P. A., Eye fixations and cognitive processes. Cognitive Psychology 8 (1976), S. 441–480.

Kahneman, D./Slovic, P./Tversky, A. (Hg.), Judgement Under Uncertainty: Heuristics and Biases. Cambridge 1982.
Ders./Tversky, A., On the study of statistical intuitions. Cognition 11 (1982), S. 23–41. Reprinted in: Kahneman/Slovic/Tversky (1982).
Kamp, J. A. W., A theory of truth and semantic representation. In: J. Groenendijk/T. Janssen/M. Stokhof (Hg.), Formal Methods in the Study of Language. Amsterdam 1981.
Kandel, E. R./Schwartz, J. H./Jessell, T. M., Neurowissenschaften. Eine Einführung.
Kant, I. (1787), Die Kritik der reinen Vernunft, 2 Bde., hrsg. v. W. Weischede, Frankfurt 1968.
Kaplan, R. M. (1972) Augmented transition networks as psychological models of sentence comprehension. Artificial Intelligence 3 (1972), S. 77–100.
Ders./Bresnan, J. W., Lexical-functional grammar: a formal system for grammatical representation. In: J. W. Bresnan (Hg.), The Mental Representation of Grammatical Relations. Cambridge/Mass. 1982.
Katz, J. J./Fodor, J. A., The structure of a semantic theory. Language 39 (1963), S. 170–210.
Kearns, M., The Computational Complexity of Machine Learning. Cambridge/Mass. 1990.
Keil, F. C., Semantic and Conceptual Development: an Ontological Perspective. Cambridge/Mass. 1979.
Kelso, J. A. S. (Hg.), Human Motor Behavior: an Introduction. Hillsdale/NJ 1982.
Kintsch, W., The Representation of Meaning in Memory. Hillsdale/NJ 1974.
Klahr, D./Langley, P./Neches, R. (Hg.), Production System Models of Learning and Development. Cambridge/Mass. 1986.
Kneale, W./Kneale, M., The Development of Logic. Oxford 1962.
Koenderink, J. J., What does the occluding contour tell us about solid shape? Perception 13 (1984), S. 321–330.
Koenderink, J. J., Solid Shape. Cambridge/Mass. 1990.
Koestler, A., The Act of Creation. London 1964.
Koffka, K., Prinzipien der Gestaltpsychologie, Wiesbaden 1935.
Köhler, W. (1929), Die Aufgabe der Gestaltpsychologie, Berlin 1971.
Kohonen, T., Associative Memory: a System-Theoretical Approach. Berlin 1977.

Kolers, P. A., Memorial consequences of automatized endcoding. Journal of Experimental Psychology: Human Learning and Memory 1 (1975), S. 689–701.

Koshland, D. E. Jr., A response regulator model in a simple sensory system. Science 196 (1977), S. 1055–1063.

Kosslyn, S. M., Image and Mind. Cambridge/Mass. 1980.

Ders., Ghosts in the Mind's Machine. New York 1983.

Ders./Koenig, O., Wet Mind: The New Cognitive Neuroscience. New York 1992.

Kulkarni, D./Simon, H. A., The process of scientific disvovery: the strategy of experimentation. Cognitive Science 12 (1988), S. 139–175.

Kuhn, T. S. (1970), Die Struktur wissenschaftlicher Revolutionen, Frankfurt 1973.

La Mettrie, J. O. de (1747), L'homme machine. Trans. by G. C. Bussey as Man a Machine. Chicago 1912.

Ladefoged, P., A Course in Phonetics. New York 1975.

Langley, P./Simon, H. A./Bradshaw G. L./Zytkow, J. M., Scientific Discovery: Computational Explorations of the Creative Process. Cambridge/Mass. 1987.

Lashley, K. S., The problem of serial order in behavior. In: L. A. Jeffres (Hg.), Cerebral Mechanism in Behavior. New York 1951.

Lenneberg, E., Biologische Grundlagen der Sprache, Frankfurt 1973.

Lerdahl, F./Jackendoff, R., A Generative Theory of Tonal Music. Cambridge/Mass. 1983.

Leslie, A. M., Pretence and representation: The origins of »theory of mind«. Psychological Review 94 (1987), S. 412–426.

Levinson, S. C., Pragmatik, 2. Aufl. Tübingen 1994.

Lévi-Strauss C. (1963), Traurige Tropen, Frankfurt 1978.

Levitt, D. A., A melody description system for jazz improvization. M. Sc. thesis, Department of Electrical Engineering and Computer Science, MIT. 1981.

Lewis, C., Skill in algebra. In: J. R. Anderson (Hg.), Cognitive Skills and their Acquisiton, Hillsdale/NJ 1981.

Lewis, C. I., An Analysis of Knowledge and Valuation. La Salle/Ill. 1946.

Lewis, D. K., General semantics. In: D. Davidson/G. Harman (Hg.), Semantics of Natural Language. Dordrecht 1972.

Liberman, A. M., On finding that speech is special. American Psychologist 37 (1982), S. 148–167. Nachgedr. in: M. S. Gazzaniga (Hg.), Handbook of Cognitive Neuroscience. New York 1984.

Liberman, A. M./Cooper, F. S./Shankweiler D. P./Studdert-Kennedy, M., Perception of the speech code. Psychological Review 74 (1967), S. 431–461.

Ders./Sag, I., Prosodic form and discourse function. Papers from the Tenth Regional Meeting of the Chicago Linguistic Society (1974), S. 416–427.

Lindsay, P./Norman, D., Human Information Processing. 2. Aufl. New York 1977.

Linggard, R., Elecronic Synthesis of Speech. Cambridge 1985.

Locke, J. (1690), Versuch über den menschlichen Verstand, 2 Bde., 4. Aufl. Hamburg 1981.

Longuet-Higgins, H. C. (1972), The algorithmic description of natural language. Proceedings of the Royal Society of London, B. 182 (1972), S. 255–276. In: Longuet-Higins (1987).

Ders., The perception of music. Proceedings of the Royal Society, B, 205 (1979), S. 307–322. In: Longuet-Higgins (1987).

Ders., A computer algorithm for reconstructing a scene from two projections. Nature 293 (1981), S. 133–135. In: Longuet-Higgins (1987).

Ders., The visual ambiguity of a moving plane. Proceedings of the Royal Society of London. B, 223 (1984), S. 165–175. In: Longuet-Higgins (1987).

Ders., Mental Processes: Studies in Cognitive Science. Cambridge/Mass. 1987.

Ders./Lee, C. S., The perception of musical rhythms. Perception 11 (1982), S. 115–128.

Ders./Prazdny, K., The interpretation of a moving retinal image. Proceedings of the Royal Society of London, B, 208 (1980), S. 385–397. In: Longuet-Higgins (1987).

Lorenz, K. (1965), Über tierisches und menschliches Verhalten, 2 Bde., München 3. Aufl. 1992.

Lyons, J., Chomsky. London 1970.

Macfarlane, G., Alexander Fleming: the Man and the Myth. London 1984.

Mackworth, A., Model driven interpretation in intelligent vision systems. Perception 5 (1976), 347–370.

Mallarmé, S., Zu seinen Ansichten über Poesie, siehe P. Valéry, Über Mallarmé. Frankfurt a. M. 1992.

Malthus, T. R. (1798), An Essay on the Principle of Population, as it Affects the Future Improvement of Society. Faksimile der Erstausgabe v. 1798, hrsg. v. W. Engels u. a. Faks. Bc. XIV (Klassiker der Nationalökonomie), Wirtschaft und Finanzen, 1986.

Mandler, G., Mind and Body: Psychology of Emotion and Stress. New York 1984.

Mani, K./Johnson-Laird, P. N./The mental representation of spatial descriptions. Memory and Cognition 10 (1982), S. 181–187.

Manktelow, K. I./Over, D. E., Inference and Understanding: A Philosophical and Psychological Perspective. London 1990.

Marcel, A. J., Cortical blindness: a problem of visual function or visual consciousness. Mimeo, MRC Applied Psychology Unit, Cambridge 1986.

Marcus, M., A Theory of Syntactic Recognition for Natural Language. Cambridge/Mass. 1980.

Markman, E. M./Seibert, J., Classes and collections: internal organization and resulting holistic properties. Cognitive Psychology 8 (1976), S. 561–577. (244).

Marr, D., Vision: a Computational Investigation into the Human Representation and Processing of Visual Information. San Francisco 1982.

Ders./Nishihara, H. K., Representation and recognition of the spatial organization of three-dimensional shapes. Proceedings of the Royal Society of London, B, 200 (1978), S. 269–294.

Ders./Poggio, T., Co-operative computation of stereo disparity. Science 194 (1976), S. 283–287.

Dies., A computational theory of human stereo vision. Proceedings of the Royal Society of London, B, 204 (1979), S. 301–328.

Marroquin, J. L., Human visual perception of structure. Master's thesis, Department of Electrical Engineering and Computer Science. MIT, Cambridge 1976.

Marslen-Wilson, W. D., Linguistic structure and speech shadowing at very short latencies. Nature 224 (1973), S. 522–523.

Ders., Sentence perception as an interactive parallel process. Sciende 189 (1975), S. 226–228.

Ders., Functional parallelism in spoken word-recognition. Cognition 25 (1987), S. 71–102.

Ders./Tyler, L. K., The temporal structure of spoken language understanding. Cognition 8 (1980), S. 1–71.

Martin, M. W. (Hg.), Self-Deception and Self-Understanding: New Essays in Philosophy and Psychology. Lawrence 1985.

Mayhew, J. E. W./Frisby, J. B., Psychophysical and computational studies towards a theory of human stereopsis. In: J. M. Brady (Hg.), Computer Vision. Amsterdam 1981.

Dies., Computer vision. In: T. O'Shea and M. Eisenstadt (Hg.), Artificial Intelligence. London 1984.

McCarthy, J., Ascribing mental qualities to machines. In: M. Ringle (Hg.), Philosophical Perspectives in Artificial Intelligence. Atlantic Highlands/NJ 1979.

Ders./Warrington, E. K., Cognitive Neuropsychology. New York 1990.

McClelland, J. L./Rumelhart, D. E., An interactive activation model of context effects in letter perception: I. An account of basic findings. Psychological Review 88 (1981), S. 375–407.

Ders./Rumelhart, D. E./PDP Research Group, Parallel Distributed Processing. Explorations in the Micro-structure of Cognition, Vol 2: Psychological and Biological Models. Cambridge/Mass. 1986.

McCloy, D./Harris, M., Robotertechnik. Einführung. Hrsg. v. H. D. Junge. Weinheim 1988.

McGurk, H./MacDonald, J., Hearing lips and seeing voices. Nature 264 (1976), S. 746–748.

McLeod, P., What can probe RT tell us about the attentional demands of movement? In: G. E. Stelmach/J. Requin (Hg.), Tutorials in Motor Behaviour. Amsterdam 1980.

Mead, C., Analog VLSI and Neural Systems. Reading/Mass. 1989.

Mednick, S. A., The associative basis of the creative process. Psychological Review 69 (1962), S. 220–232.

Mellor, D. H., How much of the mind is a computer? In: P. P. Slezak/W. R. Albury (Hg.), Computers, Brains and Minds: Essays in Cognitive Science. Dordrecht 1987.

Michalski, R. S./Carbonell, J. G./Mitchell, T. M. (Hg.), Machine Learning: an Artificial Intelligence Approach. Vol. 1. Palo Alto, Calif. 1983.

Dies. (Hg.), Machine Learning: an Artificial Intelligence Approach. Vol. 2. Los Altos, Calif. 1986.

Ders./Chilausky, R. L., Learning by being told and learning from examples: an experimental comparison of the two methods of knowledge acquisition in the context of developing an expert system for soybean desease diagnosis. International Journal of Policy Analysis and Information Systems 4 (1980), Nr. 2.

Michie, D. (Hg.), Expert Systems in the Micro-Electronic Age. Edinburgh 1979.

Mill, J. S. (1843) System der deduktiven und induktiven Logik. Hrsg. v. Th. Gomperz. Leipzig 1873–1875, Nachdr. Aalen 1968.

Miller, G. A., The magical number seven, plus or minus two. Psychological Review 63 (1956), S. 81–97.

Ders., Some psychological studies of grammar. American Psychologist, 17 (1962), S. 748–762.

Ders., Psychology: the Science of Mental Life. Harmondsworth/Middx 1966.

Ders., The Psychology of Communication: Seven Essays. Harmondsworth/Middx 1968.

Ders., Dictionaries in the mind. Language and Cognitive Processes, 1 (1986), S. 171–185.

Ders./Chomsky, N., Finitary models of language users. In: R. D. Luce/R. R. Bush/E. Galanter (Hg.), Handbook of Mathematical Psychology, Vol. 2. New York 1963.

Ders./Galanter, E./Pribram, K. (1960), Strategien des Handelns. Pläne und Strukturen des Verhaltens, 2. Aufl. Stuttgart 1991.

Ders./Johnson-Laird, P. N., Language and Perception. Cambridge, Cambridge/Mass. 1976.

Milner, B., Memory and the medial temporal regions of the brain. In: K. H. Pribram and D. E. Broadbent (Hg.), Biology of Memory. New York 1970.

Minsky, M. L., Mind, matter, and models. In: M. L. Minsky (Hg.), Semantic Information Processing. Cambridge/Mass.: MIT 1968.

Ders., Frame-system theory. In: R. C. Schank/B. L. Webber (Hg.), Theoretical Issues in Natural Language Processing. Pre-prints of a conference at MIT. Reprinted in: Johnson-Laird/Wason (1977).

Ders./Papert, S., Perceptrons. Cambridge/Mass. 1969.

Moles, A. A., Information Theory and Aesthetic Perception. Urbana/Ill. 1966.

Monatgue, R., Formal Philosophy: Selected Papers. New Haven, Conn. 1974.

Morton, J., Interaction of information in word recognition. Psychological Review 76 (1969), S. 165–178.

Neisser, U., John Dean's memory. Cognition 9 (1981), S. 1–22.

Nelson, T. O. (Hg.), Metacognition: Core Readings. Boston/Mass. 1992.

Newell, A., You can't play 20 questions with nature and win. In: W. G. Chase (Hg.), Visual Information Processing. New York 1973.
Ders., Unified Theories of Cognition. Cambridge/Mass. 1990.
Ders./Rosenbloom, P. S., Mechanism of skill acquisition and the law of practice. In: J. R. Anderson (Hg.), Cognitive Skills and their Acquisition. Hillsdale/NJ 1981.
Newell, A./Simon, H. A., Human Problem Solving. Englewood Cliffs/NJ 1972.
Dies., Computer Science as empirical inquiry: symbols and search. Communications of the Association for Computing Machinery 19 (1976), S. 113–126.
Nisbett, R. E., Krantz, D. H., Jepson, D./Kunda, Z., The use of statistical heuristics in everyday inductive reasoning. Psychological Review 90 (1983), S. 339–363.
Ders./Ross, L., Human Inference: Strategies and Shortcomings of Social Judgement. Englewood Cliffs/NJ 1980.
Norman, D. A. (1981) Categorization of action slips. Psychological Review 88 (1981), S. 1–15.
Ders./Rumelhart, D. E./LNR Research Group, Explorations in Cognition. San Francisco 1975.
Ders./Shallice, T., Attention to action: willed and automatic control of behavior. University of California San Diego CHIP Report 99. In: R. J. Davidson, G. E. Schwartz and D. Shapiro (Hg.), Consciousness and Self-Regulation: Advances in Research, IV. New York 1980.

Oatley, K., Perceptions and Representations: the Theoretical Bases of Brain Research and Psychology. London 1978.
Ders., Selves in Relation: an Introduction to Psychotherapy and Groups. London 1984.
Ders., Best Laid Schemes: The Psychology of Emotions. Cambridge 1992.
Ders./Johnson-Laird, P. N., Towards a cognitive theory of emotion. Cognition and Emotion 1 (1987), S. 29–50.
Olds, J./Milner, P., Positive reinforcement produced by electrical stimulation of septal area and other regions of rat brain. Journal of Comparative and Physiological Psychology 47 (1954), S. 419–427.
Ortony, A./Clore, G. L./Collins, A., The Cognitive Structure of Emotions. New York 1988.
Osherson, D. N., Logic and models of logical thinking. In: R. J. Falmagne (Hg.), Reasoning: Representation and Process in Children and Adults. Hillsdale/NJ 1975.
Osherson, D. N. u. a. (Hg.), An Invitation to Cognitive Science. Vol. 1: Language. Vol. 2: Visual Cognition and Action. Vol. 3: Thinking. Cambridge/Mass.
Ders./Smith, E. E., Gradedness and conceptual conjunction. Cognition 12 (1982), S. 299–318.
Ders./Weinstein, S., Systems that Learn: an Introduction to Learning Theory for Cognitive and Computer Scientists. Cambridge/Mass. 1986.

Partee, B. H., Montague grammar and transformational grammar. Linguistic Inquiry 6 (1975), S. 203–300.
Ders., Semantics – mathematics of psychology? In: R. Bäuerle/U. Egli/ A. von Stechow (Hg.), Semantics from Different Points of View. Berlin 1979.
Patterson, R. D., Spiral detection of periodicity and the spiral form of musical scales. Psychology of Music 14 (1986), S. 44–61.
Pawlow, J. P. (1927), Sämtliche Werke, 7 Bde. Osnabrück 1953–1954.
Perkins, D. N., The Mind's Best Work. Cambridge/Mass. 1981.
Perky, C. W., An experimental study of imagination. American Journal of Psychology 21 (1910), S. 422–452.
Perlman, A. M./Greenblatt, D., Miles Davis meets Noam Chomsky: some observations on jazz improvisation and language structure. In: W. Steiner (Hg.), The Sign in Music and Literature. Austin 1981.
Piaget, J. (1950), Psychologie der Intelligenz. 3. veränd. Aufl. Stuttgart 1992.
Piaget, J./Inhelder, B., Von der Logik des Kindes zur Logik des Heranwachsenden. Essay über die Ausformung der formalen operativen Strukturen. Stuttgart 1980.
Dies., Die Entwicklung der physikalischen Mengenbegriffe beim Kinde. Stuttgart 1969.
Ders. (1952), Die Entwicklung des Zahlbegriffes beim Kinde. Stuttgart, 1975.
Ders., The psychogenesis of knowledge and its epistemological significance. In: Piattelli-Palmarini (1980).
Piattelli-Palmarini, M. (Hg.) Language and Learning: the Debate between Jean Piaget and Noam Chomsky. London 1980.
Pinker, S., Formal models of language learning. Cognition 7 (1979), S. 217–283.
Ders., Visual cognition: an introduction. Cognition 18 (1984), S. 1–63.
Ders. (1984), Der Sprachinstinkt. Wie der Geist die Sprache bildet, München 1996.
Ders./Prince, A., On language and connectionism: analysis of a parallel distributed processing model of language acquisition. Occasional Paper No. 33, Center for Cognitive Science, MIT 1987.
Poggio, T. (1984) Vision by man and machine. Scientific American April 1984.
Pólya, G. (1957), Vom Lösen mathematischer Aufgaben. Einsicht und Entdeckung, Lernen und Lehren. 2. Aufl. Basel 1979.
Polyani, M., Personal Knowledge. Chicago 1958.
Popper, K. R. (1972), Objektive Erkenntnis. Ein evolutionärer Entwurf. 4. überarb. u. erg. Aufl. Hamburg 1984.
Porter, A., Cybernetics SimplifiHg. London 1969.
Posner, M. I. (Hg.), Foundations of Cognitive Science. Cambridge/Mass.
Post, E. (1941), Absolutely unsolvable problems and relatively undecidable propositions: account o an anticipation. Ern. in: M. Davis (Hg.), The Undecidable: Basic Papers on Undecidable Propositions, Unsolvable Problems and computable Functions. Hewlett/NY 1965.
Poundstone, W. (1988), Im Labyrinth des Denkens. Wenn Logik nicht weiterkommt. Paradoxien, Zwickmühlen, Sackgassen, Rätsel und die Hinfälligkeit des Wissens. Reinbek 1992.

Power, M. J., A technique for measuring processing load during speech production. Journl of Psycholinguistic Research 15 (1986), S. 371–382.

Ders./Champion, L. A., Cognitive approaches to depression: a theoretical critique. British Journal of Clinical Psychology 25 (1986), S. 201–212.

Ders., The organization of purposeful dialogues. Linguistics 17 (1979), S. 107–152.

Ders./Longuet-Higgins, H. C., Learning to count: a computational model of language acquisition. Proceedings of the Royal Society. B, 200 (1978), S. 391–471.

Putnam, H., Minds and machines. In: S. Hook (Hg.), Dimensions of Mind. New York 1960.

Ders. (1975), The meaning of »meaning«. In: K. Gunderson (Hg.), Language, Mind an Knowledge. Minnesota Studies in the Philosophy of Science. Vol 7. Minneapolis 1976.

Ders., What is innate and why: comments on the debate. In: Piattelli-Palmarini (1980).

Pylyshyn, Z. W., Computation and Cognition: Toward a Fondation for Cognitive Science. Cambridge/Mass. 1984.

Quillian, M. R., Semantic memory. In: M. L. Minsky (Hg.), Semantic Information Processing. Cambridge/Mass. 1968.

Rabiner, L. R., A model for synthesizing speech by rule. Institute of Electrical and Electronic Engineers, Transactions, AU-17 (1969), S. 7–13.

Radford, A., Transformational Syntax. 2. Aufl. Cambridge 1988.

Raibert, M. H./Sutherland, I. E., Machines that walk. Scientific American 248 (1983), S. 32–41.

Rameau, J. P., Traité de l'harmonie réduite à ses principes naturels. Paris 1722.

Reason, J./Mycielska, K., Absentminded? The Psychology of Mental Lapses and Everyday Errors. Englewood Cliffs/NJ 1982.

Reichardt, W. E./Poggio, T., Visual control of flight in flies. In: W. E. Reichardt/T. Poggio (Hg.), Theoretical Approaches in Neurobiology. Cambridge/Mass. 1981.

Rhinehart, L. (1971), Der Würfler. Berlin 1993.

Rips, L. J., Cognitive processes in propositional reasoning. Psychological Review 90 (1983), S. 38–71.

Roberts, L. G., Machine perception of three-dimensional solids. In: J. T. Tippett/D. A. Berkowitz/L. C. Clapp/C. J. Koester/A. Vanderburgh (Hg.), Optical and Electro-Optical Information Processing. Cambridge/Mass. 1965.

Robinson, J. A., Logic: Form and Function, the Mechanization of Deductive Reasoning. Edinburgh 1979.

Roe, A., The Making of a Scientist. New York 1952.

Rosch, E., Classification of real-world objects: origins and representations in cognition. In: Johnson-Laird/Wason (1977).

Rosenblatt, F., Principles of Neurodynamics: Perceptrons and the Theory of Brain Mechanism. New York 1961.
Rosten, L., The Joys of Yiddish. London 1970.
Rumelhart, D. E./Hinton, G. E./Williams, R. J., Learning internal representations by error propagation. In: Rumelhart/McClelland/PDP Research Group, Vol 1 (1986).
Ders./McClelland, J. L./PDP Research Group Parallel Distributed Processing: Explorations in the Micro-structure of Cognition, Vol. 1: Foundations. Cambridge/Mass. 1986.
Russell, B. (1917), Mysticism and Logic. 1971.
Ders. (1927), Die Transzendenz des Ego. Philosophische Essays 1931–1939. Reinbek 1982.

Sacks, O. (1985), Der Mann, der seine Frau mit einem Hut verwechselte. Reinbek 1990.
Sanford, A. J./Garrod, S C., Understanding Written Language: Explorations of Comprehension beyond the Sentence. Chichester 1981.
Sartre, J.-P. (1939), Entwurf einer Theorie der Emotionen. In: Die Transzendenz des Ego. Drei Essays. Reinbek 1964; ern. 1982.
Saussure, F. de (1916), Grundfragen der allgemeinen Sprachwissenschaft. Berlin 1986.
Schachter, S./Singer, J., Cognitive, social and physiological determinants of emotional state. Psychological Review 69 (1962), S. 379–399.
Schank, R. C., Conceptual Information Processing. Amsterdam 1975.
Ders./Abelson, R. P., Scripts, Plans, Goals and Understanding. Hillsdale/NJ 1977.
Scherer, K. R./Ladd, D. R./Silverman, K. E. A., Vocal cues to speaker affect: testing two models. Journal of the Acoustical Society of America 76 (1984), S. 1346–1356.
Schneider, W./Shiffrin, R. M., Controlled and automatic human information processing: I. Detection, search, and attention. Psychological Review 84 (1977), S. 1–66.
Searle, J. R. (1969), Sprechakte. Ein sprachphilosophischer Essay. Frankfurt a. M. 1984.
Ders. (1980), Minds, brains, and programs. Behavioral and Brain Sciences 3 (1980), S. 417–424.
Ders. (1992), Die Wiederentdeckung des Geistes. München 1993.
Sejnowski, T. J./Rosenberg, C. R., NETtalk: a parallel network that learns to read aloud. The Johns Hopkins University Electrical Engineering and Computer Science Technical Report JHU/EECS-86/01. 1986.
Sells, P., Lectures on Contemporary Syntactic Theories: an Introduction to Government-binding Theory, Generalized Phrase Structure Grammar, and Lexical-functional Grammar. Stanford/Calif.: Center for the Study of Language and Information, Stanford University 1985.
Selz, O. Über sein Werk siehe G. Humphrey, Thinking: an Introduction to its Experimental Psychology. London 1951.

Seyfahrth, R. M./Cheney, D. L./Marler, P./Vervet monkey alarm calls: semantic communication in a free-ranging primate. Animal Behavior 28 (1980), S. 1080–1094.

Shallice, T. (1972) Dual functions of consciousness. Psychological Review 79 (1972), S. 383–393.

Shallice, T., From Neuropsychology to Mental Structure. Cambridge 1988.

Shallice, T./Warrington, E. K., Independent functioning of the verbal memory stores: a neuropsychological study. Quarterly Journal of Experimental Psychology 22 (1970), S. 261–273.

Shaw, G. B. (1932), Die Abenteuer des schwarzen Mädchens auf der Suche nach Gott. Frankfurt a. M. 1989.

Shepard, R. N./Cooper, L. A., Mental Images and their Transformations: Cambridge/Mass. 1982.

Shrager, J./Langley, P. (Hg.), Computational Models of Scientific Discovery and Theory Formation. San Mateo/Calif. 1990.

Simon, H., Motivational and emotional controls of cognition. Psychological Review 74 (1967), S. 29–39.

Ders. (1981), Die Wissenschaften vom Künstlichen. Wien 1994.

Ders., Why should machines learn? In: Michalsky/Carbonell/Mitchell (1983).

Skinner, B. F., Science and Human Behavior. New York 1953.

Ders. (1971), Jenseits von Freiheit und Würde. Reinbek 1973.

Sloman, A., Motives, mechanism and emotions. Cognition and Emotion. 1 (1987), S. 217–233.

Smith, E. E./Langston, C./Nisbett, R. C., The case for rules in reasoning. Cognitive Science 16 (1992), S. 1–40.

Ders./Medin, D. L., Categories and Concepts. Cambridge/Mass. 1981.

Smoke, K. L., An objective study of concept formation. Psychological Monographs 42 (1932), 191.

Smolensky, P., Information processing in dynamical systems: foundations of harmony theory. In: McClelland/Rumelhart/PDP Research Group, Vol. 1 (1986).

Smyth, M. M./Wing, A. M. (Hg.), The Psychology of Human Movement. London 1984.

Solomons, L. L./Stein, G., Normal motor automatism. Psychological Review 3 (1896), S. 492–512.

Sommers, F., The ordinary language tree. Mind 68 (1959), S. 160–185.

Sonneck, O. G. (Hg.), Beethoven: Impressions by his Contemporaries. New York 1967.

Spelke, E./Hirst, W./Neisser, U., Skills of divided attention. Cognition 4 (1976), S. 215–230.

Sperber, D./Wilson, D., Relevance, Communication and Cognition. Oxford 1986.

Sperling, G., The information available in brief visual presentations. Psychological Monographs 74, 498 (1960), S. 1–29. (Siehe auch Darwin/Turvey/Crowder, 1972).

Personenregister

Abelson, R. P. 280, 395
Ackley, D. H. 219
Ades, A. E. 367
Adrian, E. D. 409
Agre, P. 196
Aleksander, I. 243
Allen, J. 343
Altmann, G. T. M. 372
Anderson, A. 251
Anderson J. A. 202, 219
Anderson, J. R. 188–191, 194, 372, 380 f.
Angluin, D. 277
Aristoteles 147, 433
Armstrong, S. L. 290
Asanuma, C. 220
Asimov, I. 423
Atal, B. S. 344
Austin, G. A. 279
Austin, J. L. 396

Bach, J. S. 298
Bach, K. 399
Bacon, F. 270
Baddeley, A. D. 170 f., 178
Ballard, D. H. 219
Bara, B. G. 267
Bar-Hillel, Y. 266
Barlow, H. B. 269
Barthes, R. 35
Bartlett, F. C. 27, 205
Barwise, J. 399
Bayes, T. 258
Beck, A. T. 422
Beethoven, L. van 298, 308
Bell, A. G. 341
Berkeley, G. 407
Berlin, B. 280
Bernstein, N. 227
Berwick, R. C. 160, 277, 372
Bever, T. G. 364
Biedermann, I. 141

Bisiach, E. 136, 421
Black, A. 394
Black, M. 290
Blakemore, C. 108
Block, N. 141
Bloomfield, L. 446
Boakes, R. A. 160
Boden, M. A. 34, 308
Booker, L. B. 309
Bower, G. H. 160, 433
Bowermann, M. 268, 278
Bradshaw, G. L. 290
Brady, M. 117, 243
Braine, M. D. S. 256
Brame, M. K. 366
Bresnan, J. W. 366
Broadbent, D. E. 28, 143, 166 f., 172, 174 f.
Brooks, R. A. 196
Brown, R. 220
Bruce, V. 117
Bruner, J. S. 28 f., 279, 433
Bryan, W. L. 238
Bryson, A. E. 219
Buneman, O. P. 219
Burnett, P. 243
Byrne, R. M. J. 263, 265 ff.

Campbell, D. 308
Carassa, A. G. 267
Carbonell, J. G. 290
Carey, S. 309
Carlson, G. 372
Carnap, R. 266
Carpenter, P. A. 135 f.
Carraher, R. G. 132
Cézanne, P. 127
Chaffin, R. 376, 399
Champion, L. A. 441
Changeux, J.-P. 441
Chapman, D. 196
Cheney, D. R. 313

Cheng, P. N. 258
Chomsky, N. 28, 54, 62, 155, 159, 286, 347, 349, 354, 360–364, 372
Church, A. 253
Churchland, P. M. 21
Churchland, P. S. 21, 34
Clark, H. H. 395, 397
Clatworthy, J. L. 96
Clore, G. L. 441
Clowes, M. 121 ff.
Cohen, P. R. 399
Collins, A. 441
Coltheart, M. 216
Cooper, L. A. 141
Craik, K. 9, 32, 44, 233, 245, 259, 403
Crain, S. 369
Crick, F. 220, 421
Culicover, P. 372
Cutler, A. 336, 339 f.

Darwin, C. 7, 308, 431, 436, 442
Davies, D. J. M. 399
Davies, R. 297
Dean, J. 205
Denes, P. B. 319 f. 347
Dennett, D. C. 421
Descartes, R. 18 f., 30, 32, 403, 415, 426, 442
Devlin, K. 399
de Vries, J. V. 120
Dickinson, A. 160
Dijk, T. A. van 399
Dinsmore, J. 220
Dixon, N. 433
Dostojewskij, F. M. 401 f., 415, 417
Dowty, D. R. 372, 399
Dreyfus, H. L. 443
Duncker, K. 305
d'Urso, V. 392

Ebstein, P. 274
Ehrlich, K. 392
Eibel-Eibelsfeldt, I. 431, 441
Eigen, M. 308
Ekman, P. 426 f.

Engel, P. 266
Epstein, R. 62
Erdelyi, M. H. 422
Etchmendy, J. 399
Evans, J. St. B. T. 266

Fallside, F. 347
Farah, M. J. 141
Feigenbaum, E. A. 266
Feinstein, M. H. 34
Feldman, J. A. 219
Findler, N. V. 399
Flanagan, J. L. 342, 347
Fleming, A. 268, 286, 290
Flores, F. 443
Fodor, J. A. 117, 152 f., 364, 371, 376, 380, 422, 446
Fodor, J. D. 368
Fogel, L. 160
Forster, K. I. 371
Forte, A. 299
Frazier, L. 368, 370
Freeman, P. 394
Frege, G. 252, 266, 382
Freud, S. 19 f., 23, 35, 308, 404, 409, 422, 449
Frisby, J. P. 83 f., 90, 96, 108, 126
Frisch, K. von, 312
Frith, C. D. 420
Frith, U. 420
Fry, D. B. 318, 326 ff., 347

Gabriel, R. P. 220
Galanter, E. 179, 372
Galton, F. 433
Gardner, H. 34
Garfield, J. L. 34
Garnham, A. 347, 392, 399
Garrett, M. F. 364
Garrod, S. C. 399
Gazdar, G. 366 f., 372
Gazzaniga, M. S. 409 f.
Gelfand, J. J. 243
Gelman, R. 309
Geman, D. 219
Geman, S. 219

Geminiani, G. C. 267
Gentner, D. 290, 306
Getzels, J. W. 308
Gibson, J. J. 69, 109, 113, 117
Gick, M. L. 304
Gleitman, H. 290
Gleitman, L. R. 290
Gold, E. M. 156–159
Goldberg, D. E. 309
Goodman, N. 44, 270
Goodnow, J. J. 279
Green, P. 117
Greenblatt, D. 308
Gregory, R. L. 108, 141
Grice, H. P. 396 f., 399
Griggs, R. A. 267
Grimson, W. E. L. 108
Grosjean, F. 336
Gruber, H. E. 308
Guha, R. V. 446

Haber, R. N. 168
Hacking, I. 287
Haddon, F. A. 308
Halle, M. 334, 347
Halliday, M. S. 339
Halsall, F. 178
Hampton, J. A. 385
Handelman, D. A. 243
Hanson, S. J. 220
Harlow, H. F. 432
Harmon, L. D. 87 f.
Harnish, R. M. 399
Harris, M. 238, 243
Harter, N. 238
Hayes, P. J. 446
Hayes-Roth, F. 290
Hebb, D. O. 28, 206, 426
Heidegger, M. 443
Helmholtz, H. von, 19 f. 23, 68, 127, 346, 404
Herrmann, D. J. 376, 399
Hertz, J. 219
Hess, E. H. 435
Heuer, H. 241
Hilgard, E. R. 160

Hiller, L. A. Jr. 308
Hinde, R. A. 160
Hinton, G. E. 138, 202, 209, 215, 217, 219, 228 ff., 237
Hirst, W. 243
Hitch, G. 170 f.
Ho, Y.-C. 219
Hodges, A. 15, 44
Hofstadter, D. R. 62, 421
Hogg, D. 132
Holiday, B. 434
Holland, J. 290, 295, 309
Hollerbach, J. M. 243
Holmes, J. N. 343
Holyoak, K. J. 258, 290, 304 f.
Horn, B. 70
Hubel, D. 82
Huffman, D. A. 121 f.
Hume, D. 20, 136, 386, 388, 390
Humphrey, N. 403
Hunt, E. B. 282, 284
Hunter, I. M. L. 266

Inhelder, B. 196, 253
Isaacson, L. M. 308
Isard, S. D. 340, 399

Jackendoff, R. 308, 421, 446
Jackson, J. H. 237
Jackson, P. W. 308
James, W. 248, 411, 439, 445
Jeffrey, R. 266
Johansson, G. 112
Johnson, S. 407
Johnson, T. L. 243
Johnson-Laird, P. N. 133, 178, 251, 256, 263, 266 f. 281, 309, 372, 377, 392, 399, 421, 424, 441
Joshi, A. K. 367
Joyce, J. 20, 247
Julesz, B. 95 f.
Just, M. A. 135

Kahneman, D. 287, 289 f., 435
Kamp, J. A. W. 399
Kandel, E. R. 220

Kant, I. 20, 386
Kaplan, R. M. 366, 368
Karttunen, L. 372
Katz, J. J. 376, 446
Kay, P. 280
Kearns, M. 160
Keil, F. C. 275 f., 290
Kelso, J. A. S. 227, 243
Kelvin, Lord W. 30, 32, 59
Kempelen, W. von 341
Kintsch, W. 399
Klahr, D. 196
Kneale, M. 266
Kneale, W. 266
Koch, C. 421
Koenderink, J. J. 117
Koenig, O. 34
Koestler, A. 292
Koffka, K. 24
Köhler, W. 24
Kohonen, T. 202
Kolers, P. A. 191
Koshland, D. E. Jr. 30
Kosslyn, S. M. 34, 137, 139, 141
Kratzenstein, C. 341
Krogh, A. 219
Kuhn, T. S. 307
Kulkarni, D. 290

La Mettrie, J. O. de, 442
Ladefoged, P. 330
Lane, S. H. 243
Langley, P. 196, 290
Langston, C. 267
Lashley, K. S. 28, 179
Lee, C. S. 308
Leibniz, G. W. 252, 266
Lenat, D. B. 297 f., 446
Lenin, V. I. 338
Lenneberg, E. 333
Lerdahl, F. 308
Leslie, A. M. 421
Levinson, S. C. 399
Lévi-Strauss, C. 26, 35
Levit, D. A. 303
Lewis, C. 193

Lewis, C. I. 220
Lewis, D. K. 382, 445
Liberman, A. M. 331, 347
Liberman, M. 340
Lincoln, A. 88
Lindblom, B. 308
Lindsay, P. 198 f., 322
Linggard, R. 347
Lister, P. F. 178
Liszt, F. 298
Locke, J. 377
Longuet-Higgins, H. C. 69, 113, 219, 308, 372, 399
Lorenz, K. 148, 431
Lozano-Pérez, T. 243
Lyons, J. 372
Lytton, H. 308

MacDonald, J. 332
MacFarlane, G. 290
Mackintosh, N. J. 44
Mackworth, A. 124
Mallarmé, S. 40
Malthus, T. R. 406
Mandler, G. 403, 433, 441
Mani, K. 392
Manktelow, K. I. 266
Marcel, A. J. 409, 421
Marcus, M. 369 f.
Markman, E. M. 279
Marr, D. 9, 63, 67, 79–82, 84 f., 90, 96, 102, 107 f., 112, 115 ff., 126, 128–131, 140, 190, 421
Marroquin, J. L. 86
Marshall, J. C. 216
Marslen-Wilson, W. D. 336 f., 370
Martin, M. W. 421
Mason, M. T. 243
Mayhew, J. E. W. 90, 108, 126
McCarthy, J. 417
McCarthy, R. A. 34
McClelland, J. L. 199f., 203, 219
McCloskey, M. 290
McCloy, D. 238, 243

Standing, L., Learning 10000 pictures. Quarterly Journal of Experimental Psychology 25 (1973), S. 207–222.

Steedman, M. J., A generative grammar for jazz chord sequences. Music Perception 2 (1982) S. 52–77.

Ders./Johnson-Laird, P. N., A programmatic theory of linguistic performance. In: P. T. Smith/R. N. Campbell (Hg.), Advances in the Psychology of Language: Formal and Experimental Approaches. New York 1977.

Stenning, K., Anaphora as an approach to pragmatics. In: M. Halle/J. Bresnan/G. A. Miller (Hg.), Linguistic Theory and Psychological Reality. Cambridge/Mass. 1978.

Sternberg, S., Memory scanning: new findings and current controversies. Quarterly Journal of Experimental Psychology 27 (1979), S. 1–32.

Stevens, K. N./Blumstein, S. E., The search for invariant acoustic correlates of phonetic features. In: P. D. Eimas/J. L. Miller (Hg.), Perspectives on the Study of Speech. Hillsdale/NJ 1981.

Stich, S., The Fragmentation of Reason: Preface to a Pragmatic Theory of Cognitive Evaluation. Cambridge/Mass. 1990.

Stillings, N. A./Feinstein, M. H./Garfield, J. L./Rissland, E. L./Rosenbaum, D. A./Weisler, S. E./Baker-Ward, L., Cognitive Science: An Introduction. Cambridge/Mass 1987.

Strongman, K. T., The Psychology of Emotion. 2. Aufl. Chichester 1982.

Suchman, L. A., Plans and Situated Actions: The Problem of Human-Machine Communication. Cambridge 1987.

Sudnow, D., Ways of the Hand. London 1978.

Sundberg, J./Lindblom, B., Generative theories in language and music descriptions. Cognition 4 (1976), S. 99–122.

Sutherland, N. S., Discussion of »Some reflections on competence and performance« by J. A. Fodor and M. F. Garrett. In: J. Lyons/R. J. Wales (Hg.), Psycholinguistic Papers. Edinburgh 1966.

Ders., Intelligent picture processing. In: N. S. Sutherland (Hg.), Tutorial Essays in Psychology, Vol. 1. Hillsdale/NJ 1973.

Ders., The International Dictionary of Psychology. New York 1989.

Ders./Mackintosh, N. J., Mechanisms of Animal Discrimination Learning. New York 1971.

Tarski, A., The concept of truth in formalized languages. In: Logic, Semantics, Metamathematics: Papers from 1923 to 1938. Übers. v. J. H. Woodger. Oxford 1956.

Thagard, P., Explanatory Coherence. Behavioral and Brain Sciences 12 (1989), S. 435–467.

Ders., Conceptual Revolutions. Princeton 1992.

Ders./Holyoak, K. J., Discovering the wave theory of sound: inductive inference in the context of problem solving. Proceedings of the Ninth International Joint Conference on Artificial Intelligence. 610–612. Palo Alto/Calif. 1985.

Thatcher, J. W., The construction of a self-describing Turing machine. In: J. Fox (Hg.), Mathematical Theory of Automata. Microwave Research Institute Symposia, No. 12. Polytechnic Institute of Brooklyn. New York 1963.

Thurstone, J./Carraher, R. G., Optical Illusions and the Visual Arts. New York 1966.

Tinbergen, N., The Study of Instinct. Oxford 1951.

Toates, F. M./Oatley, K. J., Computer simulation of thirst and water balance. Medical and Biological Engineering 8 (1970), S. 71–87.

Touretzky, D. S./Hinton, G. E., Symbols among the neurons: details of a connectionist inference architecture. Ninth International Joint Conference on Artificial Intelligence, 238–243. Palo Alto/Calif. 1985.

Trakhtenbrot, B. A., Algorithms and Automatic Computing Machines. Übers. u. bearb. nach der 2. russ. Aufl. v. J. Kristian/J. D. McCawley/S. A. Schmitt. Boston 1963.

Treisman, A. M., Verbal cues, language, and meaning in selective attention. American Journal of Psychology 77 (1964), S. 206–219.

Ders./Gelade, G., A feature-integration theory of attention. Cognitive Psychology 12 (1980), S. 97–136.

Tulving, E., Elements of Episodic Memory. Oxford 1983.

Turing, A. (1936) On computable numbers, with an application to the Entscheidungsproblem. Proceedings of the London Mathematical Society, 2nd Series, 42, 230–265. Berichtigung ibid, 43, 544–546. Ern. in: M. Davis (Hg.), The Undecidable: Basic Papers on Undecidable Propositions, Unsolvable problems and Computable Functions. Hewlett/NY 1965.

Ders., Computing machinery and intelligence. Mind 59 (1950), S. 433–460.

Turvey, M. T./Fitch, H. L./Tuller, B., The Bernstein perspective: I. The problems of degrees of freedom and context-conditioned variability. In: Kelso (1982).

Tversky, A./Kahneman, D., Availability: a heuristic for judging frequency and probability. Cognitive Psychology, 4 (1973), S. 207–232. Ern. in: Kahneman/Slovic/Tversky (1982).

Dies., Judgement under uncertainty: heuristics and biases. Science 185 (1974), S. 1124–1131. Ern. in: Kahneman, Slovic and Tversky (1982).

Tyler, L. K./Wessels, J., Quantifying contextual contributions to word-recognition processes. Perception and Psychophysics, 34 (1983), S. 409–420.

Ullman, S. (1979) The Interpretation of Visual Motion. Cambridge, Mass. 1979.

Ulrich, J. W., The analysis and synthesis of jazz by computer. Fifth International Joint Conference on Artificial Intelligence, S. 865–872, 1977.

Válery, P., Nachlese. In: Werke. Bd. 5, Frankfurt a. M. 1991.

Valiant, L., A theory of the learnable. Communications of the Association for Computing Machinery 27 (1984), S. 1134–1142.

Valiant, L., A view of computational learning theory. In: Gear, C. W. (Hg.) Computation and Cognition: Proceedings of the First NEC Research Seminar. Philadelphia/Penns. Society for Industrial and Applied Mathematics 1991.

van Dijk, T. A./Kintsch, W., Strategies of Discourse Comprehension. New York 1983.

van Riemsdijk, H./Williams, E., Introduction to the Theory of Grammar. Cambridge/Mass. 1986.

von Neumann, J., The Computer and the Brain. New Haven/Conn. 1958.

Vygotsky, L. S., Thought and Language. Hrsg. u. übers. v. E. Hanfmann/ G. Vakar. Cambridge/Mass. 1962.

Wallas, G., The Art of Thought. London 1926.

Waltz, D., Understanding line drawings of scenes with shadows. In: Winston (1975).

Wanner, E., The ATN and the sausage machine: which one is baloney? Cognition 8 (1980), S. 209–225.

Ders./Maratsos, M. P., An ATN approach to comprehension. In: M. Halle/J. W. Bresnan/G. A. Miller (Hg.), Linguistic Theory and Psychological Reality. Cambridge/Mass. 1978.

Warrington, E. K./Taylor, A. M., The contribution of the right parietal lobe to object recognition. Cortex 9 (1973), S. 152–164.

Wason, P. C., »On the failure to eliminate hypotheses...« ... a second look. In: Johnson-Laird/Wason (1977).

Ders., Realism and rationality and the selection task. In: J. St. B. T. Evans (Hg.), Thinking and Reasoning: Psychological Approaches. London 1983.

Ders./Johnson-Laird, P. N., Psychology of Reasoning: Structure and Content London, Cambridge/Mass. 1972.

Wasow, T., Grammatical theory. In: Posner. M. I. (Hg.), Foundations of Cognitive Science. Cambridge/Mass. 1989.

Watson, J. B., Psychology as the behaviorist views it. Psychological Review 20 (1913), S. 158–177.

Watt, R. J., Visual Processing: Computational, Psychophysical and Cognitive Research. Hillsdale/NJ 1988.

Ders./Morgan, M. J., A theory of the primitive spatial code in human vision. Vision Research 25 (1985), S. 166–174.

Webber, B. L., Description formation and discourse model synthesis. In: D. L. Waltz (Hg.), Theoretical Issues in Natural Language Processing, 2. New York: Association for Computing Machinery. 1978.

Weiner, N., Cybernetics. Cambridge/Mass. 1947.

Weiskrantz, L., On Blindsight. Oxford 1986.

Weizenbaum, J. (1976), Die Macht der Computer und die Ohnmacht der Vernunft. Frankfurt a. M. 1979.

Werbos, P. J., Beyond regression: New tools for prediction and analysis in the behavioral sciences. Diss. Harvard University 1974.

Wertheimer, M. (1961), Produktives Denken. 2. Aufl. Frankfurt a. M. 1964.

Wexler, K./Culicover, P., Formal Principles of Language Acquisition. Cambridge/Mass. 1980.
Wheeler, D., Processes in word recognition. Cognitive Psychology 1 (1970), S. 59–85.
Whitehead, A. N., Introduction to Mathematics. London 1911.
Wierzbicka, A., Semantic Primitives. Frankfurt a. M. 1972.
Willshaw, D. J./Buneman, O. P./Longuet-Higgins, H. C., Nonholographic associative memory. Nature 222 (1969), S. 960–962.
Winograd, T., Understanding Natural Language. New York 1972.
Winograd, T./Flores, F., Erkenntnis Maschinen Verstehen. Zur Neugestaltung von Computersystemen. Berlin 1989.
Winston, P. H. (Hg.), The Psychology of Computer Vision. New York 1975.
Ders. (1984), Künstliche Intelligenz. Bonn 1987.
Witten, I. H., Principles of Computer Speech. London 1982.
Wittgenstein, L. (1953), Philosophische Untersuchungen. Werkausgabe. Bd. 1, Frankfurt a. M. 1984.
Woods, W. A., Lunar rocks in natural English: explorations in natural language question-answering. In: A Zampolli (Hg.), Linguistic Structure Processing. Amsterdam 1977.
Ders., Procedural semantics. In: A. K. Joshi/I. Sag/B. L. Webber (Hg.), Elements of Discourse Understanding. Cambridge 1981.
Woolf, V. (1925), Mrs. Dalloway. Frankfurt a. M. 1984.
Wright, P./Kahneman, D., Evidence for alternative strategies of sentence retention. Quarterly Journal of Experimental Psychology 23 (1971), S. 197–213.

Young, R. M., Production systems for modelling human cognition. In: Michie (1979).
Yuille, A. L./Ullman, S., Computational theories of low-level vision. In: Osherson, D. N./Kosslyn, S. M./Hollerbach, J. M. (Hg.), An Invitation to Cognitive Science, Vol. 2: Visual Cognition and Action. Cambridge/Mass. 1990.

Zajonc, R. B., Feeling and thinking: preferences need no inferences. American Psychologist 35 (1980), S. 151–175.
Zhang, G./Simon, H. A., STM capacity for Chinese words and idioms: chunking and acoustical loop hypotheses. Memory and Cognition 13 (1985), S. 193–210.
Ziff, P., The feelings of robots. Analysis 19 (1959), S. 64–68.
Zuriff, G. E., Behaviorism: a Conceptual Reconstruction. New York 1985.

Touretzky, D. S. 217
Trachtenbrot, B. A. 62
Tresman, A. M. 167
Trotzki, L. 338
Tulving, E. 185
Turing, A. 7 f., 15, 28, 32, 44, 58 f., 61 f., 216, 403, 445
Turvey, M. T. 227, 229, 243
Tversky, A. 287, 289 f.
Tyler, L. K. 335 f.

Ullman, S. 67, 50, 110–113, 117
Ulrich, J. W. 303

Valéry, P. 431
Valiant, L. 160
Vomisa, I. 423
Vygotsky, L. S. 278

Wall, R. E. 399
Wallas, G. 291
Walsh, M. 160
Waltz, D. 121, 123 ff.
Wanner, E. 368
Warrington, E. K. 34, 134, 169
Wason, P. C. 256 f., 266 f. 275 ff.
Wasow, T. 372
Watson, J. B. 21 f., 24
Watt, R. J. 85, 90, 108
Webber, B. L. 399
Weinstein, S. 160
Weiskrantz, L. 409
Weizenbaum, J. 443 f., 447

Werbos, P. J. 219
Wertheimer, M. 24
Wexler, K. 372
Wheeler, D. 220
Whitehead, A. N. 146
Wiener, N. 233, 243
Wierzbicka, A. 438
Wiesel, T. 82
Wilde, O. 408
Williams, E. 372
Williams, R. J. 209, 219
Willshaw, D. J. 219
Wilson, D. 399
Wing, A. M. 241, 243
Winkler, R. 308
Winograd, T. 370 f., 443
Winston, P. H. 124 f., 141, 196, 271, 283–286
Witten, I. H. 347
Wittgenstein, L. 9, 280 f., 386
Woods, W. A. 347, 368, 399
Woolf, V. 20
Wright, P. 435

Young, R. M. 184 f., 187
Yuille, A. L. 90

Zajonc, R. B. 432
Zhang, G. 171
Ziff, P. 403
Zuriff, G. E. 24
Zwicky, A. M. 372
Zytkow, J. M. 290

Sachregister

Affen 313
Aggression 426, 432
Alarmschreie 313, 431
Alltagslogik 250 f., 256 ff., 264 ff., 394 f.
Alphabet 316, 411
Analogie 304 f.
Analysieren, von Sätzen 367-372, 383 ff.
Anthropologie 10, 22, 26, 35, 280 f., 311
Arbeitsgedächtnis 170 f., 176 ff., 184, 187–190, 195 f., 218, 264, 357 ff., 367, 413
Architektur, *siehe* mentale Architektur
Assoziation 20, 29, 208
– im Gedächtnis 176, 434, 448
– im Lernen 146–149, 201 f., 208 f.
– im Verständnis 373 ff.
– in der Kreativität 291 f., 308
»Auf der Zunge liegen«-Phänomen 198, 220
Aufgliedern 166, 171 f., 191 f., 237 f.
Auge, Anatomie 65–68, 70 ff., 81–85, 95
– Bewegungen 135 f., 408
– Netzhaut 83 f., 90
Autismus 420
Automatische Ausführung, *siehe* Verhalten
Automatische Schlußfolgerungen 250 f., 266, 394 f.

Backtracking 181, 255, 369
Bakterien 29 f., 196
Bedeutung und Grammatik 362, 365, 367–371, 374, 376, 383–387
– und logisches Denken 249 ff., 255 ff.
– von Sätzen 374 ff., 380 f., 383 ff., 387–390

Bedeutung und Grammatik von Symbolen 38 ff., 429, 445 f.
– von Wörtern 268, 274–277, 279–282, 290, 311, 315 f. 374–382, 398 f.
–, *siehe auch* formale Semantik, prozedurale Semantik, Semantische Netzwerke
Bedeutungspostulate 378 ff., 387 f., 391, 398 f.
Bedürfnis, biologisches 166, 427–431, 439 ff.
Behaviorismus 21–25, 28 ff., 179 f., 349–352, 448
Berechnung 248–251, 266, 293
Berechnungstheorie 12, 32 f., Kapitel 3 passim, 183
–, Leistung und Gedächtnis 48 ff., 57–61, 151 ff., 181 f., 207, 299 ff., 307 f. 358, 361 ff.
–, *siehe auch* Finite-state-Geräte, Determinismus, Programme, Rekursion, Turingmaschine
–, Verbindung zur Grammatik 45, 53 ff., 155 ff., 183, 316 f., 352 f., 355–359, 361 ff., 372
Betriebssystem (des Verstandes) 407 f., 413 f., 419, 428–431, 434, 439
Bewegung, Kapitel 11 passim
– Arm 226 ff., 231 ff.
– ballistisch 223, 242 f.
– Programme für 222-226, 228 ff., 236-243
Beweis von Theoremen durch Auflösung 254 ff., 266 f.
Bewußtsein (awareness) 165 ff., 198 f., 216 f., 247 ff., 252, 257–261, 372, 411 f., 433 f.
Bewußtsein (consciousness) 17–24, 41, 66 f., 146 f., 233, Kapitel 19 passim, 429-434, 436–440

Bewußtsein, *siehe auch* Selbstbewußtsein, Verhalten
Bienen 312
Bildpunkte 71, 88
Biologische Uhren 232
Bisoziation 292
Blindsehen 409
Boltzmannmaschine 219
Buchstabieren 317

Cocktailpartyphänomen 165 ff., 408
Computer, Architektur und Gedächtnis 161–165, 177 ff., 219 f., 405 f.
– fünfte Generation 255
–, *siehe auch* Gehirn, Zahlen und Ziffern, Programme
– und Verstand 10–15, 28–33, 60 ff., 66 ff., 161–165, 170 ff., 195–198, 245, 294 f., 307 f., 404–408, 411 ff., 418 f., 429, 438 f., 442 ff.

Deduktives logisches Denken 160, Kapitel 12 passim
– und mentale Modelle 258 f., 263–267
– Gültigkeit 248 ff., 255 f., 259 ff., 389–392
– Programme für 254–258, 263 f., 266
– *siehe auch* Alltagslogik, logisches Denken, Schlußregeln, semantische Information
Depression 441
Deterministisch und nichtdeterministisch 53 f., 214, 447
– in der Kreativität 248–251, 292–296, 303 f., 307 f.
– beim Analysieren 370
Dilemma des Theoretikers 22
DNA 60, 412
Doppelte Dissoziation 134, 169 f., 178
Dualismus 19 f., 29, 449 f.
Durchführbarkeit, von Berechnungen 62

Durst 428, 430
Dyslexie 216

Emergente Eigenschaften 215, 217, 391
Emotionen und »Splitbrain« 410
– und Kognition 425 ff., 430, 432–440
– und Kommunikation 313–316, 340 f., 426, 431 ff., 435, 438 f.
– komplexe 436 ff.
– grundlegende 424–428, 433–438
Empirismus 277, 377
Entscheidungsfindung 174 f., 241, 283 ff., 294, 403 f.
Entwicklungspsychologie, *siehe* Kinder
Epilepsie 410
Erinnern 161 f., 165 ff., 171 ff., 176–179, 197–200, 204 ff., 214–219
Erlernbarkeit, Theorie der 155–160, 262 f., 277 f.
Erregung 439 f.
Eulen, Schallortung von 90
Evolution 145–153, 160, 295 f., 424 f., 440, 447
Existentialismus 417, 433, 442
Expertensysteme 188, 257 f., 266, 447

Fähigkeiten 28, 151, 179, 190 ff., 194, Kapitel 11 passim, 404–407, 415
– *siehe auch* Verhalten, Handlungskontrolle
Fahrradfahren 221, 233
Fälschlicher Gebrauch von Konjunktionen 289, 385
Faltung 74
Fehler 190
– beim Denken 257, 261–265, 286–290
– in der Ausführung 419 ff.
Fehler-Backpropagation 210–214, 218 f., 242 f.

487

Finite-state-Geräte 47 f., 57, 104, 158, 299-304, 308, 349–356, 405
Formale Semantik 382-387, 398 f.
Formerkennung 70, 110 ff., 114 f., 118 ff., 127 ff., 140
– Bewegung 68 f., 110 ff.
– Ränder und Konturen 73, 76 ff., 109 f., 114–117
– Schatten 114 f., 124 ff.
– siehe auch Objektidentifizierung, Texturgradient, Sehen
– Strichzeichnungen 121 ff., 125, 141
Freier Wille 19, 401, 415–421, 442, 447 f.
Freiwilliges Verhalten, siehe freier Wille, Intentionen

Gangarten 237–243
Gedächtnis 161 f., 171 ff., 204 ff., 365, 391, 395
– als Stapel 50-53, 57 ff., 157, 181–188, 357 ff., 367
– Computermodelle des 174–177
– verbale Wiederholung 167, 170 f., 176
– siehe auch Berechnungstheorie, Computer, Erinnern, Repräsentationen; und sensorisches, Kurzzeit-, Langzeit- und Arbeitsgedächtnis
Gedichte 40
Gefühle 411, 421, 428–431
Gehen, Kontrolle des 239–243
– Wahrnehmung des 132 f.
Gehende Maschinen 239, 243
Gehirn 28, 34, 47, 171, 216, 220, 269, 409 f.,
Generalisierte Kegel 129 ff., 141
Genetische Algorithmen 295, 309
Gesichtsausdruck 314, 426, 434
Gesprächskonventionen 396–399
Gestaltpsychologie 24
Gestik 314
Gesunder Menschenverstand, *siehe* Alltagslogik

Grammatik, Erlernen der 155 ff., 277 f., 349–354, 362, 370 ff., 448 f.
– Macht der 57 ff., 316, 348, 361 f., 367
– Musik 299 ff., 307 ff.
– Natürliche Sprache 29, 159, 311, 315 ff., Kapitel 17 passim
– *siehe auch* Berechnungstheorie, Analysieren, Phrasenstruktur-Grammatik, Transformationsgrammatik
Grauwertverteilung 70 ff., 112, 132

Handlungskontrolle 28 f., 177 ff., 194 ff., 237 f., Kapitel 11 passim, 404–410, 415 f., 419 f.
Harmonie 298-303, 308
Hermeneutiker 442
Hirnschädigungen 134–138, 141, 169 f., 178, 216, 409 f.
Hologramm 197
Hören 321-326
Hypothalamus 427 f.
Hypothese, Prüfen der 256 f., 271, 274 ff.
Hysterische Lähmungen 409

Idealismus 407, 450
Ideen, angeborene 151–154, 159 f., 363
Ideologues 377
Illokutionäre Stärke 396–399
Imitation 146
Induktives logisches Denken 249 f., Kapitel 13 passim, 291
– beim Lernen 155 ff., 159, 214
– Programme für 271 ff., 282–286, 290
– *siehe auch* Konzepte, Philosophie, semantische Information
– Verallgemeinerung 269 ff., 276 ff.
Informationstheorie 28
Intentionen 173 ff., 391, 404, 417 ff., 430, 436
– und Bewegungen 222, 237, 240–243

Intentionen und Kommunikation 315, 395–399
Intonation 311, 335 f., 338–341, 344, 347, 396
Introspektion 18 ff., 23, 28, 139, 258, 417

Jazz 298-304, 308 f.

Kinder, Denken 27, 184 ff., 190, 196
- Erwerb von Begriffen 268 f., 275 f., 278 f., 290
- Erwerb von Sprache 159 f., 219 f., 268, 277, 349–354, 362 f., 371 f.
- Theorie des Denkens und Fühlens 421
Kognitionwissenschaft, drei Ebenen der Theorie 66 ff.
- Kritik der 403 f., 417 f., 442–447
- Ursprünge 10-13, 27 ff., 34, 61
Kommunikation 341 f., Kapitel 15 passim, 395-399
- siehe auch Emotionen
Konditionierung 21 f., 147
Konfabulation 205, 410
Konflikte, siehe Planung
Konnektionismus 27 f., 99 ff., Kapitel 10 passim, 229 307 f., 346 f., 372, 405 f., 410 f. 429, 438 f.
Konzepte, abstrakt 376–379, 392 f., 398 f.
- allgemeine Elemente 277–280, 410
- emotional 437 ff.
- lernen 27 f., 148 f., 151–155, 208, 213 f., Kapitel 13 passim
- Lernprogramme 282 ff., 290
- Prototypen und Relationen 126 ff., 278–281, 283–286, 290, 306, 374–377
Körperbild 224 f.
Kraft, siehe Physik
Kreativität 53, 249, 251, Kapitel 14 passim, 415 f.
- Programme für 294 ff., 298 ff., 305–309

Kreativität, Theorie der 291 ff., 296 ff., 304–309
Kultur 26, 35, 293 f., 325, 437, 448 f.
Kunst 127, 293 f., 307
Künstliche Intelligenz 10 f., 15, 34, 117, 443–447
- und abgerufene Erinnerung 161 f.
- und Lernen 148 f., 160, 272 f., 279 f., 282–286, 290
- und logisches Denken 252, 255–258, 266
- und Mathematik 297 f.
- und Sehen 119–129, 131 f., 140 f.
- und Sprache 369 f., 376 f., 392 ff., 396 f., 399
Kurzzeitgedächtnis 164–169, 171 ff.
Kybernetik 27, 233, 243

Langzeitgedächtnis 143, 164–167, 169 ff., 176 ff., 184, 193, 195, 404, 407, 415
Lärm, in Hirnprozessen 73 ff., 85, 175, 358, 406
Lernen, Berechnungstheorie 145 f., 149 ff., 193 ff., 295
- Einfluß von Beschränkungen 148, 151, 158 ff.
- Programme für 160, 193 f., 210–214, 295
- Übung 177, 190 ff., 238, 241
- »wahrscheinlich näherungsweise korrekt« 160
- siehe auch Assoziationen, Behaviorismus, Konzepte, Konditionierung, Konnektionismus, Grammatik, Gedächtnis, Versuch und Irrtum
Lesen 198 ff., 211 ff., 219 f., 316
Lineare Systeme 205, 207, 320
Lineares Vorhersageverfahren 344
Linguistik 10, 21, 25, Kapitel 17 passim
- siehe auch Grammatik, Sprache, Sprechen
Logik 187, Kapitel 12 passim, 311
- und Semantik 382 f., 398

Kreativität, Lernen von 152–155
- mentale 252–257, 267 ff., 410 f.
- *siehe auch* Schlußfolgerungsregeln

Logischer Positivismus 378
»Logogen« 337

Maschinen 30 ff., 62, 341–347, 440, 448 f.
- *siehe auch* Computer, Finite-state-Geräte, Roboter

Materialismus 21, 414, 440
Mathematik 41, 45, 81, 112 f., 204, 297 f.
Mehrdeutigkeit 364, 369 ff., 397
Mentale Architektur, einheitlich 179 ff., 188 ff., 195 ff., 217 ff.
- hierarchisch 404–407, 419, 421, 429, 439
- modular 96, 115, 117, 134, 237, 296 ff., 371, 406, 421
- *siehe auch* Konnektionismus, Betriebssystem, Produktionssystem

Mentale Arithmetik 248–251, 266 f.
Mentale Modelle der Bewegung 223-226, 230, 236 f. 242
- des Sehens 67 f., 118 f., 127, 139 ff., 168, 242, 264, 392, 407, 413
- des Selbst 404, 413 f., 418, 436 f., 441
- im Lernen 147
- im logischen Denken 257 ff., 263 f., 269, 281, 286 f., 290
- im Sprachverständnis 264, 380, 387–394, 398 f.

Mentale Proben 308
Mentalismus 24 ff.
Meta-Kognition 415
Meta-Repräsentation 411–422
Modelltheoretische Semantik, *siehe* formale Semantik
Module, *siehe* mentale Architektur
Möglichkeiten 379, 386, 393
Moral 392 f., 439, 442, 444 ff.
Motoneurone 234 f., 242

Musik, Improvisation 298 ff., 308
- Komposition von 298–303, 308 f.
- Konsonanz und Dissonanz 323–328
- Programme für die Erzeugung 298–304, 308

Musikalische Instrumente 321, 326
Muskeln, Kontraktion *von* 221, 228 f., 233–237, 407
Muster anpassen 187, 195

Nachwirkungen von Bildern 168
Navigation, *siehe* Roboter
Neo-Darwinistische Verfahren 150, 153, 160, 295, 308 f.
Neo-Lamarckiansche Verfahren 151, 214, 295, 303, 307 f.
Nervensystem 237, 406, 421
Nervenzellen 43, 81 f., 105, 205, 218 f., 234, 269, 321
Netzwerk-Modelle, *siehe* Konnektionismus
Neurophysiologie 10, 43, 67, 81, 108, 233–243, 321 f., 407
Neuropsychologie 34, 134 ff., 141, 169 f., 216, 409 f.
Neurose 409
Neurotransmitter 428, 441
Normalverteilung 75
Nulldurchgang 77, 107, 112, 343

»Oberflächliche« Struktur (von Sätzen) 360 f., 365 ff.
Objektidentifizierung 117, 119 ff., 141
- aus der Bewegung 110 ff., 131 ff.,
- Form versus Funktion 133 f., 141, 448 f.
- Starrheit als Fingerzeig 112 f.
- *siehe auch* Formerkennung

Ohr, Anatomie des 321 f.
Optisches Flußfeld 113

Parallele Prozesse 146, 184, 222, 229, 242 f.
- beim Analysieren von Sätzen 369

Parallele Prozesse in der Wahrnehmung 99 ff., 123 f.
- versus serielle Prozesse 162, 165, 171–177
- *siehe auch* Computer, Konnektionismus, Repräsentationen
Paranormale Erscheinungen 11
Perceptronen 206 ff.
Persönlichkeit 450
Phänomenologie 442
Philosophie 22, 26, 42, 395–399, 422, 433, 444 f.,
- der Induktion 270 f., 280, 286 f., 290
- der Sprache 316 f., 396–399
- des Verstandes 18 f., 29, 152–155, 403, 407, 414, 421 f., 439 f., 449
Phonetik 328–334, 341
Phonologie 316
- Merkmale der Artikulation 311, 316, 334, 347
- Phänomene 332–335, 337 ff., 341–346
Phrasenstruktur-Grammatik 219 f., 354–361
- und Musik 299 ff., 307 ff.
- generalisierte 366 f., 372
Physik, Bewegungsgesetze 230–233
- Chaostheorie 447
- naive 286, 290, 446
- Quantentheorie 53, 403
Physiologische Reaktionen 426–431, 435
Planung, 29, 179 ff., 190, 221–227, 237 ff., 415–419
- Computermodelle 179 ff., 188 ff., 418
- Konflikte 240 ff., 403, 405 ff., 430 f., 434, 441
»Potenz«-Gesetz des Lernens 191 ff., 218
Prägung 150
Probleme lösen 28, 181 ff.
- Programme für 181 ff., 283 f., 304–307

Probleme, nicht traktierbar 181, 217, 306, 308, 406
- unklar formuliert 69, 139
- unlösbar 181, 253
Problemraum 180–183, 227, 254, 406
Produktionssysteme Kapitel 9 passim, 214–218, 380, 405
Programme 45 ff., 154 ff., 162 ff., 194, 299 ff.
- und Bedeutung 443–446
- angeborene 150, 222, 237 ff., 347, 362 f.
- *siehe auch* Kreativität, deduktives logisches Denken, Vorstellungen, etc.
Programmiersprachen 179, 187, 195 f., 217, 255 f., 374
Prototypen, *siehe* Konzepte
Prozedurale Semantik 378 f., 386–394, 399
Psychoanalyse 20, 23, 31, 35, 308, 404, 409, 421 f., 449
Psycholinguistik 346, 364–368, 370 ff.
Psychologie Kapitel 1 passim
- experimentelle 171 ff., 178
- Vulgär- 18, 65, 440
Psychotherapie, kognitive 409, 422, 449
Pupillenweitung 435

RAM (Random Access Memory) 163 f., 170
Rationalismus 152–155
Rationalität Kapitel 12 passim, 417
Räumliches Sehen 65 ff., 91–101
- Programm für 102–109, 190
Reflex 21, 145, 147, 161, 222, 235, 239, 242, 427, 435
Regeln, bedingt 183 ff., 257 f., 265 f.,
- semantisch 382–385, 387
- symbolisch 187, 195 f., 213, 215 ff., 347, 405 f., 410, 421
- *siehe auch* Grammatik, Produktionssysteme

491

Rekursion 55 f.
- definiert 153 ff.
- in Programmen 181 ff., 283, 390
- in Regeln 357 ff.
Repräsentationen, Ebenen von 217
- explizit 39 ff., 67 ff., 118 ff., 124 ff., 129, 195 f., Kapitel 10 passim, 307 f., 371 f., 405 ff., 410 f., 421, 424 f., 429, 443–447
- hypothetische Sachverhalte 42 f., 315, 412, 415–419
- in Sätzen 176, 188 ff.
- lokal 197 f., 200 ff.
- Meta- 411–422
- Rückkoppelung 232, 428
- Verfahren 176, 188 ff., 421 f.
- verteilt 197, 201–206, 215–219, 307 f., 346 f., 372, 410 f., 429, 438 f.
- *siehe auch* Assoziationen, Konzepte, Vorstellungen, mentale Modelle, Symbole
Roboter 45, 196, 407 f., 420
- Bewegung 221, 223–226, 243
- Empfindungen und Emotionen 439 ff., 445 f.
- Gedächtnis 162 ff., 170, 176
- Modell des Selbst 413 f.
- Motive 423, 445 f.
- Navigatin 49, 182, 219 f., 225, 371
- Sehen 67 ff., 88 ff., 116–121, 139, 413
- Sprache und Sprechen 344, 392 ff., 396 f.
ROM (Read only Memory) 163 f.
Rückkopplung 27, 232 f.
- bei Durstgefühl 427 f.
- beim Lernen 150, 201, 208, 210–213, 218
- in der Bewegung 235 ff., 240–243

Schach 187, 192 f.
Schall, Lautstärke und Ton 318, 321–328
- Resonanz und Klangfarbe 326–330

Schallwellen 318–322
Schemata 386 f.
Schimpanse 313, 354
Schizophrenie 396, 420
Schlußfolgerung 63, 159 f., 257 ff., 263, 266, 424
- siehe auch deduktives, induktives logisches Denken, Alltagslogik
Schlußfolgerungsregeln, formal 251–257, 263–266, 410
- inhaltsspezifisch 256 f., 263–266, 305 f.
- *siehe auch* Bedeutungspostulate
Schmerz 430, 432
Sehen, Berechnungsprobleme des 67 ff., 91–94, 113 ff., 139 f.
- der Stubenfliege 89
- Einschränkungen bewirkende Prozesse 66, 69, 82, 85, 96 ff., 108 f., 112, 115, 121 ff., 141
- Programme für 73, 83 ff., 88, 110, 116, 119 ff., 342 f.
- *siehe auch* Tiefenwahrnehmung, Auge, Strichzeichnungen, Objektidentifizierung, Optisches Flußfeld, Urskizze, Roboter, Formerkennung
Selbstbewußtsein und Reflexion 404, 411–422, 434
Selbsttäuschung 409 f., 418, 421 f.
Semantische Atome 376–380, 387
Semantische Felder 379, 395
Semantische Information 249–252, 266, 268, 272–278
Semantische Netzwerke 373–377, 380 f., 398 f.
- *siehe auch* Bedeutung
Sensorisches Gedächtnis 165, 168, 176
Serielle Prozesse, *siehe* parallele Prozesse
Servomechanismen 232 f.
Silben 335 f., 338
Sinne, siehe Ohr, Auge, Hören, Bewegung, Sehen

Situationsabhängige Handlung 196
Situationssemantik 399
»Skripte« 280, 395
SOAR-System 196
Soziale Beziehungen 26, 35, 270, 403, 424–427, 434, 438, 441
Soziobiologie 423 f.
Spektrogramm 328–332, 334 f.
»Splitbrain«-Operation 409
Sprache 29, 264, Kapitel 15 passim
- Identifizierung im Limes 155 ff.
- Sprechhandlung 396–399
- siehe auch Kinder, Grammatik, Bedeutung, Sprechen
Sprachlaute 311, 314–317, 411
- Formante 392 ff.
- Koartikulation 332, 342, 345
- siehe auch Phonologie
Sprachverständnis 167 ff., 188, Kapitel 18 passim, 389, 405
- und logisches Denken 257 ff., 263 ff.
- Programme für 250, 374–377, 380 f., 387–392, 395, 397, 399
Sprechen, Gedächtnis für 170
- Intonation 311, 336, 338–341, 344, 347, 396
- Programme für die Wahrnehmung 344–347, 449
- Programme für Synthese 211–214, 341–344, 346 f.
Standardmäßig gemachte Annahme 281, 390, 394 f.
Stil, in der Kreativität 307
Stimmbänder 327 f.
Strategien, beim Denken 177 f., 273 f., 283–286, 415
Strichzeichnungen 119 ff., 124 ff., 141
Strukturalismus 21, 25, 35, 281 f., 334, 347
Subjektive Erfahrung, siehe Bewußtsein
Suchverfahren 130–183, 211, 225, 254, 406
Symbole, Kapitel 2 passim, 139, 312–315, 374, 449

Symbole, Grundelemente 38, 138
- nichtsymbolische Zustände 421, 429, 433, 439 ff.
- siehe auch Bedeutung, Zahlen und Ziffern, Repräsentationen
Symbolischer Trugschluß 381 f., 392 ff., 443 ff.
»Synergien« 227–230, 243

Tagträume 247–251
Texturgradient 109 f.
Theorien des Geistes, drei Ebenen der Erklärung 66, 448
- Konstruktion von 26, 30–33, 45, 61 f.
Tiefenstruktur (von Sätzen) 360, 364 f.
Tiefenwahrnehmung 65 ff., Kapitel 5 passim, 140 f., 218 f.
Tierisches Verhalten 21 ff., 44, 145 ff., 160 f.
Top-Down- und Bottom-Up-Verarbeitung 93 f., 127 ff., 190
- beim Analysieren 356–359, 368 f., 372
- beim logischen Denken 257
- der Wahrnehmung 95, 115, 126 f., 135 f., 337
Transformationsgrammatik 359–368, 372, 376
Turingmaschine 52, 57–62, 195 f.
- selbstbeschreibend 412 f., 421
- universal 150 ff., 165, 183, 195, 361, 375, 406
Turings Test 62
Turings These 59, 216, 445, 449

Überraschung 426
Übung 177, 190 ff., 239, 241 f.
Unbewußte Prozesse 35, 40, 127, 346, Kapitel 19 passim
- der Bewegung 221 ff., 237–242
- der Intuition 443
- der Kreativität 291, 297 ff., 308 f., 443

Unbewußte Prozesse der Wahrnehmung 85, 139 f., 331–335, 347, 435
– im Gedächtnis 199, 205, 217 ff.
– in Emotionen 430 ff., 435, 439
Unbewußtes Wissen, *siehe* Wissen (stillschweigendes)
Universalgrammatik 159 f., 362
Unsterblichkeit 450
Unterbewußte Wahrnehmung 433
Urskizze 82 ff., 91, 109, 127, 168

Verhalten, angeborenes 30, 145, 159 ff., 424–427, 431, 435
– automatisches 146 f., 174–177, 194 f., 198 f., 218 f., 222 f., 237–243, 420
– Zwangs- 420
Verhaltensforschung 10, 148, 159 f., 431 f., 435, 441
Verlagerung der Aufmerksamkeit 165–168, 408
Verminderte Zurechnungsfähigkeit 419 f.
Verstehen, siehe Sprachverständnis
Versuch und Irrtum 146, 150 f., 225
Verursachung, Konzept der 378 f., 393
Verweise (auf Ausdrücke) 387–396, 398 f.
Visuelle Filterung 78, 80 ff., 107 ff.
Visuelle Illusionen 86–90, 110–113, 133
Visuelle Vernachlässigung 136 f.
Vorstellungen 19 f., 136–141, 168, 188 ff., 259, 373, 381, 386 ff.
– gedankliche Operationen 135–139
– Programme 137 ff.

Wahrheit 382 ff., 389 f., 392 ff., 398
Wahrnehmung, siehe Hören, Objektidentifizierung, Sehen
Wahrscheinlichkeit 258, 269, 287–290
Wespen 145
Wissen, angeborenes 70, 139 f., 152–155, 159, 362 f.
– und Denken 250 f., 257, 259 ff., 269 f., 286 ff., 304–308, 395 f.
– explizites 443–447
– gelerntes 70, 117, 127 ff., 139 ff.
– stillschweigendes 317, 334 f., 346 f., 372, 379, 443–447
Wissenschaftliche Entdeckung 268, 290, 304–308, 447
Wörter, Definition von 379
– Erkennung durch Hören 334–339, 345 f.
– visuelle Wahrnehmung von 197 ff., 219, 432 f.

Zahlen und Ziffern 37 ff., 46 ff., 59 ff., 162 ff.
Zeichensprache 313, 354
Zeichnungen, siehe Strichzeichnungen
Ziele und Denken 248–251, 292
– und Programme 183 ff., 283 f., 417
– und Verhalten 180 ff., 218, 220, 227, 232 ff., 241, 423 ff., 428, 441
Zweieinhalbdimensionale Skizze 115–121, 127 ff., 138, 168

Naturgeschehen
Naturerkenntnis
Naturwissenschaft

Schämen sollen sich die Menschen, die sich gedankenlos der Wissenschaft und Technik bedienen und nicht mehr davon geistig erfaßt haben als die Kuh von der Botanik der Pflanzen, die sie mit Wohlbehagen frißt.

Albert Einstein

Timothy Ferris:
Das intelligente Universum
dtv 30479

Karl Grammer:
Signale der Liebe
Die biologischen Gesetze der Partnerschaft
dtv 30498

Philip Johnson Laird:
Der Computer im Kopf
dtv 30499

Was ist Zeit?
Zeit und Verantwortung in Wissenschaft, Technik und Religion
Hrsg. von Kurt Weis
dtv 30525

Jeanne Ruber:
Was Frauen und Männer so im Kopf haben
dtv 30524 (März)

Paul Davies /
John Gribbin:
Auf dem Weg zur Weltformel
Superstrings, Chaos, Komplexität
Über den neuesten Stand der Physik
dtv 30506

What's What?
Naturwissenschaftliche Plaudereien
Herausgegeben von Don Glass
dtv 30511 (Dez.)

Jean Guitton/Grichka u. Igor Bogdanov:
Gott und die Wissenschaft
Auf dem Weg zum Meta-Realismus
dtv 30516
(Januar)

Darwin lesen
Eine Auswahl aus seinem Werk
Herausgegeben von Mark Ridley
dtv 30519
(Februar)